How-nual Shuwasystem Industry Trend Guide Book

図解入門
業界研究

最新 アニメ業界の動向とカラクリがよ〜くわかる本

業界人、就職、転職に役立つ情報満載！

［第4版］

日本工学院クリエイターズカレッジ 協力
谷口 功
麻生 はじめ 著

秀和システム

はじめに

日本のアニメ産業は、2005年前後の第三次アニメブーム後は一時下降していましたが、2013年ごろから回復し、それ以降は右肩上がりで市場規模が拡大しています。2022年には2兆9000億円以上になっています。

ただし、この拡大の要因は、海外市場の規模が急速に拡大したことです。海外市場は、2014年には3000億円強でしたが、2022年には1兆4000億円強と大きくなり、日本のアニメ産業全体の市場規模の半分を占めるまでになっています。日本国内市場は、この間、飽和的に微増微減で推移しています。趨勢《すうせい》としては、このままいくと海外売上が国内売上を引き離していきそうな様相です。

この傾向は、クールジャパン構想とは対照的です。アニメや漫画を含む日本のカルチャー・文化（サブカルチャー、伝統文化など）を海外に発信し、関連する商品やサービスの輸出につなげて経済効果を狙うクールジャパン構想。しかし、2018～19年ごろには海外事業の売上が伸びず、赤字のプロジェクトが目立ち、急速に停滞します。

その一方で日本のアニメは、海外での評価を高め続け、海外のファンも拡大し続けているのです。

そして、海外市場の拡大に大きな役割を果たしているのが、動画配信サービス（配信プラットフォーム）です。動画配信サービスを通して、海外の視聴者はどんどん日本アニメを受容するようになっています。そして、それに伴って、改めて日本のアニメ作品の質の高さが広く知られつつあるようです。

また、劇場用アニメ（アニメ映画）でも大きな成果が出ています。2020年には北米（米国+カナダ）で『鬼滅《きめつ》の刃《やいば》』が、23年には中国で『すずめの戸締り』と『ザ・ファーストスラムダンク』がそれぞれ大ヒットを記録しました。また、宮崎駿《はやお》監督の10年ぶりの新作『君たちはどう生きるか』が23年に北米で、24年には中国でも公開され、共に大成功でした。

これから日本アニメがさらに発展するには、「海外市場をいかにしてより大きくするか」が核心になるでしょう。

一方で、日本のアニメ業界やアニメビジネスが長く抱え続けてきた問題点の改善ならびに業界の改革は、市場規模の拡大ほどには大きく進展しませんでした。下請け制作会社の疲弊、特に若手のアニメーターの収入の低さ、労働環境や待遇の悪さ、人材の減少、人材育成の困難さ……等々です。

ただし、2020年ごろからは、徐々によい方向へ向けての兆しが現れてきており、少しづつにしても改善・改革が進み始めています。劇的に大きな変化とはいえませんが、各関係者が自分の持ち場で改善・改革を進めているようです。

とはいえ、日本アニメがその実力（高い制作技術力やクリエイティブ力、国内外での高い評価）どおりにこれからも順調に成長・発展できるのか、それとも改善や改革が進まず停滞に足を踏み入れてしまうのか、正念場であることは変わらないでしょう。

海外市場への重心移動、アニメ産業の問題点改善への燭光《しょっこう》といった2つの大きい転換の時期に、今回の改訂版が何らかの意義を持つものとなれば幸いです。

本書は、アニメ業界やアニメビジネスに関して全般的・網羅的に紹介・説明したものであり、アニメビジネスに携わろうと考えている方、アニメ産業への就職を考えている方、アニメに関心や興味のある方、そして出資などのかたちでアニメ製作に関わろうと計画している企業の方々に読んでいただくことを想定しています。

なお、本書も以前の版と同様に、谷口功、麻生はじめの両名で執筆しました。麻生が1章、2章1～8節、4章および「現場の声を聴く①」、資料編を担当し、谷口が2章9～11節、3章、5～7章および「現場の声を聴く②」を担当しました（各章のコラムもこれに準じます）。

2024年5月　谷口　功

最新アニメ業界の動向とカラクリがよ～くわかる本［第4版］

はじめに……3

第1章 アニメビジネスの歴史

1-1 アニメ制作会社の設立……10
1-2 『鉄腕アトム』とキャラクタービジネス……14
1-3 『オバケのQ太郎』の商品化ブーム……16
1-4 『ヤマト』からのアニメブーム（第一次アニメブーム）……18
1-5 アニメ作品のキャラクタービジネス……20
1-6 社会現象となった『エヴァ』（第三次アニメブーム）……26
1-7 アニメの消費構造の変化……28
1-8 スタジオジブリの設立……30
1-9 海外進出『ポケモン』の大ヒット……34
1-10 オタクがマーケットを支える……36
1-11 海外向けの日本アニメ配信……42
1-12 日常系アニメとアニメビジネス……44
1-13 宮崎駿引退後の後継者……46
1-14 新海誠監督の『君の名は。』が大ヒット……48
1-15 国内興収歴代第1位の『鬼滅の刃』……52
コラム 漫画やアニメの実写化はありですか？……54

第2章 アニメ業界とアニメ市場の現状

2-1 アニメビジネスの市場規模……56
2-2 アニメ産業に関連する企業……60
2-3 アニメビジネスの収益構造……64
2-4 アニメビジネスの海外展開の変遷……66
2-5 キャラクタービジネスの現状……70
2-6 アニメ制作の国際分業化の変遷……74
2-7 アニメ見放題配信サービス（アニメのサブスク）……78

2-8 巨大ディズニーのIPコンテンツの展開 …… 80
コラム やっぱり日本のアニメはスゴい！（『鬼滅の刃』現象） …… 83
2-9 中国の劇場用アニメ市場の攻略で収益を増やす …… 84
コラム あれも映画、これも映画 …… 95
2-10 海外と手を組んだ制作 …… 96
コラム 中国の実写映画の評価は高い …… 101
2-11 中国アニメ制作会社の台頭 …… 102
コラム 急成長するトレーディングカードゲーム（トレカ） …… 108

第3章 アニメビジネスの全体像と仕組み

3-1 日本の典型的なアニメビジネス …… 110
3-2 アニメビジネスを俯瞰する …… 114
3-3 業界のプレーヤーとその役割 …… 120
3-4 アニメの二次利用 …… 126
3-5 アニメビジネスと漫画 …… 130
3-6 2.5次元とライブエンターテイメント …… 132
コラム キャラクタービジネスが空想をリアルにした …… 140

第4章 アニメ産業の仕事とその内容

4-1 企画から完成まで
アニメプロデューサー（制作会社）の役割と仕事① …… 142
4-2 アニメ制作の資金調達
アニメプロデューサー（制作会社）の役割と仕事② …… 144
4-3 製作委員会の役割とその内容 …… 148
4-4 クラウドファンディングによるアニメ制作 …… 150
4-5 テレビ局の役割と動向 …… 152
4-6 玩具メーカーの役割とその成果 …… 155
4-7 出版社の役割とその内容 …… 158
4-8 プリ・プロダクション工程
アニメ制作会社の役割と仕事① …… 160
4-9 プロダクションとポスト・プロダクション工程
アニメ制作会社の役割と仕事② …… 162
4-10 デジタル作画はワークフローを変える …… 168
4-11 声優の役割と仕事（アフレコ） …… 170

コラム　なぜ人はアニメを面白いと感じるのか？……174

現場の声を聴く（アニメ監督インタビュー①）

現場の声を聴く（現役ディレクターの声）……176

第5章　アニメ業界の人材育成と現場

5-1　アニメビジネスの人材育成の現状……186
5-2　アニメ制作現場での人材育成……190
5-3　基礎的な人材を養成する学校……192
5-4　アニメ人材育成機関の実際……194
5-5　公的なアニメ人材育成の実際……200
コラム　かつて映画界にも人材不足を憂慮する声があった……203
5-6　アニメ人材育成の課題……204
5-7　アニメ人材を海外に求める動き……208
コラム　アニメ映画の評価の確立……210

第6章　デジタル時代のアニメ産業

6-1　アニメ制作のデジタル化……212
6-2　デジタル化がもたらすアニメ制作の変革……218
6-3　アニメとCG（コンピュータグラフィックス）……224
コラム　実写に融合したアニメ……227
6-4　アニメのネット配信……228
6-5　動画サイトのアニメへの影響……234
コラム　アニメ制作の多様化……236

第7章　アニメ産業の問題

7-1　制作会社の問題……238
7-2　アニメーターの低収入、長時間労働……242
7-3　著作権を持てない下請け……244
7-4　並行して進む人材減少と技術低下……246
7-5　国内アニメ市場の飽和・縮小の問題……248

コラム　徒手空拳で商業アニメ映画を制作して成功できるか……250

現場の声を聴く（アニメ監督インタビュー②）

現場の声を聴く（アニメ制作会社・経営者の声）……252
コラム　作品と商品の間……260

資料編　アニメビジネス年表

アニメの歴史……262

索引……285
参考文献……290
著者紹介……291

では、まず第１章で日本アニメの発展の振り返りから。日本のアニメが世界のアニメになった歴史がわかります！

第1章

アニメビジネスの歴史

アニメ産業の歴史を振り返ると、その発展のペースは常に同じだったわけではなく、ところどころでブームが巻き起こるほどの、顕著に発展した時期がありました。

『鉄腕アトム』『宇宙戦艦ヤマト』『機動戦士ガンダム』『新世紀エヴァンゲリオン』『ポケットモンスター』『ONE PIECE』『鬼滅の刃』……。これらのメガヒット作品がマーケットを開拓し、アニメ産業の成長を牽引《けんいん》してきたのです。

さて、次にやってくるメガヒット作品は、どんなブームを築いてくれるのでしょうか。

Section
1-1 アニメ制作会社の設立

日本のアニメの歴史は戦前にさかのぼりますが、本格的なアニメ時代の幕開けは、東映動画（現・東映アニメーション）が設立された1956年7月だといえます。

日本アニメの幕開け

東映動画は、当時のアニメ先進国であった米国のディズニーアニメを手本として、劇場用長編アニメ第1作『**白蛇伝**』を制作、1958年10月に公開しました。

『白蛇伝』は、日本初の全編カラーによる**フルアニメーション***。中国の物語を題材に、約40人のアニメーターが7カ月がかりで8万4000枚という膨大な動画を描き上げています。

東映動画は、設立当初から「東洋のディズニー」を合言葉に、海外市場を視野に入れていました。実際、『白蛇伝』は香港、中国などにも輸出されて好意的に迎えられ、9万5000ドルの外貨収入を上げています。

以後、東映動画は71年公開の『どうぶつ宝島』まで定期的に合計19本の長編アニメ作品を制作・劇場公開し、中でも最高峰といわれる68年の『太陽の王子 ホルスの大冒険』（**高畑勲***監督）は、のちにアニメ映画界の巨匠となる宮崎駿らが参加したことでも有名です。

こうして、日本アニメが本格的に商業ベースで世に送り出され、アニメビジネスが花開くことになりましたが、当時のビジネス収益は映画の興行収入と海外販売によるものだけでした。

しかしながら国内の映画産業は、60年ごろから徐々に衰退を始め、日本人の娯楽の中心はテレビに移っていきます。

このテレビ時代の到来にいち早く気付いた漫画家の**手塚治《おさむ》虫**が、62年1月に虫プロダクション（虫プロ）を設立し、翌年1月1日からテレビアニメ『**鉄腕アトム**』のフジテレビ系での放映をスタートさせました。

当時のアニメは**セルアニメーション方式**（透明なシートの素材に絵を転写して、裏面に彩色）をとっており、膨大

Term

フルアニメーション　映画のフィルムは、1秒24コマで映写される。基本的に、1秒あたり12枚（1枚の絵を2コマずつ撮影）以上の枚数を費やして制作されるアニメーションを、フルアニメーションという。

な作業量が必要になるため、毎週1回30分の連続放映アニメは、期間・コスト面から不可能と考えられていました。

そこで虫プロでは、絵（セル画）の枚数を限界まで減らした**リミテッドアニメ**の手法を採用。文字どおり「リミット＝制限」を設けて制作されるアニメのことで、徹底的にタイパ重視で工程を圧縮し、低予算・省力化システムで『鉄腕アトム』を制作したのです。

通常、アニメーションは1秒間に12枚の絵（2コマ撮り）を使いますが、虫プロ方式は型破りでした。8枚（3コマ撮り）で動かすことを基本とし、1枚の絵を止めて数秒間使用したり、同じ絵を何度も繰り返し使用したりしました。これにより、従来の10分の1の動画枚数の制作によって、週1回のテレビ放映を可能としたのです。その結果、動きは「紙芝居にしか見えない」と揶揄《やゆ》されるほど簡素なものとなりました。しかしながら、虫プロが考案したこの極端に省力化されたシステムは、今日まで日本アニメの基調となる手法として使用され続けています。そして、厳しい制約に合わせた見せ方が開発され、次第に洗練されて動きのある描写へと発展していきます。

テレビの前の子供たちは、ロボット少年アトムの愛らしいキャラクターが10万馬力の力で悪漢を退治していく姿に夢中になりました。視聴率も初回27・4％、最高は40・7％を記録。放映期間4年（全193話）にも及ぶ長期の大ヒット作となりました。

アニメブームの到来

爆発的な人気を獲得した『鉄腕アトム』に影響されて、このの ち、アニメ制作プロダクションが次々と設立され、多くのテレビアニメが制作されることになります。

『アトム』放映開始から半年後の63年7月、東映動画が『狼《おおかみ》少年ケン』を開始。同年10月にはTCJ（現・エイケン）が『**鉄人28号**』、11月には『**エイトマン**』、翌64年1月にはピー・プロダクションが『**0戦《ゼロせん》はやと**』、8月には東京ムービー（現・トムス・エンタテインメント）が『**ビッグX**』、65年5月にはタツノコプロが『**宇宙エース**』を開始しました。これらの多くは雑誌漫画を原作とし、子供に人気のあった題材が選ばれています。「雑誌漫画を原材料とし、それをアニメ化して料理する」といった流れが、すでにこの時期に出来上がったのです。

こうして日本アニメは、テレビという最も身近なメディアで多くの子供に視聴されて、市場規模を圧倒的に広げたのです。

Term
高畑 勲　アニメ監督。東京大学卒業後、東映動画に入社。『太陽の王子 ホルスの大冒険』で監督ビュー。東映動画を退社後、『ルパン三世』『アルプスの少女ハイジ』『じゃりン子チエ』などを手がける。1985年よりスタジオジブリのブレインとなる。

初期のアニメ制作*会社と主なテレビアニメ作品

東映アニメーション 1956年設立
（旧東映動画）

『狼少年ケン』 （1963～65年）
『魔法使いサリー』 （1966～68年）
『マジンガーZ』 （1972～74年）
『美少女戦士セーラームーン』 （1992～93年）

虫プロダクション 1962年設立

『鉄腕アトム』 （1963～66年）
『ジャングル大帝』 （1965～66年）
『悟空の大冒険』 （1967年）
『あしたのジョー』 （1970～71年）

タツノコプロ 1962年設立

『宇宙エース』 （1965～66年）
『科学忍者隊ガッチャマン』 （1972～74年）
『新造人間キャシャーン』 （1972～74年）
『タイムボカン』 （1975～76年）

エイケン 1952年設立
（旧TCJ）

『仙人部落』 （1963～64年）
『鉄人28号』 （1963～64年）
『エイトマン』 （1963～64年）
『サザエさん』 （1969年～ ）

トムス・エンタテインメント
（旧東京ムービー） 1964年設立

『ビッグX』 （1964～65年）
『巨人の星』 （1968～71年）
『ルパン三世』 （1971～72年）

ピー・プロダクション 1964年設立

『0戦はやと』 （1964年）
『ハリスの旋風《かぜ》』 （1966年）

サンライズ 1972年設立
（旧サンライズスタジオ）

『ハゼドン』 （1972～73年）
『勇者ライディーン』 （1975～76年）
『機動戦士ガンダム』 （1979～80年）

シンエイ動画 1976年設立

『ドラえもん』 （第2作／1979年～）
『クレヨンしんちゃん』（1992年～ ）

Term
制作　本書では「製作」と「制作」を文脈に応じて次のように意図的に使い分けている。
「製作」…作品を作らせること＝Produce
「制作」…作品を作ること＝Create

『鉄腕アトム』※の映像化の歴史

※原作は手塚治虫の漫画作品

- **鉄腕アトム（実写版）**（1959〜60年）
- **鉄腕アトム（アニメ第1作）**（1963〜66年）
  フジテレビ系で放送
  モノクロ作品。日本初の本格的なテレビアニメ
- **鉄腕アトム（アニメ第2作）**（1980〜81年）
  日本テレビ系で放送
- **ASTRO BOY 鉄腕アトム（アニメ第3作）**（2003〜04年）
  フジテレビ系で放送
- **ATOM**（2009年世界公開）
  ハリウッド・香港制作のフルCGアニメ映画
- **アトム ザ・ビギニング**（2017年）
  NHK総合テレビで放送
  （鉄腕アトム誕生までのストーリー）

『鉄人28号』※の映像化の歴史

※原作は横山光輝の漫画作品

- **鉄人28号（実写版）**（1960年）
- **鉄人28号（アニメ第1作）**（1963〜66年）
  フジテレビ系で放送
  モノクロ作品
- **太陽の使者 鉄人28号（アニメ第2作）**（1980〜81年）
  日本テレビ系で放送
- **超電動ロボ 鉄人28号FX（アニメ第3作）**（1992〜93年）
  日本テレビ系で放送
- **鉄人28号（アニメ第4作）**（2004〜05年）
  テレビ東京系深夜枠で放送／劇場版もあり

Section
1-2 『鉄腕アトム』とキャラクタービジネス

テレビ開局当時のアニメ放映では、『スーパーマン』『マイティマウス』『ポパイ』『トムとジェリー』などの米国産アニメがたくさん輸入・放映され、人気を集めていました。

■日本アニメの礎『鉄腕アトム』

そこへ1963年に、国産アニメの『**鉄腕アトム**』が登場して大ヒットすると、状況が一変しました。他のアニメ制作プロダクションも続々とテレビアニメを制作。『アトム』放映1年後には十数タイトルの国産テレビアニメが放映され、米国産アニメを本数・人気の両面で凌駕《りょうが》して片隅に追いやったのです。

日本最初の〈本格的テレビ用連続アニメ〉として制作された『鉄腕アトム』は、いうまでもなく『ジャングル大帝』と並ぶ手塚治虫の初期の名作長編漫画が原作です。

手塚治虫は、終戦直前の45年に公開された劇場用アニメ『桃太郎 海の神兵*』を観て、その出来栄えに感動し、「自分もアニメを作りたい」という夢を抱きました。戦後になってディズニーの初期のアニメ『白雪姫』や『バンビ』などが公開されると、それらにも親しんでいます。十数年後、漫画界のトップとして君臨するようになった手塚治虫は、長年の夢を黎明《れいめい》期のテレビメディアで実現させたのです。

『アトム』は、日本アニメの歴史の大きな転換点となり、現在にまで至る日本のアニメ文化隆盛の礎を築きました。

また、アニメビジネスの観点からも、『アトム』は日本のキャラクターで初めて**商品化権**（マーチャンダイズ）の概念を確立した、記念すべき作品なのです。

当時、視聴率や人気では大成功となった『鉄腕アトム』でしたが、大きな弱点を抱えていました。それは、制作費の極端なコストダウンに成功したとはいえ、テレビ局から受け取る制作費では毎回赤字が出る、ということでした。この制作費の不足分を埋める方法となったのが、キャラクターの商品化でした。人気キャラクターのアトムは、食品会社のチョコレートのおまけシールをはじめ、様々な商品

Term **桃太郎 海の神兵**　戦時下の1944年に日本の海軍省より国策アニメ映画製作の命を受け、松竹動画研究所によって製作された国産長編アニメ（白黒、74分）。1945年4月に公開。音楽は古関裕而（こせき ゆうじ）が担当。

となって、いわゆる**キャラクタービジネス**が日本でも産声を上げたのです。

当時の『アトム』の商品化権収入は、4年間で5億円という驚異的な金額となりました。『アトム』以前のキャラクター商品は、海賊版が当然のように流通している状況で、著作権者に許諾を求めることもキャラクター使用料を支払うことも、ほとんどない状況でした。

しかし虫プロは、ディズニーが展開したキャラクターマーチャンダイジングを導入し、許諾業務のノウハウを取り入れました。その結果として著作権者に使用料が支払われるようになり、低予算受注で赤字体質だった虫プロを救い、テレビアニメに商業性があることを示したのです。こうして版権ビジネス興隆の起爆剤となった『鉄腕アトム』、のちのテレビアニメのモデル形成に大きな影響を与えました。

また『アトム』は、米国を中心に海外で販売・放映された初の日本製アニメのコンテンツともなりました。米国の3大ネットワークテレビ局の1つであるNBCに52話分を総額2億円で販売しました。

その後、80年にカラー版の『鉄腕アトム』が、2003年にはリメイクの『ASTRO BOY鉄腕アトム』が放映されました。17年にはNHKがアトム誕生までの物語を描いた『アトム ザ・ビギニング』を放映。23年より『鉄腕アトム』の人気エピソード「地上最大のロボット」をリメイクした『PLUTO』（監督：河口俊夫、原作漫画：浦沢直樹）がNetflixシリーズとして配信されるという、息の長いキラーコンテンツとなっています。

『鉄腕アトム』から始まった日本のキャラクタービジネス。今日、その世界市場規模は年間約2兆7000億円という巨大な産業になりました。キャラクターの「メディアミックス」総収益世界ランキングでは、『ポケモン』が総収益921億ドルを達成して、堂々の1位を獲得しています。

アニメ第1作『鉄腕アトム』のスタッフ

制作：虫プロダクション
脚本：手塚治虫、辻 真先、豊田有恒、石津嵐、富野由悠季ほか
演出：手塚治虫、出﨑統、杉井ギサブロー、りんたろう、山本暎一、鈴木伸一ほか
音楽：高井達雄
広告代理店：萬年社
提供：明治製菓

主題歌　オープニング『鉄腕アトム』
作詞：谷川俊太郎
作曲：高井達雄
歌　：上高田少年合唱団

Point

テレビアニメ（30分）の制作期間　今日では総作画枚数が3000～8000枚に及び、平均的な制作期間は脚本ができてから1カ月半～3カ月で、編集には約1週間かかる。それを何班か（4～5チーム）に分かれて制作。

Section 1-3

『オバケのQ太郎』の商品化ブーム

『鉄腕アトム』のスタートから2年で、宇宙ものや冒険ものといったヒーローの類似アニメ作品が氾濫するようになり、視聴率が低下しました。この状況で登場したのが、1965年8月からTBS系で放映が開始された『オバケのQ太郎』(東京ムービー制作)でした。

『オバQ』のキャラクタービジネス

いまや世界的大ヒットアニメとなった『ドラえもん』でおなじみの漫画家・藤子不二雄*の原作漫画をテレビ化したもので、ごくふつうの家庭に住み着いた、間の抜けたオバケが引き起こす騒動をユーモラスに描くこのアニメ作品は、平均視聴率30%を超す大ヒット。それまでは「ヒーローもの」を得意とする漫画家」の印象が強かった藤子でしたが、これを機に「ギャグの藤子不二雄」として社会的に認知されるようになりました。「オバQブーム」と呼ばれる社会現象の中で、**生活ギャグアニメ**という新しい柱を樹立しました。

マーチャンダイズでも、食品・玩具など2000種類以上の商品化というブームを起こし、声優の曽我町子が歌う「オバQ音頭」のレコードは200万枚以上の大ヒットとなり、子供向けの音頭曲の定番の1つとなって長く親しまれました。

このとき商品化業務を行ったのは、原作漫画を掲載していた出版社の小学館でした。『オバQ』の商品化収入は巨額となり、67年に建築された旧本社ビルが「**オバQビル**」の異名をとるほど小学館を潤したことで有名です。

『オバQ』のキャラクタービジネスの成功から、このあと『おそ松くん』『パーマン』などでテレビアニメに漫画原作を提供していく小学館は、出版以外のメディア展開を出資者・事業主として積極化させていき、67年には商品管理や版権管理の業務を目的とする子会社の**小学館プロダクション**を設立しました。

同社は出版社系のキャラクター事業会社では最も成功した会社であり、『ドラえもん』『名探偵コナン』といった

Term **藤子不二雄** のちに藤子・F・不二雄および藤子不二雄Ⓐとなる2人の共同ペンネーム。コンビを解消する1987年まで使用。代表作には『パーマン』『忍者ハットリくん』『怪物くん』『プロゴルファー猿』『ドラえもん』『キテレツ大百科』『エスパー魔美』などがある。

人気作品やキャラクターを数多く取り扱っています。97年からは、のちに国内外で大ブレイクする『ポケットモンスター』のテレビシリーズも開始されました。

そして2008年、本業の出版が厳しい環境にある中、**漫画派生ビジネス**を積極的に展開するため、同じ一ツ橋グループの集英社が小学館プロダクションに資本参加して、新会社**小学館集英社プロダクション**（ShoPro）を設立、キャラクター・コンテンツビジネスを強化・推進しています。特に劇場版『名探偵コナン』は、24年に公開された『100万ドルの五稜星』が前作『黒鉄の魚影』から2作連続で興行収入100億円突破となりました。これはシリーズアニメとして邦画史上初の快挙であり、『コナン』映画シリーズの人気ぶりを象徴する結果です。

ShoProの扱う主なアニメ作品

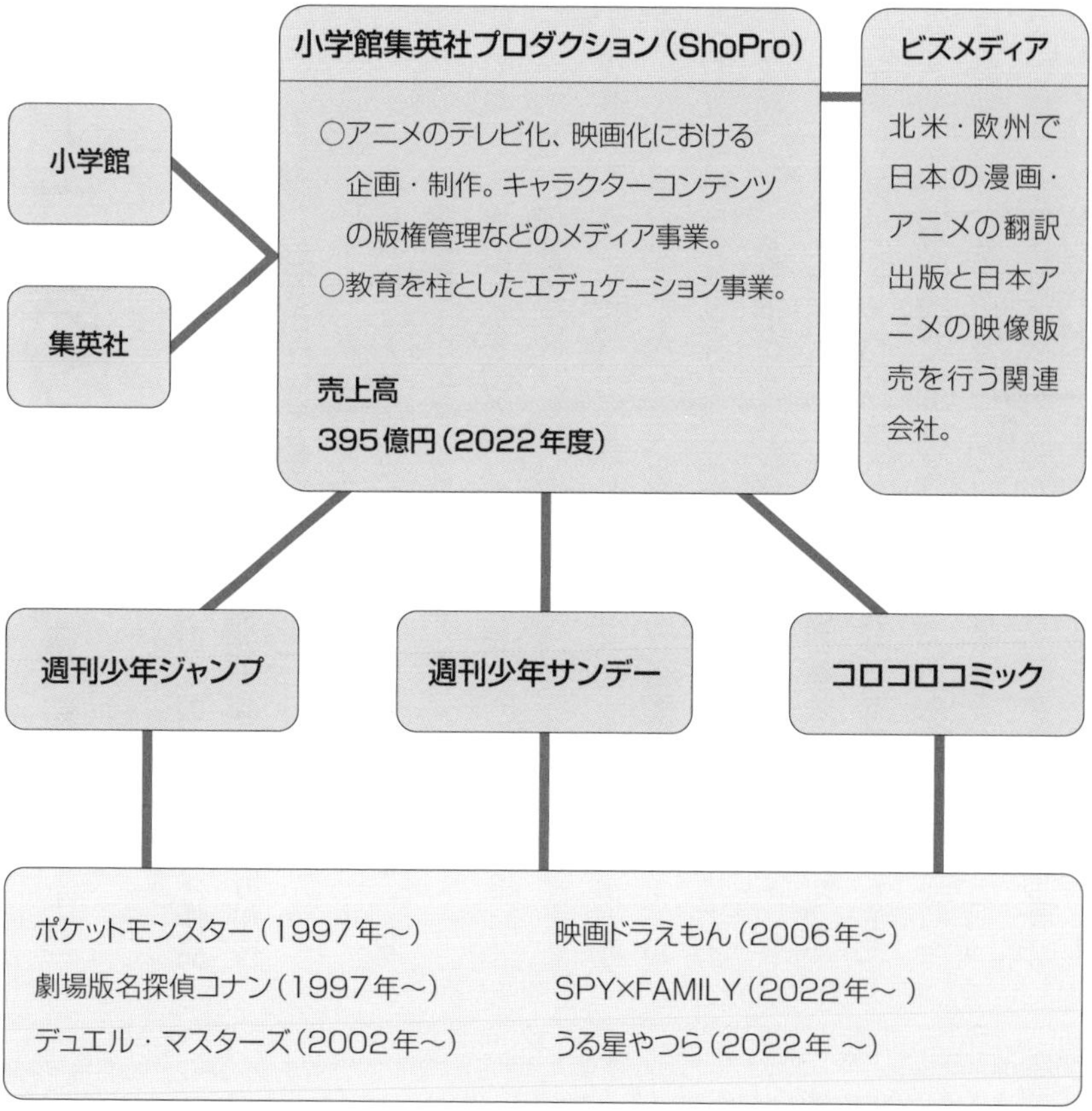

Section
1-4

『ヤマト』からのアニメブーム（第二次アニメブーム）

1960年代に『アトム』を契機として大量生産体制に入った日本アニメは、『巨人の星』『アタックNo.1』（東京ムービー制作）、『科学忍者隊ガッチャマン』（タツノコプロ制作）などを次々にヒットさせ、またたく間にテレビ番組のコンテンツとして市民権を獲得しました。

■『ヤマト』が牽引した第二次アニメブーム

しかし、当初はまだ**子供向けテレビ漫画**という評価でしかありませんでした。

子供が主体だったアニメの観客層に変化をもたらしたのは、70年代後半に登場した『ヤマト』『ガンダム』です。

まず、74年10月から放映された『**宇宙戦艦ヤマト**』（オフィス・アカデミー制作）が青年層アニメファンを獲得して第二次**アニメブーム**の火付け役となりました。

特に、テレビシリーズを再編集した77年の劇場版『宇宙戦艦ヤマト』は配給収入9億円を稼ぎ、さらに翌年8月封切りの全編オリジナルによる『さらば宇宙戦艦ヤマト 愛の戦士たち』（松本零士《れいじ》・舛田《ますだ》利雄監督）では配給収入も21億円を超え、3カ月近いロングヒットとなりました。この配収記録は、アニメとしては89年公開の『魔女の宅急便』（宮崎駿監督）まで長らく破られませんでした。

次いで80年公開の『ヤマトよ永遠に』も13億円のヒットとなりました。

この『ヤマト』劇場版公開に始まり、78年の『銀河鉄道999《スリーナイン》』（りんたろう*監督）、79年の『**機動戦士ガンダム**』（富野由悠季《よしゆき》監督）……と劇場版アニメ映画のヒットが続くことで、長期的なアニメブームへと発展していきます。

この時期、日本アニメが表現の可能性として選んだコースは「青春群像、夢とロマン、戦闘」を柱とする「SFモノのスペクタクル・アクション」でした。

「屈折した登場人物、リアルな描写、壮大な世界観」といった新たな表現が青年層の心をつかみ、アニメを若者文化の1つとして世間に認知させたのでした。

Term

りん たろう　アニメ監督。マッドハウス所属。日本アニメ黎明期から関わるアニメ界の重鎮。代表作の『銀河鉄道999』『幻魔大戦』『メトロポリス』など、作品多数。

「テレビ漫画」から「アニメ」へ

まさに日本アニメの革新、歴史の転換点となった『ヤマト』『ガンダム』ブーム。このブームを契機に〈アニメは子供向け〉という社会通念も変化しました。そして、『ヤマト』『ガンダム』によるアニメ視聴者層の拡大はアニメ産業の成長を支えました。アニメのキャラクタービジネスでは、子供向けの版権もの絵本やお菓子、文具、玩具にとどまらず、78年のアニメ専門雑誌『アニメージュ』（当時の編集の鈴木敏夫が宮崎駿に『風の谷のナウシカ』の漫画を連載させ、これがスタジオジブリ設立につながった）の創刊以降、若者向けのグッズや高価なキャラクター設定資料集、ムック、サントラレコードなどへと広がりを見せます。

さらに80年代に入ると、「アニメポリス・ペロ」（2001年閉店）や「アニメイト」などのアニメグッズ専門店が作られるようになりました。

また、それまで「テレビ漫画」と呼ばれていたアニメーションに対して、当時、業界用語だった「**アニメ**」という呼称が広く使われるようになりました。

アニメ作品に熱狂する若者を指す**アニメファン**（のちにはオタク）という言葉も一般化しました。

アニメファンの購買意欲はすさまじく、その収集対象はビデオ、CDといったソフトのみならず、プラモデル、フィギュア、カード、ポスターやカレンダーなど、あらゆる関連グッズにまで及びます。

また、アニメキャラクターの声優が人気を集め、アニメ声優がパーソナリティを務めるラジオ番組なども誕生して、アニメファンからは「声優」が憧れの職業の1つと見られるようにもなりました。

このアニメブームの高まりが作り手にも力を与えたかたちとなり、『さらば宇宙戦艦ヤマト』公開の78年と翌79年には、前出の『銀河鉄道999』のほかに、テレビでは『赤毛のアン』『未来少年コナン』、劇場版では『エースをねらえ！』（出﨑統《おさむ》*監督）、『ルパン三世 カリオストロの城』（宮崎駿監督）などの、のちに名作と呼ばれる作品が次々と生み出されました。

『ヤマト』に端を発するアニメブームは、80年代後半からテレビゲームという強敵の登場で退潮期に入りますが、この時期に作品の内容が多様化し、ファン層が広がったことによって、アニメは大きなマーケットを形成するまでに成長したのです。また、アニメファン向けの作品づくりが本格的に始まる直前の時期でもありました。

Term　**出﨑 統**　アニメ監督、脚本家。テレビアニメの草創期より制作現場に入り、26歳で『あしたのジョー』（テレビ版）の監督格に抜擢。代表作『エースをねらえ！』『宝島』『ベルサイユのばら』など。

Section

1-5 アニメ作品のキャラクタービジネス

『鉄腕アトム』以来、アニメキャラクターを使用した関連商品の販売はすでに60年以上の歴史を持ち、いまやその市場規模（商品化権・版権）は2兆6500億円超へと大きく成長しました。

当たれば大きいキャラクタービジネス

アニメ作品がテレビで放映される場合、そこからキャラクター商品が発生します。キャラクターが付いただけで商品が差別化され、キャラによる付加価値のぶんだけ競争力が高まるのです。玩具や食品、文具、衣類、DVD、CD、書籍など、多種多様な商品が展開されます。

各メーカーは、キャラクター商品を出すためにその売上の数%を、アニメ製作と原作に携わった関係者の中で著作権を持つ人・団体に対し、**著作権使用料**（**ロイヤリティー**＊）を支払います。アニメがビッグビジネスになるのは、このキャラクター商品が売れるときです。

キャラクタービジネスこそ、アニメを取り巻くビジネスの中で最も大きな市場となりました。

1990年代当時、30分もののテレビアニメの制作単価は900万円から1100万円程度でした。テレビ局が支払う放映権料は800万円から900万円で、毎回赤字を出すほど安く済まされていましたが、それでも制作を請け負っていたのは、最初から、赤字をカバーするためにロイヤリティーなどの二次利用収入を見込んでいたからです。

今日でもアニメ制作会社・サンライズの主力シリーズ作品であり、いまにつながるアニメブームの原点となった『**機動戦士ガンダム**』（通称「ファーストガンダム」）も、テレビ放映（79年4月開始）当時は視聴率が伸び悩み、全52話の予定が全43話に短縮されるかたちで打ち切りとなった作品でした。

しかし放送終了後、中高生を中心に評価が高まり、再放送が重ねられることで世間一般へと浸透していったのです。

放映終了の半年後にバンダイから発表されたプラモデルが爆発的な売行き（発売当時、半年で100万個を販売し、

Term

ロイヤリティー　特定の権利を利用する者が、権利を持つ者に支払う対価のこと。主に特許権、商標権、著作権などの知的財産権の利用への対価を指す。特に、著作権に対する対価は著作権使用料あるいは印税ともいう。

翌81年にはシリーズ累計で2500万個を売り上げた）を見せ、続いて81年3月、劇場版映画が公開されるにあたって社会現象ともいえるブームを巻き起こしました。

玩具業界でのガンダム関連商品は史上空前の**ガンプラ**＊ブームを呼んだのです。これにより、サンライズには莫大《ばくだい》なロイヤリティーがもたらされました。

ガンダムのプラモデル（ガンプラ）は1980年7月の販売開始から2023年3月末時点までの44年間で累計7億6000万個を出荷。近年は日本のみならず世界中で販売されていて、中国などアジアを中心に需要が高まり、年間販売額の5割を海外が占めています。

そして22年10月から23年7月まで放送された『機動戦士ガンダム 水星の魔女』では、テレビシリーズ初となる女性主人公や学園を舞台とする疾走感のあるストーリーが注目を集め、それまでガンダムに触れてこなかった10代から20代の若い層や女性ファン層も巻き込んだ大きなムーブメントになりました。この『水星の魔女』効果もあり、サンライズの親会社バンダイナムコ ホールディングスの売上高は9900億8900万円で過去最高を記録しました。

また、1992年放映開始の『美少女戦士セーラームーン＊』、そのシリーズ最盛期の『セーラームーンS』の放送

テレビアニメ番組ビジネス（1990年代当時）

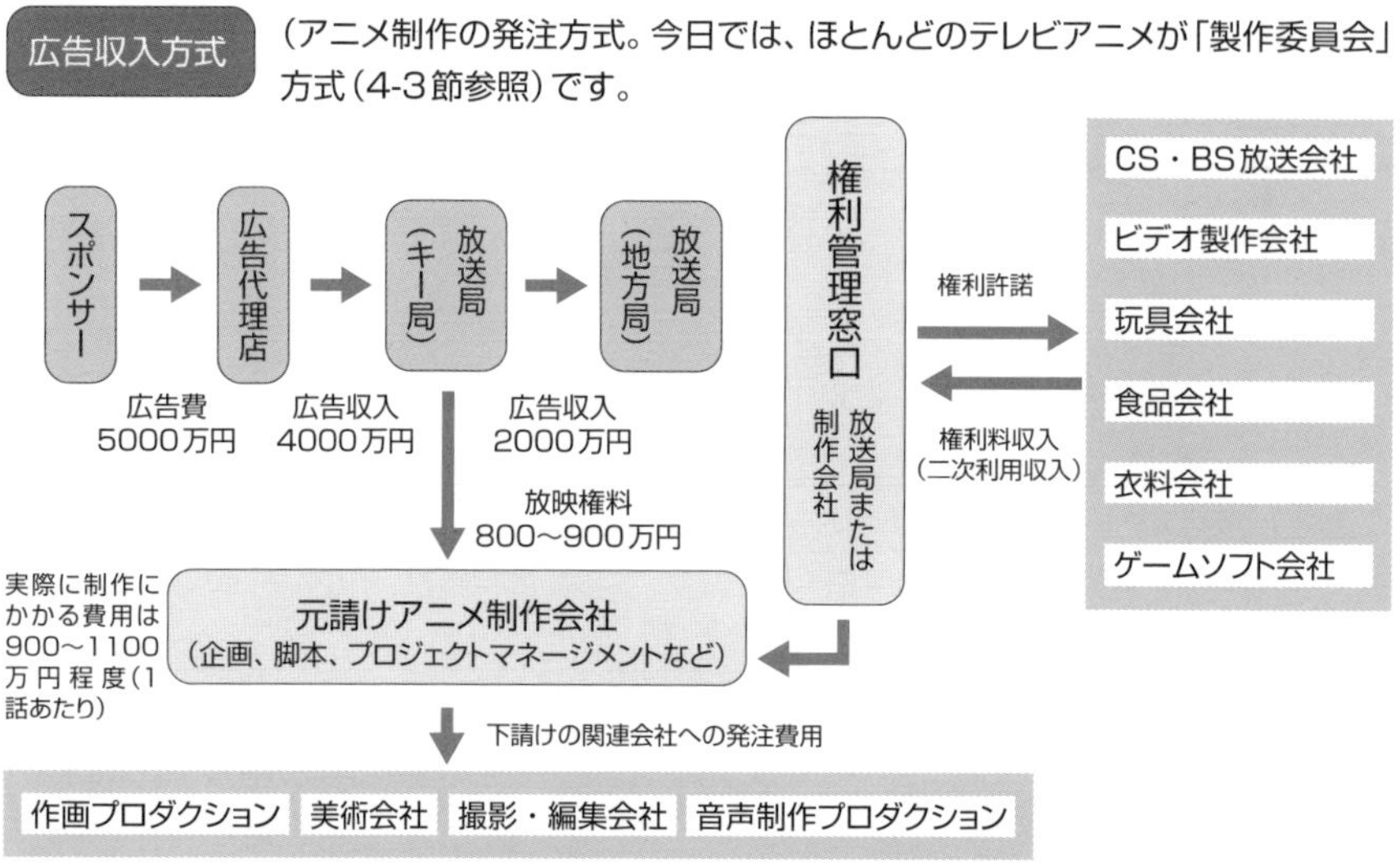

Term

ガンプラ　ガンダムのプラモデルの略称。『ガンダムシリーズ』に登場した、モビルスーツやモビルアーマーなどと呼ばれるロボットや艦船を立体化したプラモデルのこと。現在までの累計販売個数は5億個を突破している。

時、キャラクター権を取得した企業（ライセンシー）は57社、また関連商品は1152種にも及びました。食品や靴下、帽子、トレーナー、サンダルなど、セーラームーンの絵柄とマークが入っていれば売れるということで、各種メーカーがライセンスの商談を求め、制作の東映アニメーションには各社の担当者がひっきりなしに押しかけるほどでした。

1997年に5年間続いたシリーズ放送を終了しましたが、市場規模で3000億円という版権売上を計上しました。

キャラクタービジネスがこれだけの市場を生み出すとなれば、当然新しい動きが出てきました。当たれば大きいキャラクタービジネスに、またアニメが持つ産業としての潜在能力に、各界のスポンサーが気付き始めたのです。

従来、アニメのスポンサーといえば、子供をターゲットにした玩具・文具・食品会社というのがお定まりでしたが、新たに商社や外資系企業などが参入してきました。これまでアニメ業界には縁遠いと思われていた業界が、キャラクターなどの**版権ビジネス**に乗り出してきたのです。制作費を調達するために投資ファンドを募集し、一般の市場から資金を調達する仕組みを構築しようとする会社も現れました。こうしてアニメをめぐる二次利用の権利の投資戦が本格化し、アニメ産業の構造的な変化が始まったのです。

『美少女戦士セーラームーン』テレビシリーズ作品

原作 - 武内直子（講談社『なかよし』連載）
アニメ制作 - 東映アニメーション

『美少女戦士セーラームーン』
1992年3月放映開始　全46話
『美少女戦士セーラームーンR』
1993年3月放映開始　全43話
『美少女戦士セーラームーンS』
1994年3月放映開始　全38話
『美少女戦士セーラームーンSuperS』
1995年3月放映開始　全39話
『美少女戦士セーラームーンセーラースターズ』
1996年3月放映開始　全34話
『美少女戦士セーラームーンCrystal』
2014年7月配信開始※1　全26話
『美少女戦士セーラームーンCrystal Season III』
2016年4月放映開始　全13話※2

※1 Webアニメとして全世界同時配信された。
※2 続編として劇場版4本が制作された。

Term **美少女戦士セーラームーン**　東映動画（現・東映アニメーション）によって制作。社会現象になるほどの大ヒットとなったことで続編の制作が決まり、全部で第5期まで制作。放映期間は1992年3月7日から1997年2月8日まで。5シリーズ全200話。2014年にWebアニメとして全26話を配信。

『機動戦士ガンダム』の版権管理の流れ

『ガンダム』の版権は、当初は企画・制作のサンライズと企画に関わった創通にあったが、バンダイナムコは1994年にサンライズを、2019年に創通を子会社化することで、ガンダムの権利を完全掌握した。

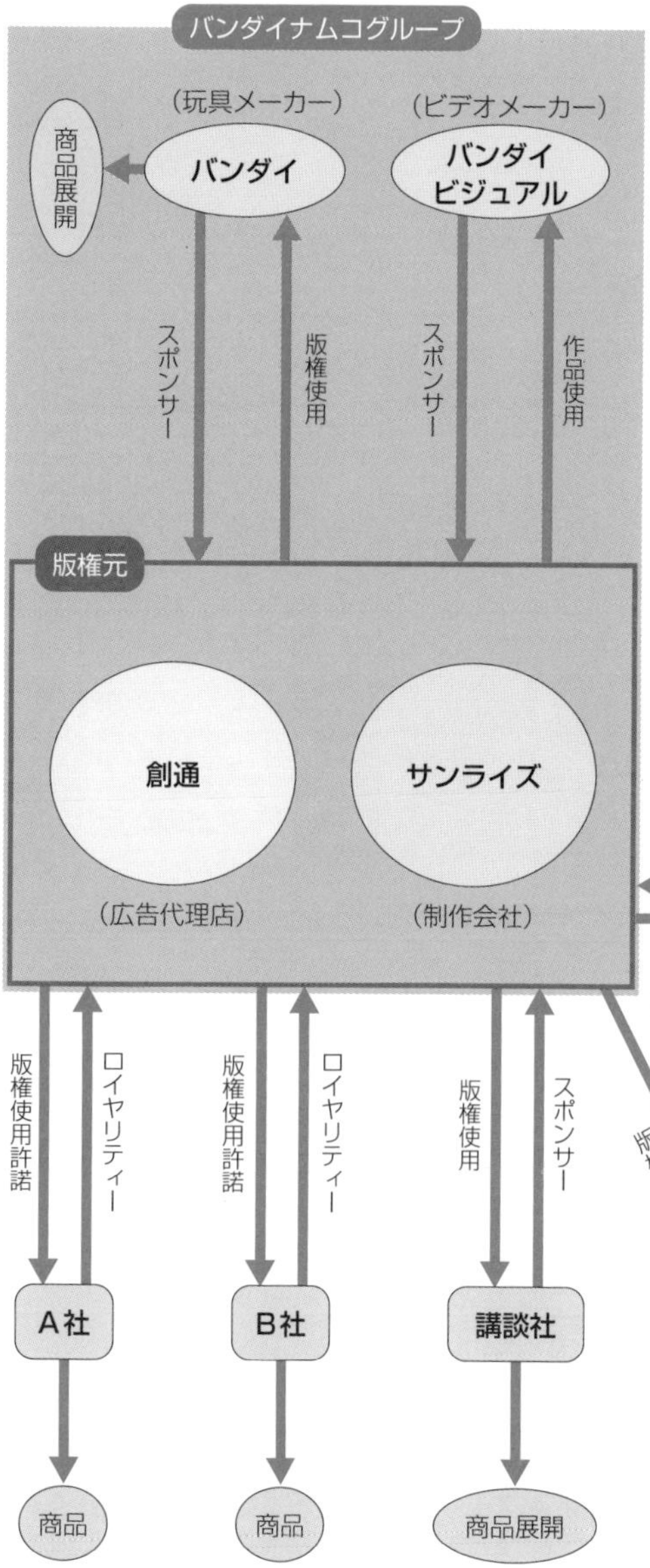
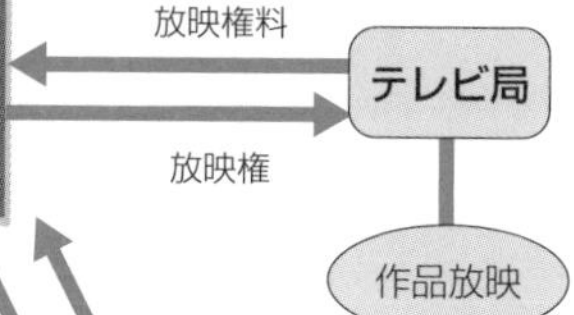

『ファーストガンダム』(通称)

監　督：富野喜幸(現・由悠季)
製　作：名古屋テレビ
　創通エージェンシー(現・創通)
　日本サンライズ(現・サンライズ)
放送局：名古屋テレビ
キャラクターデザイン：安彦良和
メカニックデザイン：大河原邦男
放送期間：1979～80年
話　数：全43話

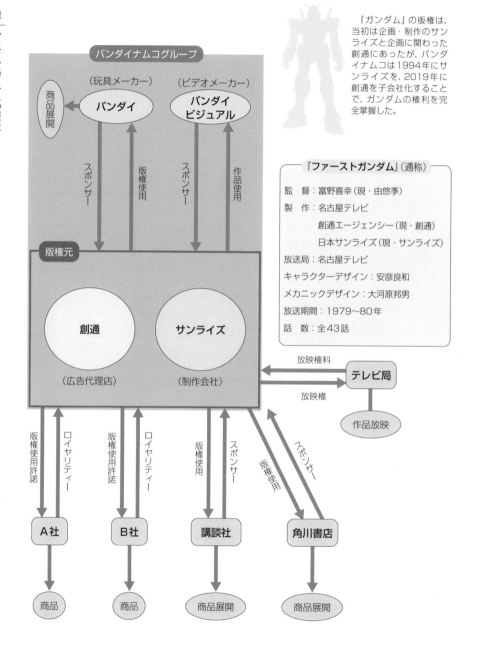

『ヤマト』『ガンダム』とその他の主なアニメ映画（1977 ～ 83 年）の配給収入

年	作品名	配給収入
1977	宇宙戦艦ヤマト	9 億 3000 万円
1978	さらば宇宙戦艦ヤマト 愛の戦士たち	21 億円
	ルパン三世 ルパン VS 複製人間	9 億 1500 万円
1979	銀河鉄道 999	16 億 5000 万円
	がんばれ !! タブチくん !!	7 億円
	ルパン三世 カリオストロの城	4 億円
1980	あしたのジョー	5 億円
	ドラえもん のび太の恐竜	15 億 5000 万円
	地球へ…	4 億円
	ヤマトよ永遠に	13 億 5000 万円
	サイボーグ 009 超銀河伝説	5 億円
1981	ドラえもん のび太の宇宙開拓史	17 億 5000 万円
	機動戦士ガンダム	9 億円
	機動戦士ガンダムⅡ 哀・戦士編	8 億円
	さよなら銀河鉄道 999	11 億 3000 万円
1982	ドラえもん のび太の大魔境	12 億 2000 万円
	機動戦士ガンダムⅢ めぐりあい宇宙編	12 億 9000 万円
	1000 年女王	10 億 1000 万円
	わが青春のアルカディア	6 億 5000 万円
1983	幻魔大戦	10 億 6000 万円
	宇宙戦艦ヤマト 完結編	10 億円

「キネマ旬報全映画データベース」に基づく

Point

『宇宙戦艦ヤマト』シリーズ　1974年にテレビアニメが日本テレビ系列で放送されたが、視聴率は低迷。しかし、再放送などで注目され、再編集した劇場映画が公開されるころまでには、社会現象ともいえる大ブームとなった。その後の『銀河鉄道999』『機動戦士ガンダム』『超時空要塞マクロス』から『新世紀エヴァンゲリオン』に至るSFアニメブームの先駆けとなった。レコード、小説、アニメ雑誌、ラジオドラマ、キャラクター商品など、アニメビジネスにおいて多くの足跡を残し、『宇宙戦艦ヤマト』リメイクシリーズも、『宇宙戦艦ヤマト2199』を皮切りに現在まで多数制作されている。

『ガンダム』シリーズ映像作品

テレビアニメタイトル	監督	話数	放送期間
機動戦士ガンダム	富野喜幸	全43話	1979～1980年
機動戦士Ζガンダム	富野由悠季	全50話	1985～1986年
機動戦士ガンダムZZ	富野由悠季	全47話	1986～1987年
機動戦士Vガンダム	富野由悠季	全51話	1993～1994年
機動武闘伝Gガンダム	今川泰宏	全49話	1994～1995年
新機動戦記ガンダムW	池田成	全49話	1995～1996年
機動新世紀ガンダムX	高松信司	全39話	1996
∀ガンダム	富野由悠季	全50話	1999～2000年
機動戦士ガンダムSEED	福田己津央	全50話	2002～2003年
機動戦士ガンダムSEED DESTINY	福田己津央	全50話	2004～2005年
機動戦士ガンダム00（ファーストシーズン）	水島精二	全25話	2007年10月～2008年3月
機動戦士ガンダム00（セカンドシーズン）	水島精二	全25話	2008年10月～2009年3月
機動戦士ガンダムAGE	山口晋	全49話	2011～2012年
ガンダムビルドファイターズ	長崎健司	全25話	2013～2014年
ガンダムビルドファイターズトライ	綿田慎也	全25話	2014～2015年
ガンダムGのレコンギスタ	富野由悠季	全26話	2014～2015年
機動戦士ガンダム 鉄血のオルフェンズ（第1期）	長井龍雪	全25話	2015～2016年
機動戦士ガンダム 鉄血のオルフェンズ（第2期）	長井龍雪	全25話	2016～2017年
機動戦士ガンダムUC RE:0096	古橋一浩	全22話	2016年
ガンダムビルドダイバーズ	綿田慎也	全25話	2018年
機動戦士ガンダム 水星の魔女	小林寛	全24話	2022～2023年

●映画作品

劇場版3部作（『機動戦士ガンダム』『機動戦士ガンダムII 哀・戦士編』『機動戦士ガンダムIII めぐりあい宇宙編』）『機動戦士ガンダム 逆襲のシャア』『機動戦士ガンダムF91』『GUNDAM Mission to the Rise』『SDコマンド戦記』『ガンダム新体験 グリーンダイバーズ』『G-SAVIOUR』『機動戦士Ζガンダム A New Translation（星を継ぐ者、恋人たち、星の鼓動は愛）』『リング・オブ・ガンダム』『劇場版 機動戦士ガンダム00 -A wakening of the Trailblazer-』

●Web配信作品

『機動戦士ガンダム サンダーボルト』『機動戦士ガンダム Twilight AXIS』

Section
1-6 社会現象となった『エヴァ』(第二次アニメブーム)

『ヤマト』『ガンダム』が発火点になった第二次アニメブームは、1980年代後半から退潮期に入ります。この時期に、作品の内容やファンの多様化で、少数のマニア向けに様々な作品が制作されるようになり、その延長線上に制作されたのが90年代最大の話題作**『新世紀エヴァンゲリオン』**(GAINAX*制作)でした。

エヴァ現象から空前のアニメブームへ

『エヴァ』は1995~96年にテレビ東京系で放送されました。「14歳の少年少女が巨大ロボットを操り、人類を攻撃する〝使徒〟と呼ばれる謎の生命体と闘う」というストーリーのSFアニメ。複雑に張りめぐらされた伏線や細部まで作り込まれた設定などの要素により、アニメファンのみならず一般のヤングアダルト層も巻き込んで、〝エヴァ現象〟とマスコミに名付けられるほどの人気を博したのです。

97年にはテレビ版のラストを大幅に改変したアニメ映画『新世紀エヴァンゲリオン劇場版』の『シト新生』と『Air/まごころを、君に』が春夏に公開され、合わせて興行収入43・4億円を上げる大ヒットを記録します。

また、99年の『ポケモン』の米国でのヒットや、スタジオジブリ制作の劇場アニメ『もののけ姫』『千と千尋《ちひろ》の神隠し』の国内外の高い評価もあって、アニメは「数少ない国際競争力を持ったソフト」、「右肩上がりの輸出産業」だという評価が芽生え、二次利用を含む権利ビジネス、コンテンツビジネスへの関心が高まり、アニメ製作に弾みを付けました。

こうして、「アニメは儲かる」という認識が業界に浸透し、テレビの深夜帯やBS、CSで大人向けアニメが数多く編成されるようになります。

とりわけ深夜帯は、制作側にとっては放映枠代(電波料)を安く上げることができ、テレビ局側にとっても視聴者の少ない深夜枠を有効に活用できるというメリットがあ

Term

GAINAX(ガイナックス) アニメを主とした映像作品、コンピュータソフトの企画、制作および販売を主な事業内容とするアニメ制作会社。1990年代には社会現象を巻き起こした『新世紀エヴァンゲリオン』を制作。そのほか、代表作には『ふしぎの海のナディア』『トップをねらえ!』などがある。

るため、アニメファンを対象とする**深夜アニメ**放送に開放していくことになりました。こうして90年代後半から、現在のように、DVDやBD（ブルーレイディスク）を売るための宣伝として深夜アニメが使われるようになりました。2015年には、放送されている全アニメのうちの半分以上が深夜アニメとなり、それは現在も変わっていません。

これらの深夜アニメ枠で、『エヴァ』のヒットに刺激されて制作されたアニメ作品を一挙に受け入れることになり、アニメ製作に一段と拍車がかかり、首都圏ではテレビアニメが週約50本放送されるという、空前のアニメブームへと発展していきました。

その後、『新世紀エヴァンゲリオン』は『ヱヴァンゲリヲン新劇場版』として新設定で再構成した全4部作にリメイクされて、前回のテレビシリーズおよび劇場版では明かされなかった「新たな真実」が描かれています。脚本と総監督を務めるのは『エヴァ』の生みの親である庵野《あんの》秀明。新しくアニメ制作会社「株式会社カラー」を設立し、自身が出資も行うことで、いわゆるインディーズ映画の興行形態をとって製作されています（庵野は2016年公開で興行収入82・5億円と大ヒットした、『ゴジラシリーズ』の実写映画『シン・ゴジラ』でも脚本と総監督を務めている）。

『ヱヴァンゲリヲン新劇場版』（全４部作）

監督	庵野秀明（総監督） 摩砂雪（第１作〜第３作） 前田真宏（第３作、第４作） 中山勝一（第４作） 鶴巻和哉（第１作〜第４作）
主キャラクターデザイン	貞本義行
音楽	鷺巣詩郎
テーマソング	宇多田ヒカル
制作	スタジオカラー*

登場人物	声優
碇シンジ	緒方恵美
綾波レイ	林原めぐみ
アスカ・ラングレー	宮村優子
マリ・イラストリアス	坂本真綾
渚カヲル	石田彰
葛城ミサト	三石琴乃
赤木リツコ	山口由里子
加持リョウジ	山寺宏一
碇ゲンドウ	立木文彦

タイトル	公開日	興行収入
新劇場版：序	2007年９月１日	20億円
新劇場版：破	2009年６月27日	40億円
新劇場版：Q	2012年11月17日	52.6億円
シン・エヴァンゲリオン劇場版：𝄇	2021年３月８日	102.8億円

Term
スタジオカラー　2006年9月、自社企画のアニメを制作するための株式会社カラーの制作スタジオとして、スタジオカラーを設立。『新世紀エヴァンゲリオン』の版権は2014年にGAINAXからスタジオカラーへ移管された。

Section
1-7 アニメの消費構造の変化

アニメコンテンツの消費構造には、テレビ視聴や配信視聴が中心の**一次消費**と、関連商品を購入する**二次消費**があります。

ソフト収益源の変遷

1980年代以前のアニメビジネスはあくまで関連商品であり、アニメソフトの複製品の販売というものではありませんでした。

ビデオデッキが普及する前の関連商品ビジネス（二次消費）というと、食品や玩具などの商品化以外では、アニメを漫画のコマ割で再構成したフィルムコミック、レコードによる音声再録、ムックの中でのシナリオ再録などで、アニメのストーリーを追体験するものがある程度でした。

ところが、80年代に入ると「ビデオ、LD（レーザーディスク）による**ビデオグラム**＊販売」という新たな収益源が出現し、アニメのビジネスモデルに画期的な変化をもたらしました。セルビデオやLDは子供向けの食品や玩具よりもはるかに高価で収益性が高いため、数万人規模のマーケットを対象とするアニメビジネスが成立するようになったのです。その後も、DVDやBDへと、媒体となるメディアの進化を経たあとも、**映像パッケージ販売**はアニメビジネスの主流の1つになっています。

また、テレビ放映や劇場公開を前提としない、ビデオグラム販売のみのアニメ作品である**OVA**（**オリジナルビデオアニメ**）も発表され、青年層マーケットを引き付けて爆発的な発展を遂げ、巻数を伸ばしていきました。

まず83年、OVA作品第1弾であるスタジオぴえろ制作の『ダロス』（押井守＊監督）が発売されました。それ以降、お蔵入りとなった企画やテレビアニメの番外編など、毎週のように新作がリリースされる状況でした。中でも88年に発売されたOVAシリーズの『機動警察パトレイバー』のヒットから、のちに劇場用アニメやテレビシリーズなどが作られています。しかし、その後の深夜アニメ放送の出現

Term
ビデオグラム　映画やテレビ番組などの映像作品を、VHSテープやDVD、BD（ブルーレイディスク）などの媒体に記録したもの。

によって、表現の自由度が高かったOVAのアドバンテージが失われ、リリース数は次第に減少していきました。

ともあれ、映像パッケージ販売という新たなビジネスチャンスにより、玩具や食品などのメーカーをスポンサーとしないアニメ制作が可能となりました。

また、製作費の集め方も「番組スポンサーによる間接投資」から「製作委員会への直接投資」へと変化したのです。

配信ビジネスの躍進と収益基盤の多様化

今日、アニメの一次消費の構造が変化しつつあります。テレビではなくネット配信でアニメを視聴するというスタイルが、ここ数年で視聴者の生活に根付いてきました。従来、アニメはテレビで放送されるものであり、放送を見逃したらDVDを探すしかありませんでした。でも、動画配信サービスで提供されているコンテンツなら、いつでも「見たい」と思ったときにすぐ見ることができます。

ビジネス面でも変化があり、かつてアニメビジネスの中核であったパッケージ売上（二次消費）は2020年に466億円となり、最盛期であった05年の3分の1程度まで減少しました。一方、アニメの映像配信売上は930億円（2020年）と、パッケージの倍の規模に拡大しています。こうしたパッケージから配信への収益源のシフト、さらには海外展開や企業とのタイアップなどの伸びもあり、結果として、映像パッケージの占める比率は小さくなりました。その一方、同じ二次消費でも今日勢い付いているものとして、コラボカフェやアニソンコンサートなどのライブイベント、2.5次元ミュージカルなどが挙げられます。特にアニメ、漫画、ゲームなどの世界を舞台コンテンツとしてショー化する2.5次元ミュージカルは急成長。人気作品はライブビューイング興行や海外公演を狙うなど、ビジネスの幅も広がってきています。

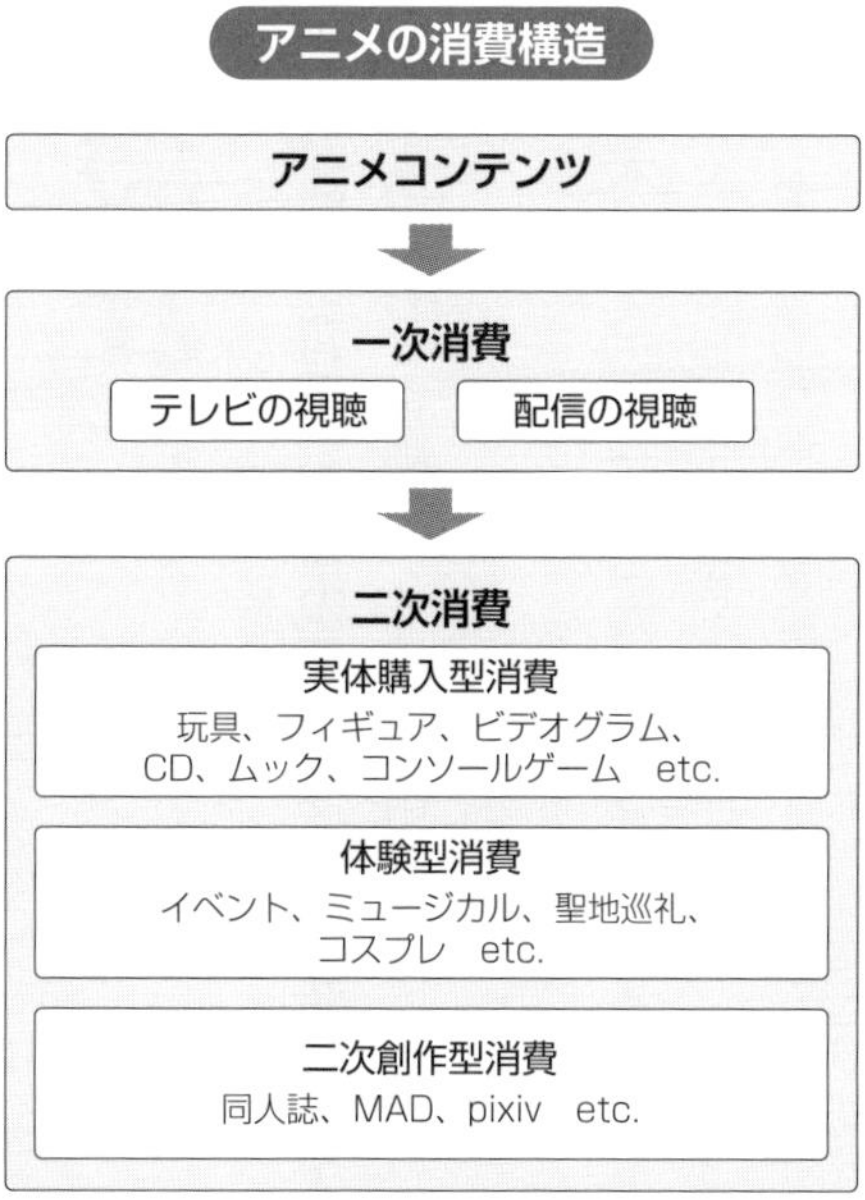

Term
押井 守　アニメや実写映画を中心に活動している映画監督。代表作に『うる星やつら』『機動警察パトレイバー』『攻殻機動隊』などがある。アニメ映画『イノセンス』により、日本SF大賞を受賞。

Section

1-8 スタジオジブリの設立

いまや日本アニメの代名詞となり、海外での評価も高い、宮崎駿監督の作品をはじめとするスタジオジブリの作品群――その演出力、キャラクターの魅力、作画のクオリティの高さはいまさらいうまでもありません。

アニメ映画界の巨匠・宮崎駿

特に、2001年7月封切りの長編アニメ映画『**千と千尋の神隠し**』は、国内で観客2300万人を突破し、興行収入も米国映画『タイタニック』の持つ日本歴代記録260億円を上回る304億円の新記録を打ち立てました（現在の歴代1位は『劇場版 鬼滅の刃』の404億円）。

海外からの評価も高く、翌年のベルリン国際映画祭では日本としては39年ぶり、アニメーションとしては史上初のグランプリ金熊賞を受賞、続いて03年には米国アカデミー賞長編アニメーション部門賞の受賞で、日本アニメが世界的に評価される文化であることを知らしめました。

1980年代以降、日本アニメ界で最もカリスマ性の強い、作家性のある作品づくりを実現してきたのが**宮崎駿**です。宮崎はもともと漫画家志望でしたが、58年に公開された『白蛇伝』を観て深く感動し、アニメーションに興味を持ちました。学習院大学卒業後の63年、東映動画（現・東映アニメーション）に入社したあと、いくつかのプロダクションを経て、テレビアニメ『アルプスの少女ハイジ』では画面構成、『未来少年コナン』*で初の演出を手がけます。そして79年に『ルパン三世 カリオストロの城』で劇場映画の監督デビューを果たしました。この作品は興行的には振るいませんでしたが、公開後、徐々に評価が高まり、やがて名作として認知されることになりました。

84年には個人事務所「二馬力」を設立、自らの漫画を脚色した劇場映画『**風の谷のナウシカ**』のヒットにより脚光を浴び、アニメ作家として広く一般に知られるようになりました。そして翌年、スタジオジブリを設立、『天空のラピュ

Term

未来少年コナン　1978年4月4日から10月31日までNHKで放映されたアニメ作品。放映話数は全26話。宮崎駿が初めて演出を担当した、宮崎作品の原点ともいえる作品。

タ』をはじめ、『となりのトトロ』『魔女の宅急便』『もののけ姫』など、子供から大人まで幅広い支持を集める名作を次々と発表。長編アニメの世界で着々と実績を重ねて、日本アニメ界の第一人者として確固たる地位を築きました。

アニメにまったく興味のない大人までもが、〝宮崎駿のアニメ映画なら観る〟という、あたかも「宮崎駿映画」という新しいジャンルが確立したかのようです。

2013年、映画『風立ちぬ』の公開後、宮崎は長編映画の制作から引退することを発表しますがのちに復帰、24年には10年ぶりに手がけた長編アニメ映画『君たちはどう生きるか』が第96回アカデミー賞の長編アニメーション部門賞に輝きました。宮崎監督の同賞受賞は『千と千尋の神隠し』以来21年ぶり二度目の快挙となりました。

『千と千尋の神隠し』が邦画の歴代興行記録を塗り替えたという事実が示すように、アニメの観客層を大幅に広げたことは、宮崎駿率いるスタジオジブリの大きな功績です。またスタジオジブリは基本的に、巨額の制作費と宣伝費用を興行収入とソフトの国内販売で稼ぎ出し、関連商品の売上やテレビ放映料および配信権料がそのまま利益になるという、他の追随を許さないビジネスモデルを実現しています。

宮崎駿「スタジオジブリ」設立までの道のり

1963年	東映動画（現・東映アニメーション）に入社。
1965年	高畑勲、大塚康生らと共に3年がかりの大作『太陽の王子 ホルスの大冒険』を手がける。
1971年	高畑勲、小田部羊一と共にAプロダクション（現・シンエイ動画）に移籍。
1972年	テレビアニメ『ルパン三世』や子供向け映画『パンダコパンダ』を制作。
1973年	高畑勲、小田部羊一と共にズイヨー映像（現・日本アニメーション）に移籍。
1974年	テレビアニメ『アルプスの少女ハイジ』で場面設定・画面構成を担当。この作品は最高視聴率が26.9%の大ヒットとなる。
1978年	テレビアニメ『未来少年コナン』で演出を担当し、事実上の初監督を務める。
1979年	東京ムービーの子会社テレコム・アニメーションフィルムに移籍。 映画『ルパン三世 カリオストロの城』で劇場映画の監督デビュー。
1982年	アニメ専門誌『アニメージュ』で漫画版の『風の谷のナウシカ』を連載開始。 テレコム・アニメーションフィルムを退社。
1984年	映画『風の谷のナウシカ』を制作・公開。
1985年	スタジオジブリを設立。

歴代ジブリ作品の興業収入ランキング（日本国内）

順位	作品	配給会社	公開年度	監督	興行収入
1	千と千尋の神隠し	東宝	2001年	宮崎駿	316.8億円※1
2	もののけ姫	東宝	1997年	宮崎駿	201.8億円
3	ハウルの動く城	東宝	2004年	宮崎駿	196.0億円
4	崖の上のポニョ	東宝	2008年	宮崎駿	155.0億円
5	風立ちぬ	東宝	2013年	宮崎駿	120.2億円
6	借りぐらしのアリエッティ	東宝	2010年	米村宏昌	92.5億円※2
7	君たちはどう生きるか	東宝	2023年	宮崎駿	91.9億円
8	ゲド戦記	東宝	2006年	宮崎吾郎	78.4億円
9	猫の恩返し／ ギブリーズ episode2	東宝	2002年	森田宏幸／ 百瀬義行	64.8億円
10	紅の豚	東宝	1992年	宮崎駿	54.0億円
11	平成狸合戦ぽんぽこ	東宝	1994年	高畑勲	44.7億円
12	コクリコ坂から	東宝	2011年	宮崎吾郎	44.6億円
13	魔女の宅急便	東映	1989年	宮崎駿	36.5億円
14	思い出のマーニー	東宝	2014年	米村宏昌	35.3億円
15	おもひでぽろぽろ	東宝	1991年	高畑勲	31.8億円
16	耳をすませば	東宝	1995年	近藤喜文	31.5億円
17	かぐや姫の物語	東宝	2013年	高畑勲	24.7億円
18	風の谷のナウシカ	東映	1984年	宮崎駿	22.5億円
19	ホーホケキョ となりの山田くん	松竹	1999年	高畑勲	15.6億円
20	となりのトトロ／火垂るの墓	東宝	1988年	宮崎駿／高畑勲	11.7億円

※1：リバイバル上映を含まない場合の興行収入は304億円。2016年、2020年のリバイバル上映により合計316.8億円となった。

※2：2024年3月現在の興収。

劇場用アニメの歴代興行収入上位作品（日本国内）

順位	公開年	作品名	洋／邦	配給	興行収入
1	2020	劇場版「鬼滅の刃」無限列車編	邦	東宝・アニプレックス	404.3 億円
2	2001	千と千尋の神隠し	邦	東宝	316.8
3	2014	アナと雪の女王	洋	ディズニー	255.0
4	2016	君の名は。	邦	東宝	250.3
5	2022	ONE PIECE FILM RED	邦	東映	203.3
6	1997	もののけ姫	邦	東宝	201.8
7	2004	ハウルの動く城	邦	東宝	196.0
8	2008	崖の上のポニョ	邦	東宝	155.0
9	2022	すずめの戸締り	邦	東宝	149.4
10	2019	天気の子	邦	東宝	141.9
11	2021	劇場版 呪術廻戦 0	邦	東宝	138.0

劇場用アニメ封切本数

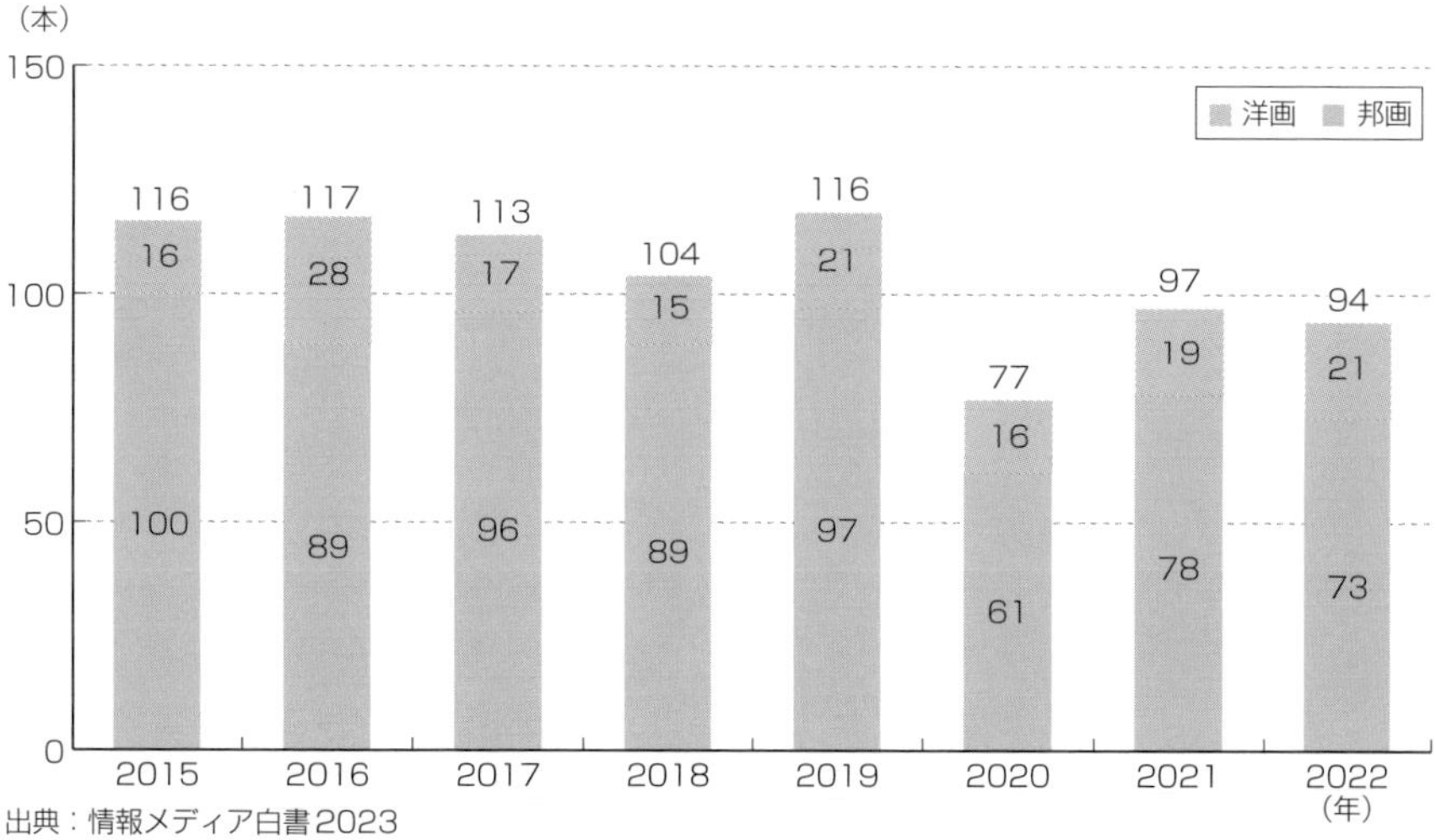

出典：情報メディア白書2023

Section
1-9 海外進出『ポケモン』の大ヒット

数ある日本のコンテンツの中でも、『ポケモン』はメディアミックスに最も成功した事例であり、「ピカチュウ」は万国共通で愛されるキャラクターとなりました。

世界の「ポケモン」

1998年の米国進出をきっかけに世界的なブームを巻き起こした『**ポケットモンスター**』の勢いは突出しており、テレビアニメは世界98カ国で放映、また劇場用アニメは77カ国で公開されて良好な成績を収めています。

『ポケモン』を代表する「ギザギザしっぽの愛らしいピカチュウ」は、いまやディズニーのミッキーマウスと並ぶ世界共通のキャラクターとして親しまれています。2016年7月から配信開始されたモバイルゲーム『ポケモンGO』は、先行の米国において開始後わずか1週間で利用者6500万人を超えるという勢いが話題となり、世界的な社会現象を巻き起こしました。

『ポケモン』のビジネスの特徴は、幅広い領域で事業を展開しながら、それぞれの領域が互いに影響し合い、累計経済規模が1000億ドル（約13兆円）にも及ぶ『ポケモン』という1つの巨大な市場を形成していることです。

ゲームソフトをヒットさせた上で、アニメや商品の売上も最大化するために、アニメ制作会社やテレビ局、出版社、その他多くの業種の企業も巻き込み、全体の方向性を見据えながら「メディアミックス戦略*」を展開し、コンテンツの価値を高めています。また、キャラクターの寿命を縮めてしまわないよう、ライセンス管理の株式会社ポケモンがブランドの管理を徹底しているのも、世界的な成功の大きな要因の1つです。

もともと『ポケモン』は、任天堂のゲームソフトとして誕生しました。96年に小学館の児童向け漫画誌『コロコロコミック』でマンガの連載が始まったことから、ゲームとコミックの相乗効果を生んで、小学生を中心に大ブームとなります。

Term **メディアミックス戦略**　もともと1つのメディアでしか表現できなかった作品を、様々な媒体を通じて展開する手法のこと。小説や漫画などのコンテンツを原作として、ドラマ化や映画化、ゲーム化など様々なメディアに展開することで売上を伸ばす戦略。

さらに97年4月よりテレビ東京系列でテレビアニメが放送開始されると、さらに人気に火が付き、ゲームソフトやぬいぐるみなどの関連グッズが飛ぶように売れました。

海外アニメビジネスへのきっかけ

ポケモンマスターを目指す主人公サトシ、そしてその仲間とポケモンたちの成長ぶりを描いた物語が大好評を博し、中でもパートナーとして「ピカチュウ」を起用したことで女性ファンが増加し、中高生や母親世代にまで人気が波及。繰り出す派手な「でんきショック」の技や、声優・大谷育江による可愛らしい声も相まって、国民的キャラクターに成長しました。そして、98年に米国でもアニメがスタートし、ゲームソフトが発売されると、世界最速記録でミリオンセラーを達成。さらに99年、劇場映画『ポケモン・ザ・ファーストムービー』（邦題『ミュウツーの逆襲』）が全米公開されて興行収入8570万ドルを上げる大ヒットとなり、全米の子供たちの間でポケモンブームが巻き起こりました。

『ポケモン』の成功によって、日本アニメはニッチマーケットから抜け出し、米国の一般家庭にも広く知られる存在となったのです。

これにより、「日本アニメはビジネスになる」と米国で認められました。その結果、日本アニメを扱う流通ルートが広がって、多くの日本アニメが米国でメジャーになりました。2002年には『遊☆戯☆王』がさらに市場を拡大し、03年に『NARUTO -ナルト-』もヒットして、米国のティーンエージャーや〝OTAKU〟の心をとらえました。

取引相場も、当時、それまで1話あたり数千ドル程度だったものが急騰、04年までには4万ドル前後の相場で取引が成立するようになっています。こうして、『ポケモン』とそのキャラクターグッズによる人気の獲得は、国内のアニメビジネス関係者の目を海外市場へ向けさせる大きなきっかけとなり、大量のアニメ作品が国際マーケットに投入されるようになりました。

2023年3月にサトシと相棒のピカチュウを主人公としたテレビアニメシリーズが終了。23年4月からはリコとロイを主人公とする新シリーズがスタートし、たくさんのポケモンたちと共に冒険を繰り広げています。リコの相棒はニャオハというポケモンで、ピカチュウはポケモン博士フリードの相棒として登場しています。

Section
1-10 オタクがマーケットを支える

1974年の『宇宙戦艦ヤマト』の大ヒットから〝オタク〟（当時はアニメファンといわれた）が爆発的に増加。それまでのアニメには見られなかったストーリー性の高さが若者の心をとらえました。

■オタクの存在

そして、1979年の『銀河鉄道999』、81年の『機動戦士ガンダム』の劇場版公開で、アニメブームはさらに加熱しました。現実味を持たせた物語や設定によって、高年齢層の視聴に堪える作品がアニメの視聴者層を広げたのです。82年にはテレビアニメ『うる星やつら』『超時空要塞マクロス』のヒットで、中高生、ハイティーン世代のコアなファン層が形成されました。80年代半ばにブームがひとまず終わったあとも、ファンの欲求に応えようと、日本アニメは表現の可能性を追求し続けています。メカ描写はより複雑にスピーディーになり、CGまで使われるようになりました。そしてキャラクターの外見を美麗に磨き上げ、様々な性格のタイプを用意し、過激なバイオレンスも〝**萌《も》え***〟も生み出しました。

90年代になると、アニメは再び大勢の熱狂的なファンに支えられるようになります。92年の『美少女戦士セーラームーン』や95年に放映された『新世紀エヴァンゲリオン』の大ヒットがアニメ界の潮流に大きな影響をもたらし、新しい様式や作風の作品が現れることで、観客層を著しく広げました。

さらに、『もののけ姫』（97年公開）以降のスタジオジブリ作品の大成功などによって、日本のアニメが世界のひのき舞台に躍り出るに至り、オタクは世界規模で増加することになりました。また、作品の内容が多様化し、ファン層が広がったことによって、アニメ市場は拡大しました。

いまや一大イベントに成長した夏冬の**コミックマーケット**（通称**コミケ**）では、漫画やアニメの同人誌即売を中心

Term

萌え　様々な対象に対して向けられる好意的な感情を表す言葉で、オタク文化におけるスラング。アニメ、漫画、ゲームといったフィクションなどに登場するキャラクターに対して使用されることが多い。

にコスプレなどのイベントが繰り広げられ、2～3日間の会期で25万人以上の人が集まり、異様ともいえる盛り上がりを見せます。主役はいうまでもなくオタクたちです。

海外でも日本のオタク文化を代表するイベントとして知られるようになり、いまではコミケのために来日する外国人も大勢います。コミケはすでに国際的なイベントになりつつあるのです。

このコミケでは、漫画／アニメのストーリーやキャラクターをもとにユーザーが創作を行う**二次創作**＊が、漫画の領域のみならず小説、イラスト、フィギュアなど多様な分野で行われて販売されます。こうした二次創作はアニメ事業者へのロイヤリティー（使用料）こそ生み出さないものの、アニメ事業者は二次創作の場をプロモーションの一環として考えており、作品やクリエイターの発掘の場としても利用しています。

漫画やアニメのマニアは、ほかでは見られない熱狂ぶりや層の厚さを持っています。ことにオタクのほとんどがコレクターであり、コアなファンです。

高いクオリティを備え、魅力的なキャラクターの出てくる作品に刺激を受けたファンは、商品にキャラクターが付いてさえいれば収集の対象として、金に糸目を付けずにCDやセルビデオ、模型、キャラクターグッズといった関連商品を買いあさります。

収入のほとんどをアニメグッズの収集に費やすような、アニメとそのキャラクターを溺愛するファンも珍しくありません。オタクの存在によって、アニメは無視できないほど大きなマーケットを形成するまでに成長しました。オタクこそがアニメ業界を突き動かし、マーケットを支えてきたといえるのです。

コミックマーケットとは

（世界最大の同人誌即売会。2024年4月現在、開催回数は定期開催だけで103回を数える）

イベントの種類	即売会（多種多様な同人サークルが自作の物品を展示・頒布する）
略称	コミケ
開催時期	8月中旬「夏コミ」
	12月下旬「冬コミ」
開催期間	原則2～3日間
会場	東京国際展示場（東京ビッグサイト）
主催	コミックマーケット準備会
出店数	サークル数約2万6000（コミックマーケット103）
	企業ブース出展社数114社
参加者総数	約27万人

Term **二次創作**　漫画やアニメなどのキャラクターや設定をもとに、原作者が関与しない非公式のファン作品を発表すること。創作には、小説、フィギュア、ポスター、カードなどが含まれる。二次創作は、許可なしに著作物の複製・翻案・改変をしていることになるため、法律的には違反である。

『ポケモン』メディアミックスの仕組み

『ポケモン』の原点は、1996年に発売されたゲームソフト『ポケットモンスター 赤・緑』。

1998年、ライセンス管理のために株式会社ポケモンを設立。

▼アニメの原作権の6社

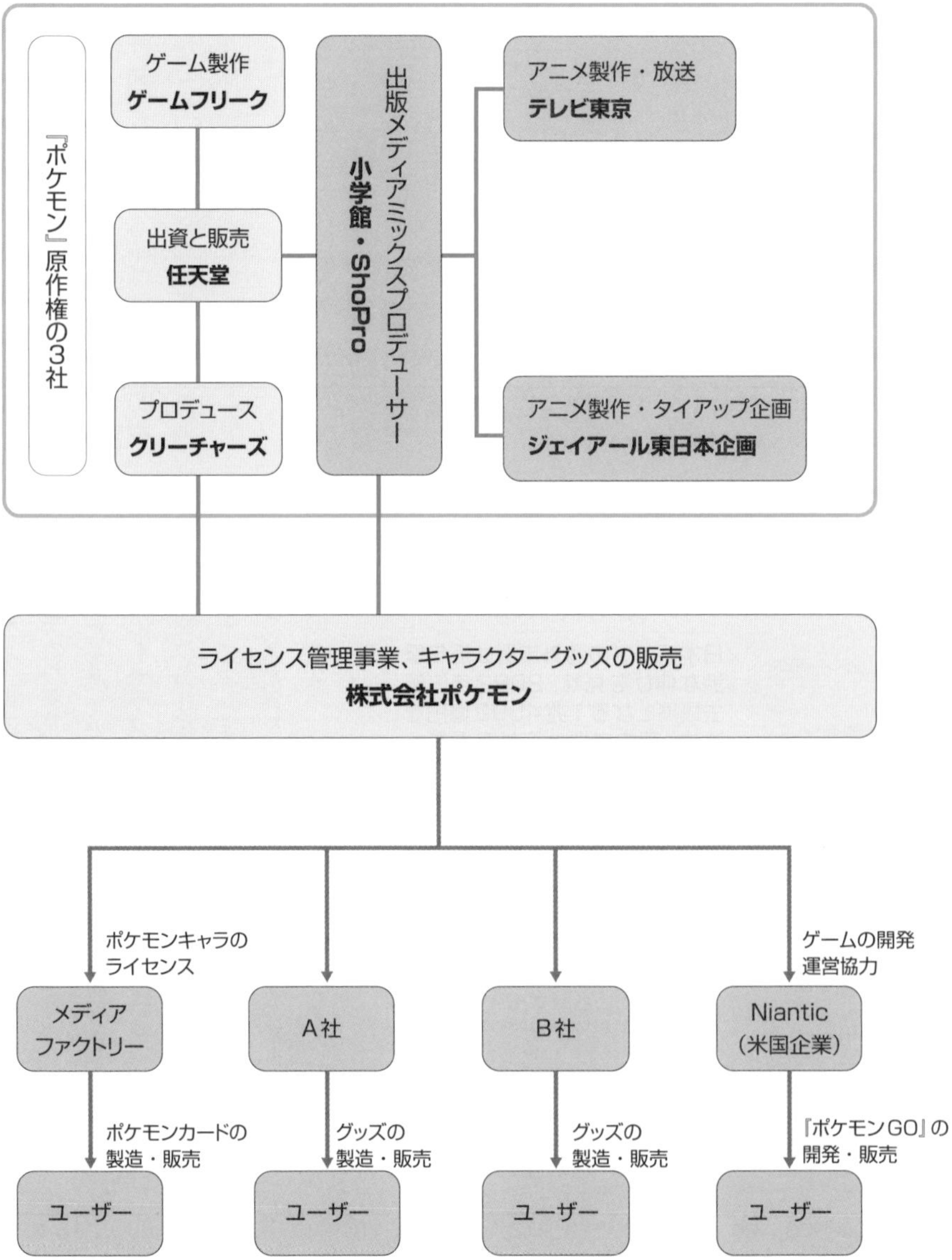

アニメビデオパッケージの売上推移（2007～22年）

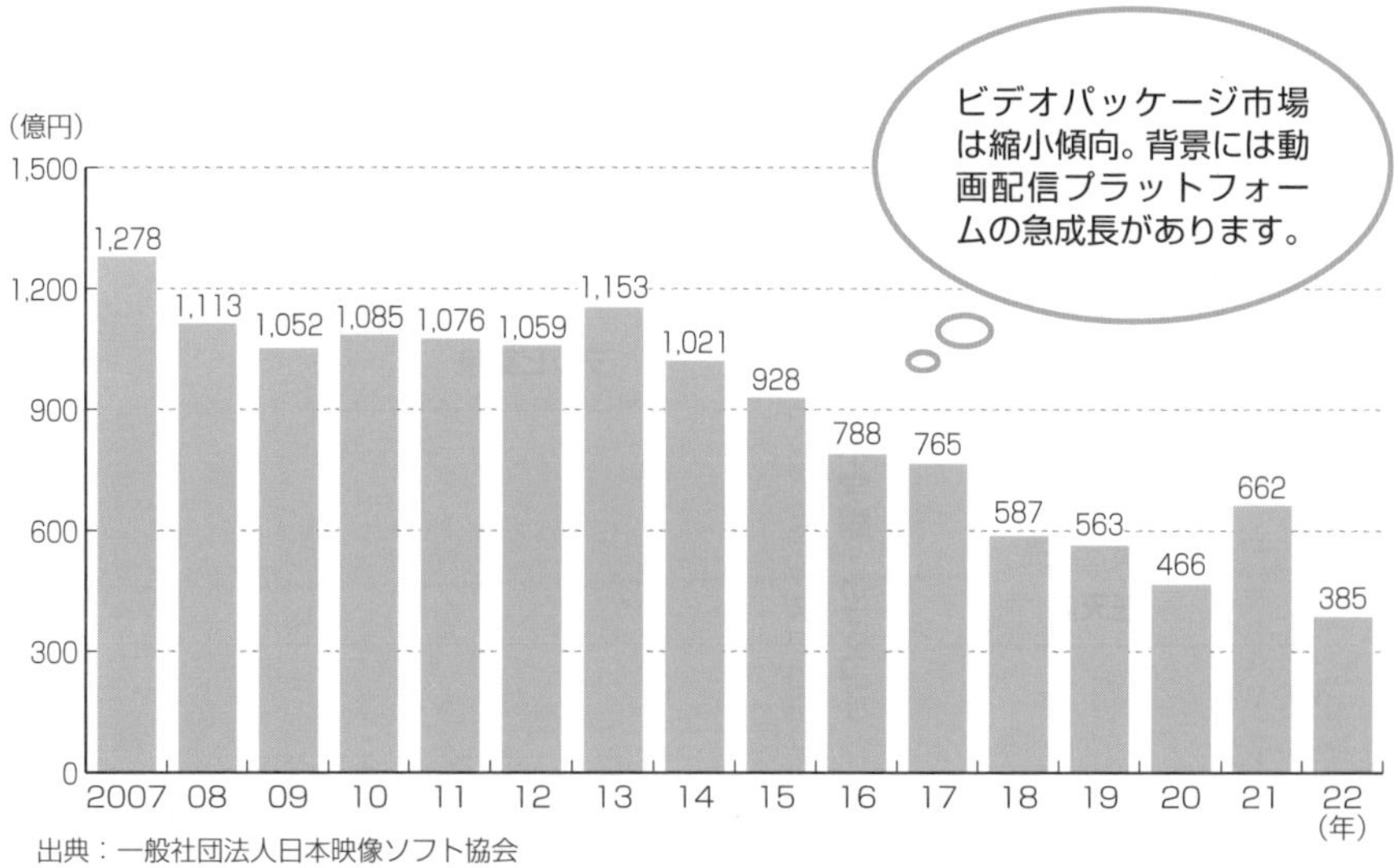

出典：一般社団法人日本映像ソフト協会

アニメ産業（海外市場）の売上推移

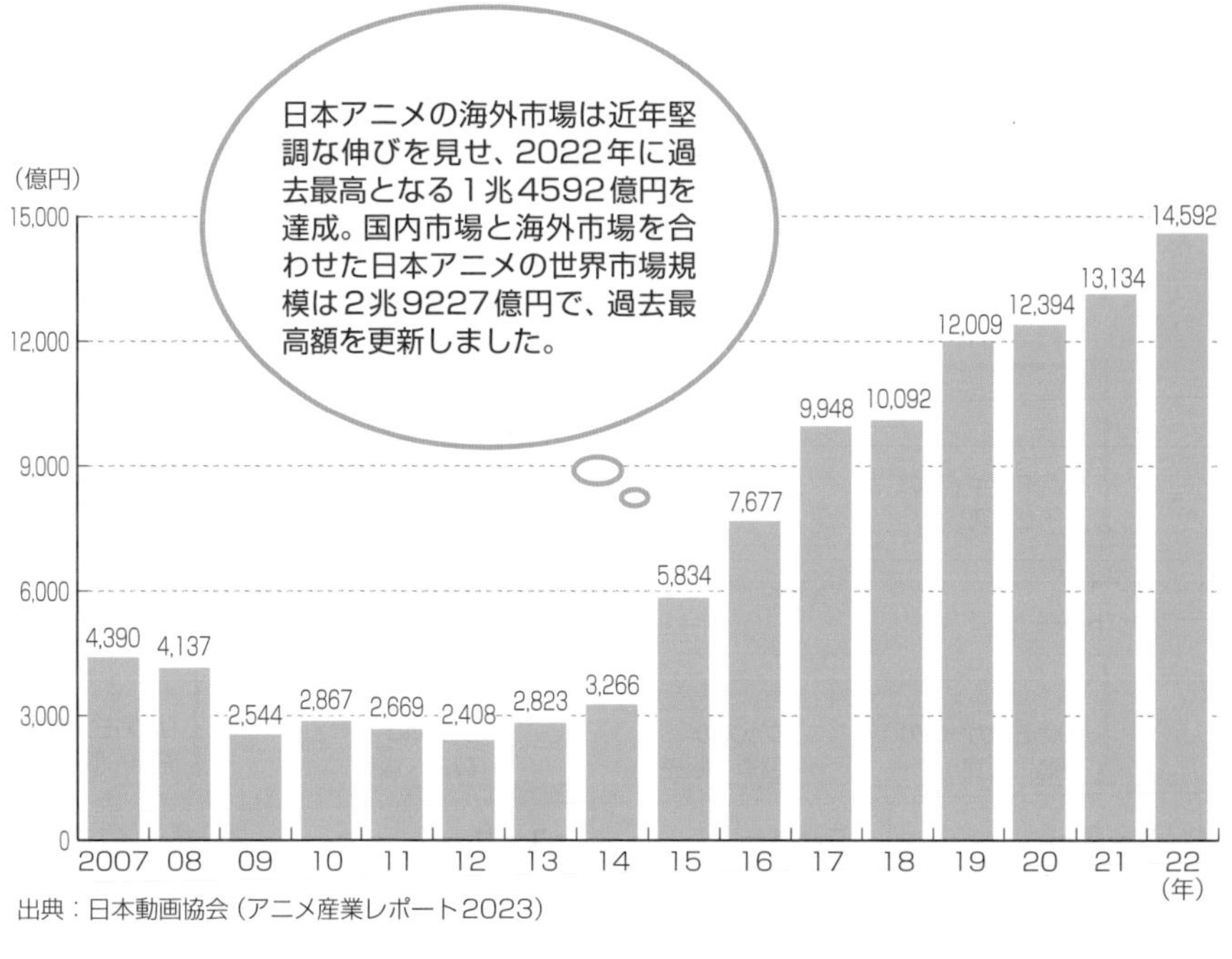

出典：日本動画協会（アニメ産業レポート2023）

劇場アニメの興行収入の推移（2007 ～ 22 年）

2022 年の劇場アニメ興行収入は前年比 130.4%の 785 億円となり、2019 年の 692 億円を超えて最高値を更新した。最大のヒットは『ONE PIECE FILM RED』189 億円（2023 年 8 月末 197 億円）となった。

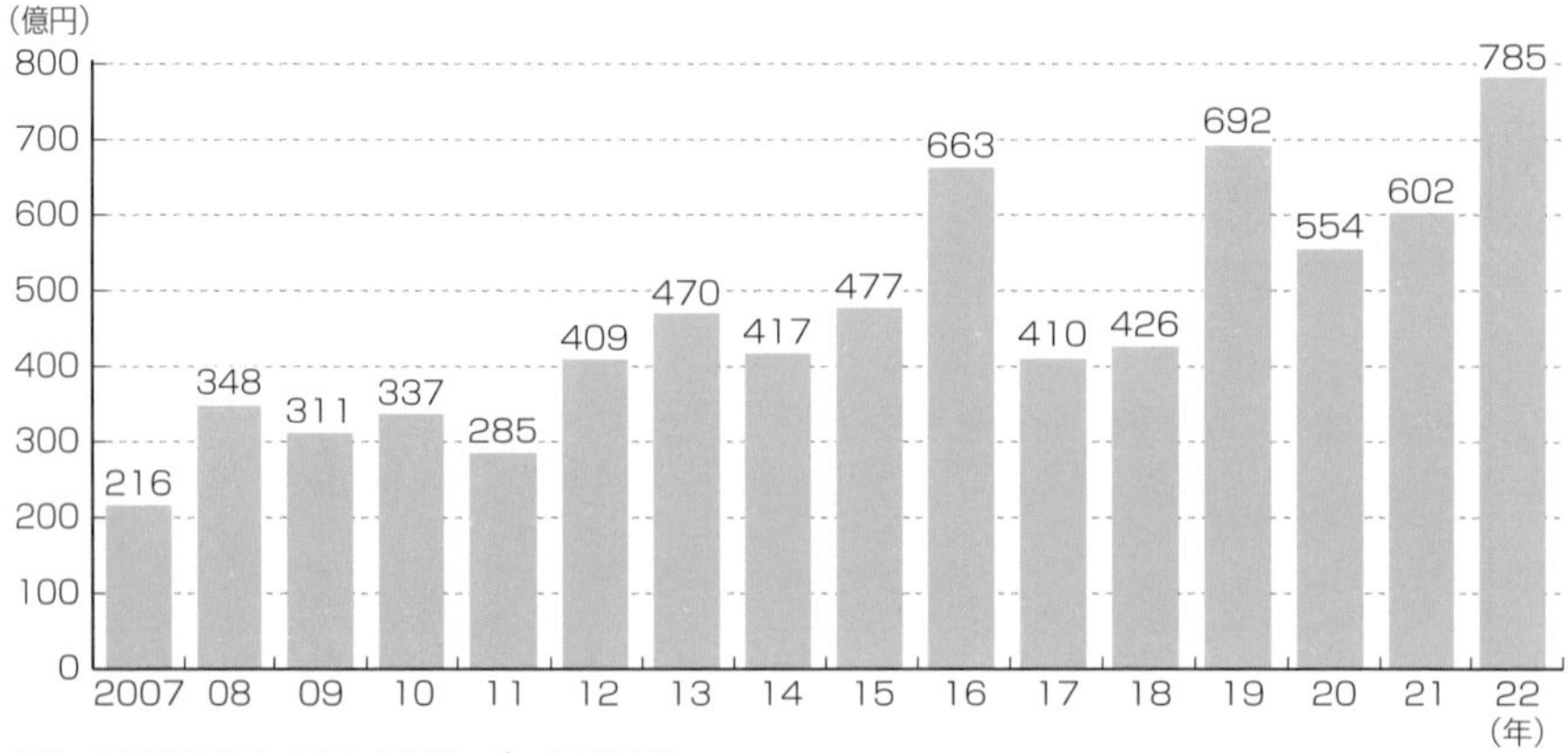

出典：日本動画協会（アニメ産業レポート2023）

キャラクター「メディアミックス」総収益の世界ランキング（2023 年版）

漫画やゲームなどに登場する人気キャラクターは、そのメディアの枠を飛び越え、映画化・実写化されたり、グッズや CD が発売されるなど、多彩なメディアで展開される（メディアミックス）。

順位	キャラクター	所有者	総収益
1 位	ポケットモンスター	株式会社ポケモン	1100 億ドル
2 位	ハローキティ	サンリオ	885 億ドル
3 位	ミッキーマウス	ディズニー	829 億ドル
4 位	クマのプーさん	ディズニー	810 億ドル
5 位	スター・ウォーズ	ルーカスフィルム	694 億ドル
6 位	マリオ	任天堂	475 億ドル
7 位	ディズニープリンセス	ディズニー	464 億ドル
8 位	アンパンマン	フレーベル館	449 億ドル
9 位	マーベル・シネマティック・ユニバース	ディズニー	380 億ドル
10 位	ハリー・ポッター	J・K・ローリング	331 億ドル
11 位	スパイダーマン	マーベル	318 億ドル
12 位	ドラゴンボール	鳥山明	300 億ドル

テレビアニメタイトル数（2001 ～ 2022 年）

2022 年のテレビアニメタイトル数は 317 本（前年 333 本）と微減であった。新規タイトルは 246 本（前年 237 本）と 3 年連続で増加した一方で、継続タイトルは 71 本（前年 96 本）と 3 年連続で減少している。新規タイトルが微増にとどまった背景には、動画／仕上げ作業を従来から中国などアジア各国に頼っており、コロナ禍の影響で制作がスタックしてしまったことがある。

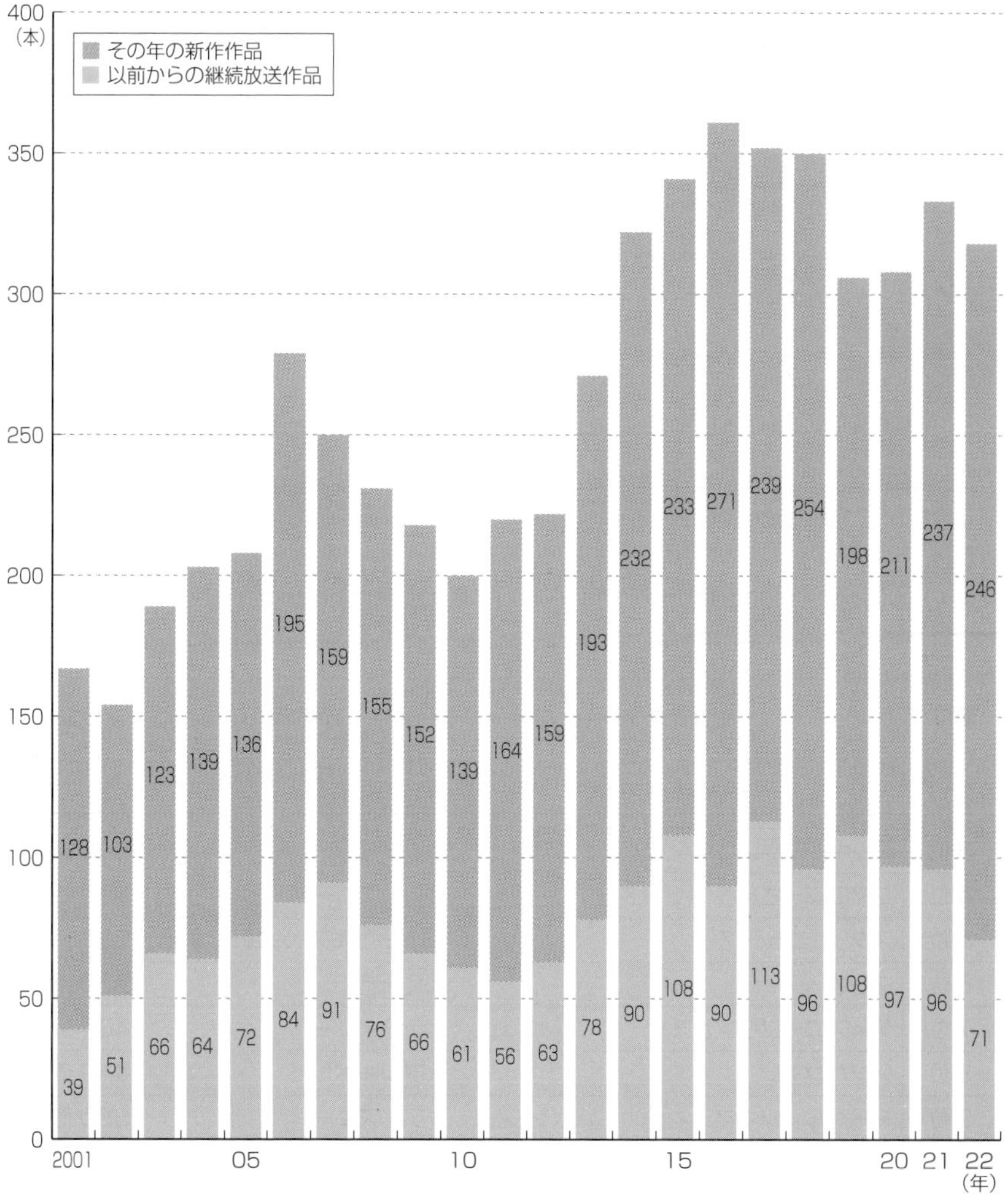

※タイトル数には、その年に放映されたアニメ映画、番組内アニメ、実写との合成などのアニメ番組を含む。
出典：一般社団法人日本動画協会

Section

1-11 海外向けの日本アニメ配信

動画配信サービスが広がるいま、日本アニメ専門の米大手「クランチロール」や米動画配信大手「ネットフリックス」などのプラットフォームの拡大により、アニメ作品は世界各地で容易にアクセス可能となりました。

世界を相手にしたアニメビジネス

アニメの海外市場は近年堅調に伸びており、2022年には過去最高の1兆4592億円に達しました。国内市場と海外市場を合わせた日本アニメの世界市場規模は、およそ2兆9200億円に達し、前年比では6.8%増と大きく伸びて過去最高額を更新しました。これは10年前のほぼ2倍という規模で、いまの日本では数少ない成長産業となっています。

海外部門の売上高には、放送・上映・**動画配信**などのアニメ関連消費もすべて含まれています。ネットフリックス（Netflix）やアマゾンプライムビデオ（Amazon Prime Video）、ディズニープラス（Disney+）など、大手動画配信サービスの競争でアニメコンテンツに対する需要が高まったことにより、アニメの動画配信には特に関心が集まっています。近年のコロナ禍による巣ごもり需要も、アニメ人気にブーストをかけて成長を加速させました。日本アニメを買い付けるプラットフォーマー*が続々と台頭して、高品質で多様なアニメを、世界中に積極的に配信するようになったのです。

中でも、世界で日本アニメのファン拡大に重要な役割を果たしている企業の1つが、ソニーグループ傘下でアニメのネット配信サービスを手がける米**クランチロール**（Crunchyroll）です。クランチロールは「主に日本のアニメを、日本以外の国や地域で配信」しているサービスで、視聴できるアニメ番組は100万本を超え、15以上の言語による字幕にも対応。「世界で最も大きなアニメライブラリー」と銘打っています。さらに、コミック（紙・電子）やキャ

日本アニメを買い付けるプラットフォーマー　アニメに関わる海外プラットフォーム企業には、ネットフリックス、アマゾン、ディズニープラスのほかにも、Hulu、bilibili、閲文集団、Haoliners、マンガプロダクションズ、クランチロールなどがある。

ラクターグッズなども手がけており、北米を中心にオタクの一大プラットフォームになっています。

クランチロールの配信サービスは、有料の高画質・見放題というサイマル配信（日本と時間差を置かない配信）を視聴するモデルと、無料の広告モデル*があります。

クランチロールの強さの理由は、新作アニメのタイトルの豊富さと、日本での放映直後（1時間以内）という配信スピードの速さです。

アニメはすべて日本語音声に字幕というかたちで、PCだけでなく、スマホ、タブレット、さらにゲームコンソールを通じて視聴が可能になるなど、対応デバイスの多様化も視聴ユーザーの拡大を後押ししています。21年にソニーが買収してからは映画の配給や物販も手がけていて、23年時点での有料会員数は1200万人を超えています。

今後も、配信サービスの広がりで、グローバルな競争が激化し、市場規模がさらに拡大すると予測されます。

特に、190カ国以上で配信事業を展開し、全世界の契約者数が1億8000万人超という**ネットフリックス**は、多くのユーザーを取り込めるコンテンツとして日本のアニメに注目。既存のアニメ作品はもちろん、独占配信するオリジナル作品の拡充も進めており、制作会社と提携してオリジナル作品を継続的に供給できる体制を整えています。新たな企画・制作のために漫画家、小説家、脚本家、映画監督など多様な分野で活躍する日本のクリエイターとパートナーシップ契約を結び、オリジナル作品を制作・配信中です。同様に、ディズニープラス、アマゾンなども、日本国内の制作会社と協働して、アニメのオリジナルコンテンツ強化に取り組んでいます。

いまや日本アニメは、世界中で注目を集める一大コンテンツ産業です。しかしながらその一方で、アニメ業界では以前から、制作現場のクリエイターの低賃金かつ重労働という労働環境が問題でした。アニメの制作環境・労働条件をよい方向へ変えていくには、人口の縮小が進む国内市場だけでは限界があると考えられ、海外市場が伸びていくのが前提条件となります。この海外企業との提携は、日本のアニメ制作現場の労働環境を変えるかもしれません。海外のアニメ制作現場では、残業代の保証や労働時間の管理などを徹底します。こうしたアニメのグローバル化により、クリエイターの働き方も変わる可能性にも期待できそうです。今後は、ネットフリックスのような海外の提携先の方針により、日本アニメの制作やビジネスの形態にも変化が起きるかもしれません。

Point
無料の広告モデル　クランチロールの広告モデルでは、配信開始から1週間以上経つと無料で見ることができる。ただし、その動画には広告が入る。また、3段階の有料プラン（米国では8～15ドル＝約1150~2200円）のプレミアム会員になれば、日本での放送と同日に、新作のアニメを広告なしで視聴できる。

Section

1-12 日常系アニメとアニメビジネス

アニメビデオパッケージ市場が2005〜06年ごろをピークとして縮小傾向にある中で、多数の日常系アニメが製作・放送されています。

『らき☆すた』と『けいおん!』

この「**日常系**」とは、〈平穏な日常をなだらかに描いていくことで視聴者に安心感や癒やしをもたらす〉漫画やアニメなどの作品を指します。2006年ごろからネット上で使われ始めた用語で、作品の雰囲気(空気)を楽しむ内容のため「**空気系**」とも呼ばれます。

劇的なストーリー展開を極力排除した、美少女キャラの登場人物たちが送る日常を淡々と描写するもので、よく「中身がない」と揶揄されたりもしますが、一話完結型の話が多いこともあり、肩の力を抜いて見るには最適なジャンルといえるでしょう。

中でも、ゼロ年代後半の日常系アニメの象徴ともいえる、萌え4コマ漫画を原作とした京都アニメーション制作の両作品――『らき☆すた』(2007年放送開始)と『**けいおん!**』(2009年放送開始)は大人気となり、特に「けいおん!」は、その後の雑誌『まんがタイム』掲載漫画のアニメ化躍進の立役者になりました。

DVDの売上はもちろん、主題歌・劇中歌の音楽CDなど他の関連グッズも含めて大きな商業的成功を達成。第2期『けいおん!!』(2010年放送開始)は、深夜帯にもかかわらず最高視聴率4.5%を記録するなど、関連商品を含む市場規模が150億円に達する大ヒット。また、2011年に公開された『映画けいおん!』では第35回日本アカデミー賞優秀アニメーション作品賞を受賞、興行収入19億円に達する成功を収めました。

とはいえ、これらの一部のヒット作を除けば、日常系アニメは他のジャンルのアニメ作品と比べても、テレビ放映の視聴率も映像ソフトの売上も特に高いというわけではありません。にもかかわらず、このジャンルのアニメ作品が制作され

Term

なろう系　基本的に、小説投稿サイト「**小説家になろう**」から生まれた一連の作品群を指します。多くの読者を獲得した作品には、「現代人が不慮の事故などで異世界に転生し、新たな人生をスタートする」という形式を採用しているものが数多くあり、アニメ化もされている。

続けるのは、収益率の点で、制作費を回収して採算がとれる一定の購買層を見込めるからです。業界では、実際にパッケージを購入するコアなファンは30万人くらいいるのではないか、と推測されています。深夜アニメは、その制作費の大半を（キャラクター商品の展開や広告収入ではなく）パッケージの売上で回収する、という建て付けで作られています。

DVDやBDを多く売るためには「ストーリーよりも萌えを重視した方がよい」という業界の定石があり、物語性を排除して多数の美少女キャラを効果的に配置した日常系アニメは、それに則した作品形態だといえるでしょう。しかしながら、業界全体で見れば一部のヒット作の売上で資金を回収しており、映像パッケージの高い価格があるからこそ成立しているという危うい状況に変わりはありません。

2010年代になると、萌えタッチで描かれる『ラブライブ！』（2013年放送）のような学園を舞台にしてスポ根要素を取り入れた作品や、異世界を舞台とした作品（**なろう系**＊）が人気を得てきます。視聴者は〝ほのぼの日常〟を現実ではなく異世界に求めてきているようです。そして今後は、大震災の影響や世界経済の不安定さから『魔法少女まどか☆マギカ』（2011年放送）＊のようなストーリー性の強い作品の需要が高まっていくことでしょう。

日常系アニメの主なヒット作品

タイトル	放送開始	制作スタジオ
らき☆すた	2007年4月	京都アニメーション
けいおん	2009年4月	京都アニメーション
ゆるゆり	2011年7月	動画工房
男子高校生の日常	2012年1月	サンライズ
ゆゆ式	2013年4月	キネマシトラス
たまゆら ～もあぐれっしぶ～	2013年7月	TYOアニメーションズ
ご注文はうさぎですか？	2014年4月	WHITE FOX
SHIROBAKO	2014年10月	P.A.WORKS
だがしかし	2016年1月	フィール
ふらいんぐうぃっち	2016年4月	J.C.STAFF
NEW GAME!!	2017年7月	動画工房
ゆるキャン△	2018年1月	C-Station
かくしごと	2020年4月	亜細亜堂

Term

『魔法少女まどか☆マギカ』　シャフト制作によるオリジナルTVアニメ。願いを叶えた代償として魔法少女となり、人類の敵と戦うことになった少女たちに、先の読めない過酷な運命が降りかかるダークファンタジー。『劇場版 魔法少女まどか☆マギカ〈ワルプルギスの廻天〉』が24年冬に公開予定。

Section

1-13 宮崎駿引退後の後継者

2013年9月、日本を代表するアニメ監督・宮崎駿の引退を、世界中のメディアが大々的に報じました。数ある人気の日本アニメの中でも、宮崎駿率いるスタジオジブリの作品はやはり特別なのです。

■ポスト・スタジオジブリ

長編アニメ映画製作からの引退を表明した宮崎駿監督ですが、17年にこれを撤回して復帰することを発表。『風立ちぬ』以来10年ぶりの長編作品『君たちはどう生きるか』が23年7月に公開されました。

スタジオジブリとしては、21年に公開された宮崎吾朗監督作『アーヤと魔女』以来の新作となりました。高齢となったいま、新作に取り組むには時間がかかるので、おそらく最後の監督作品になるのではないかといわれています。

1990年代以降の日本のアニメ業界を引っ張ってきたスタジオジブリですが、アニメ業界は今後、宮崎アニメに代わる存在を新たに築けるのか――が課題となりました。

そんな状況の中、2016年はアニメ映画史における節目として記憶に残る年になりました。『君の名は。』『聲《こえ》の形』『この世界の片隅に』とアニメ映画の傑作が続き、話題を集めたのです。

新海誠（『君の名は。』）や山田尚子（『聲の形』）や片渕須直（『この世界の片隅に』）といった監督たちは、アニメファンの間でこそすでに知られた名前でしたが、アニメファン以外には当時は無名の存在でした。しかし、3作品とも幅広い客層を集めて興行的にも大成功、ファンからも高い評価を受けました。

特に8月公開の『君の名は。』（**新海誠**《しんかいまこと》監督）は国内での興行収入が240億円を超え、邦画の歴代ランキングでは『千と千尋の神隠し』に次ぐ2位となるメガヒットとなりました。コアなファンを獲得していた新海監督の過去作品『秒速5センチメートル』『言の葉の庭』などと比べると、『君の

Term

山田 尚子　京都造形芸術大学（現・京都芸術大学）卒業後、京都アニメーションに入社。テレビアニメ『けいおん！』を監督。2021年に京アニを離れ、テレビシリーズとしては9年ぶりとなる新作『平家物語』を発表。季節の移り変わりの描写などが海外でも高く評価された。

名は。』は一般受けする要素を取り入れた、最後の最後まで結末の読めないストーリーで、それにシンクロしたRADWIMPSの劇中歌と共に大きな話題となり、SNSで評価が拡散、口コミで観客の裾野を広げました。

9月公開の『聲の形』は、大人気テレビアニメ『けいおん！』を手がけた**山田尚子**《やまだなおこ》＊監督の劇場映画3作目となる作品。〈主人公の男の子と先天性の聴覚障害を持つ女子転校生とのつながりを描いた〉この映画は、〈人物の感情変化の端正な演出〉が高く評価され、日本アカデミー賞優秀アニメーション作品賞を受賞して、興行収入23億円を収めました。

そして11月公開以来、絶賛の声が相次いだ**片渕須直**《かたぶちすなお》監督の『この世界の片隅に』は、大手映画会社が絡んでいないインディペンデント作品で、当初のスクリーン数も64館と先の2作とは比較にならない小規模のマーケットでスタートしました。〈戦時下の広島県呉《くれ》市を舞台に、絵が得意で18歳でお嫁に来た女性すずが、大切なものを失ってもけなげに、まっすぐ生きる姿を描いた〉この物語が感動を呼び、公開館数を全国289館にまで増やし、作品の規模から見ても、興行収入25億円以上という驚異的なヒットとなりました。片渕監督の前作『マイマイ新子と千年の魔法』（2009年公開）は、興行的には振るわなかったものの、この作品が高い評価を得たことが、『この世界の片隅に』の成功につながったといえます。

ほかにも、15年公開の『バケモノの子』で興行収入58億円、21年公開の『竜とそばかすの姫』で66億円をたたき出した**細田守**《ほそだまもる》＊監督など、いままさに世代交代が進行中の日本のアニメ業界。才能あるアニメ監督たちが着実に宮崎駿監督の穴を埋める存在になりつつあるようです。

宮崎駿以後の日本アニメを支える監督と主な作品

監督名	映画タイトル	公開年
片渕須直	『マイマイ新子と千年の魔法』	2009
	『この世界の片隅に』	2016
	『この世界の（さらにいくつもの）片隅に』	2019
新海誠	『君の名は。』	2016
	『天気の子』	2019
	『すずめの戸締まり』	2022
細田守	『おおかみこどもの雨と雪』	2012
	『バケモノの子』	2015
	『未来のミライ』	2018
	『竜とそばかすの姫』	2021
山田尚子	『映画けいおん！』	2011
	『聲の形』	2016
	『きみの色』	2024

Term

細田 守　東映動画時代に『劇場版デジモンアドベンチャー』（1999年）で監督としてデビュー。その後、フリーとなって監督した映画『時をかける少女』（2006年）、『サマーウォーズ』（2009年）で国内外の注目を集める。

Section

1-14 新海誠監督の『君の名は。』が大ヒット

「興行収入10億円がヒットの目安」といわれる映画業界で、2016年、ジブリ作品以外で興行収入が240億円を超えるアニメ作品が誕生しました。

■『君の名は。』大ヒットの要因

2016年、**新海誠***監督の7作目となる劇場アニメ『**君の名は。**』は、大手・東宝の配給によって全国300館規模で上映という、新海監督作品としてはそれまでにない大きな展開で、観客動員数・興行収入ともに記録的な数字をたたき出すメガヒットとなりました。興行収入200億円の突破は宮崎駿監督の『千と千尋の神隠し』以来15年ぶりのことです。また海外でも続々と公開され、台湾、タイ、中国、韓国では邦画の歴代観客数第1位を達成、中でも中国での興収は95億円（5億7000万元）を超えました。この結果だけでも、日本アニメ映画の海外でのビジネスチャンスを感じさせるのに十分な数字です。

突然の大ヒットにも見える『君の名は。』現象ですが、新海誠監督はかねてより高い評価と人気を確立していました。2002年に公開された短編映画『ほしのこえ』は緻密な風景描写で高い評価を獲得。その後の長編映画『雲のむこう、約束の場所』『秒速5センチメートル』『星を追う子ども』は国内外で受賞を重ねています。

本作は漫画や小説の原作を持たず、原作・脚本を監督自身が手がけたオリジナル作品です（国内アニメ映画のヒット作品はテレビシリーズから劇場に展開したものが大半）。

キャラクターデザインは『心が叫びたがってるんだ。』（2015年）などで知られる田中将賀、作画監督は『もののけ姫』（1997年）、『千と千尋の神隠し』（2001年）を手がけたスタジオジブリ出身の安藤雅司が担当。原画には『人狼 JIN-ROH』（2000年）で監督を務めた沖浦啓之らも参加。さらに、ロックバンド・RADWIMPSが主題歌を含めた音楽を担当するなど、これ以上ないといえるくらいの豪華な制作陣で挑んだ作品です。

Term **新海 誠**　中央大学文学部卒業。コミックス・ウェーブ・フィルム所属のアニメ監督で小説家。サラリーマン時代、業務のためパソコンで本格的に絵を描くようになったのをきっかけに、自主制作アニメを制作するようになった。

　また、企画スタッフに加わった東宝の敏腕プロデューサー・川村元気のアドバイスもあって、新海監督のこれまでの作品では見られなかった派手なアクションやコミカルな要素といった引き出しを開け、幅広い年齢層へのアピール力が強まりました。

　こうして、製作費7億円程度（いまのところ明らかにされていない）を要し、これまでの新海作品とは明らかに異なるスケールで、監督の作家性を尊重しつつも、ヒットさせるための執念が詰まった作品となったのです。

　次に〝観せる宣伝〟、異例ともいえる計4万人弱の規模で試写会を行い、作品のよさを広く宣伝しました（東宝のこの作品への自信、本気度がうかがえます）。

人気アニメ監督への成長

　この映画は、東京の都心で暮らす男子高校生の瀧《たき》と、山深い田舎町に住む女子高校生の三葉《みつは》という、出会うはずのない男女の触れ合いを描いています。男女の体の入れ替わり現象や、時空を超越するSF的な要素もあり、すれ違いのドキドキ感もあって、試写会で若い層のお客に作品の高いストーリー性とポテンシャルが伝わり、口コミで評判を呼びました。

　公開当初の観客は、新海監督のファンである若い人が中心でした。しかし、そのストーリーや美しい映像、音楽などの評判が、SNSなどの交流サイトを通じて広がると、アニメであるにもかかわらず幅広い年代で人気に火が付き、予想をはるかに上回る盛り上がりを見せました。

　この時期、ジブリ制作作品が休眠状態で、その空いた席にアニメファン層が流れたことも大ヒットになった一因でしょう。ここで特筆すべきは、他の有名アニメ映画やジブリ作品とは違って、最大手広告代理店もテレビのキー局も〈君の名は。製作委員会〉に名を連ねていないことです。自局の番組とコラボしたり、タイアップイベントを開催できるテレビ局の後ろ盾がない状態で、他の有名作品を押しのけて快進撃を果たしたのです。これは、SNSなどのネットワークの発展が効果的な宣伝のありようを変えた証でもあります。

　『君の名は。』の大ヒットの要因をここまで挙げましたが、いうまでもなく一番の要因は、この作品

◀映画に登場したシーンのもととなる「四谷須賀神社」　by Hisagi

そのものの、もう一度観たくなるほどの面白さでしょう。高いエンターテイメント性、作画の完成度の高さ、炸裂《さくれつ》する映像美、見終わったあとで語り合いたくなる奥深さ……。『君の名は。』は観る人の感情を揺さぶり、現実を生きるためのエールを与えてくれる傑作です。

そして、19年公開の『天気の子』も国内の興行収入が140億円を超える大ヒット。また最新作『すずめの戸締まり』は世界で順次公開されて、世界興行収入は3億2000万ドル（約440億円）に達し、『君の名は。』と同様に国内のみならず世界が注目する話題作となりました。こうして、3作品連続で興収100億円突破のとんでもないメガヒットを連発し、いまや次回作が待ち望まれる人気アニメ監督へと成長しました。

個人制作の作家として出発した新海監督は、作家としての側面も維持しつつ、大きな産業の中で大ヒット作品の作り手に成長し、その役割を果たしています。彼の作り出す心の奥底に触れる物語と、ほかとは一線を画す圧倒的な映像美には、誰もが心を揺さぶられます。スタジオジブリが長編アニメの定期的制作を休止しているいま（23年に10年ぶりに新作『君たちはどう生きるか』を制作）、作家性のある新海監督にポスト・ジブリの期待がかかります。

〈君の名は。製作委員会〉のメンバー企業（7社共同出資による製作）

企業名	業務内容
東宝	国内映画製作、配給、シネコンの運営会社
コミックス・ウェーブ・フィルム*（新海誠 所属）	アニメ制作からパッケージ流通までワンストップで行うアニメ総合商社
KADOKAWA	出版社（本作の原作本を刊行）
ジェイアール東日本企画	業界第7位の広告代理店
アミューズ	芸能事務所
voque ting	主題歌を担当するRADWIMPSが所属する個人事務所
ローソンHMVエンタテイメント（現・ローソンエンタテインメント）	ローソンで販売する各種チケットの管轄会社

Term
コミックス・ウェーブ・フィルム　新海誠ら作家のマネジメントをはじめ、アニメ映画の製作・制作から劇場配給、パッケージ販売、海外セールスまでを一貫性を持って手がけている。ほぼ自社内で制作している繊細で写実的な背景美術には定評がある。

新海誠監督アニメ映画作品

<table>
<tr><th>タイトル</th><th>公開年</th><th>上映時間</th><th>備考</th></tr>
<tr><td>ほしのこえ</td><td>2002年</td><td>25分</td><td>ミニシアターで公開、第6回文化庁メディア芸術祭特別賞</td></tr>
<tr><td colspan="4">異星生命体にあらがうために集められた隊員に選抜された中学生の女の子、長峰美加子。家族、そして恋心を抱いている男友達の寺尾昇を地球に残し、宇宙に旅立ちます。携帯でのメールを題材としており、2人の若い男女の、地球と宇宙の間でのやり取りが見所のSF短編アニメ。</td></tr>
<tr><td>雲のむこう、約束の場所</td><td>2004年</td><td>91分</td><td>初の長編映画、第59回毎日映画コンクールアニメーション映画賞</td></tr>
<tr><td colspan="4">津軽海峡を挟んで南北に分断された戦後の日本を舞台に、世界の謎を背負った1人の少女を救うため葛藤する少年たちの姿を描いた長編アニメ。中学3年生の男の子2人と、彼らが憧れる同級生の女の子・沢渡佐由理をめぐるストーリー。</td></tr>
<tr><td>秒速5センチメートル</td><td>2007年</td><td>63分</td><td>国内興収額1.0億円、イタリア・フューチャーフィルム映画祭最高賞受賞</td></tr>
<tr><td colspan="4">引かれ合っていた男女の時間と距離による変化を全3話の短編で描いた連作アニメ。互いに思い合っていた貴樹と明里は、小学校卒業と同時に明里の引越しで離ればなれになってしまう。中学生になり、明里からの手紙が届いたのをきっかけに、貴樹は明里に会いにいくことを決意する(第1話)。</td></tr>
<tr><td>星を追う子ども</td><td>2011年</td><td>116分</td><td>国内興収額0.2億円、
第八回中国国際動漫節「金猴賞」優秀賞受賞</td></tr>
<tr><td colspan="4">ある日、秘密基地へ行こうとした明日菜は、見たことのない怪獣に襲われ、シュンという少年に助けられる。実はシュンは地上人ではなく地底の世界の住人であった。真実を知った明日菜は、シュンの弟であるシンを捜しに地底の世界へ旅立つ……。大冒険のジュブナイルアニメ。</td></tr>
<tr><td>言の葉の庭</td><td>2013年</td><td>46分</td><td>国内興収額1.5億円、カナダ・モントリオールファンタジア映画祭今敏賞</td></tr>
<tr><td colspan="4">靴職人を目指す高校生タカオは、雨が降ると学校をさぼり、公園の日本庭園で靴のスケッチを描いていた。そんなある日、タカオは謎めいた年上の女性ユキノと出会い、2人は雨の日だけの逢瀬(おうせ)を重ねて心を通わせていく。現代の東京を舞台に描く恋の物語。</td></tr>
<tr><td>君の名は。</td><td>2016年</td><td>107分</td><td>国内興収額250.3億円</td></tr>
<tr><td colspan="4">山深い田舎町に暮らす女子高生の三葉は、自分が東京の男子高校生になった夢を見る。一方、東京で暮らす男子高校生の瀧も、行ったこともない山奥の町で自分が女子高生になっている夢を見ていた。互いの存在を知った瀧と三葉だったが、やがて彼らは意外な真実を知ることになる……。タイムスリップものファンタジーアニメ。</td></tr>
<tr><td>天気の子</td><td>2019年</td><td>114分</td><td>国内興収額141.9億円</td></tr>
<tr><td colspan="4">天候のバランスが次第に崩れていく現代を舞台に、離島から上京した家出少年が、天気を操れる不思議な力を秘めた少女と出会い、運命にあらがいながら自らの生き方を選択していく物語。</td></tr>
<tr><td>すずめの戸締まり</td><td>2022年</td><td>122分</td><td>国内興収額148.6億円</td></tr>
<tr><td colspan="4">九州に住む17歳の少女・鈴芽(すずめ)が、小さな椅子になった青年・草太と共に日本列島を北上しながら、各地の廃墟を舞台に、災いのもととなる“扉”を閉めていく旅をする冒険物語。</td></tr>
</table>

Section

1-15 国内興収歴代第1位の『鬼滅の刃』

2020年10月に東宝・アニプレックスの配給で公開された『劇場版「鬼滅の刃」無限列車編』が日本国内で404・3億円の興行収入を記録し、『千と千尋の神隠し』の316・8億円を抜いて、国内興収歴代第1位を記録しました。

■『鬼滅の刃』大ヒットの要因

『タイタニック』(1997年、262・0億円)や『アナと雪の女王』(2014年、255・0億円)といったハリウッドの大作でさえ手が届かなかった興収400億円超の〝神の領域〟に、映画『**鬼滅の刃**＊』が到達しました。コロナ禍の影響で危機的な状況に陥っていた映画館にとっては、まさに救いの神となりました。そして海外でも45の国と地域で上映が行われ、日本を含めた全世界の総興行収入は5億710万ドルを記録、20年に公開された映画の興行収入で年間世界トップになっています。

LiSAが歌う主題歌「炎《ほむら》」は、ストリーミング累計再生回数が3億回に達し、その年の日本レコード大賞に選ばれました。街にはタイアップグッズがあふれ、政界でも、当時の菅義偉《すがよしひで》首相が国会で「『全集中の呼吸』で答弁させていただく」と〝鬼滅〟のキーワードを持ち出すなど、まさに社会現象となりました。

原作は『週刊少年ジャンプ』(集英社)にて2016年から20年まで連載された、吾峠呼世晴《ごとうげこよはる》によるダークファンタジー漫画の『鬼滅の刃』です。舞台は人喰い鬼が住む大正時代。主人公の少年・竈門炭治郎《かまどたんじろう》が、ある日炭売りから帰宅して見た光景は、人喰い鬼によって惨殺された家族の姿でした。かろうじて生き残った妹・禰豆子《ねずこ》は、凶暴な鬼に変貌してしまいます。炭治郎は家族の仇《かたき》を討つため、そして鬼と化した禰豆子を人間に戻すため、「鬼狩り」の旅に身を投じます。道中、人喰い鬼を狩る「鬼殺隊《きさつたい》」の隊士たちの個性豊かなキャラクターが活躍します。『劇場版「鬼滅の刃」無限列車編』は、19年に放送されたテレビアニメ版の

鬼滅の刃　映画公開中に発売された原作コミック単行本の最終23巻は、285.5万部のコミック週間売上歴代1位を記録。単行本発行部数は累計1億5000万部を突破している。

続編という位置付けで、『鬼滅の刃』初の映画化作品です。この大ヒット快進撃の要因は、なんといっても映画作品のクオリティの高さにあります。迫力のバトルや家族愛、仲間との友情に加え、敵である鬼にも「鬼と化した理由」が描かれるなど、単純な勧善懲悪ではないストーリーの奥深さなどが、国民的なヒットにつながりました。アクション描写は見ほれてしまうほどの見事さで、縦横無尽なカメラワークと人間離れしたスピードで展開していきます。〝呼吸〟や剣戟《けんげき》シーンで描かれる水や炎のエフェクトは、まるで浮世絵のような線と色の使い方で、アニメならではの美しさです。制作したufotable社*は、作品ごとに新たなチームを作る方式が主流のアニメ業界にあって、映像面の全工程を自社内で制作する稀有《けう》な制作体制を整え、品質管理が徹底されている上に、アクション描写には定評がありました。

コロナ禍でハリウッド作品の公開延期を受け、「鬼滅」のスクリーン数と上映回数が最大限確保されたことも、大ヒットの要因の1つです。全国403館において異例のスクリーン数での公開となりました。また、そこに宣伝戦略として、マニアの心をくすぐる入場者特典の描き下ろしイラストカードやスペシャルブックなどの配布を劇場で実施、これを第4弾まで行い、リピーターを増やしたことも要因となりました。

さらに大ヒットの背景には、コロナ禍の巣ごもり需要をとらえて成長を続けた有料配信動画サービスの利用が普及・一般化したこともあります。このタイミングで、アマゾンプライムビデオやネットフリックスなどで『鬼滅の刃』アニメ版が配信されて視聴者が急増し、公開前から「鬼滅ブーム」の盛り上がりを見せ、劇場版に対する期待度を非常に高いものにしました。地上波のアニメ放送終了後も、多くの配信プラットフォームで作品を楽しめるようになっていたことが、新たなファン層を生み出すことに大きく貢献したのです。

拡大のペースを上げるアニメ配信市場は、国内では19年にビデオパッケージ市場、そして20年にテレビ市場を上回りました。配信サービスは名実ともにアニメの視聴ウィンドウの中心的存在になったといえるでしょう。

この『鬼滅の刃』超ヒットの最大の功績は、ビジネス的な経済効果以上に、日本アニメを改めて世界中の多くの人々に知らしめたことにあります。これは今後、継続的にいくつものアニメ作品にも影響をもたらし続け、裾野の拡大につながっていくことでしょう。

Point

制作したufotable社　監督などのメインスタッフのほか、脚本・演出・作画・色彩・背景美術・撮影・CGのすべてについてufotable（ユーフォーテーブル）社内中心の制作体制を整え、セクション間の連携がスムーズにとれるようにすることで、工程の効率化が図られている。

漫画やアニメの実写化はありですか？

Column

近年、「漫画やアニメの実写化」をした劇場映画がたくさん作られています。今後も、『僕のヒーローアカデミア』『ワンパンマン』『NARUTO -ナルト-』『推しの子』など大人気タイトルの実写化が目白押しです。過去には『のだめカンタービレ』『るろうに剣心』など大成功を収めた作品も数多く存在するとはいえ、実写化が発表されるたびに賛否両論が巻き起こる事態となっています。

人気作品であるほど、原作ファンなどから、映像化について心配する人や不快感をあらわにする人が出てきます。実際、実写化した完成映画が原作ファンの心をつかむのは難しく、酷評されることもしばしばです。

実写化に酷評が多い一番の理由として、「原作ファンの作品愛が強い」ことが考えられます。原作への思いが強すぎるためにハードルが高くなり、イメージと違ったときの落胆も大きいといえそうです。

また、実写化で最も注目を集めるのがキャスティングです。「どの俳優がどの役を演じるか」は、原作を実写化する場合に作品の出来を左右する重要なポイントといえます。イメージと合わない配役は酷評の原因となります。人気の俳優やアイドルなどを起用するケースも多く、しばしば大衆ウケを狙ったキャスティングがなされるので、原作ファンからの反発もますます大きくなってしまいます。さらに、原作に登場するキャラクターや世界観はファンの中で確立しているので、それらを実際の人間が演じても「何かが違う」といった違和感を抱きがちです。

ある編集部の調査では、アニメや漫画が好きな人たちの半数以上の人は「実写化は勘弁してほしい」と回答しています。愛してやまない作品が同じタイトルで実写化され、駄作となった場合、作品そのものの評判が落ちてしまうことが、ファンとしてはつらいのだといいます。

じゃあ現場のスタッフはどう思っているかというと、「できるならオリジナル作品を手がけたい」との声が多く聞かれます。しかしながら、会社の上層部やスポンサーの承諾をとろうと企画段階でプロット（あらすじ）や脚本を読んでもらっても、文字だけでは作品の面白さを理解してもらえないとのこと。そこで上層部に理解してもらうために、すでに絵や映像がある人気漫画や人気アニメに手を出さざるを得ない、というのです。

加えて、過去の実績からも、「もともとファンが多く付いている実写化作品は儲かる」傾向がしっかりと数字に表れていることも、実写化が増えている大きな理由でしょう。

とはいえファンとしては、原作に対する敬意や面白くしようという熱意が見えずに「人気があるから実写化して儲けよう」ではやりきれません。

さて、あなたとしては漫画やアニメの実写化はありでしょうか？

第2章

アニメ業界とアニメ市場の現状

少子化はアニメ産業にとって、かなり深刻な問題となっています。ここ数年、プライムタイム（19～23時）におけるキッズ／ファミリーアニメ枠は減少傾向にあります。玩具メーカーや商品関連企業にとっても、その影響は死活問題となりつつあります。

これまで日本のアニメ産業は、子供からティーン、青年層マニアまで視聴者層を拡大しましたが、やはり最大のマーケットは海外にあります。今後、アニメ産業が力を入れるべきなのは、海外展開の強化を主眼とするビジネスモデルの構築でしょう。

Section
2-1 アニメビジネスの市場規模

アニメの市場規模とは、テレビ、映画、ビデオ、配信、商品化、音楽、遊興、ライブの合計売上高を指します。アニメ市場は主に、ビデオやテレビ番組の人気上昇、アニメ市場の技術進歩、アニメ映画のクオリティ向上によって牽引されてきました。

アニメビジネス市場の拡大

日本アニメの市場規模はメディアの変遷に伴って拡大してきました。まず1960年代半ば、テレビアニメによるスポンサー企業のキャラクターマーチャンダイズが始まりました。80年代後半以降はビデオデッキの普及が進み、ビデオグラム市場の成長に伴って、アニメ市場は毎年数百億円規模で拡大していきました。2000年代に入るとDVDの登場で市場はさらなる拡大期に入ります。1990年代後半以降、アニメ市場は劇場用作品の大規模なヒット作の有無に大きく影響される傾向にありました。特に、97年の『もののけ姫』以降のスタジオジブリによる数々のヒット作品は、公開年の劇場用アニメ市場と翌年のビデオグラム市場を大幅に伸ばし、市場全体を牽引しました。

日本アニメの市場規模は、2011年の約1兆3千億円から21年には2兆7千億円へと、10年で倍以上に拡大。そのほぼ半分の1兆3千億円を海外販売が占めました。さらに、22年の日本アニメ関連の世界市場は2兆9277億円と史上最高を記録しました。この海外市場の成長に大きな影響をもたらしているのが**配信サービス**です。コロナ禍以降、巣ごもり需要から世界各国で配信サービスが急速に普及。日本のアニメコンテンツは国内外で人気であり、世界中に配信できる動画配信サービスによって、日本アニメが世界各国でほぼリアルタイムで視聴できるようになりました。ネットフリックスなどの配信企業は、新たな加入者層を獲得するためアニメコンテンツの拡大に継続的に注力しています。このように、日本アニメの需要*は高まっており、今後も伸びていくことが予想されます。

Point **日本アニメの需要**　1990年代末、『ポケモン』や『ドラゴンボール』など日本アニメが海外で大きなブームとなった。そして2010年代からは人気拡大に拍車がかかり、まさに「世界が日本のアニメを求めている」状況で、需要は爆発している。

日本アニメ（劇場／テレビ／ビデオソフト／ネットワーク配信用）の世界市場規模

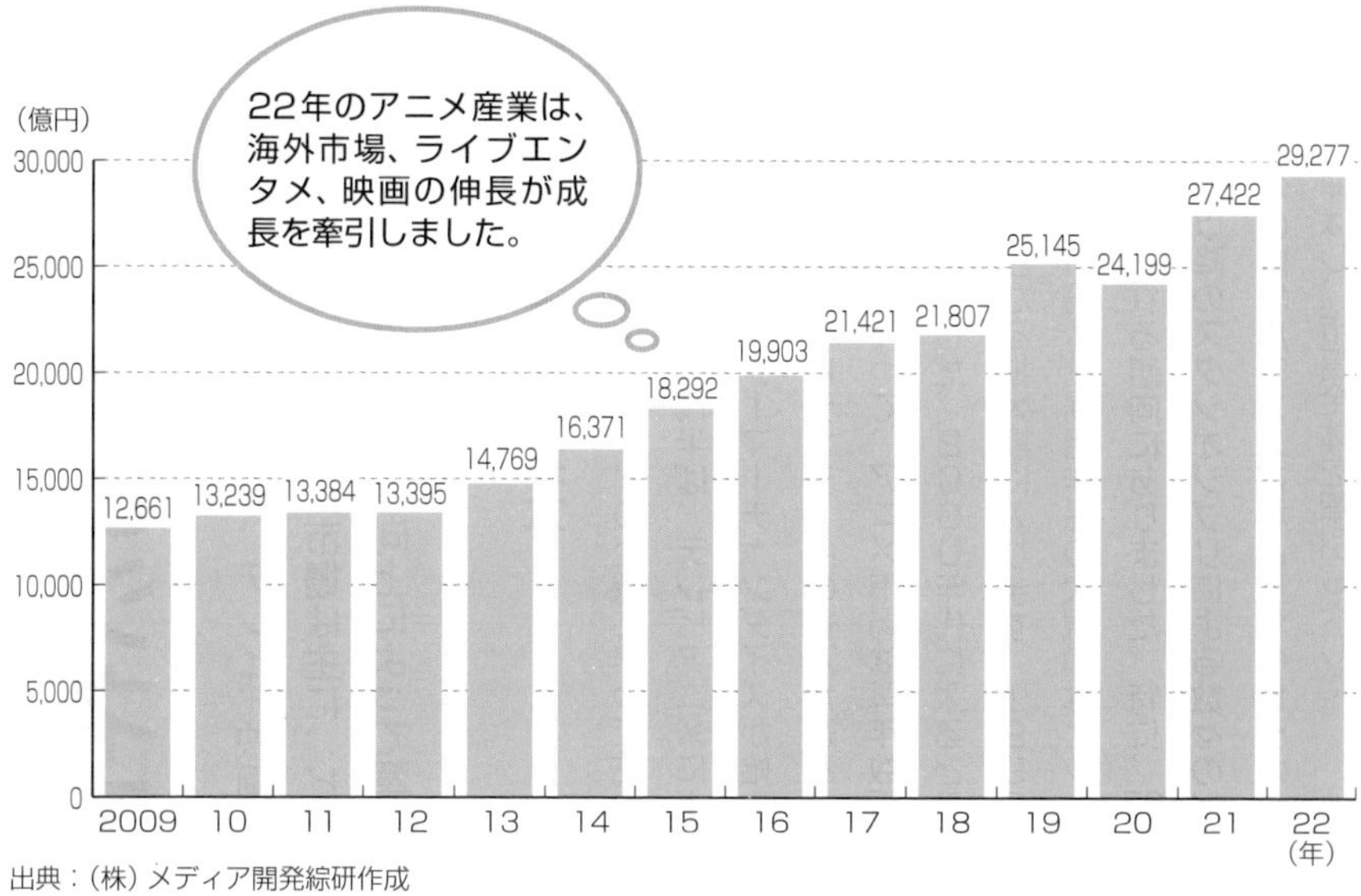

出典：(株) メディア開発綜研作成

アニメ商品化の売上高の推移（日本のアニメキャラクターのみの売上を集計）

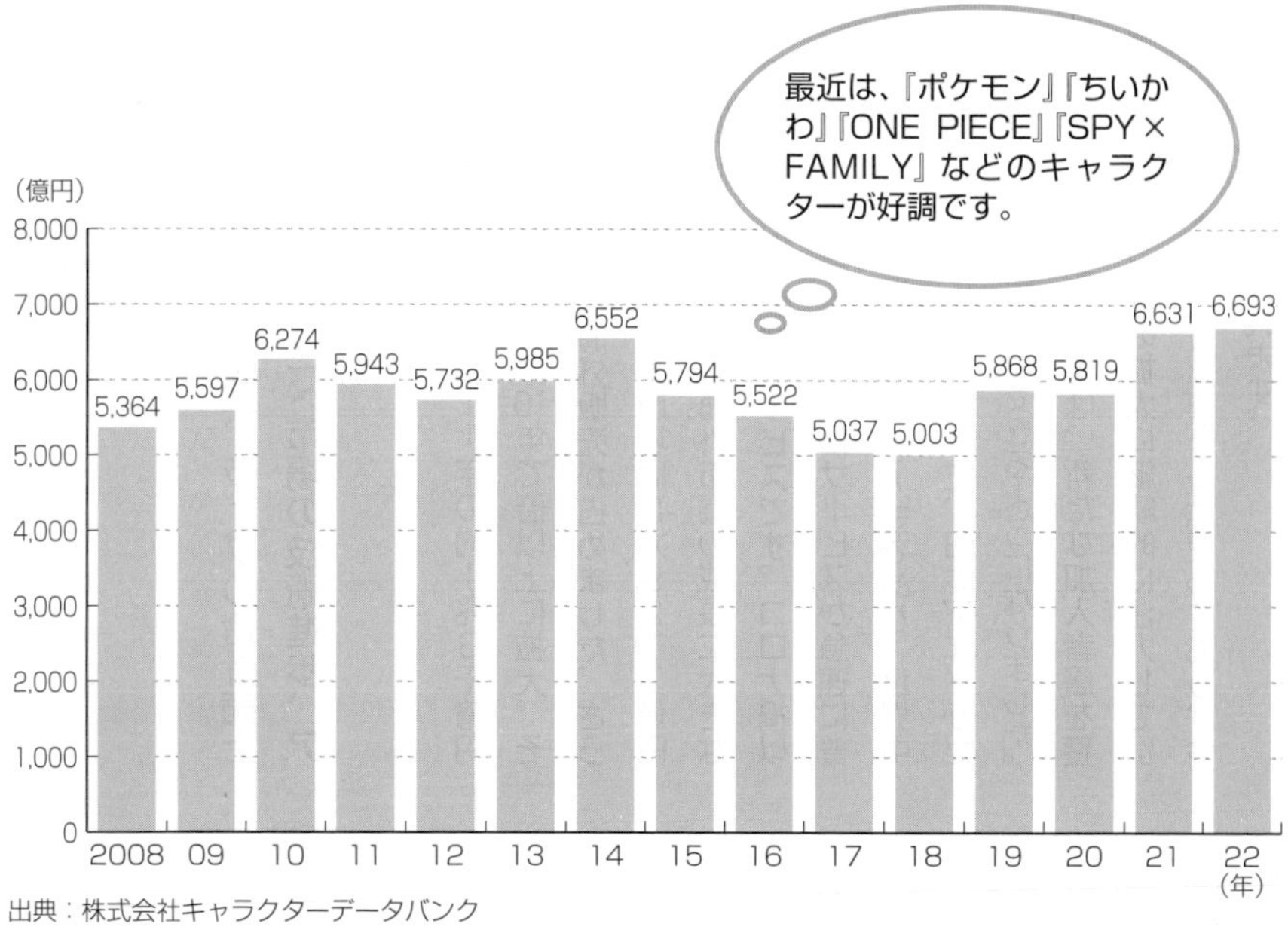

出典：株式会社キャラクターデータバンク

急成長のライブエンターテイメント市場

アニメ関連の**ライブエンターテイメント**市場も急成長しています。業績面において、コロナ禍により舞台作品が影響を受けた音楽・ライブエンタメ市場ですが、22年度の売上は過去最大の972億円と大きく伸長しました。Adoや**YOASOBI**＊など、アニソンを歌うアーティストが日本の音楽市場を代表する存在になってきました。特に、2.5次元ミュージカルは21年にV字回復を見せ、その後も驚異的な伸びとなっています。『鋼の錬金術師』『弱虫ペダル』などの人気作品の舞台化はもちろん、人気アイドルの起用もあって、こちらも市場拡大が続くと予想されます。

日本アニメ産業の課題は、少子高齢化の進展に伴う国内売上の減少を極力食い止めつつ、いかに海外売上を拡大するか、という点です。動画配信プラットフォームの雄であるネットフリックスやアマゾンプライムビデオでは、日本の有力なアニメ制作会社との事業提携を加速し、オリジナルアニメ作品の配信を強化しています。配信企業の著しい伸長は、海外売上の底上げに大きく貢献すると考えられます。

アニメ制作の現状

2010年代初頭に顕在化した、アニメーター不足に起因するアニメ制作体制のひっ迫により、大幅な本数増加が見込めないため、制作本数増による収益向上というビジネスモデルが転換期を迎えています。制作現場では、これまで主軸だったテレビ放送から配信サービスへのシフトを進めていて、配信サービスへのアニメ作品提供や、独占配信などの直接契約・取引といった機会が急増しています。こうした制作モデルは、1社で負担するリスクが大きい半面、二次利用による関連グッズなど**IP**（版権）収入の最大化を期待できるからです。この「積極的にIPを保有する」制作モデルが今後広く浸透する可能性もありますが、配信向け作品の受注増加は、テレビアニメや劇場版向けですでにひっ迫している制作現場の人手不足や過重労働を助長する恐れもあります。また、自社IPを多く持たない新興の元請け制作会社では、アニメーター不足などの影響で受注量を拡大できないケースや、自社の制作能力を超えたために外注費がかさんで採算割れが生じたケースもあります。自社IPの有無や制作能力の多寡によって、元請け制作各社の収益力が左右される傾向にあります。

Term

YOASOBI　コンポーザーのAyaseとボーカルのikuraによる2人組の音楽ユニット。23年4月より放送されたテレビアニメ『【推しの子】』のオープニングテーマをYOASOBIが手がけ、その楽曲『アイドル』が世界を席巻するヒットとなった。

主なアニメ関連企業の売上高

企業名（決算期）	売上高（百万円）		
	2021年	2022年	2023年
IGポート（6月）	9,934	11,872	11,163
アニプレックス（3月）	206,222	179,026	152,638
ウィットスタジオ（5月）	1,235	2,794	3,740
KADOKAWA（3月）	31,314	33,112	43,289
バンダイナムコフィルムワークス（3月）	11,109	15,300	35,496
小学館集英社プロダクション（3月）	31,974	35,030	39,507
シンエイ動画（3月）	8,396	7,339	9,228
創通（3月）	12,000	15,000	15,300
東映アニメーション（3月）	51,595	57,020	87,457
トムス・エンタテインメント（3月）	10,947	11,920	14,809
ぴえろ（4月）	10,050	10,020	−
マーベラス（3月）	25,520	25,728	25,341
マッドハウス（3月）	2,000	2,000	2,000
MAPPA（3月）	2,700	3,800	4,000

アニメ製作・制作会社の売上高構成（2022年）

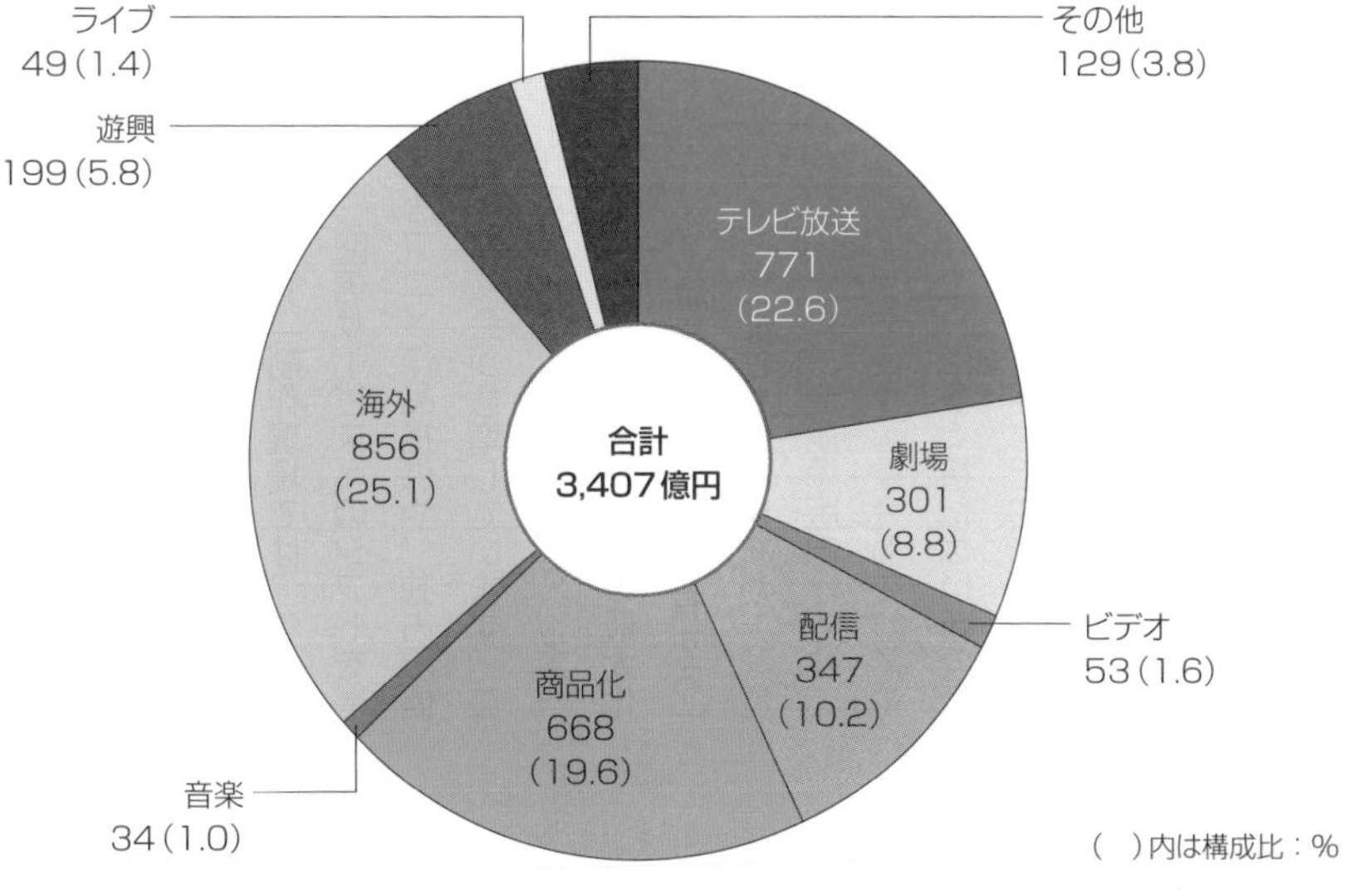

Section
2-2 アニメ産業に関連する企業

アニメビジネスは、「作品の制作を発注する放送局や映画会社」、「受注する元請け制作会社」、「その傘下にある多数の下請け制作会社」の関係が、基本的な構造となっています。

多様なビジネス領域

さらに、「放送局に作品制作費を提供するスポンサー」、「キャラクター商品などを制作・販売するメーカー」、「広告代理店」、「DVD、BDなどの映像パッケージを販売する会社」、「海外への作品配給会社」そして「ゲーム制作会社」など、多様なビジネス領域の業界が密接に関わりながら構成されています。

●アニメ制作会社

アニメの実制作を業務とする会社です。

企画・製作から制作までを行う**元請け制作会社**と、この**元請け制作会社**から一括して仕事を受注し、制作業務全般を行う**グロス請け**（**下請け**）**制作会社**、そして作画、背景美術、撮影など制作工程別に仕事を請け負う**専門スタジオ**の3つがあります。

売上高上位の元請け制作会社としては、「東映アニメーション」「トムス・エンタテインメント」「サンライズ」「ぴえろ」「プロダクション・アイジー」「京都アニメーション」「マッドハウス」「シンエイ動画」などがあります。

中でも『機動戦士ガンダム』に代表されるキラーコンテンツを持ち、版権ビジネスで最も成功しているのが、バンダイナムコグループの一員であるアニメ制作会社**サンライズ**です。最近も、『銀魂《ぎんたま》』『ラブライブ！』などヒット作品を生み出し、フィギュアやモバイルゲーム、ライブ公演、コミックなどメディアミックスを強力に展開しています。

京都アニメーションは京都府に本社スタジオを構えて、テレビや劇場版のアニメを制作。代表作に『涼宮《すずみや》ハルヒの憂鬱』『けいおん！』『ヴァイオレット・エヴァーガーデン』『響け！ユーフォニアム』といった数多くのヒット作があります。

Term

バンダイビジュアル　アニメや特撮作品の製作委員会への出資の多い企業で、『ウルトラシリーズ』や『ガンダムシリーズ』『宇宙戦艦ヤマトシリーズ』『マクロスシリーズ』などを発売していることでも有名。バンダイナムコグループの映像レーベル。

その作画レベルの高さは「京アニクオリティ」として賞賛され、国内外で人気を博しています。不幸にも２０１９年に発生した放火事件ではスタジオが全焼し、36人が亡くなるなど甚大な被害を受けましたが、目下再建に向けて取り組んでいます。

また、「下請け制作会社」の多くは従業員10名以下の中小企業で、かつて所属していた大手制作会社から独立して起業するケースが多く見られます。

●スポンサー企業

テレビの番組提供会社ではビデオグラムメーカー、ゲームソフトメーカー、玩具メーカー、CDメーカーなどが多く、商品化の権利を取得して関連商品を販売し、収益を目指します。

ビデオグラムメーカーには「**バンダイビジュアル***」「アニプレックス」「メディアファクトリー」、ゲームソフトメーカーには「ソニー」「任天堂」、玩具メーカーには「タカラトミー」「メガハウス」、CDメーカーには「キングレコード」「ソニーミュージック」「ビクターエンターテインメント」などの企業があります。

●広告代理店

通常、テレビアニメでは広告代理店が番組のタイム枠を買い切り、テレビ局にその料金を支払うのが一般的です。広告代理店はスポンサー／原作者（出版社）／制作会社の間を調整しながらアニメを制作してテレビ局に持ち込むと共に、買い切った枠の値段以上の手数料をスポンサーから受け取ります。その額は、スポンサーの負担する電波料の約20％といわれています。また、連動する商品の企画やイベントなども収入源になります。

広告代理店の中では、「電通」と「**ADKホールディングス***」の2社が圧倒的に多くのアニメ番組を扱っています。ADKは早くからテレビアニメに注力してきた広告代理店です。これまで手がけてきた作品としては、『マジンガーZ』『ドラえもん』『クレヨンしんちゃん』『遊☆戯☆王』『ONE PIECE』『新テニスの王子様』といった、誰もが知る強力なタイトルを数多く抱えています。

また、『ガンダムシリーズ』を展開する「創通」は、版権ビジネスが収益の柱です。ほかにも『ジュエルペット』『ゆるゆり』などの好調作品があります。２０２０年よりバンダイナムコホールディングスの傘下に入りました。

Term

ADKホールディングス　売上高で電通、博報堂DYホールディングスに次いで国内広告業界第3位の広告代理店。前身の旭通信社時代からアニメコンテンツに強みを持ち、藤子アニメの多くの製作に参加。

アニメ制作の委託取引の方法

広告収入方式（従来方式）

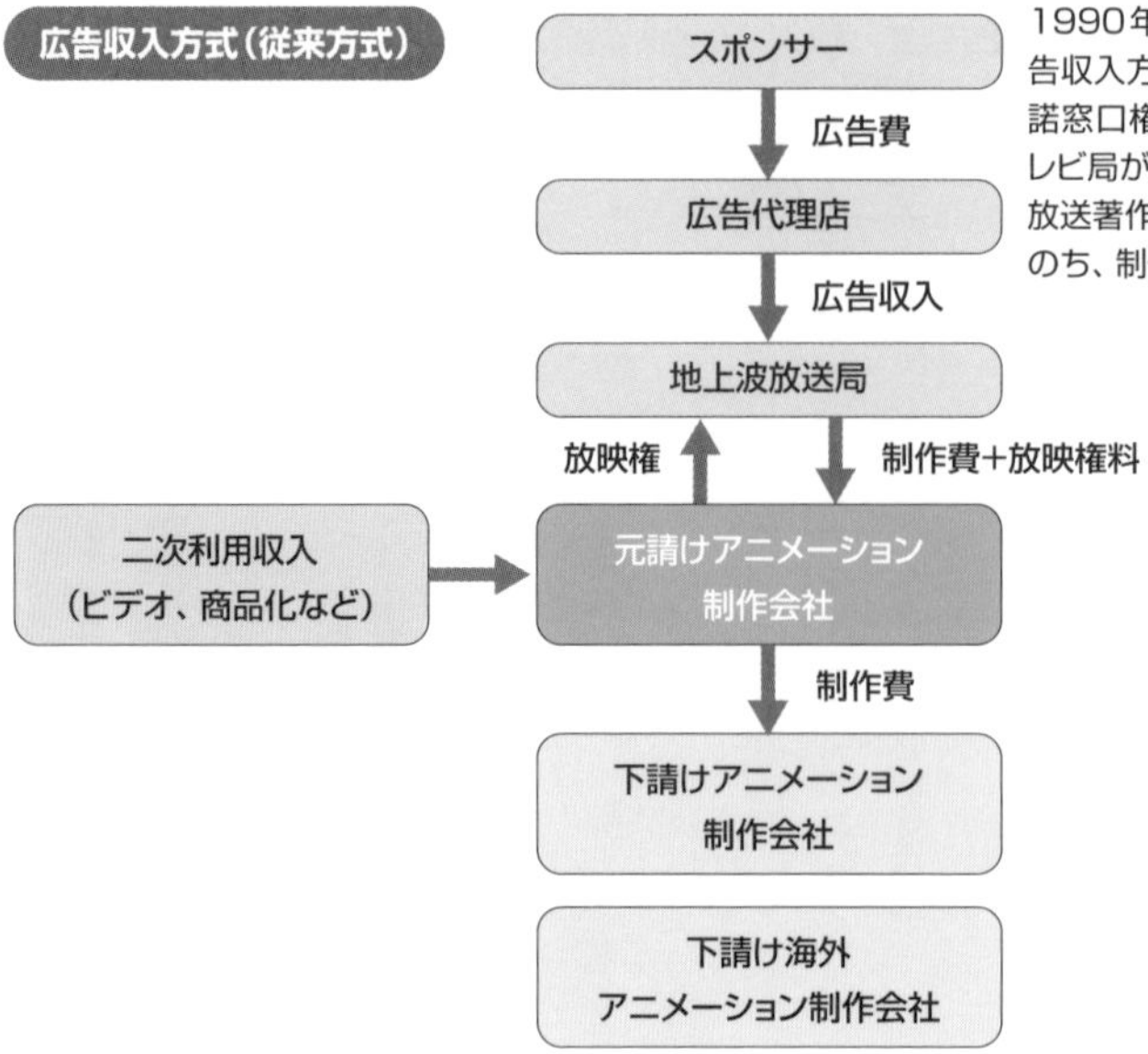

1990年代前半まで主流であった「広告収入方式」では、商品化権の権利許諾窓口権は、主に制作会社がとる（テレビ局が持つ場合も）。また、アニメの放送著作権はテレビ局が数回放送したのち、制作会社に戻される。

製作委員会方式

アニメ製作は、ハイリスク・ハイリターンのビジネスモデル。そのため近年は、複数の企業で出資し合って事業リスクを分散する「製作委員会方式」が一般的。

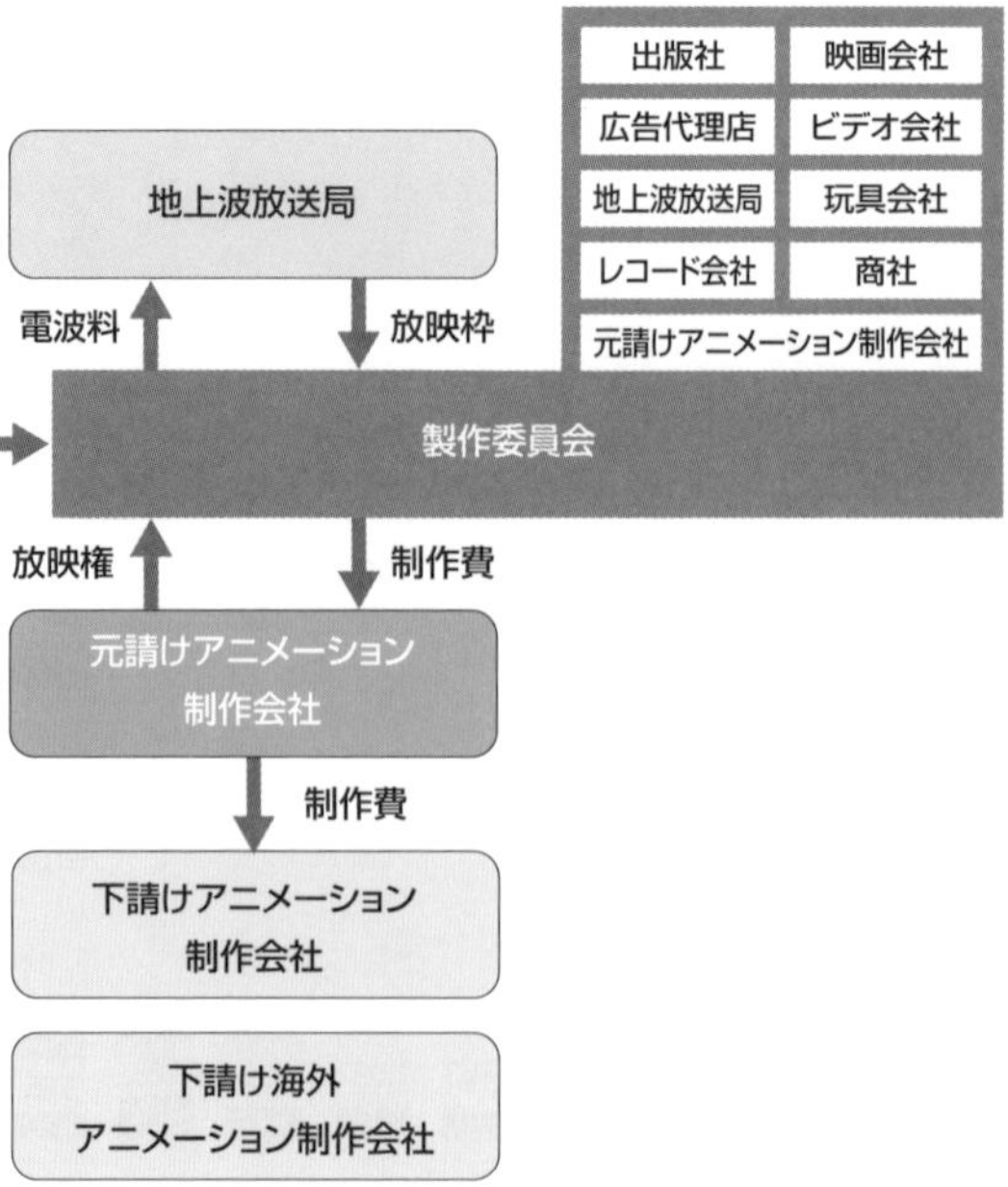

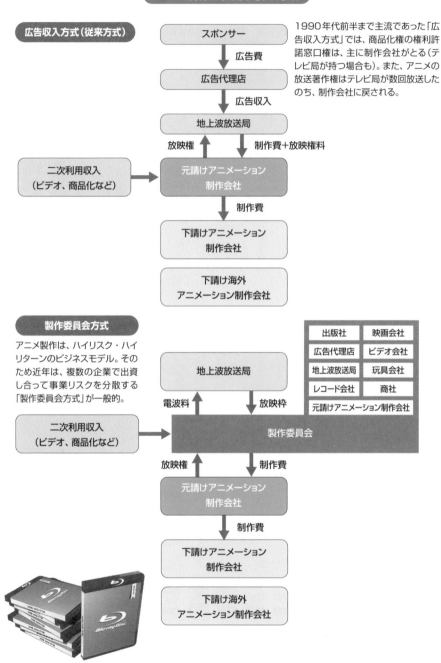

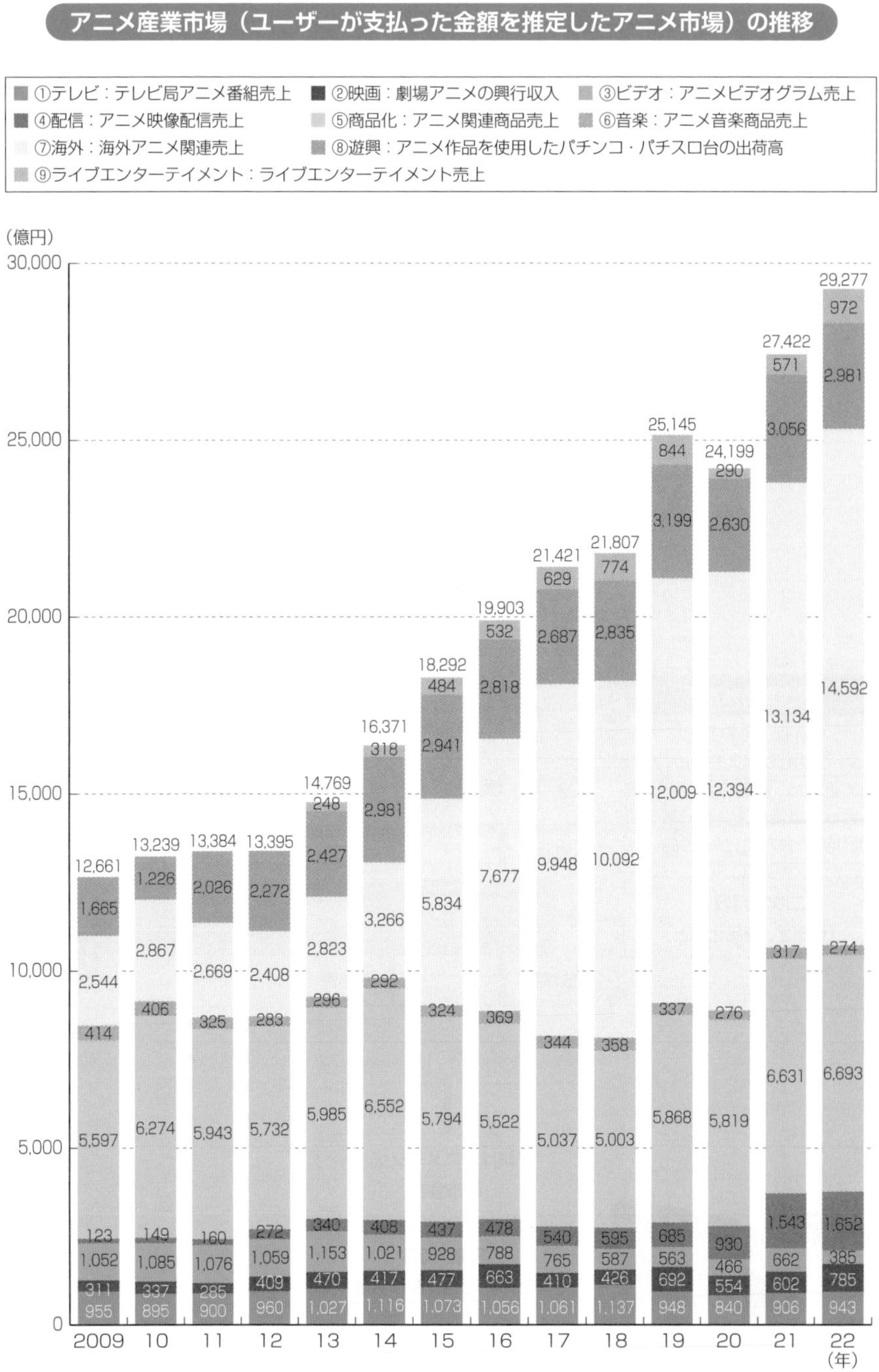
アニメ産業市場（ユーザーが支払った金額を推定したアニメ市場）の推移
①テレビ：テレビ局アニメ番組売上
②映画：劇場アニメの興行収入
③ビデオ：アニメビデオグラム売上
④配信：アニメ映像配信売上
⑤商品化：アニメ関連商品売上
⑥音楽：アニメ音楽商品売上
⑦海外：海外アニメ関連売上
⑧遊興：アニメ作品を使用したパチンコ・パチスロ台の出荷高
⑨ライブエンターテイメント：ライブエンターテイメント売上
(億円)
30,000
25,000
20,000
15,000
10,000
5,000
0
2009 10 11 12 13 14 15 16 17 18 19 20 21 22
(年)
12,661 13,239 13,384 13,395 14,769 16,371 18,292 19,903 21,421 21,807 25,145 24,199 27,422 29,277

Section

2-3 アニメビジネスの収益構造

アニメ制作会社のビジネスにおいて、収益の柱となるものは、作品の制作収入と国内ライセンス（ロイヤリティー）収入、そして海外ライセンス収入の3つです。

アニメの二次利用

国内の**ライセンス事業**では、アニメコンテンツの地上波・衛星波の放送販売、そのキャラクターを使った商品化権展開およびビデオグラムのライセンスを行います。

海外のライセンス事業では、多チャンネル放送が進んで日本アニメの需要が高まる中、北米、欧州、アジアに加えてインドと中国も重要市場と位置付け、世界各国においてライセンス事業を拡大展開しています。また、急速な発展を続けるコンテンツ配信事業でも、インターネット、モバイル端末の情報網への配信・販売など、新しいメディアへのアニメ配信ビジネスを推進しています。

近年、テレビアニメの制作費は1話あたり1300万～1500万円程度の水準となっており、1クール（3カ月分、12～13本）を作るには宣伝費を含めて2億円程度の費用がかかります。また、OVA＊の制作費は2000万～3000万円、劇場用アニメ映画は3億～5億円前後というのが一般的な相場です。スタジオジブリやプロダクション・アイジーが制作するような高品質なアニメ映画では、20億～30億円をかけるケースもあります。

作品を制作することで成立した著作権を行使し、作品の二次利用を許諾することで得られるのが、ライセンスビジネスにおける「ロイヤリティー収入」です。アニメの二次利用の権利にはDVD／BD化権、ゲームソフト化権、映画化権、出版権、商品化権（マーチャンダイジング）、海外販売や動画配信サービスでの配信権などがあります。

売上に対するロイヤリティー配分の行き先は、直接的にアニメ制作と原作に携わった権利を有する著作者および団体です。漫画原作などで原作者がいる場合は原作者およびその代理人である出版社、そして制作会社、テレビ局、時

Term **OVA**　オリジナルビデオアニメ。テレビ放映や劇場公開を前提としないDVD販売のみのアニメ作品のこと。現在はOVAというジャンルは下火だが、ネット配信の「オリジナルアニメ」というかたちで復活している。

には広告代理店が入る場合もあります。

今日、ほとんどのアニメ制作で採用されている「**製作委員会方式**」では、コンテンツの権利は出資した割合に準じるのが一般的です。「製作委員会」の出資メンバーの出版社や映画会社、玩具メーカーなどが、出資比率に応じて収益を分配します。劇場アニメの場合は、興行収入のうち35～40％が製作委員会に分配されます。

伸長する配信権販売

海外向けに販売展開するライセンスビジネスにおいて、99年の『ポケモン』大ヒット以降、国際マーケットに多量のアニメ作品が投入されることになり、収益源としての重要度が高まりました。

アニメの収益構造は、90年代後半から「DVDなどのビデオグラムの登場」、「深夜アニメなどの放送ウィンドウの増加」その他によって多様化してきました。さらに、ネットワークメディアにおける収益手段も生まれてきました。

近年、動画配信市場は大幅な成長を遂げており、今後もこの傾向は続くと予想されます。市場に参入する配信サービスが増えるにつれて、視聴者数を獲得する競争は激化しています。その結果、多くの配信企業がオリジナルコンテンツに投資し、サービス内容を拡充することで対応しています。中でも、会員数を増やす呼び水として「日本アニメ」が急浮上。サブカルとされてきたアニメが、いまやメインカルチャーだと配信企業も気付いたのです。さらに、既存作品の配信権を購入するだけでなく、ネットフリックスが自社独占配信のためにオリジナルアニメの制作を始めたように、配信企業自らが新規作品に出資したり、日本のアニメ製作委員会に参加するケースも増えています。欧米の人気ドラマの1話数億円を超える制作費に比べて、日本アニメは1話3000万～5000万円と破格の安値です。そのコスパのよさも、配信企業が作品獲得に力を入れる理由です。そして何より、日本アニメは視聴者層が幅広く、子供から大人まで家族で楽しめます。今後もユーザー数を含めて配信サービスの市場規模はさらに拡大するでしょう。

アニメの二次利用の例

- 番組販売化
- 商品化
- ビデオグラム化
- ネット配信化
- ゲームソフト化
- イベント化

Point

アニメの配信権販売　配信プラットフォームが製作委員会に対価を支払ってアニメの放映権を獲得するビジネスモデル。配信プラットフォームは、アニメ視聴を目当てに消費者が登録することで収益を得る。

Section
2-4 アニメビジネスの海外展開の変遷

『鬼滅の刃』『進撃の巨人』などの日本アニメが、配信を通じて世界各国でほぼリアルタイムで視聴できるようになりました。今日、日本のアニメ業界にとって「配信」こそが海外市場の拡大に大きな影響を与える存在となっています。

海外販売の取引

『白蛇伝』に始まった海外販売*は、日本アニメが世界に浸透するにつれて、日本のアニメ産業にとっての重要な収益源と見なされるようになりました。そして、1997年の『新世紀エヴァンゲリオン』を機に、海外進出は急拡大します。90年代半ばまでの北米向け価格は、日本でヒットした作品であっても1話あたり数千ドル程度でしたが、『エヴァ』は1万8000ドル（約200万円）で取引されました。さらに、99年の『ポケモン』の米国での大ヒットや『千と千尋の神隠し』のアカデミー賞長編アニメーション部門賞受賞で日本アニメは一気にメジャーな存在に躍り出て、海外展開が可能な産業として大きく注目されます。これにより日本アニメは追い風に乗り、2001～04年ごろまでは1話あたり4万ドル前後の取引が成立するようになりました。当然、国際マーケットに作品を投入するため、多くの作品で海外ビジネスを当初から組み込んだ収支計画が立てられ、大量に制作されました。

しかしながら06年には、日本アニメの供給過剰によるバリュー低下およびDVDマーケットの縮小というダブルパンチで、取引相場は1話あたり2万ドル前後まで下落。それに加えて、世界同時不況や動画共有サイトの違法配信が日本アニメの輸出に暗い影を落としました。

10年以降は、地上波デジタルへの移行により多チャンネル化が世界で進んだことや、**動画配信サービス**が盛んになったことで、コンテンツとしての日本アニメのニーズが復活。「誘客のため、多数のアニメ作品をストックとして購入したい」という事業者が増えてきました。特に、いくつかの

Point

海外販売　90年代までは、日本アニメは1作品ごとに海外の配給会社に「売り切り」のかたちで販売された。その配給会社が現地のテレビ局に売り込み、テレビ局が放映権を購入することで配給会社にお金が支払われた。しかし、当時は売り切り契約だったため、現地で人気が出ても日本の権利元には還元されなかった。

有料動画配信サービスが激しい競争を繰り広げている中国では、〈ユーザー獲得力のあるコンテンツ〉として配信権をめぐる買い付け合戦が起こり、日本アニメが高騰しました。その後も、海外市場の成長に大きな影響を与える存在となっているのが、この配信サービスです。20年のコロナ禍以降、世界各国で配信が急速に普及。ネットフリックスなどの海外配信プラットフォームが、人気アニメをコンテンツに取り込むべく競争を展開しています。今後、少子高齢化・人口減少という問題を抱える日本にとって、海外市場が主戦場になるのは確実であり、海外展開の充実はアニメ産業にとって欠かせないものとなっています。

海外展開の方法

日本アニメを北米や欧州など海外向けに輸出販売するには、大きく分けて次の4つの方法があります。

●出来上がったアニメ作品を海外にライセンスする

これは、海外の会社に最低補償金額（**ミニマムギャランティ**）を設定して7～13年くらいの期間限定で貸し出す方法です。テレビシリーズの取引には、「映像のみの権利をライセンスする」、「映像と商品化などのすべての権利（**オールライツ**）をライセンスする」という2つの形態があります。

配信プラットフォームがアニメ作品を配信する場合、配信ライセンス料を作品の権利許諾者側に支払います。ちなみにネットフリックスが支払うライセンス料の相場は、日本の配信サイトの相場の10倍程度といわれています。ただし原則として、ライセンス料は作品の完成前に一括で支払われるのではなく、一定期間ごとに分割で支払われます。そのため制作会社は、作品制作から資金回収までに相当の日数を要します。

●制作段階から海外の会社とタッグを組む共同プロダクション

03年に日米合作で製作された『アニマトリックス』や07年から日米で放映された『トランスフォーマーシリーズ』などが、その代表的な作品です。また米国以外でも、中国のクリエイティブスタッフと共同で制作するスタイルが増えています。10年放送の『最強武将伝 三国演義』や15年の共同企画でアニメ化された『霊剣山シリーズ』（原作は中国の人気Ｗｅｂ小説）などです。最近ではフジテレビが中国の大手動画配信サイト「bilibili」と協業し、新たに設けたアニメの深夜放送枠でbilibili制作の作品を放送すると共に、共同制作のアニメで世界的ヒットを目指します。

Term

スピード・レーサー　2008年の米国映画。監督は『マトリックス』で有名なウォシャウスキー兄弟。日本のテレビアニメ『マッハGoGoGo』を原作とする。『マッハGoGoGo』はウォシャウスキー兄弟にとって最初に見た日本アニメであり、映画化は長年の夢であった。

●日本アニメをハリウッドで実写化リメイク

すでに公開されたものでは『**スピード・レーサー**＊』(『マッハGoGoGo』の実写化映画)や『ドラゴンボール・エボリューション』、『GHOST IN THE SHELL』(『攻殻機動隊』)、『DEATH NOTE／デスノート』などがあります。最近では実写版『ONE PIECE』がネットフリックスで全世界独占配信され、注目を集めました。本書執筆時点で、映画化権を獲得して製作が進んでいるものには、『ワンパンマン』『機動戦士ガンダム』『僕のヒーローアカデミア』などがあり、今後も世界で実写版が公開される予定です。

ハリウッドには映画『マトリックス』シリーズで知られるウォシャウスキー兄弟監督など、日本アニメの影響を受けて育ったクリエイターが大勢いるといわれています。

●日本の会社が海外に支局を持って直接作品を流通させる

海外企業による日本のアニメビジネスへの参入が目立ちますが、日本からも海外のアニメ企業を買収する流れができています。例えばソニーグループは、05年に子会社であるアニプレックスの米国法人を設立、21年にソニーグループが傘下のファニメーションを通じて**クランチロール**(06年に米国でスタートした日本アニメ専門の配信企業)を買収、世界的に知名度の高いクランチロールブランドを中心とした、ソニーの海外日本アニメ事業の統合がなされています。また、小学館・集英社グループも04年に米国で立ち上げた**ビズメディア**＊が日本アニメの映像販売を行い、北米に『らんま1／2』『NARUTO -ナルト-』などを直接配給しています。このように、海外の大手のアニメ流通会社とつながることで、日本アニメの海外展開をより積極的に行えるようになりました。今後、アニメをコンテンツビジネスの世界戦略の中核に位置付けていくためには、出版社やアニメ制作会社の国際版権部門のさらなる強化が必要となるでしょう。

ハリウッドのリメイク作品

英語タイトル 『原作タイトル』	公開年
Speed Racer 『マッハ GoGoGo』	2008
Dragonball Evolution 『ドラゴンボール』	2009
GHOST IN THE SHELL 『攻殻機動隊』	2017
Alita: Battle Angel 『銃夢』	2019
Knights of the Zodiac 『聖闘士星矢』	2023

Term **ビズメディア (VIZ Media)**　北米における日本の漫画・アニメの翻訳出版と日本アニメの映像販売を行う企業。ShoProの関連会社。2012年に『Weekly Shonen Jump』(週刊少年ジャンプの英語版)をデジタル版に移行。多くの作品が、日本での掲載雑誌発売とほぼ同時に読めるようになった。

マーチャンダイジング（商品化権）の流れ

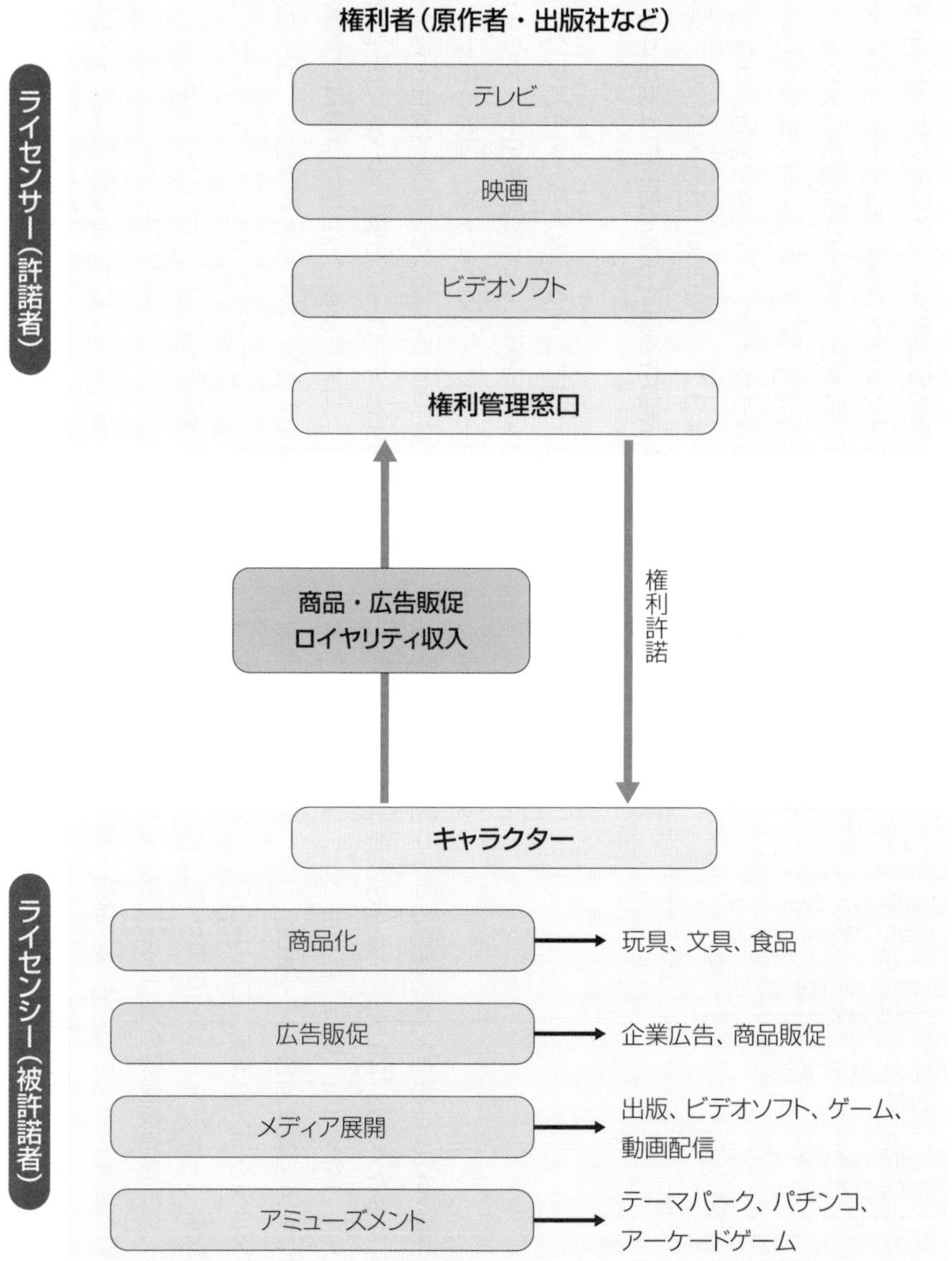

Section
2-5 キャラクタービジネスの現状

企業が、キャラクターを商品化したり広告販促用に使用したりして、キャラクターを核としながらビジネスマーケットを広げていくことを、キャラクタービジネスといいます。

いまやキャラクタービジネスこそ、アニメを取り巻くビジネスの中でも最も大きな市場となっています。2023年度の国内のキャラクタービジネスの市場規模*は2兆6500億円。『進撃の巨人』『鬼滅の刃』『呪術廻戦《じゅじゅつかいせん》』『推しの子』など、多くのファンを持つ漫画/アニメキャラクターは目白押しであり、市場は好調でした。その規模は毎年増加傾向にあります。

キャラクターを活用することで、キャラクター自体がすでに持っている「親しみやすさ」「かわいらしさ」「清廉さ」などのポジティブなイメージを、商品やサービスに投影させることが期待できます。キャラクターへの関心や愛着によって、企業・商品・広告にも良好なイメージを持ってもらいやすくなります。またアニメキャラクターは、人気が衰えない限り寿命がなくスキャンダルもないので、炎上のリスクを抑え、安全に運用できるのが利点といえるでしょ

■企業の広告塔

キャラクタービジネスは、キャラクター・ライセンス・ビジネスを簡略化した呼び方です。あるコンテンツが存在し、それを〈様々なメディアに再利用し、より多くの収益を上げていく〉というビジネス構造です。

アニメのキャラクターを使用した関連商品の販売は、1963年の国産アニメ第1号『鉄腕アトム』の放映時から、すでに60年以上の歴史を持ちます。ただし、キャラクタービジネスが明らかに意識され出したのは90年代に入ってからでした。子供向けグッズの売場にはアニメ/ゲームの主人公や登場人物の姿が数多く並び、飛ぶように売れた時代。中でも売上を牽引したのは、3000億円もの版権売上を計上した『美少女戦士セーラームーン』シリーズでした。

Point **22年度の市場規模**　本文で述べた23年度の前年（22年度）のキャラクタービジネス市場規模は約2兆6000億円。メディアミックス『ウマ娘 プリティーダービー』、『SPY×FAMILY』、『チェンソーマン』、映画が公開された『ONE PIECE FILM RED』など、バラエティに富んだキャラクターが活躍したことで堅調だった。

う。さらに、熱狂的なファン層や大きなファンコミュニティを抱えるキャラクターであれば、コラボした商品をファンが収集したり、ファンの間で話題となってSNSで拡散したりと、集客にも大きな力を発揮します。

キャラクターを使用する目的

企業がキャラクターを使う場合、「キャラクターそのものを商品化して売る」ケース（ぬいぐるみやフィギュアなど）と、「キャラクターを使って他の商品を売る」ケースがあります。

後者のケースでは、キャラクターを使用する目的は４つに分類されます。

● **キャラクター商品*の販売**

商品の本体やパッケージに認知度の高いキャラクターを使用することで、商品の売上拡大を狙います。

● **商品広告でキャラクターを使用**

広告でアイキャッチとしてキャラクターを使う場合と、購入対象者へのイメージアップを図るために使う場合があります。

● **プロモーションでの使用**

イベントやキャンペーンの景品としてキャラクターを使う場合や、キャラクター・ショーなどで使う場合です。

● **企業のＣＩ（コーポレート・アイデンティティ）としての使用**

企業のイメージ向上や認知度アップが目的となります。

キャラクターそのものを商品化する場合には、商品価格のうちの一定の使用料率をロイヤリティーとして**ライセンサー**（権利許諾窓口権を有する権利者）に支払います。

キャラクターの使用料率はおおむね４～６％で、多いのは５％です。また、有力なキャラクターでは８～10％程度に設定されることもあります。

テレビアニメのキャラクターの商品化では、「番組のスポンサーにならなければならない」などの条件が付く場合が多く、また、契約が交わされたとしてもすぐに商品化できるわけではありません。ライセンサーからの承認を取り付ける必要があるからです。

商品のデザインや色などの細かいチェックをライセンサーから受けて、承認を得なければならないので、最初の

Point **キャラクター商品**　人気のあるキャラクター商品は、「アンパンマン」「ドラえもん」「ハローキティ」「ジブリ」「ポケモン」「すみっコぐらし」など。24年に流行りそうなキャラクターについての調査では、「おぱんちゅうさぎ」「ちいかわ」「んぽちゃむ」という結果が出ている。

オファーから商品化まで半年ほどかかることも珍しくありません。

　また、広告などによる販売促進にキャラクターを使用する場合は、タレントとのCM契約と同様に年間の契約料が必要となります。

　さらに販促グッズとして使用する場合、この契約料には別途、プレミアムロイヤリティーが発生します。

　ロイヤリティー収入で一番多いのが玩具で、全体の3分の1を占めています。次に家庭用品の13%、以下アパレル、アクセサリー、ゲームソフト、文具と続きます。

　確かに、キャラクターを商品に使用することで爆発的な売れ行きを見せることもあります。しかしながら、広告塔としてのキャラクターに魅力を感じつつも、販促費に余裕がない企業では、多額のロイヤリティーまで支払うことになるキャラクターの使用に対しては、及び腰になることも多いようです。

アニメ関連のキャラクター商品売上推移（2007 ～ 22 年）

国内のキャラクター商品売上ランキング上位 100 位以内から、日本のアニメキャラクターのみの売上を集計。

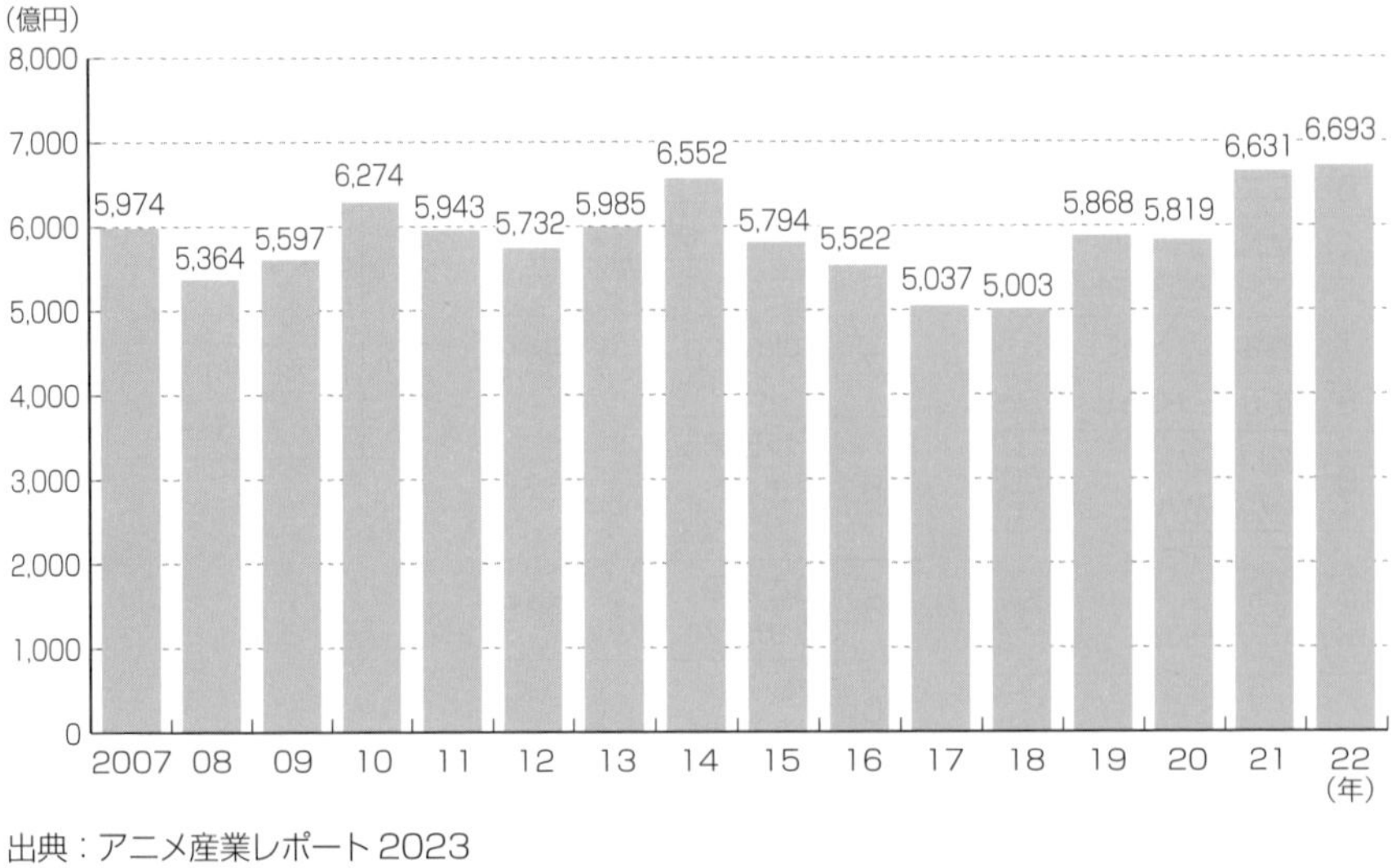

出典：アニメ産業レポート2023

キャラクターの人気度ランキング（2023年）

大人の男性に人気

順位	キャラクター	%
1	ドラえもん	28.4
2	孫悟空（ドラゴンボール）	25.4
3	ガンダム	21.6
4	モンキー・D・ルフィ (ONE PIECE)	20.4
5	ミッキーマウス	19.6
6	野原しんのすけ (クレヨンしんちゃん)	19.4
7	ピカチュウ	19.2
8	江戸川コナン	18.4
9	スヌーピー	17.0
10	くまのプーさん	16.2

大人の女性に人気

順位	キャラクター	%
1	スヌーピー	43.4
2	ミッフィー	37.2
3	くまのプーさん	36.2
4	ミッキーマウス	34.6
5	ムーミン	29.8
6	ハローキティ	27.0
7	リラックマ	23.8
8	ドラえもん	21.4
9	すみっコぐらし	20.0
10	ピカチュウ	19.8

調査：インターネットリサーチ

子どもが選ぶ！ 好きなキャラクターランキング TOP10（2023年度調査）

子ども総合　※3～12歳男女

順位	キャラクター	%
1	ドラえもん	62.9
2	キャプテン ピカチュウ	58.1
3	星のカービィ	57.1
4	スーパーマリオ	56.5
5	ミニオンズ	53.3
6	MINECRAFT (マインクラフト)	52.8
7	となりのトトロ	51.3
8	すみっコぐらし	50.3
9	クレヨン しんちゃん	50.2
10	テレビアニメ ポケット モンスター	50.0

おとこの子　※3～12歳男女

順位	キャラクター	%
1	ドラえもん	70.3
2	スーパーマリオ	69.6
3	MINECRAFT (マインクラフト)	67.0
4	キャプテン ピカチュウ	64.0
5	星のカービィ	61.4
6	ミニオンズ	56.1
7	Splatoon (スプラトゥーン)	53.1
8	テレビアニメ ポケット モンスター	52.5
8	おさるの ジョージ	52.5
10	クレヨン しんちゃん	52.1

おんなの子　※3～12歳男女

順位	キャラクター	%
1	すみっコぐらし	76.4
2	アナと雪の女王	65.1
3	ラプンツェル	60.8
4	ミッキーマウス	58.5
5	ミニーマウス	57.5
6	SPY × FAMILY	56.8
7	となりのトトロ	55.8
7	リトル・マーメイド	55.8
9	ドラえもん	55.5
9	チップ&デール	55.5

調査：ビデオリサーチ

Section
2-6 アニメ制作の国際分業化の変遷

今日、30分番組のアニメでは総作画枚数が3000〜8000枚に及びます。その動画作業の8割以上を国外に依存しているのが現状です。

下請けから共同制作へ

1963年の日本初の本格的テレビアニメ『鉄腕アトム』放映で、テレビアニメ時代が幕を開けました。その後、『アトム』の大ヒットに影響されてアニメプロダクションが続々と設立されます。「正味20数分の作品を毎週1回放映する」形式であったため、期間・コスト面の制約から、極端に少ない動画枚数（**リミテッドアニメ方式**）での制作となりました。従来の10分の1にまで圧縮しましたが、それでも当時は1500〜2000枚という動画枚数が必要でした。この大量生産の必要から外注体制が築かれ、下請けプロダクションに仕事の作業工程の一部を任す**外注システム**＊が始まりました。

当初は国内のスタジオに外注していましたが、70年代に入ると中国、韓国あるいは台湾など人件費が安くて地理的にも近い国に、主に動画や彩色といった単価の安い工程を外注するようになります。これは日本に特有の事情によるものではありません。アニメ産業は労働集約型であり、コストに占める人件費の割合が大きいため、アニメ先進国である米国でも、50年代にテレビアニメを制作するようになると、自国より人件費の安い外国（日本を含む東アジア）の下請けに外注することが行われていました。

60年代後半の『キングコング』『スモーキーベア』『親指トム』などの米国アニメ作品では、東映アニメーションが下請けとして原画以降の工程を受け持ちました。80年代以降も東京ムービー新社が米国のメジャースタジオのディズニーやワーナーブラザーズなどから、作画などの仕事を請け負っています（こうした下請け作業の積み重ねにより、日本アニメは技術的に大きな進歩を遂げることができたともいえます）。

Term **外注システム**　制作会社は、自社だけですべてを完結しているわけではなく、動画や彩色の細かい部分は外注先の会社に依頼する。特に背景や音響効果、撮影などは専門性の高い会社に発注して必要なコンテンツをそろえ、作品を作り上げていく。

日本の制作会社が国外に外注する歴史は、68年の第一動画制作『**妖怪人間ベム**』から始まりました。73年には東映アニメーションが韓国の制作スタジオに、作画などの人材を育成しながら作業を委ねるようになりました。77年にはタツノコプロが子会社アニメフレンドを通じてアジア諸国にグロス請け（1話分まるごと制作を請ける）の依頼をしています。

国際分業化のスタイルは多くの場合、「脚本や絵コンテといったプリ・プロダクションと音響などのポスト・プロダクション、原画と演出などの高付加価値な工程を日本側が行い、動画・彩色などを国外に外注に出す」というものです。しかし近年は国内の人材不足のため、動画工程だけでなく、原画や美術などの高度な工程も海外現地のベテランアニメーターをに委ねる制作会社も出てきています。

90年代になると韓国は経済成長により人件費上のメリットがなくなったため、フィリピンやベトナムにも外注するようになりました。近年は、仕上げ（彩色）などのクオリティに直結しない現場作業工程の8割以上をアジア圏に依存している状況です。

90年代以降はアニメ制作のデジタル化に伴い、フィリピンに子会社を持つ東映アニメーションが先陣となって、デジタルデータ化した素材をネットワーク経由で外注先と送受信するかたちで完結させ、物流そのものをなくしました。これにより空輸などの物流による制限がなくなったため、光ファイバーがインフラとして整っていれば、アジアのみならず世界中のどこにでも作業の外注が可能になっています。

時代の変遷と共に、こういった海外との連携は当初の下請け的なものから、徐々にイーブンな関係の共同制作にシフトしていくことでしょう。実際、中国との共同制作作品が増えつつあります。さらには、中国資本が日本で制作会社を設立し、日本企業より良好な待遇を提示して人材を集める現象も起きています。日本の優秀なアニメーターを吸収することで、中国アニメの制作レベルが日本に近付くことになれば、強力な資本と広い市場を持つ中国アニメに、日本のアニメ業界は苦杯を喫する可能性も大いにあるのです。

アニメーターの人材不足

また近年は、人件費上の理由ではなく、日本のアニメ業界の人材空洞化やスケジュールの都合から、国外に発注せざるを得ない状況も出てきました。

国際分業の弊害として、日本国内で若いスタッフが育たないという問題が出てきたためです。本来であれば、まずアニメーターとして動画の経験を積んで、動画検査、原画、作画監督やキャラクターデザイナーにキャリアアップするというのがモデルケースです。ところが、新人アニメーターの修行の場となるべき作画パート（動画）の大部分が、中国やフィリピンなどのアジア圏に外注されているため、新人を育成しようにも育成する場がなくなっているのです。原画を描く前のステップである動画の空洞化により、将来、日本人アニメーター不足が深刻化することが懸念されます。また、第一線の実力あるアニメーターが30代後半から50代前半と高齢化していることも指摘されています。

　動画アニメーターのほとんどが出来高制で仕事をしており、国内の仕事そのものが減少傾向にある中、ゲーム業界やWebデザイナーなど多少とも収入の多い分野へ転職してしまう人が多いことも、アニメーターの人材不足に拍車をかけています。

　「低賃金で長時間労働」とされる厳しい労働環境の改善も、大手スタジオを中心に少しずつ進んでいますが、まだまだ不十分です。アニメ配信サービスの世界的広がりによる収益増が、この改善の追い風となることを期待したいところです。

アニメ制作の海外委託

アニメ制作の要である原画職。その原画マンになるために欠かせない訓練工程である動画の海外への外注増加で、国内のアニメーターが育たなくなる。日本アニメは空洞化するか?

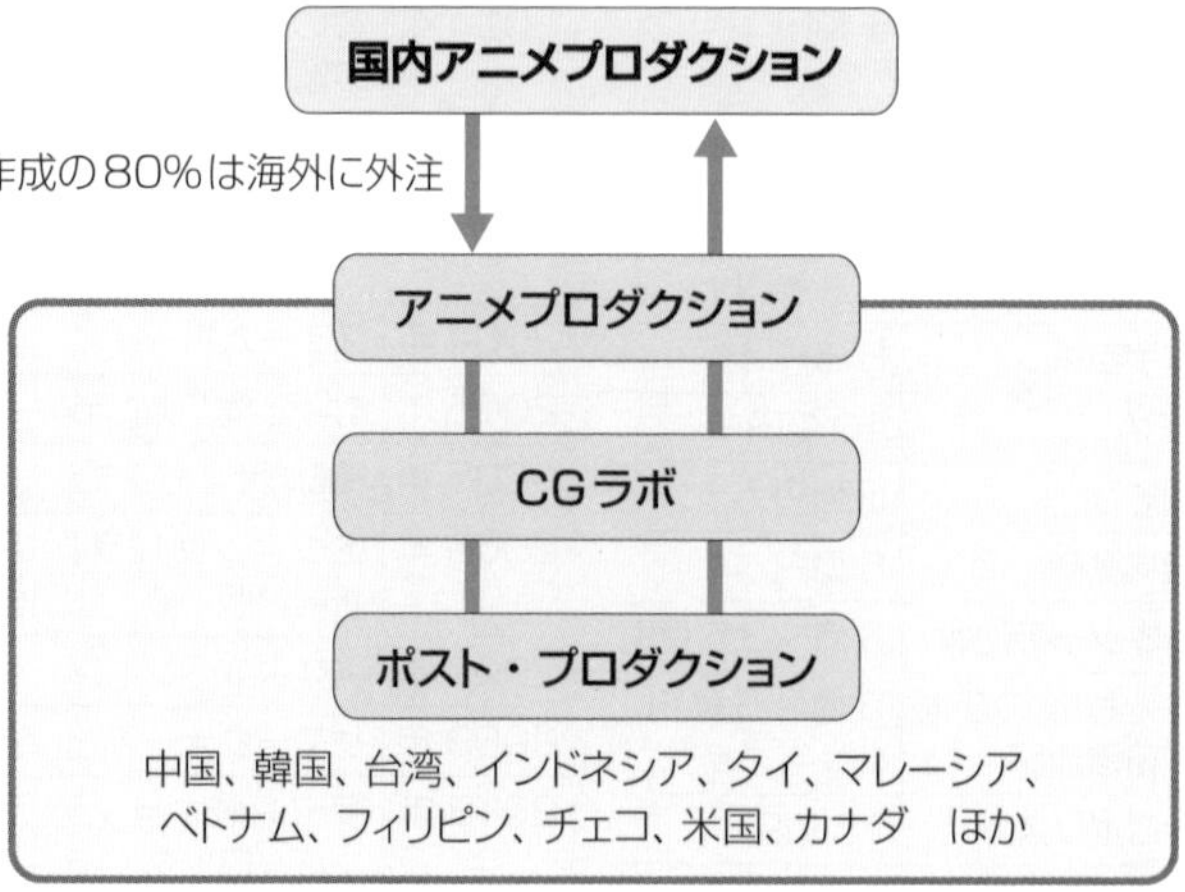
動画作成の80%は海外に外注

Point **動画の経験**　新人にはいきなり原画を描く力量はないので、動画マンとして経験を積んでスキルアップする必要がある。しかし近年は海外外注で育成の場がなくなり、新人に最初から二原（原画の清書）を描かせて半年〜1年で原画マンにする会社や、1年以内に原画になれそうな者だけを採用する会社が増えている。

テレビアニメ1話の制作費の一例

30分番組の制作費は1本あたり1300万～3000万円、1クール（13話）のシリーズなら総制作費は2億円弱かかる計算になる。

費目	制作費
原作料（1話あたり）	10万
脚本料	20万
演出料	50万
制作進行料	80万
動画料	100万
美術監督料	20万
仕上げ料（特殊効果料含む）	120万
撮影料	100万
音響制作費	150万
材料費（用紙・塗料など）	50万
制作管理費	150万
コンテ料	25万
作画監督料	25万
原画料（レイアウト料含む）	150万
動画チェック料	20万
背景料	130万
仕上げ検査料	20万
編集料	30万
プリント料	50万
合計	**1300万**

アニメ映画・劇場版の制作費

公開年	作品名	制作費
1968年	太陽の王子 ホルスの大冒険	1億円
1977年	宇宙戦艦ヤマト	2億円
1979年	カリオストロの城	5億円
1984年	マクロス	2.2億円
1987年	王立宇宙軍	8億円
1988年	AKIRA	10億円
1992年	三国志	5億円
1995年	攻殻機動隊	6億円
1998年	ミュウツーの逆襲	3億～3.5億円
1999年	ドラえもん のび太の宇宙漂流記	3億～5億円
2001年	メトロポリス	15億円
2002年	千年女優	1.5億円
2003年	東京ゴッドファーザーズ	2.7億円
2004年	雲のむこう、約束の場所	1億～1.5億円
2004年	イノセンス	10億円
2004年	遊☆戯☆王 ザ・ムービー	3.5億円
2004年	スチームボーイ	24億円
2005年	劇場版 鋼の錬金術師	4億～5億円
2005年	機動戦士Ζガンダム	1億円
2009年	ヱヴァンゲリヲン新劇場版：破	6億円
2009年	よなよなペンギン	15億円
2009年	サマーウォーズ	4～5億円
2013年	宇宙海賊キャプテンハーロック	30億円
2016年	君の名は。	7～8億円

Section

2-7 アニメ見放題配信サービス（アニメのサブスク）

コロナ禍での巣ごもりをきっかけに、自宅でドラマやアニメを見る機会が増えた――という人も多いようです。アニメジャンルのみをたくさん視聴したい人には、アニメ見放題の動画配信サービスがおすすめです。

■アニメ配信市場のシェア争い

話題のテレビアニメや劇場版アニメを視聴したいときに便利なのが、ネットフリックスやアマゾンプライムビデオなどの総合型動画配信サービスです。でも、見たい作品が利用中のサブスクでは配信されていなかったり、過去の懐かしいアニメを視聴したいといったときは、「**アニメ見放題サービス**」（「アニメのサブスク」「アニメ見放題アプリ」とも）がおすすめです。

アニメの動画配信サービスでは、「定額見放題サービス」なら次ページの表に示した程度の月額料金で、最新作から懐かしい名作アニメまで豊富なラインナップの中から自由に選んで視聴できます。

新しいアニメはテレビ放送で見ようと思っても、放送時間が深夜だったり、都合が付かず結局見られずじまいになってしまうこともあるでしょう。それがストリーミングサービスなら、配信は少し遅くなるものの、好きな時間にいつでも見られて、録画する手間も不要でストレスなく快適に楽しめるのです。DVDなどを借りるよりもコストがかからないので、かなりお得なサービスだといえるでしょう。また、パソコンやスマホなど様々なデバイスや機種に対応している見放題サービスが多いため、自分の好きなデバイスで視聴できるというメリットもあります。今日、国内には月額課金見放題の映像配信プラットフォームが数多く展開されています。

アニメ見放題で配信しているサブスクの中で、アニメ作品数が多いのは「DMM TV」「dアニメストア」「U-NEXT」「バンダイチャンネル」「アニメ放題」です。「DM

ＭＴＶ」「ｄアニメストア」は、どちらも月額５５０円で作品数５４００本以上となっており、「安くて作品数の多い見放題サービス」です。「**ＤＭＭ ＴＶ***」ではアニメスタジオ「ＣＵＥ」を設立、オリジナルアニメの製作から配信までを手がけるということで、さらなるラインナップの追加が期待されます。「Ｕ－ＮＥＸＴ」はアニメの取り扱い作品数が５８００本以上と業界トップクラスで、テレビアニメだけでなく劇場版のアニメも楽しめます。アニメに特化したサービスは劇場版を取り扱っていない場合もあるので、劇場版も一気に楽しめるのは大きなメリットでしょう。また、いま人気の、アニメを原作とする「２・５次元舞台」も多数配信しています。

「バンダイチャンネル」は、月額１１００円で５２００本のアニメが見放題。地上波のトレンドアニメに加えて、バンダイ系列のアニメ作品を多く取り扱っています。そのため、『ガンダム』シリーズや『ラブライブ！』シリーズなどのサンライズアニメを楽しみたい人におすすめです。ほかにも、「ＡＢＥＭＡプレミアム」では「地上波同時配信」が行われているものもあり、他のストリーミングサービスに比べて最新作の配信スピードが速いとして注目を集めています。声優が出演する番組も豊富で、ほかでは見られない企画やアニメの裏話を楽しめるところも魅力です。

このように、動画配信ビジネス市場全体が盛り上がりを見せており、今後もさらなる拡大が予想され、ラインナップとして有名アニメ作品の投入がますます盛んになることでしょう。しかしながら、配信の話題はどうしてもネットプリックスやアマゾンプライムビデオといった米国のグローバルプラットフォームに傾きがちで、国産のプラットフォームが日本アニメに特化した配信サービスで主導権を握れていないのは残念です。ソニーグループが米国クランチロールを傘下にしたように、今後、日本がグローバルなアニメ関連ビジネス市場でも主導権を握れるかどうかが注目されます。

アニメ配信のある主なサービス

（2024年５月現在、税込）

	サービス	月額料金
アニメ見放題	U-NEXT	2,189円
	dアニメストア	550円
	アニメ放題	440円
	バンダイチャンネル	1,100円
	DMM TV	550円
総合型	ABEMA プレミアム	960円
	Hulu	1,026円
	Amazon プライムビデオ	600円
	Netflix	1,490円（スタンダード）

Term **DMM TV**　スローガンは「推しが見つかる。世界が変わる」。ラインナップはスタート時点でアニメ作品約4600タイトルを取りそろえており、新作アニメは「他社の独占配信を除いてカバー率100%を追求した」としている。オリジナルコンテンツとして、声優出演のバラエティ番組なども配信。

Section
2-8 巨大ディズニーのIPコンテンツの展開

ディズニーは、1つのコンテンツに対して複数の収益化チャンネル（映画、テーマパーク、グッズ、配信）を持つ点において、他のコンテンツ事業者とは一線を画しています。

IP化しやすいキャラクター

ディズニーの売上高は毎年数兆円に及びます。私たちがイメージするアニメ映画やディズニーランドなどのパーク事業というのは、その一部のコンテンツ事業にすぎません。売上高のうち、テーマパーク事業で2〜3割、コンシューマーグッズが2割、映画制作で1割といったところ。売上の残り半分は、配信のディズニープラス、地上波のABCやスポーツケーブルのESPNといった流通・メディア事業が占めています。いまやディズニーは、映画・テーマパークの会社から立派な「メディア企業」へとすっかり変身しました。

そしてディズニーは**IPビジネス**＊において、価値創造の超上流に位置しています。映画配給に長い歴史を持ち、特にアニメ分野においてはスタジオの買収を繰り返すことで、IP（版権）の強化を図ってきました。これまで傘下に収めたスタジオのピクサー、マーベル、ルーカスフィルム、21世紀フォックスは、いずれもIP化しやすいキャラクターコンテンツを保有する企業であり、ディズニーのビジネスモデルとのシナジーが大きいのです。各スタジオが生み出すキャラクターたちは、もちろん映画配給でも利益を上げますが、テーマパーク・リゾートセグメントに対しても好影響をもたらします。

ディズニーの真の強さは、膨大に蓄えられた映像資産と新たに生み出されるキャラクター、それらのIPです。そこで、ディズニーがいま最も入れ込んでいる事業が、動画配信サービス「**ディズニープラス**（**Disney＋**）」です。2024年5月時点では、まだ先行投資がかさみ利益は大きな黒字とはなっていませんが、今後、このストリーミングサービスが魅力ある収益源になることは間違いありません。消費者は優れた映像コンテンツを持つサービスを選択

Term
IPビジネス　IPの活用例としては、キャラクターグッズを販売したり、企業・官公庁とコラボをしたり、といった幅広い二次利用のかたちが存在する。人気漫画のアニメ化・映画化・舞台化など、コンテンツを異なるメディアに展開していくメディアミックスも、IPの代表的な活用例。

したいはずです。その点において、ディズニーは他社よりはるかに優れています。人気スタジオの買収で得たIPコンテンツの量と質は、圧倒的な競争優位となっているからです。あらゆる世代の視聴者に広く受け入れられる体制を整えています。今後、ディズニーはこのIPコンテンツの競争優位性を生かし、ディズニープラスは近い将来、登録者数でストリーミングサービスの雄であるネットフリックスを追い抜いていくことでしょう。そして、コロナ禍で営業日数減を余儀なくされたテーマパーク事業も回復すれば、ディズニー全体としての営業利益も19年時点の水準（年間売上高約6兆円）を上回ると予想されます。

ディズニー映画は近年、メガヒット作に恵まれていない

2023年に公開されたディズニー映画ですが、『ガーディアンズ・オブ・ギャラクシー』を除く主要7作品のすべてが赤字でした。累計損失は約6億ドル（約840億円）にもなりました。実写版『リトル・マーメイド』でアフリカにルーツを持つ女優がアリエル役に抜擢《ばってき》され、ネットで物議を醸したのは記憶に新しいところです。「昨今のディズニー作品は**ポリコレ**＊を重要視しすぎるあまり質が落ちているのではないか」といった議論がネット上でなされています。今日では「ポリコレ」がエンタメ作品に様々な影響を与えている側面があり、ネガティブな意味合いで使われることもあります。もちろん、映画で「ポリコレ」を平等な立場から描くのは大企業であるディズニーに課せられた使命だというのは理解できます。しかし、時に「ポリコレ」と揶揄される要素がエンターテイメント性を上回っていることも指摘されています。これを受けてディズニーでは「改めてエンタメの基本へ戻るよう、かじ取りをしている」と説明しています。ディズニーの「ポリコレ」への傾倒で「クリエイターは自分たちの目的を見失っていた」と振り返り、「エンタメを提供する企業としての優先順位を再確認した」としています。「今後のディズニーは、多様性反映やメッセージ性ではなく、ストーリーテリングに力を注ぐことでよりエンタメ性の高い作品を作り上げていく」と、軌道修正の方針を表明しました。そこは〝巨大ディズニー〟のことですから、すぐにまた低迷を脱し、新たなシリーズやキャラクターを生み出し続けることで、ビジネスの隆盛を極めるでしょう。『トイ・ストーリー』『アナと雪の女王』など、ディズニーのIPの宝箱はどこよりも豊かで魅力があるのですから。

Term

ポリコレ　political correctnessのことで、直訳すると「政治的正しさ」となる。特定のグループに対して差別的な意味や誤解を含まないよう、政治的・社会的に公正で中立的な表現をすることを指す。人種や民族、ジェンダーに由来する差別が助長されることを防ぐ。

ディズニーを見据えた日本アニメの海外展開

2022年の日本アニメ関連の世界市場は2兆9277億円と史上最高を記録しましたが、ディズニー1社の年間売上の数兆円超と比べると、日本アニメはまだまだビジネスに結び付いていないことがわかります。海外展開の拡大がこれからの大きな課題です。ディズニーでは、映画が大ヒットを飛ばすと様々な展開が始まります。続編はもちろん、テレビシリーズ、キャラクターグッズ、アトラクションなどが生まれ、他社へのライセンス契約など、二次、三次と収益を上げるビジネスモデルが築かれています。これがディズニーの強さです。ネットワークや配信チャンネルの整備が世界中でできていることが、ディズニーの収益の最大化を可能にしています。日本アニメの海外展開を推進するためには、まずは海外で配給と収益化を実現できるプラットフォームを確立するべきです。さらに、新しいヒット作品を生み出すための資金調達、そして蓄積したコンテンツの収益化と新作の配信チャンネル確保が重要となることでしょう。

ディズニー映画長編アニメの興行収入ランキング（全世界）

順位	公開年	作品名	興行収入
1	2019	アナと雪の女王2	14億5000万ドル
2	2013	アナと雪の女王*	12億8000万ドル
3	2016	ズートピア	10億2378万ドル
4	1994	ライオン・キング（アニメ）	9億8740万ドル
5	2014	ベイマックス	6億5780万ドル
6	2016	モアナと伝説の海	6億4300万ドル
7	2010	塔の上のラプンツェル	5億9072万ドル
8	2018	シュガー・ラッシュ：オンライン	5億2900万ドル
9	1992	アラジン（アニメ）	5億 400万ドル
10	2012	シュガー・ラッシュ	4億7100万ドル

Term

アナと雪の女王　原題はFrozen。アンデルセンの童話『雪の女王』からインスピレーションを得た、2013年公開の3Dミュージカルファンタジー作品で、53作目のディズニー長編アニメ映画。日本での興行収入は212億円を突破した。

Column　やっぱり日本のアニメはスゴい！（『鬼滅の刃』現象）

『鬼滅の刃』は「そこから派生する経済効果は数千億円に及ぶ」といわれるほどの社会現象になりました。このブームのきっかけは2019年4月から9月にかけて放送された深夜アニメでした。制作は『Fate』シリーズや『空《から》の境界』などで人気のアニメスタジオ「ufotable」。臨場感のある美しい作画は話題を呼び、アニメを見てハマって原作漫画を一気に読んだ人も少なくないはず。劇場版でも「ufotable」ならではの卓越した表現、最先端の3D技術を駆使した美麗アニメーションで描かれた戦闘シーンは、何度観ても素晴らしいものです。

また、コロナ禍での外出自粛によって、動画配信サービスなどでのアニメ視聴が増えたことから、テレビアニメ版を入り口としてファンになった人が多いことも、劇場版の大ヒットにつながったのでしょう。

『鬼滅の刃』現象は、改めて日本のアニメの力をアニメファン以外の一般の人たちにも見せ付けました。ヒット作が生まれると業界全体が活性化し、新しい企画も通りやすくなります。この先のアニメ作品にどのような影響を与えていくのか、興味が持たれます。そして、今後も魅力ある日本アニメが生み出され続けることを願いたいところです。

また『鬼滅の刃』は、アニメの舞台を旅する**「聖地巡礼」**の対象ともなりました。基本的には作中の舞台は架空で、実在する場所がないにもかかわらず、“鬼滅の刃の世界観に浸りたい！”、“ゆかりの場所があるなら行ってみたい！”とファンが盛り上がっている場所（聖地）がいくつかあります。1つが、福岡県太宰府《だざいふ》市にある竈門《かまど》神社です。主人公の竈門炭治郎とは「竈門」つながりであり、原作者の吾峠呼世晴も福岡県出身ということで、大勢のファンが神社を訪れました。奈良県の天之石立《あまのいわたて》神社にある「一刀石《いっとうせき》」という巨石が、炭治郎が修行中に真っ二つに斬った大きな岩に似ていることから、この場所も聖地として人気です。

以前からアニメファンの間では、劇中に登場した場所を「聖地」と呼び、その聖地を訪れる行為を聖地巡礼と呼ぶことが一般化していました。特に聖地巡礼ブームのきっかけとなったのは、2007年に放送された『らき☆すた』です。舞台となった埼玉県久《く》喜《き》市の鷲宮《わしのみや》神社では、神社がアニメとコラボするなど、街を挙げての盛り上がりとなり、アニメ放送後3年間で22億円もの経済効果があったとされています。有名アニメの舞台または原作者の出身地となると、登場人物の体験や心境に思いを馳《は》せようと多くの人が訪れることになり、観光資源としての価値が生まれます。それまで観光地として注目されていなかった地域が突如「聖地巡礼スポット」となり、多くのファンが訪れるようになる可能性があるのです。このように、聖地巡礼には地域を変える力があります。それゆえに“アニメはスゴい！”といえるのです。

Section
2-9 中国の劇場用アニメ市場の攻略で収益を増やす

日本の劇場用アニメ（アニメーション映画）が収入を大きく増やすためには、巨大な中国市場の攻略がカギとなるでしょう。

■中国の巨大な劇場用アニメ市場*

中国の映画市場で、日本の劇場用アニメ（アニメーション映画）の人気・評価は絶大なものがあります。

2010年代中ごろから、中国で公開される日本の劇場用アニメの興行収入は目覚ましく伸びてきています(次ページの表を参照)。

例えば2023年には、日本の劇場用アニメが中国市場で大きな成果を上げました。『すずめの戸締り』が日本での興行収入149・4億円を超える8・1億元（当時の為替レートで約164億円）、『ザ・ファーストスラムダンク』が日本での興行収入158・7億円に迫る6・6億元（同じく約134億円）の興行収入をそれぞれ上げました。また、2024年に入ると『君たちはどう生きるか』が公開後わずか5日間で5億元（同じく約105億円）の興行収入を上げるというヒットを記録しました。これらの作品以前にも、日本の劇場用アニメには100億円前後の興行収入を上げた作品が何本かありました。『STAND BY ME ドラえもん』、『君の名は。』、『千と千尋の神隠し』です。さらに、50億円クラスの興行収入の作品もいくつかありました。『天気の子』、『STAND BY ME ドラえもん2』、『名探偵コナン 紺青《こんじょう》の拳《フィスト》』、『名探偵コナン 緋色《ひいろ》の弾丸』などです。『ドラえもん のび太の宝島』もかなり高い興行収入です。1億元（16・7億～20億円）を超える興行収入の作品であれば、『となりのトトロ』、『天空の城ラピュタ』や『ONE PIECE STAMPEDE』をはじめ相当数あります。2016年以降でも、前記の諸作品を含めて25本以上が、興行収入1億元を超えています（86ページの図表を参照）。

実際のところ、中国の映画市場は北米（米国とカナダ

Point

中国の巨大な劇場用アニメ市場　中国の劇場用アニメ市場全体については数字がないが、「アニメ・マンガ産業」の市場規模として、2020年は2212億元（約4兆3000億円）となっている。市場のカテゴライズ（区分）が日本とは異なるものの、大きい市場であることは間違いない。

の合算）市場と並ぶ大きな市場です。北米は長きにわたって世界最大の映画市場で、ずっと年間興行収入1兆円規模を維持しています。一方、中国も2015年ごろから年間興行収入1兆円規模の市場に成長し、世界で2番目の大きい市場となりました。2023年は、北米の興行収入1・25兆円に対し、中国の興行収入は1・1兆円となっています。ちなみに、日本の映画市場は世界で3番目の大きさで、2023年の興行収入は2131億円。それ以前の20年間も2000億〜2500億円ほどで推移しています（87ページ上段の表を参照）。

　また、劇場用アニメについても、中国の市場は日本の市場と同等かそれより大きい規模です。中国の劇場用アニメ全体の年間の興行収

海外興行収入上位作品の主要国での興行収入（2024年4月現在）

単位：中国は億元、その他は千万ドル。() 内は日本円換算だが、為替レートは当時のものなので年度によって値が異なる。

売上順位	上映国(売上国)／作品(公開年)	中国	北米〈米国＋カナダ〉	韓国	欧州
1	君たちはどう生きるか (2023)	7.4以上 (155億円以上)※1	4.6 (66億円)	1.5 (21億円)	仏：1.23 (17億円) 伊：0.6 (8億円)
2	すずめの戸締り (2022)	8.1 (164億円)	1.1 (15億円)	4.3 (59億円)	独：0.19 (3億円) 仏：0.11 (2億円)
3	君の名は。 (2016)	5.8 (97億円)	0.5 (5.5億円)	2.8 (31億円)	仏：0.09 (1億円) 英：0.05 (0.6億円)
4	ザ・ファーストスラムダンク (2022)	6.6 (134億円)	0.12 (1.7億円)	3.7 (51億円)	伊：0.06 (0.9億円)
5	千と千尋の神隠し (2001) ※中国では2019年公開	4.9 (77億円)	1.0 (12億円)※2	1.1 (13億円)	仏：0.63 (7億円) 英：0.14 (1.5億円)
6	STAND BY ME ドラえもん (2014)	5.3 (105億円)			
7	ポケモン ミュウツーの逆襲 (1998)		8.6 (110億円)		独：0.97 (12億円)
8	鬼滅の刃 (2020)		5 (54億円)	1.8 (19億円)	仏：0.61 (7億円)
− (12)	天気の子 (2019)	2.9 (45億円)	0.8 (9億円)		

※1：2024年4月20日現在。
※2：公開時の興行収入。累積売上は約1.3千万ドル（14億円）。
出所：Box Office Mojoなど

入は、2015～23年（20年はコロナ禍のため除外しています）は40億～65億元（およそ700億～1300億円）で推移しています。なお、19年には110億元（2000億円）と急増しています。一方、劇場用アニメの日本の年間の興行収入は、19年からの4年間は500億～800億円ほどで推移しています（15～18年は400億円台でした）。

さらに、個々のヒットした映画作品を見ても、中国市場は北米市場と並ぶ興行収入を上げることが期待できます。どちらの市場でも、ヒットした作品は1000億円かそれに近い興行収入を上げています（円換算は為替レートによって異なります）。もちろん、大きな市場としての歴史が長い北米市場では、1000億円クラスの興行収入を上げた作品の数は圧倒的に多いのですが、興行収入上位の作品に限れば、両者の数字は接近しています（次ページ下段の表を参照）。

劇場用アニメに限ってみても、ヒットした作品では、北米市場ほどではありませんが、日本市場と拮抗《きっこう》する興行収入を上げています（88ページの表を参照）。

こうしてみると、その作品がヒットすれば、劇場用アニメは中国市場で相当に大きい興行収入を上げることが期待できるといえます。

日本の劇場用アニメ　中国興行収入上位作品

「1位：すずめの戸締り、2位：ザ・ファーストスラムダンク、3位：君の名は。、4位：STAND BY ME ドラえもん、5位：千と千尋の神隠し、6位：天気の子」より下位の作品※1

順位	作品（公開年）	興行収入：億元※2
7	STAND BY ME ドラえもん2（2021）	2.8　（49億円）
8	名探偵コナン 紺青の拳（2019）	2.3　（36億円）
9	名探偵コナン 緋色の弾丸（2021）	2.2　（38億円）
10	ドラえもん のび太の宝島（2018）	2.1　（34億円）
11	ONE PIECE STANPEDE（2019）	2　（32億円）
12	となりのトトロ（2018）※3	1.73（28億円）
13	名探偵コナン 黒鉄の魚影（2023）	1.43（29億円）
14	HELLOW WORLD（2021）※4	1.36（24億円）
15	天空の城ラピュタ（2023）※5	1.35（27億円）

※1：2024年4月公開の『君たちはどう生きるか』は含めていない。
※2：() 内は日本円換算。為替レートは当時のものなので年度によって値が異なる。
※3：日本公開は1988年。
※4：『HELLO WORLD』は日本国内での興行収入（約6億円）より中国での興行収入が多い。
※5：日本公開は1986年。
出所：Box Office Mojoなど

中国と北米の映画市場の大きさ

●中国の市場規模

年度	興行収入（億元）
2013	217.7
2014	288
2015	440.7
2016	455.1
2017	559.1
2018	609.8
2019	642.7
(2022)	(300.7)
2023	549.2

●北米（米国＋カナダ）の市場規模

年度	興行収入（10億ドル）
2013	10.9
2014	10.4
2015	11.1
2016	11.4
2017	11.1
2018	11.9
2019	11.3
(2022)	(6.9)
2023	8.9

※2020、2021年はコロナ禍を考慮して割愛。
※2019年の中国市場は約1兆円、北米市場は約1.25兆円。
※2023年の中国市場は約1.1兆円、北米市場は約1.25兆円。
（為替レートが異なるため、円換算値も異なる）
出所：Box Office Mojoなど

中国と北米の実写映画の興行収入上位作品

●中国映画の興行収入上位

作品（年度）※1	興行収入（億元）※2
1950 鋼の第7中隊（2021）	57.7
戦狼 ウルフ・オブ・ウォー（2017）	56.9
こんにちは、私のお母さん（2017）	53.6
流転の地球（2019）	48.9
満江紅（2023）	45.4

●北米（米国＋カナダ）映画興行収入上位

作品（年度）	興行収入（億ドル）※3
スター・ウォーズ／フォースの覚醒（2015）	9.4
アベンジャーズ／エンドゲーム（2019）※4	8.6
スパイダーマン／ノー･ウェイ･ホーム（2021）	8.1
アバター（2009）	7.9
トップガン マーヴェリック（2022）	7.2

※1：第4位はアニメ映画『ナタ〜魔童降臨〜』（50.4億元）。
※2：元〜円の為替レート……2016〜2023年は1元がおよそ16〜20円で推移。
※3：ドル〜円の為替レート…2016〜2023年は1ドルがおよそ110〜145円で推移。
現地通貨（ドル、元など）では同額でも、日本円に換算すると、その時点での為替レートによって金額が大きくなったり小さくなったりする。そのため、円換算金額は参考値としてみるのが適切である。
※4：「アベンジャーズ／エンドゲーム」は、中国では興収9位で42.5億元。
出所：Box Office Mojoなど

アニメ（や映画）を鑑賞するのは、（中国に限らずだいたいどの国でもそうですが）いわゆる中間層が中心です。中国の中間層は、2023年前後はおよそ4億数千万人いると推計されていますが、いろいろな調査会社などの予測では、2030年代の中ごろには人口の半分程度の規模になると見られています。中間層の増加に伴って中国の劇場用アニメ市場の規模も拡大していくのは間違いないでしょう。

加えて、映画全体の興行収入に占める劇場用アニメの興行収入の割合が、中国では日本や米国の10分の1程度です。つまり、映画市場におけるアニメ映画の普及度が低いということになります。この割合が中国でも日本や米国と同じくらいになる可能性があると考えると、中国の劇場用アニメの市場規模拡大に期待が持てます。

北米市場などの可能性

北米（米国＋カナダ）における劇場用アニメ市場では、2020年に『鬼滅の刃』が5000万ドル（当時の為替レートで約54億円）、2023年には『君たちはどう生きるか』が4600万ドル（同じく約66億円）という興行収入を上げ、大きい成果を得ました。

しかし、これらの作品以前では、興行収入上位の作品は、

中国と北米の劇場用アニメの興行収入上位作品

●**中国アニメ映画の興行収入上位**

作品（年度）	興行収入（億元）※1
ナタ〜魔童降臨〜（2019）	50.4
長安三万里（2023）	18.2
姜子牙 〜ジャン・ズーヤー：神々の伝説〜（2020）	16
熊出没・伴我「熊芯」（2023）	15
熊出没・重返地球 〜熊出没 バック・トゥ・アース大作戦〜（2022）	9.8

●**北米（米国＋カナダ）アニメ映画興行収入上位**

作品（年度）	興行収入（億ドル）※2
インクレディブル・ファミリー（2018）	6.1
ザ・スーパーマリオブラザーズ・ムービー（2023）	5.7
ライオン・キング（2019）	5.4
ファインディング・ドリー（2016）	4.9
アナと雪の女王２（2019）	4.8

※1：元〜円の為替レート……2016〜2023年は1元がおよそ16〜20円で推移。
※2：ドル〜円の為替レート…2016〜2023年は1ドルがおよそ110〜145円で推移。
現地通貨（ドル、元など）では同額でも、日本円に換算すると、その時点での為替レートによって金額が大きくなったり小さくなったりする。そのため、円換算金額は参考値としてみるのが適切である。
出所：Box Office Mojoなど

『ポケットモンスター』関連や『ドラゴンボール』関連などの、観客対象が子供中心の作品が多くを占めていました。それら以外では、宮崎駿監督の3作品が10億円（もしくは1000万ドル）以上の興行収入を上げたのが目立つ程度です。世界的に評価の高い（米国アカデミー賞長編アニメーション部門賞、ベルリン国際映画祭金熊賞などを受賞）『千と千尋の神隠し』でさえ、初公開時の興行収入はかろうじて1000万ドルを超えた額でした（再公開時も含めた累積の興行収入は数割増えています〈下表を参照〉）。

また、日本の劇場用アニメの中心的な1人である新海誠監督の代表的な諸作品も、大きな興行収入を得られていません。『すずめの戸締り』でもなんとか1000万ドルを超えた程度です。さらに、日本が得意とするスポーツもの*（スポーツ青春もの）である『ザ・ファーストスラムダンク』は、わずか1億円台の興行収入にとどまっています（85ページの表を参照）。つまり、日本の劇場用アニメ、特に王道的な作品が北米市場では大きい成果を上げにくいのです。こうした作品をどのようにすれば北米市場でヒットさせられるのかが大きな課題です。

なお、北米市場において日本の劇場用アニメは、1998年公開の『ポケモン ミュウツーの逆襲』以降、

日本の劇場用アニメ　北米興行収入上位作品

「1位：ポケモン ミュウツーの逆襲、2位：鬼滅の刃、3位：君たちはどう生きるか」より下位の作品

順位※1	作品（公開年）	興行収入（千万ドル）
4	ポケットモンスター 幻のポケモン ルギアの爆誕（2000）	4.4 （47億円）
5	ドラゴンボール超 スーパーヒーロー（2022）	3.8
6	呪術廻戦 0（2022）	3.5
7	ドラゴンボール超 ブロリー（2019）	3.1 （33億円）
8	遊☆戯☆王デュエルモンスターズ 光のピラミッド（2004）	2 （21億円）※2
9	借りぐらしのアリエッティ（2012）	2 （21億円）※2
10	ポケットモンスター 結晶塔の帝王 ENTEI（2001）	1.7 （18億円）
11	崖の上のポニョ（2009）	1.6 （17億円）※2
13	僕のヒーローアカデミア THE MOVIE（2020）	1.3 （14億円）

※1：再上映分を含めた累積興収では、『千と千尋の神隠し』は12位。
※2：再上映分を含む累積値。
出所：Box Office Mojoなど

Point **日本が得意とするスポーツもの**　米国の実写映画（ハリウッド映画）には、プロ、アマ（大学、高校、子供）を問わずスポーツものが多い。野球、アメリカンフットボール、バスケットボール、アイスホッケー、ボクシングなど。その中で日本のスポーツもの映画が注目を集めるのは、相当にハードルが高いであろう。

先述の諸作品を含む14本が、興行収入10億円（同時に1000万ドル）を超えています。

欧州では、『君たちはどう生きるか』がフランスで10億円（および1000万ドル）を超える興行収入を上げました。しかしそれ以外では、宮崎・新海の両監督作品も、『ザ・ファーストスラムダンク』や『鬼滅の刃』といったヒット作品も、10億円を超える興行収入を上げることができていません（85ページの表を参照）。

欧米、特に欧州では「アニメは子供のもの」だと考える人が多く、コアなファンなどを除けば、ある程度の年齢以上の人がアニメ映画を観に劇場まで足を運ぶことは多くありません。そのため、大きな興行収入を得るのは簡単ではありません。特に、日本の劇場用アニメが得意とする、ある程度の年齢以上（ハイティーン以上）を対象とした作品では、大きい興行収入は厳しくなります。

韓国でも、『すずめの戸締り』や『ザ・ファーストスラムダンク』は大ヒットしました。人口規模を考慮すると、相当に巨額の興行収入を上げたことになります。それ以前にも、数本の作品が1000万ドル以上の興行収入を上げています。

ただし、人口の規模や韓流映画（およびドラマ）の存在を考えると、ヒットするのは特定の作品に絞られ、また、興行収入にも上限があるのではないでしょうか。

なお、国民の嗜好《しこう》に日本との共通点が見られるタイなど東南アジアの国の市場も期待できますが、人口や中間層の規模などから見て、当分はそれほど大きな興行収入にはならないでしょう。

インドは人口も巨大で、将来的には中間層もかなり厚くなると予測されています。しかし、**ボリウッド***の通称で知られるインド映画が大量に製作・公開され（年間2000本近く。ちなみに米国では800本程度、日本では600本程度）、また、嗜好、メンタリティ*の日本とインドとの違いを考えると、当分の間は日本の劇場用アニメが大きな興行収入を上げることは考えづらいでしょう。

中国市場での課題

ただし、中国市場の開拓には課題もあります。

中国では、年間に公開できる外国映画（劇場用アニメも含む）が一定の本数に決められています。いわば、映画の輸入枠があるわけです。例えば、2016年の枠は原則として約64本です（初めて外国映画の輸入・公開が実施された1994年は10本だけでした）。この枠内で、各国（日

Term

ボリウッド　インド映画産業の中心はムンバイであり、この都市の旧称はボンベイ。その頭の「ボ」をとり、米国映画産業の中心地ハリウッドにあやかって付けた名称。インド映画を**ボリウッド映画**と呼ぶこともある。

本のほかに米国、韓国、フランスなど）の映画作品（劇場用アニメを含む）が公開認可を取り合います。まず、この認可を得るというハードルをクリアしなければなりません。例えば2019年には日本の劇場用アニメが17本公開されました（実写映画は6本公開）。ただし、中国の映画市場の拡大に伴って、また中国政府も映画関連産業の発展を後押ししていることもあって、輸入枠は拡大されていき、2020年には120本ほどとなっています。

なお、2016年の輸入枠約64本のうち、「中国の配給会社が版権を買い取る」方式の枠がおよそ30本、「輸出側（日本の制作会社など）と中国の配給会社が利益を配分する」方式の枠が34本となっています。前者では、興行収入がどれほど増えても、輸出側が受け取る金額は最初から決まっています。一方、後者の枠では、興行収入が増加すればそれに比例して輸出側の取り分も増えていきます。ただし前者の枠でも、輸出側と中国配給側の交渉により、「興行収入が増えれば何らかの追加利益・ボーナスを受け取れる」ような契約にすることは可能です。

また、中国では映画（劇場用アニメを含む）を公開するには政府の審査（＝検閲）をクリアしなければならず、輸入枠に入った作品であっても検閲を通らなければ公開できません。この検閲は、外国映画だけでなく中国国内で制作された作品であっても同様です。検閲では、政治的に敏感な内容（例えば反政府的な内容）だけでなく、中国（国家や国民）の尊厳を傷付けるような表現、他の国と同様に暴力的な表現、ポルノ表現やその他いろいろな表現が審査されます。作品全体としては穏当であっても、部分的な表現が問題となることがあります。そして、審査に通らなかった表現の部分はカットしなければなりません。

とはいえ、日本の主な劇場用アニメ作品（例えば『ドラえもん』シリーズや新海誠監督の作品、宮崎駿監督の作品など）は、政治的に敏感な内容は含まれていないものが多く、検閲に引っかかることは少ないでしょう（中には暴力的な表現やポルノ的な表現で引っかかった日本アニメもあります）。

中国で人気の日本アニメ

中国市場に参入するにはいくつかのハードルがあるとはいえ、市場規模の大きさ、日本アニメに対する認知度と評価の高さ、そして「アニメを子供のものとするのではなく、かえって、どんな年齢層でも楽しめる作品をよいアニメとする風潮があること」などを考えると、日本アニメ（特に

嗜好、メンタリティ　インド映画（実写映画）のほとんどには、歌いながら踊る（ボリウッドダンス）シーンが何度か出てくる（しかも１つのシーンが相当に長い）。日本映画のドラマツルギーからすれば相当に異質な表現だが、インドの観客の文化としては一般的なものであり、こうした文化的なカベを越えるのも難しい。

劇場用アニメ）の一層の発展には中国市場の攻略がいかに重要かがわかります。

実際、中国国内で制作されたアニメの多くは、長い間、子供しか楽しめないという理由で低い評価が与えられてきたそうです。中国映画協会の関係者は、「劇場用アニメは、子供だけでなく、どのような年齢の人でも楽しめる作品でなければならず、その点、日本の劇場用アニメはテーマを選ぶ段階からあらゆる年齢層を考慮しており、競争力が高い」と日本の劇場用アニメを高く評価しています。そして、中国の劇場用アニメも日本の作品を目標にして、そうならなければならないと主張しています。

例えば、子供向けアニメのイメージがある『STAND BY ME ドラえもん』が中国で大ヒットしたのは、**80后**（1980年代生まれ）や**90后**（1990年代生まれ）の大人が映画館に詰めかけたからです。

中国市場での日本の劇場用アニメの競争力

中国のアニメ制作も徐々に進歩していますが、日本のアニメ、特に劇場用アニメには、まだまだ大きい競争力があるのではないでしょうか。

なぜなら、中国でヒットした中国制作の劇場用アニメは、興行収入上位の作品を見ても、ファンタジー的なキャラクターが活躍するもの（いわば「孫悟空・西遊記」の流れをくむもの）が中心です。一方で、日本の劇場用アニメの主要な作品は、宮崎・新海の両監督作品にしても、『ザ・ファーストスラムダンク』や『名探偵コナン』シリーズにしても、人間ドラマを中心に据えて展開するものです*。

この点は、日本の劇場用アニメの大きな優位点で、中国制作の劇場用アニメがまだまだ追い付けないところだといえます。そしてそのことが、中国における日本の劇場用アニメの評価と人気につながっているのではないでしょうか。

マーケティングと公開戦略が必要

日本制作の劇場用アニメが、どんな作品でもヒットして高い興行収入を得られるわけではありません。

例えば、日本でヒットした『機動戦士ガンダムNT』（中国公開2019年）は900万元弱の興行収入でした。中国で公開する日本映画（劇場用アニメも含め）は、興行収入3000万元が「利益の上がる採算分岐点」だといわれています。これをクリアできない作品もあるのです。

中国の劇場用アニメのマーケットを慎重に調査して、高い興行収入が予測できる作品を戦略的に選んで公開するこ

Point

…展開するものです　日本映画（実写映画）は伝統的に、スペクタクルなエンターテイメントよりも人間ドラマを中心にした作品が得意であり、実際に多数制作していて、その評価レベルも高い。

とが必要です。

『すずめの戸締り』や『ザ・ファーストスラムダンク』が中国で大きな成果を上げたのは、どちらも作品の質が高いということがベースにあります。また、新海監督作品は前作『天気の子』から3年間、『ザ・ファーストスラムダンク』はテレビアニメから30年間、それぞれのファンが待ち望んでいた作品であることも大きな理由です*。そして、それらに加えて、マーケティングやプロモーションがうまくいったからでもあります。

ちなみに両作品は、中国現地で同一の配給会社がマーケティング、宣伝・プロモーション、配給、公開を行っています。『すずめの戸締り』のプロモーションの中心は、新海誠監督の訪中とその宣伝活動でした。新海監督を招いて、2000人収容の北京大学・記念講堂で大規模なプレミアム試写を行い、大きな反響を呼びました。また、新海監督の協力を得て中国公開用のオリジナルポスターを作成したことも、話題になりました。

新海監督とその作品は、もともと中国で人気と信頼、高い評価を得ているのに加えて、同監督がコロナ禍以降に訪中した最初の外国の映画監督であったこと、さらに、プレミアム試写やその他の場でのファンとの交流における同監督の真摯で丁寧な対応などが相まって、作品の評判が一層高まりました。

ところで、『すずめの戸締り』が中国で大ヒットしたのは、新海監督作品のファンやアニメファンを超えて、一般層にまで浸透したからです。

そのことに寄与したのが、全国的な小売業企業との**タイアップ**です。コンビニエンスストアチェーンやドリンク（ティー）販売企業とタイアップし、作品の登場人物やシーンなどを使った商品やグッズを販売・配布することで、作品への認知を社会全般にまで広げることに成功しました。

また、中国最大の音楽配信プラットフォームとタイアップすると同時に、中国の人気歌手ともコラボし、作品のテーマ曲（中国語バージョン）を彼が歌って全国に向けて配信しました。この施策も、作品の認知を広げるのに寄与しました。

加えて、新海監督作品について皆がイメージするラブストーリーという面を中心テーマとして宣伝するのではなく、癒やしや温かさをメインに押し出して作品の宣伝を展開した戦略も、中国の特に若い人の心の琴線に触れて、一般層にまで作品が浸透した大きな理由だと、配給会社では総括しています。

…も大きな理由です　中国の新海ファンの合言葉に"3年の約束（三年之约）"というのがある。新海監督が『天気の子』公開時に中国を訪れた際、「新作を3年後に中国で公開する」とファンに約束したことに由来する。ちなみに『君の名は。』と『天気の子』の間隔も3年。

さらに、新海監督作品のファンやアニメファンに向けては、試写会開催のほかにも施策を実施しました。ファン同士の交流の場、作品公開のイベント感を体験できる場を、全国の多くの施設（映画館ほか）に設けました。

具体的には、ポスターやポップアップ、関連グッズを展示し、ファンがイベントを開催できるようにしました。イベントでは、配給側がグッズ／ノベルティを配布することもありました。また、施設側（映画館など）と協力して、（新海監督のファンなどが）その施設を借り切って、新海監督の作品を自主上映できるようにしました。

もちろん、こうした特別な活動のほかにも、映画館やショッピングモールなどに広告を出したり、チケット販売プラットフォームと提携してサイトに広告を表示したり、といった一般的な宣伝活動も展開しています。

『ザ・ファーストスラムダンク』の場合も、緻密なマーケティングと実情に応じた多様なプロモーションを展開しています。例えば、スポーツの試合というイメージから、体育館・アリーナで特製のスクリーンを使ったプレミアム試写を開催する、といったことです。

『君たちはどう生きるか』でも、宣伝・プロモーションがヒットに大きく寄与しました。日本では意図的に宣伝活動を行いませんでしたが、中国ではネット大手企業アリババの映画関連子会社がプロモーションと配給を担当して、宣伝・プロモーションを行いました。先行上映会にはジブリの鈴木敏夫プロデューサーが参加するなど、効果的な活動を実施しました。

中国に限らず、日本の劇場用アニメを海外でヒットさせるには、公開する国それぞれに応じたマーケティングとプロモーションが必要になるでしょう（アニメ映画ではありませんが、2023年に実写映画『ゴジラ-1.0』が北米で大きな興行収入*を得られた要因としても、この点が挙げられます）。

Point

北米で大きい興行収入　『ゴジラ-1.0』は北米市場で公開された日本映画で歴代2位、実写映画に限れば1位の興行収入、約5700万ドルを上げた。歴代1位は『ポケモン　ミュウツーの逆襲』。

Column

あれも映画、これも映画

1989年に文藝春秋が刊行した『大アンケートによる日本映画ベスト150』では、『風の谷のナウシカ』が第47位、『となりのトトロ』が第120位でした。

アニメと実写を問わず、映画を測る目安として**興行収入**および映画賞（マスコミや映画祭が主催）での評価があります。後者の日本での代表は「**キネマ旬報ベスト・テン**」（以下「キネ旬ベストテン」）でしょう。その年の興行収入の順位でトップ10に入り、キネ旬ベストテンにも入った作品としては、例えば次表のようなものがあります。

タイトル	公開年	興行収入※	キネマ旬報
砂の器	1974	3位	2位
八甲田山	1977	1位	4位
紅の豚	1992	1位	4位
千と千尋の神隠し	2001	1位	3位
この世界の片隅に	2016	10位	1位
万引き家族	2018	4位	1位

※1999年以前は配給収入を使用。

しかしながら、興行収入トップ10とキネ旬ベストテンの両方に共に入る作品は、何十年もの日本映画の歴史の中でそれほど多くはありません。たったの1作品という年も少なからずあります。まったく重ならない年もあります。例えば2019年は、興行収入トップ10の作品がキネ旬ベストテンに1つも入っていません。総体的に見て、両者の間には結構な乖離《かいり》があります。

しかし、この乖離が映画の多様性を表現しているともいえます。キネ旬ベストテンは、映画評論家や映画関連の記者・ジャーナリストなど映画を語るプロが選択した作品。興行収入トップ10は、一般の観客1人ひとりが選択した作品です。前者は、作品のアート性（映画の芸術性、技術的達成、映画らしさなど）を評価します。後者は、面白そうだから映画館に足を運びます（宣伝やSNSでの話題性などの影響が大きい場合もありますが）。こうした点から見ると、両方ともに入る作品は、両方から選ばれた幸せな作品といえるでしょう。

そして、興行収入トップ10とキネ旬ベストテンが表す、「あれも映画、これも映画」という多様性こそが、映画を豊かにするのではないでしょうか。何らかの1つの軸を立てて、誰もがそれを基準にして映画を制作すると、作品が痩せ細り、荒れたものになるかもしれません。

100人のうち99人が駄作だと貶《けな》し、1人が素晴らしいと褒める作品もある——それが映画の多様性であり、豊かさではないでしょうか。

そうであるなら、「興行収入がこれほど大きいのにキネ旬ベストテンに入らないのはどうして？」とか「キネ旬ベストテンがこれほど高い評価なのに興行収入が低いのはなぜ？」などと考えることに、それほど意味があるとは思えません。

Section
2-10 海外と手を組んだ制作

海外のアニメ関連企業（配給サービス、テレビ局、映画会社、制作会社など）と手を組むことは、海外市場を獲得するための重要な手法となります。

製作委員会への海外企業の参加

海外の**ネット配信サービス**の多くが日本アニメの配信を行っています。中には制作に進出する企業もあります。

2014年ごろからは、いくつかのネット配信サービス企業が主に製作委員会に加わるかたちでアニメの制作に出資し、製作者として名を連ねるようになっています。

製作者として最初の段階から制作に関わることにより、独占配信権も含めて、作品の配信権を獲得できます。また、二次利用の権利を取得し、ビジネス展開に生かせます。さらに、作品や制作の方向性について自社の考えを反映させやすくなります。ネットフリックスやクランチロールといったネット配信サービスが製作委員会に名を連ねるのはもはや当たり前の光景です。また、中国のネット配信サービスでは、検索大手「百度（バイドゥ）」傘下の「愛奇芸（アイチーイー）」、大手総合ネット企業「アリババ（阿里巴巴）」系の「優酷（ヨウク）」、中国で日本アニメを多数配信する「bilibili（ビリビリ）」もそうです。

ネットフリックスのオリジナル作品制作*

製作委員会への参加は、あくまで出資のかたちで制作に関与するものです。それに対して、制作そのものに参入する、つまりアニメ制作会社と協業する例もあります。

ネットフリックス（Netflix）は2018年から、自社が先頭に立って製作プロジェクトを組織し、企画・製作を行って、オリジナルのアニメ作品の制作を進めています。

2017年に、日本に拠点を設立して製作チームを始動させました。そして、2018～19年にはアニメ制作会社のプロダクション・アイジー、ボンズ、アニマ、サブリメイション、デイヴィッドプロダクションの計5社と包括的

Point **オリジナル作品制作**　ネットフリックスのオリジナル作品製作は、当初はビッグバン的な効果を日本のアニメ業界にもたらすと期待されたが、様々な理由により、爆発的な影響を与えるまでには至っていない。

な提携契約を結び、オリジナルのアニメ作品の製作に乗り出しました。また、2020年には日本の6人のクリエイター（アニメーターに限らず漫画や小説、脚本など多様な分野を網羅）と提携を結び、様々な方向から多彩な、オリジナルアニメ作品の企画・制作を目指しています。

ネットフリックスは、製作委員会を組織する方法はとりません。提携するアニメ制作会社と契約し、直接、制作資金を提供します。こうした資金提供の形態に加えて、提供される制作資金そのものが潤沢であるため、制作会社はかなり余裕を持って制作に取り組めます。また、制作におけるクリエイティブな面でも、制作会社は製作委員会方式のように種々の業態の多数の会社からの制約を考慮する必要はなく、ネットフリックスだけを念頭に進めればよいので、比較的自由に制作できます。加えて、ネットフリックス自身も制作への制約を極力減らす製作姿勢なので、制作会社にとってはクリエイティブ面での自由度が高くなります。

実際、ネットフリックスは実写の映画やドラマを世界中で数多く製作していますが、どの作品も監督などのクリエイターにかなり自由に撮らせています。

また、ネットフリックスとの契約では、二次利用のロイヤリティー行使の権利（著作権）を制作会社が持つことができます。これにより、制作会社は著作権を行使して、様々な二次利用のロイヤリティーから利益を得ることが可能になります。ただし、ロイヤリティーの行使に伴う著作権の管理や、二次利用のための宣伝・営業といった関連業務を制作会社自身で行わなければならず（もしくは専門家に依頼）、そのためのコストや労力が課題となります。また、そのための知識も必要*になります。

彩色鉛筆動漫の日本進出

別のかたちで制作そのものに参入する例もあります。

中国の大手アニメ制作スタジオである**彩色鉛筆動漫**は、2018年に日本法人**Colored Pencil Animation Japan**（カラード・ペンシル・アニメーション・ジャパン）を設立し、日本でのアニメ制作に参入しています。彩色鉛筆動漫は、中国の大手IT企業**テンセント**（騰訊控股）の傘下のアニメ制作会社です。

Colored Pencil Animation Japanは、中国で視聴（ネット配信やテレビ放映）するためのアニメ作品を日本で制作することを第一義的な目的として設立された制作スタジオです。中国で好まれる、受け入れられる、もしくはヒットするアニメ作品を、日本品質で、つまり日本のアニメーター

Point
…の知識も必要　著作権の行使は、特にグローバル化した今日では、国際的な視野での高度な法的知識が不可欠となる。

の高い技術・能力を採用して制作しようということです。そのため、日本のアニメーターを自社で雇用しています*。

さて、テンセントは大企業であり、彩色鉛筆動漫は潤沢な制作資金を得ることができ、日本法人も同様だと考えられます。そのため、Colored Pencil Animation Japanが雇用する日本人アニメーターは全員、正社員としての採用です。また、その給与も日本の平均的な会社員が手にする額と遜色のない水準となっています。

テンセントは傘下に動画配信サービスの会社を擁しています。そのため、Colored Pencil Animation Japanが制作したアニメ作品も、このルートで配信することができます。

日本企業の海外との共同製作

日本の企業が主導して海外の企業と共同製作し、作品を日本と海外でテレビ放映したりネット配信したりする場合もあります。

例えばテレビ東京は、主に中国の企業との共同製作でアニメ作品を制作しています。完成した作品は、日本や中国でテレビ放映したり、中国の動画／アニメ配信サイトで配信します。2016年には「愛奇芸」と共同製作して、そ

ネットフリックスが制作する提携5社の作品

タイトル	制作	ネットフリックス配信（年月）
オルタード・カーボン：リスリーブド	アニマ	2020年3月
ドラゴンズドグマ	サブリメイション	2020年9月
スプリガン	デイヴィッドプロダクション	2022年6月
攻殻機動隊 SAC_2045	プロダクション・アイジー	2020年4月
スーパー・クルックス	ボンズ	2021年11月

Colored Pencil Animation Japanが制作する作品

タイトル	制作	劇場公開（年月）
マスター·オブ·スキル劇場版	中国・彩色鉛筆動漫と共同制作	2019年8月　中国で劇場公開

Point **雇用しています**　日本人以外のアニメーターも雇用している。

の作品を中国では「愛奇芸」のサイトで配信し、日本国内ではテレビ東京系列で放映しています。

またテレビ朝日は、2016年にフィリピンのアニメ・ゲーム制作会社やテレビ局と組んで、アニメ作品を共同製作しています。この作品は、フィリピンの視聴者の嗜好や習慣・文化を取り込んだものであり、フィリピンでのテレビ放映を念頭に置いています（日本での放映や配信は計画されていません）。

ジブリの海外プロデュース

スタジオジブリは、オランダのアニメ監督マイケル・デュドク・ドゥ・ヴィットの劇場用アニメ作品『**レッドタートル ある島の物語**』を、フランスの映画製作会社と共同製作しています（日本・フランス・ベルギー合作）。この作品は、2016年に第69回カンヌ国際映画祭「ある視点」部門特別賞、2017年に第44回米国アニー賞（国際アニメ映画協会主催、いわばアニメ版のアカデミー賞）の「長編インディペンデント作品賞」をそれぞれ受賞するなど、国際的に高い評価を得ています。

中国企業が中心となる共同製作例

タイトル	年度	中国出資社	共同製作	アニメ制作
聖戦ケルベロス 竜刻のファタリテ	2016	愛奇芸	テレビ東京、グリー、メディアリンク	ブリッジ
侍霊演武（ソウルバスター）：将星乱	2016	優酷	スタジオぴえろ	スタジオぴえろ
霊剣山 星屑たちの宴	2016	テンセント／絵梦	スタジオディーン	スタジオディーン
霊剣山 叡智への資格	2017	テンセント／絵梦／bilibili	スタジオディーン	スタジオディーン
Bloodivores	2016	絵梦	Bloodivores 製作委員会	クリエイターズインパック
アイドルメモリーズ	2016	Happy Elements	アイドルメモリーズ製作委員会	セブン・アークス・ピクチャーズ

※アニメ制作はすべて日本のアニメ制作会社。
※Happy Elementsは中国のモバイルゲーム製作会社（日本法人を持つ）。

Point **実写映画の国際共同製作**　実写映画では従来から国際共同製作が当たり前のように行われている。例えば、大島渚監督の『戦場のメリークリスマス』（1983年）は、日本、ニュージーランド、オーストラリア、英国の共同製作。プロデューサーは英国人のジェレミー・トーマスで、スタッフや出演者は多国籍だった。

海外との共同のメリット

日本のアニメは海外で高く評価されています。日本のアニメに対する需要は、海外でもかなり大きいと考えられます。つまり、現在より大きい売上高（市場規模）を求めることができると考えられるでしょう。

ただし、アニメ作品（実写映画も同様ですが）のような物語性のある作品、特にエンターテイメント作品は、国や地域の嗜好や習慣、文化に適応したものでないと受け入れられません（芸術性を評価される作品、例えば欧州の主要な国際映画祭で賞の対象となるような作品は別で、制作者の唯我独尊が許されるでしょう）。そのため、日本の製作者だけで企画・製作する作品では限界があります。それに対して、作品の配給・配信対象の国や地域の製作者と組むことで、その国や地域（あるいは世界中）で受け入れられるように工夫した作品を企画・製作できるようになります。もちろん、制作資金の調達の間口が広くなり、資金を集めやすくなるという点も重要です。

日本アニメが海外での市場規模（売上）を拡大し、また、それによって制作基盤を大きく強くするためには、海外の企業と手を組むことは重要が選択肢の1つなのです。

『レッドタートル　ある島の物語』の主要クレジット

監督・脚本・原作：マイケル・デュドク・ドゥ・ヴィット（オランダ）
脚本：パスカル・フェラン
アーティスティック・プロデューサー：高畑勲
音楽：ローラン・ペレス・デル・マール
製作：スタジオジブリ、ワイルドバンチ（フランスの映画製作・配給会社）
プロデューサー：鈴木敏夫*、ヴァンサン・マラヴァル（フランス）
アニメーション制作：プリマ・リネア・プロダクションズ（フランスの制作会社）
配給：ワイルドバンチ（海外向）、東宝（日本向）

スタジオジブリ、ワイルドバンチ、ホワイノット・プロダクションズ（フランスの映画製作・配給会社）、アルテフランス・シネマ（フランスの映画製作会社）、CN4 プロダクションズ、ベルビジョン、日本テレビ、電通、博報堂 DYMP、ディズニー、三菱商事、東宝　提携作品

Term
鈴木敏夫　スタジオジブリのプロデューサー。

Column

中国の実写映画の評価は高い

実写映画の分野では、改革開放（1979年）以降、芸術的な映画で、張芸謀（チャン・イーモウ）、陳凱歌（チェン・カイコー）、姜文（チアン・ウェン）、賈樟柯（ジャ・ジャンクー）などの監督作品が、欧州3大国際映画祭（カンヌ、ヴェネチア、ベルリン：実質的には米国アカデミー賞を除く世界3大国際映画祭）で主要な賞を多数受賞しています*。また、娯楽映画ではジャッキー・チェン（成龍）の主演作・監督作品やジョン・ウー（呉宇森）の監督作品が世界各地で人気を博すと共に評価されています。ハリウッド製作の作品も多数あります。このように、中国の実写映画は世界的なレベルにあります。また、中国のテレビドラマは東南アジアで（主に華人・華僑《かきょう》の間で）一定の人気を得ています。

3大国際映画祭の主要賞受賞の主な中国映画

タイトル	監督	年度	賞
紅いコーリャン	チャン・イーモウ	1988	ベルリン・金熊賞
紅夢	チャン・イーモウ	1991	ヴェネチア・銀獅子賞
秋菊の物語	チャン・イーモウ	1992	ヴェネチア・金獅子賞
さらば、わが愛 覇王別姫	チェン・カイコー	1993	カンヌ・パルムドール
香魂女 湖に生きる	シェ・フェイ	1993	ベルリン・金熊賞
活きる	チャン・イーモウ	1994	カンヌ・グランプリ
あの子を探して	チャン・イーモウ	1999	ヴェネチア・金獅子賞
ただいま	チャン・ユアン	1999	ヴェネチア・銀獅子賞
初恋のきた道	チャン・イーモウ	2000	ベルリン・銀熊賞
鬼が来た	チアン・ウェン	2000	カンヌ・グランプリ
北京の自転車	ワン・シャオシュアイ	2001	ベルリン・銀熊賞
孔雀 我が家の風景	グー・チャンウェイ	2005	ベルリン・銀熊賞
長江哀歌	ジャ・ジャンクー	2006	ヴェネチア・金獅子賞
トゥヤーの結婚	ワン・チュエンアン	2006	ベルリン・金熊賞
薄氷の殺人	ディアオ・イーナン	2014	ベルリン・金熊賞

Point

…を多数受賞しています　カンヌ国際映画祭…最高賞：パルムドール、2等賞：グランプリ。ヴェネチア国際映画祭…最高賞：金獅子賞、2等賞：銀獅子賞。ベルリン国際映画祭…最高賞：金熊賞、2等賞：銀熊賞。

Section
2-11 中国アニメ制作会社の台頭

日本のアニメ制作では、長年にわたって中国（やその他のアジア各国）のスタジオを相手方として、動画や原画の仕事を下請けに出してきました。動画では相当な量を、原画でもある程度の量を、中国の下請け企業に依頼しています。

アニメ制作の土壌が整う

中国のアニメーターたちは、日本のアニメ作画の下請けをしながら、結果として、アニメ制作の基礎をＯＪＴで習得していることになります。

また、特に80后（１９８０年代生まれ）、**90后***（１９９０年代生まれ）さらに00后（２０００年代生まれ）と呼ばれる比較的若い中国人は、かなり多くが日本のアニメを好み、評価しています。

アニメ制作の人材の増加や技能の向上、日本アニメのファンの増加を背景に、日本に置いた日本法人で、日本アニメを日本のやり方で制作しようとする中国のアニメ制作会社も姿を現しています。

中国のアニメ制作会社の日本法人

「絵梦（エモン）」はそのフロントランナーです。「絵梦」は、中国の動画配信サービスbilibiliのグループ会社であるアニメ制作会社**「上海絵界」**の日本法人で子会社です（２０１５年設立）。「上海絵界」は、bilibiliを通したネット配信用のアニメを、「ＨＡＯＬＩＮＥＲＳ」というアニメブランドで多数制作しています。

「絵梦」は総合的なアニメ制作スタジオを自社で所有する本格的なアニメ制作会社です。トップ（ＣＥＯ：李豪凌氏）は中国人ですが、スタジオには数十人規模のアニメーター／クリエイターを雇用し、その大半は日本人です。李豪凌ＣＥＯ自身も日本のアニメを見て成長し、日本アニメの某作品に大きな影響を受けてアニメ業界に進出したそうです。

Term **90后**　90后、00后はだいたい中国のZ世代に合致する。人口は3億人近くになる。

また、自身もアニメーター／クリエイターであり、いくつかのアニメ作品で監督などを手がけています。

「絵梦」は日本進出以降、いくつかの作品を制作し、それらは日本のテレビで放映されています。そして、それぞれの作品は日本でも少なからぬ評価を受けています。もちろん、中国ではネット配信により公開しています。

「絵梦」の立ち位置は、中国アニメを中国方式で制作しようとするものではなく、日本アニメを、もちろん中国市場を意識したものにはなりますが、日本のやり方で制作しようというものです。これは例えば、「中国のパソコンメーカーのレノボが、日本のNECのパソコン部門を傘下に収めたが、従業員はそのまま継続して雇用し、パソコンの製造システムや組織体制も元のままで、日本ではNECブランドで、海外ではレノボのブランドで販売する」のと同じような方法論だといえるでしょう。

日本で設立されたアニメ制作会社

「絵梦」とは違ったアプローチをとって日本でアニメ制作を行う中国系の会社もあります。

「キャンディーボックス」は、2012年に中国人の朱暁氏が起業したアニメ制作会社です。朱暁氏は高校卒業後に

絵梦がアニメ制作した作品の例

タイトル	年度	絵梦の役割	アニメ制作	テレビ放映
1人之下	2016	監督（王昕）／製作	パンダニウム（日本）	TOKYO MX
TO BE HERO（トゥー・ビー・ヒーロー）	2016	原作・脚本・監督（李豪凌）／製作	LAN Studio（日本）	TOKYO MX
Spiritpact（スピリットパクト）	2016	監督（李豪凌）アニメ制作	絵梦	TOKYO MX
銀の墓守り	2017	アニメ制作／製作	絵梦	TOKYO MX
Bloodivores	2016	監督・シリーズ構成・絵コンテ（陳燁）	クリエイターズインパック（日本）	TOKYO MX
詩季織々（アニメ映画）	2018	ネットフリックス配信。日本のアニメ制作会社コミックス・ウェーブ・フィルムとの日中共同制作		

絵梦がアニメ制作した『銀の墓守り』のクレジット

監督　：大倉雅彦
脚本　：きむらひでふみ
キャラクターデザイン：津幡佳明、丹波恭利
美術監督：池田繁美、丸山由紀子
色彩設定：辻田邦夫
撮影監督：野口龍生
編集　：肥田文
音響監督：高桑一
音楽　：関美奈子
アニメーション制作：絵梦

主要なスタッフは日本人クリエイターで固められている。

来日し、アニメやアニメ制作を学んだのち、アニメ制作会社（スタジオぴえろ）に入社してアニメーターとしてキャリアを積み、その後「キャンディーボックス」を立ち上げました*。「アニメ制作会社に新人として入社し、そこで経験を積んだのちに独立する」というのは、この例だけでなく、日本の多くのアニメーター／クリエイターの典型的なキャリアプロセスといえます。

「キャンディーボックス」も、日本人アニメーターをスタッフとし、日本アニメを日本のやり方で制作しようというスタンスをとっています。

「キャンディーボックス」は地道に仕事を重ね、業界での評価を高め、多くのアニメ作品の制作に関わっています。例えば、劇場用アニメの『君の名は。』（2016年）、『攻殻機動隊ARISE』（2015年）やテレビアニメの『進撃の巨人2』（2016年）、『弱虫ペダル』（2015年）などに制作協力として携わっています。また、2016年には「優酷土豆」と「スタジオぴえろ」が共同製作した『侍霊演武（ソウルバスター）：将星乱』に企画で参画しています。

Point
…を立ち上げました　外部の視点を導入するのは発展の重要な要素である。米国のハリウッド映画は常に外部（欧州、中南米など）の視点を取り入れて発展してきた。

中国のアニメ制作会社の状況

中国国内にも、80后、90后を中心に多くのアニメ制作会社が設立されています。実際、近年のテレビアニメ作品の制作分数では、中国アニメは世界で最も多いのです。つまり量（規模）では、中国のアニメ制作は十分に大きくなっています。その一方、質の面では日本アニメや米国ハリウッド・アニメのような高いレベルに達しているとはいえません。粗製乱造といえる状況です。安いコストで、主に子供向けのアニメ作品を大量に制作しているのです。

これは1つには、中国では80后、90后、00后の若い世代を除けば「アニメは子供のもの」という考えが多数を占めるからです。もちろん、欧米でもコアな視聴者やファンを除けば同様の考え方が主流です。アニメは（作品によるとはいえ）大人のものでもあるという認識が一般にあるのは、日本が唯一かもしれません。欧米においてアニメは、『レッドタートル ある島の物語』やロシア・アニメ『話の話』（ユーリ・ノルシュテイン監督）といったアート作品、子供向けアニメ作品、アニメファンの視聴者が支持する作品（ほぼ日本アニメ）の3つに、それぞれそれほど大きくない市場で分極化している、といえるでしょう。

こうした背景により、エンターテイメント・ビジネスの

「キャンディーボックス」が制作協力した作品の例

タイトル	年度	種類
進撃の巨人 2	2016	テレビ
君の名は。	2016	劇場用
弱虫ペダル	2015	テレビ
NARUTO - ナルト - 疾風伝	2015	テレビ
黒子のバスケ	2015	テレビ
攻殻機動隊 ARISE	2015	劇場用
信長の忍び	2017	テレビ
銀河英雄伝説	2018	テレビ

アニメ業界以外にも様々な業種・分野で、様々な国の人たちが日本で起業しています。

中心である米国にディズニー（と関連企業）があることを除けば、欧州やその他の国では、アニメは産業としてある程度の規模で成り立っていません。ハリウッド以外でアニメが作品としても産業としても発展しているのは日本だけだといえます。そして、日本のアニメが高度に発展したのは、大人向けの娯楽作品や大人も鑑賞できる娯楽作品が確固たる地位を占めるようになったからです。中国の関係者もその点を意識しているようで、子供向けばかりでなく、すべての年齢層を対象にしたアニメ作品、どんな年齢層でも楽しめる内容の作品の制作を重要視するようになっています。

もう1つ、中国では、キャラクタービジネスや二次利用のビジネスが成立していません。中国では、近年ようやく法的・制度的に整備されつつあるものの、ビジネス倫理的に著作権や知的財産権がないがしろにされることが多く、キャラクタービジネスなどがうまくいきません。そのため、アニメ作品そのもの、すなわち映画館での公開、テレビ放映、ネット配信だけで収益を上げなければなりません。結果として、作品が低コストで乱造されるようになってしまいます。

中国のアニメ制作は種々の課題を抱えており、それぞれ克服は容易ではなく、アニメ作品のレベルが向上し、アニメ制作が発展するには、ある程度の年月がかかると考えられます。

中国アニメ映画の実力向上

一方、中国劇場用アニメ『羅小黒《ロシャオヘイ》戦記《せんき》』が日本でも高い評価を得ています。2019年9月から東京を皮切りに大阪、名古屋、札幌をはじめ日本各地で、ミニシアターでの公開とはいえ2020年8月までロングラン上映されました。また、アニメクリエイターの入江泰浩氏（テレビアニメ『鋼の錬金術師 FULLMETAL ALCHEMIST』の監督など）がSNSで高い評価を発信するなど、アニメ業界人の絶賛がSNSを中心に発信され、それらと相まって口コミで評判が広がり、異例のロングランを続けました。さらに2020年11月には人気声優による日本語吹き替え版が『羅小黒戦記 ぼくが選ぶ未来』のタイトルで日本全国の劇場にて一般公開されるまでに至っています。

また、2017年の第67回ベルリン国際映画祭*のコンペティション部門（映画祭のメインとなる賞で基本的には実写映画が競う）において、ノミネート18作品の1つに中国の劇場用アニメ『好極了（英題：Have a Nice Day）』（監督：劉健〈リウ・ジエン〉*）が選ばれています。ベルリン国際映画祭では、スタジオジブリの『千と千尋の神隠

Term

ベルリン国際映画祭　ベルリン、ヴェネチア、カンヌの各国際映画祭には、米国アカデミー賞のようなアニメ部門は設けられていない。ただし、フランスには別に「アヌシー国際アニメーション映画祭」がある。

し』が2002年の第52回で最高賞の金熊賞を受賞しています。『好極了』は、最終的に受賞はできませんでしたが、『千と千尋の神隠し』以来、アジアのアニメ作品として2作目のコンペティション部門選出であることを考えると、質の高い作品であることがわかります。

さらに、3DCGアニメ作品『西遊記之大聖帰来』（監督：田暁鵬／邦題：『西遊記 ヒーロー・イズ・バック』）が、2016年の東京アニメアワードフェスティバル（TAAF）2016でコンペティション部門長編アニメーション優秀賞を受賞しています。また、宮崎吾朗氏の日本版監修で2017年に日本公開されています。

そして2023年には、中国アニメ『雄獅少年／ライオン少年』が、日本ではそれほどヒットしなかったとはいえ、内容・品質については日本のアニメ業界から高く評価する声が多く上がりました。

『羅小黒戦記 ぼくが選ぶ未来』オリジナル日本語吹き替え版の主なクレジット

監督：MTJJ

制作：北京寒木春華スタジオ

●日本語吹き替え版

音響監督：岩波美和

音響制作：グロービジョン

主なキャスト（吹き替え声優）：

花澤香菜（主人公：シャオヘイ）／宮野真守／櫻井孝宏／斉藤壮馬

日本語版主題歌：LMYK

配給：アニプレックス、チームジョイ 共同配給

公開劇場：2020年11月7日、全国177館ロードショー

Term

劉健（リウ・ジエン）　リウ・ジエン監督の作品『アートカレッジ1994』が、2023年にベルリン国際映画祭のコンペティション部門に、新海誠監督の『すずめの戸締り』と共にノミネートされた。どちらも賞は逃した。

Column 急成長するトレーディングカードゲーム（トレカ）

玩具全体の2022年度の市場規模は9525億円で、過去最高となりましたが、そのうち4分の1が**トレカ**の販売によるもの。いまやトレカが玩具業界全体を牽引する存在だといえます。中でも「マジック：ザ・ギャザリング」、「ポケモンカードゲーム（ポケカ）」、「遊☆戯☆王オフィシャルカードゲーム」、「ONE PIECEカードゲーム」のトレカが好調です。

そうした中で、過去のレアカードなどの価値が上がっており、転売目的の買い占めが増えています。その対策としてメーカーは、すぐに増刷して市場に大量投入するようになり、それが市場急拡大の大きな要因として挙げられます。

ポケカのプロモーションカード「ポケモンイラストレーター」は、21年に米国のユーチューバーが527.5万ドル（約5.8億円）で購入し、ギネス世界記録に認定されるなど、価格は異常なまでに高騰しています。これらのカートゲームのコレクターズ市場の拡大も要因と見られます。

そして、なんといってもトレカ初期に遊んでいた子供たちがいまは親世代になっており、自分の子供と一緒に遊ぶ状況も生まれています。コロナ禍による巣ごもり期間をきっかけに、親子で遊ぶ機会が従来以上に多くなったことも、市場成長の一因といえるでしょう。

いまや世界の「NINTENDO」として最先端ゲーム機、ゲームソフトを発売し続ける任天堂ですが、創業時には花札やトランプといった手軽なカードゲームのメーカーでした。任天堂のかつてのトレードマークであった「花札」や「ディズニートランプ」は、従来の定義から考えると“元祖カードゲーム”だといえます。

そして、「uno」や「水道管ゲーム」のような古典的なカードゲームを経て、今日、カードゲームビジネスの主流となっているのがトレカです。米国で登場した「マジック：ザ・ギャザリング」をお手本に、日本では「遊☆戯☆王カード」や「ポケモンカード」、それに「デュエル・マスターズ」といった人気作品が生まれました。

「遊☆戯☆王」は原作の漫画自体が「マジック：ザ・ギャザリング」に強くインスパイアされた作品でした。バンダイから販売されたトレカはほどほどの成功に終わり、バンダイがスポンサーとなって作られたアニメ第1作も短期で終了しました。後発のコナミをスポンサーにしたアニメ第2作以降およびそれと連動したトレカの大成功（累計販売枚数158億万枚超）を考えると、バンダイ版の「遊☆戯☆王」トレカは、日本のトレカ愛好家がまだマニア中心だった時代ゆえに時期尚早だったといえるでしょう。

今日では『遊☆戯☆王』、『ポケモン』、『ドラゴンボール』、『ONE PIECE』を代表格として、アニメのキャラクター商品としてもトレカは定番といえる存在になっています。

第3章

アニメビジネスの全体像と仕組み

アニメビジネスは単純に「商品(アニメ作品)を製造(アニメ制作)し、販売(公開)して利益を得る」という形態にはなっていません。テレビアニメ、劇場用アニメ、二次利用(DVD化)、キャラクタービジネスといった様々なビジネスが絡み合い、複雑になっています。

ここでは、アニメビジネスの全体像とその仕組みをわかりやすく紹介します。

Section

3-1 日本の典型的なアニメビジネス

日本アニメはビジネスとして成熟しておらず、他の分野のビジネスのように簡潔に体系化できないところがあります。

アニメビジネスの典型的なパターンを概観する

日本のアニメビジネスは、他の産業にない特殊な形態になっています。ビジネスとして成熟したものになっておらず、それゆえ、他の分野のビジネスのように見通しよくスッキリと体系化できないところがあります。

そこでまず、今日の日本のアニメビジネスの典型的な構図をいくつか紹介します。

特殊だとはいっても、いくつかの典型的なパターンに分けて考えることができます。ここでは次ページからの3つの図のように、3つのパターンに分けています。

1つ目は「テレビ番組（テレビ放映枠）に作品を提供する」というビジネスパターン。近年は、テレビ放映とほぼ同時にネット配信されるのが一般的です。

2つ目は「まずテレビでアニメ作品を放映して収益を上げ、そのヒットに乗じて劇場（映画館）で公開してさらに収益を上げる」パターンです。

3つ目は、「劇場（映画館）用にオリジナルの作品を制作し、公開して収益を上げる」パターンです。**スタジオジブリ***制作の作品群がこれにあたります。

最近では「オリジナル作品を制作し、最初からネット配信を行う」パターンもありますが、ネット配信のビジネス構造に伴う種々の課題があり、先述の3パターンに匹敵する勢力となるには時間がかかりそうです。

こうしたパターンに整理することで、今日の日本の典型的なアニメビジネスの形態が見えてくるでしょう。

Term

スタジオジブリ　アニメを中心とした映像作品の制作会社。1-8、1-13節を参照。

パターン1：テレビ放映による収益獲得

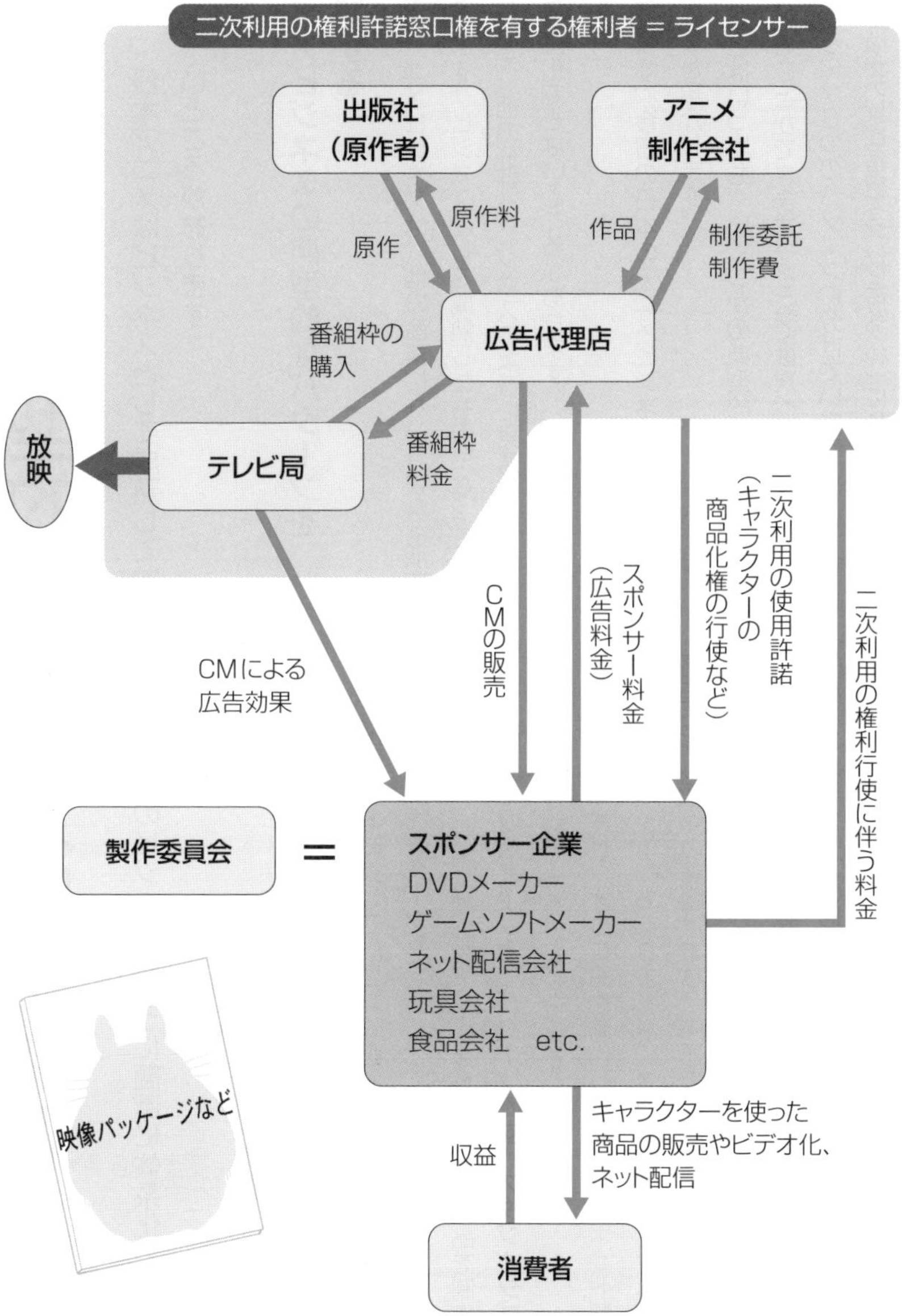
二次利用の権利許諾窓口権を有する権利者 ＝ ライセンサー
出版社（原作者）
アニメ制作会社
原作
原作料
作品
制作委託
制作費
広告代理店
番組枠の購入
番組枠料金
テレビ局
放映
CMによる広告効果
CMの販売
スポンサー料金（広告料金）
二次利用の使用許諾（キャラクターの商品化権の行使など）
二次利用の権利行使に伴う料金
製作委員会
＝
スポンサー企業
DVDメーカー
ゲームソフトメーカー
ネット配信会社
玩具会社
食品会社　etc.
映像パッケージなど
収益
キャラクターを使った商品の販売やビデオ化、ネット配信
消費者

パターン2：テレビ放映～劇場公開での収益獲得

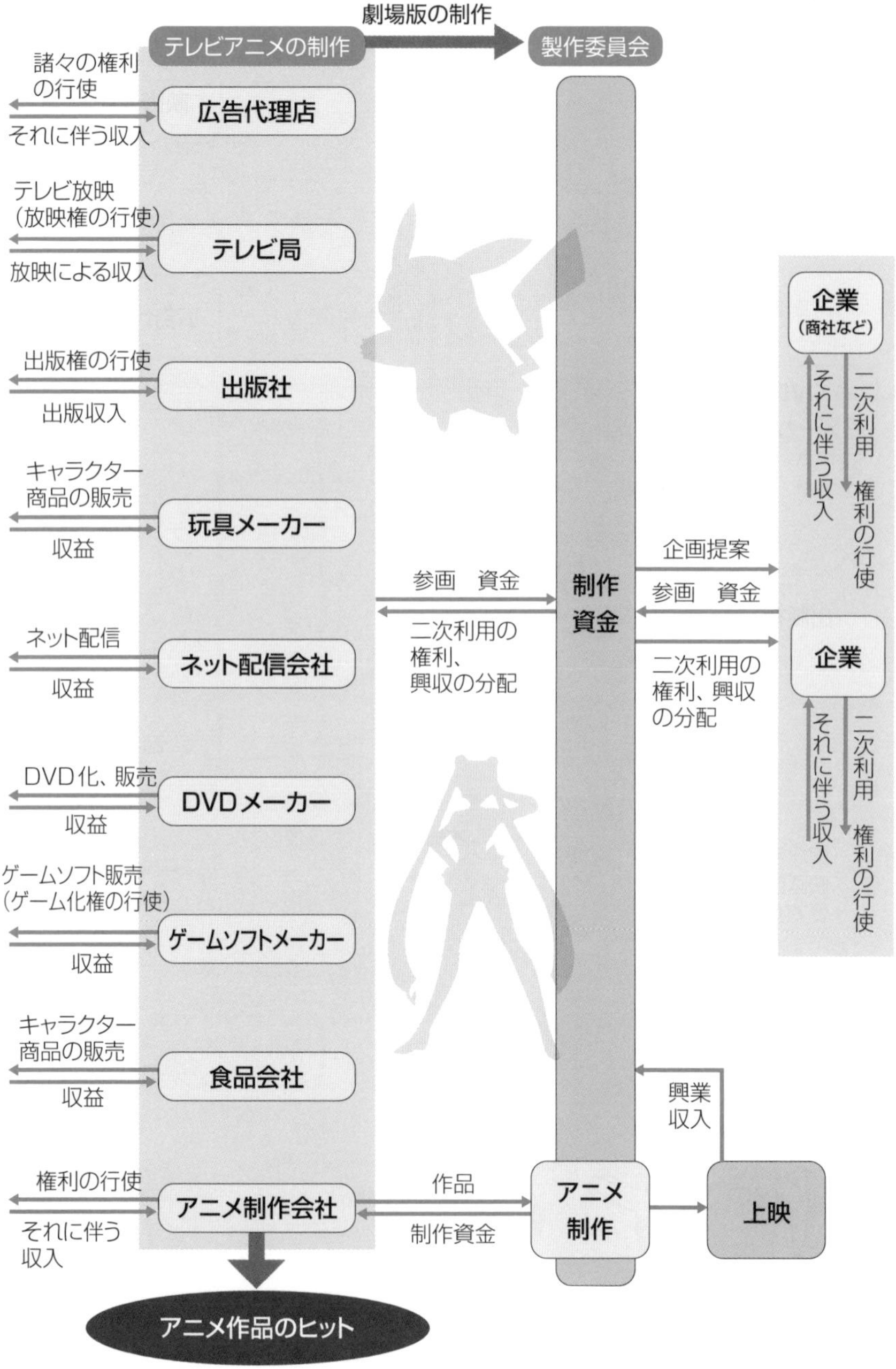

パターン3：オリジナル作品の劇場公開による収益獲得

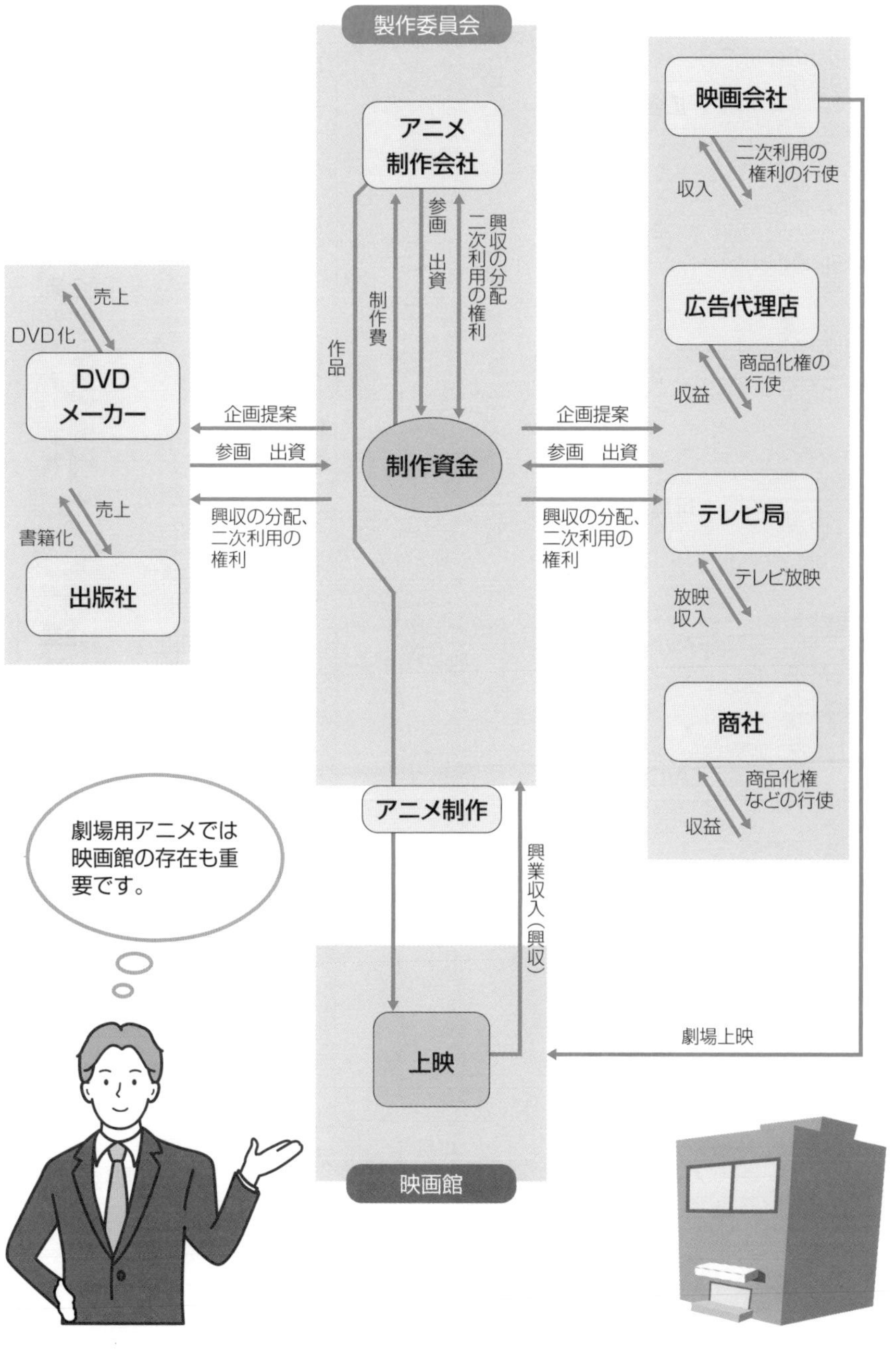

Section
3-2 アニメビジネスを俯瞰《ふかん》する

アニメビジネスにおけるお金の流れは、基本的には実写映画やその他のコンテンツビジネスと同じです。

■アニメビジネスのビジネス領域を概観する

アニメビジネスの場合も、「制作資金を集め、それを使って作品を制作し、出来上がった作品を公開して、そこで得た収入や、作品の二次利用、作品に関連するキャラクタービジネスから得た収入を、出資者や制作者に適宜還元させる」という流れになります。

お金の流れに沿って考えると、アニメビジネスはいくつかのビジネス領域に分けることができます。ビジネス形態で分けると、以下のような領域があります。

●**企画***

アニメ作品の制作、配給、上映・放映、販売や二次利用、キャラクタービジネスへの展開を企画する。

一般には、企画者（主に企業）は出資も行い、アニメ作品の売上や版権ビジネスから利益を得る。企画、ビジネス管理の手数料として利益を得ることもある。

●**出資**

アニメ作品の制作費に投資し、売上や版権ビジネスから利益を得る。

企画と出資は一体化しているのが一般的だが、スポンサーとして企画者からの提案に応じて出資だけを行う企業もある。

●**制作**

集められた制作費を使ってアニメ作品を完成させ、自身の利益もまかなう。

自らも出資している場合は、作品の販売や作品の著作権、キャラクターの版権からも利益を得る。

Term **企画**　企画には、当初からクリエイター側（アニメ監督や脚本家など）が参加して進めることもある。

●**配給**
出来上がったアニメ作品を、上映・放映会社やビデオ・DVD販売会社に流通させ、その手数料を得る。

●**上映、放映、ネット配信**
アニメ作品の劇場での上映、テレビ放映、ネット配信企業のオリジナル作品のネット配信で利益を得る。

●**二次利用（ビデオ・DVD化、ビデオ・DVD販売、ビデオ・DVDレンタル、ネット配信、劇場用アニメのテレビ放映）**
アニメ作品（＝映像）の二次利用である。上映・放映されたアニメ作品をビデオ・DVD化して販売、レンタルしたり、ネット配信企業と配信契約を結んでネット配信したり、劇場用アニメをテレビ放映して利益を得る。

同時に、企画・出資を行う会社は、二次利用からの著作権・版権で利益を得る。

●**二次利用（キャラクタービジネス）**
アニメ作品のキャラクターを使った商品やサービスの販売で利益を得る。
同時に、企画・出資を行う会社や制作会社（アニメプロ

アニメ制作の作業と支出費用

■アニメ制作

プリ・プロダクション　➡　プロダクション　➡　ポスト・プロダクション

- **プリ・プロダクション**
  実際の作業に入るまでの準備の作業
  （原作の扱いの確定、脚本の執筆 etc.）
- **プロダクション**
  実際のアニメ制作の作業
- **ポスト・プロダクション**
  制作後の作業
  （編集、アフレコ〈声優〉、効果音や音楽の挿入、試写、事務処理 etc.）

■主な支出

プリ・プロダクション	・原作料　・脚本料　・コンテ費
プロダクション	・メインスタッフ拘束費（演出料、作画監督料、制作進行料 etc.） ・原画費　・動画費　・美術費　・特殊効果費　・撮影費 ・彩色費　・スタジオ費　・ロケハン費※
ポスト・プロダクション	・編集費　・音楽制作費　・音響制作費　・アフレコ費 ・事務所経費

※描画の参考にするため、実際の場所に行って写真や動画を撮るための費用など。

ダクション）は、キャラクタービジネスからの版権・著作権で利益を得る。

● **ライブエンターテイメント**＊

アニメ（や漫画）を原作とする「2・5次元ミュージカル」（演劇）の公演、アニソン（アニメソング）のライブコンサート、アニメ関連の種々のイベントによって利益を得る。

アニメビジネスに参入するとは、これらのどこかで利益を得ることを意味します。

もちろん、1つの会社・組織が複数のビジネスを手がけることもあるでしょう。例えば、「アニメ制作会社が企画から制作まで行う」といったケースです。

製作委員会方式の資金調達

アニメの製作（特にアニメ映画）には多大な費用がかかります。例えば、一般的な劇場用作品では、億の単位で予算がかかります。その一方、実写映画と同様に、完成した作品が必ずヒットするとは限りません。まったくヒットせずに（コケてしまい）、制作費さえ回収できず、赤字になってしまう作品も多いのです。

そこで、こうしたリスクを解消し、さらに、より多額の資金を集めることができるように、（アニメ映画でもテレビアニメでも）近年は**製作委員会方式**での制作が主流となっています。

この方式では、製作委員会に複数の企業が集まって、アニメ作品を企画し、それぞれが出資して制作予算とします。

製作委員会という形態がとられるのは、リスクを分散するためだけでなく、アニメ作品に関連した利益獲得の形態が多様化している今日、それらをうまく活用するのに好都合だということも一因です。

アニメ作品は、映画館で上映したりテレビ放映したりした収入だけで利益を上げる、というものではなくなっています。アニメ作品を様々なビジネスで利用して、それぞれのビジネスで収益を上げ、トータルとしてアニメ制作の費用を回収し、利益を上げるということが必要です。それはアニメ作品の二次利用であり、作品のキャラクターを使った**キャラクタービジネス**です。

製作委員会に参加して出資すれば、アニメ作品の著作権・版権を得て、二次利用やキャラクタービジネスで利益を上げられるため、今日、資金の出し手は様々な分野の企業に広がっています。

Term **ライブエンターテイメント** 2.5次元ミュージカルをはじめとするライブエンターテイメントについては、3-6節で詳しく解説している。

アニメビジネスの各領域とビジネスの関連

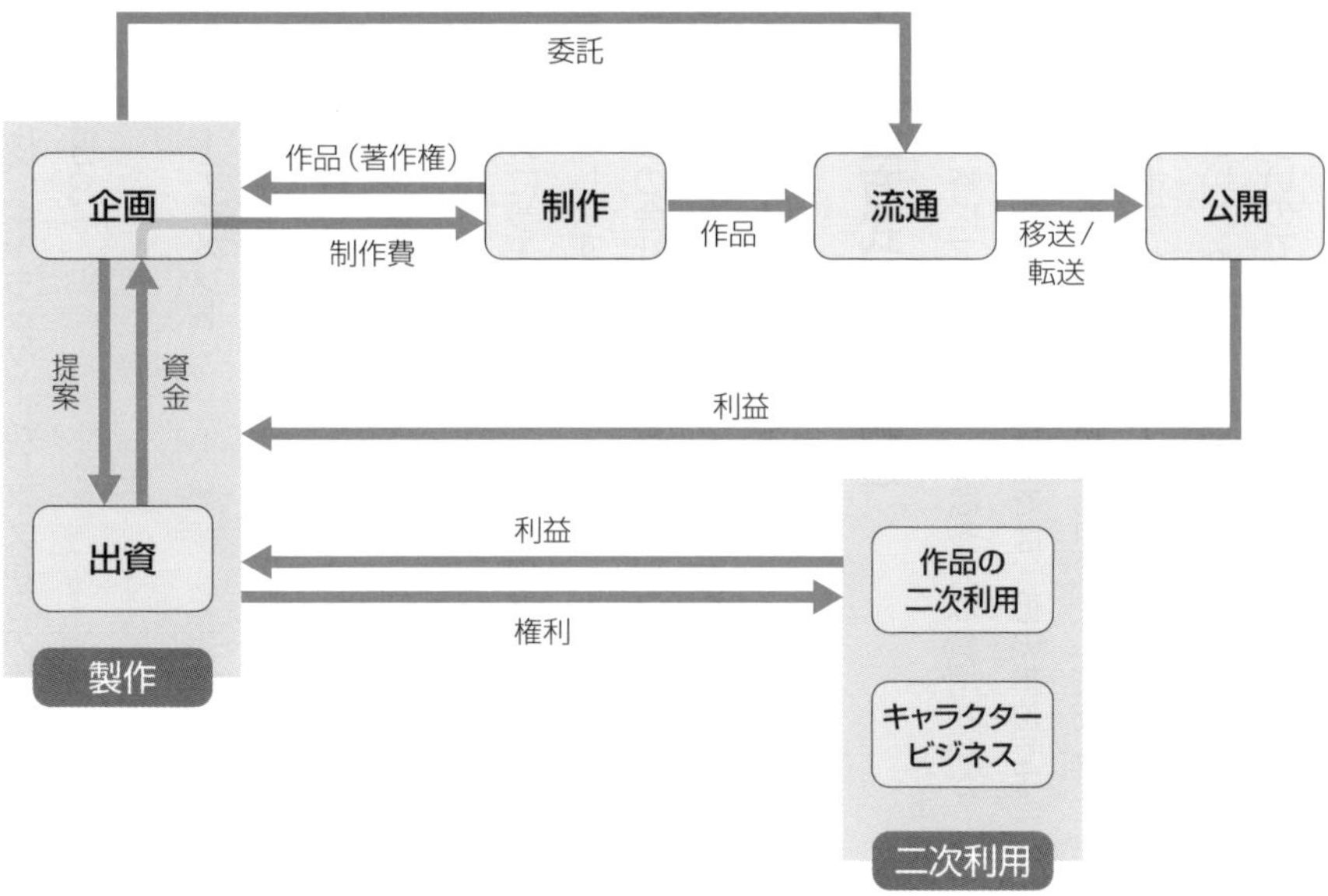

アニメビジネスの各領域への参画企業例

企画	テレビ局、映画会社、広告代理店
出資	製作委員会参画企業、テレビのスポンサー
制作	アニメ制作会社
流通（配給）	配給会社、テレビ局、ネット配信サービス
公開（上映、放映、ネット配信）	テレビ局、映画館、ネット配信サービス
作品の二次利用	ネット配信サービス、ＤＶＤメーカー
キャラクタービジネス	玩具メーカー、文具メーカー、アパレル会社、食品会社、アミューズメント会社 etc.

製作委員会方式とは

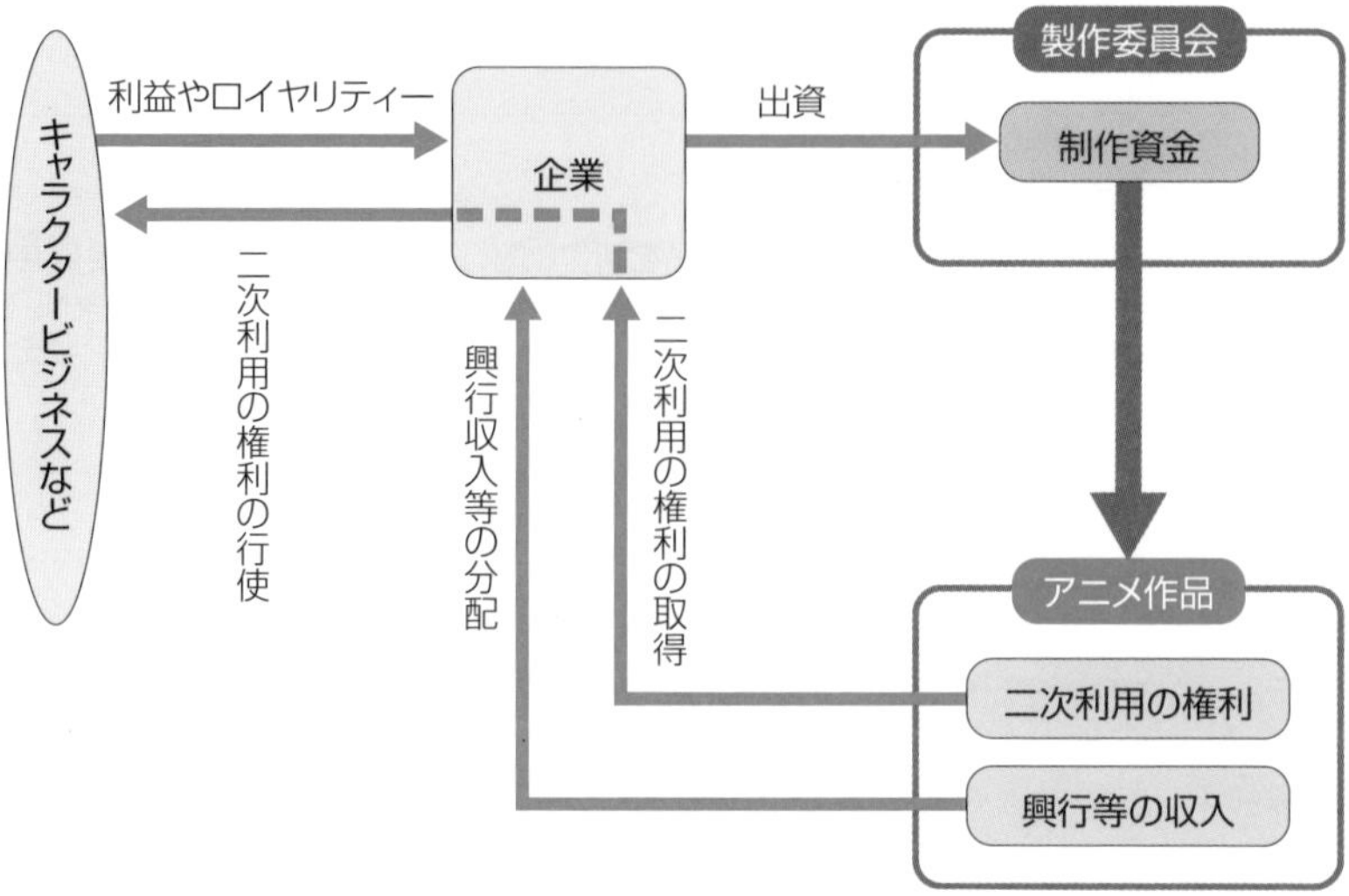

製作委員会方式とアニメビジネスの利益

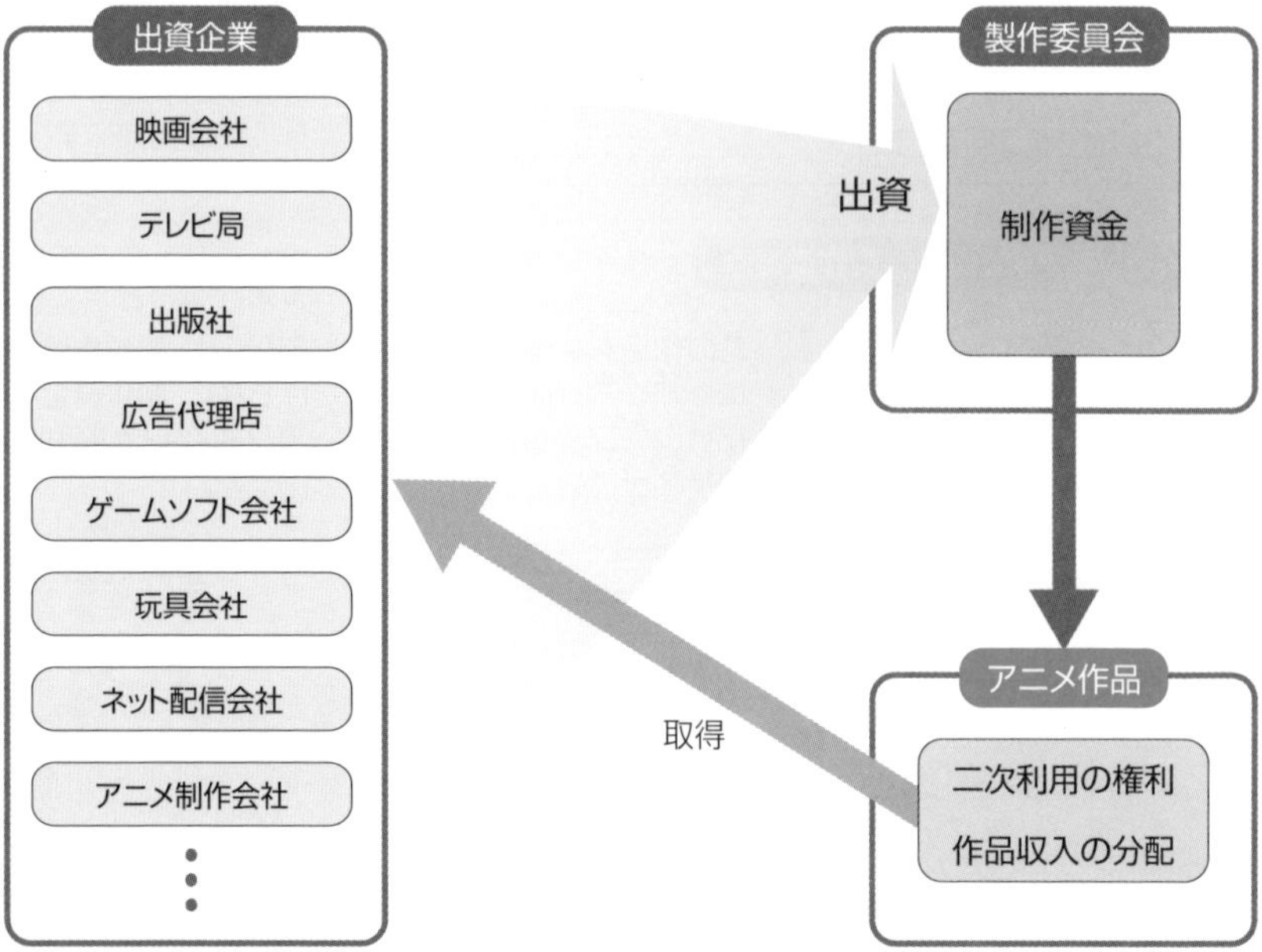

製作委員会参加企業の例

具体的にどのような企業が製作委員会に参加しているのか、いくつかの例を示す。

『魔女の宅急便』製作委員会

- 徳間書店
- ヤマト運輸
- 日本テレビ放送網

この作品を制作した「スタジオジブリ」は製作委員会に参加しておらず、作品の制作だけを行った。つまり、制作資金を出資せず、二次利用やキャラクタービジネスなどの権利は持たなかったことになる。

『千と千尋の神隠し』製作委員会

- 徳間書店
- 日本テレビ放送網
- 電通
- 東北新社
- 三菱商事

この作品でも、制作した「スタジオジブリ」は製作委員会に参加していない。

『ガラスのうさぎ*』製作委員会

- ゴーゴービジュアル企画
- マジックバス
- アミューズメントメディア総合学院
- 共同映画
- 東京メトロポリタンテレビジョン

この作品のアニメ制作を担当した「マジックバス」は、製作委員会に参加している。

『借りぐらしのアリエッティ』製作委員会

- スタジオジブリ
- 日本テレビ
- 電通
- 博報堂DYMP
- ディズニー
- 三菱商事
- 東宝
- ワイルドバンチ

この作品を制作した「スタジオジブリ」は、製作委員会に参加している。作品の制作だけでなく、制作資金を出資し、二次利用やキャラクタービジネスなどの権利を得たことになる。

Term **ガラスのうさぎ** 同名の絵本を原作とする、2005年製作の劇場用アニメ作品。

Section
3-3 業界のプレーヤーとその役割

アニメ業界には多種多様なプレーヤーが関与します。個々のアニメ作品に参画するプレーヤーとその役割は、アニメ作品の最初（一次利用として）の公開形態によって異なります。

アニメ作品の公開形態

アニメ作品の最初の（一次利用としての）公開は、テレビ放映または劇場（映画館）での上映です。近年は、ネット配信会社がオリジナル作品を制作し、ネット配信で公開することもあります。ただし、これは新しい形態であり、今後の展開待ちです。また、最初からDVDやBDで販売するアニメ作品もありますが、アニメビジネスの主流とはなっていません。

テレビ放映するアニメ作品を**テレビアニメ**、劇場（映画館）公開するアニメ作品を**劇場用アニメ**と呼びます。

テレビアニメ（テレビ放映アニメ）は、テレビでのシリーズとして放映することを第一義とするアニメ作品です。定期的に（毎週、毎日、平日など）、決まった期間、テレビで放映します。

そして、作品がヒットすれば、上映時間の長い長編劇場用アニメとして、新たに作品を制作して劇場（映画館）で公開します。場合によっては*、テレビアニメを編集した総集編を劇場で公開したり、短編の作品をいくつかまとめて劇場公開することもあります。

なお、最初から劇場公開（言い換えれば劇場用アニメの制作）を視野に入れてテレビ放映を行う作品もありますし、反対にテレビ放映だけを考えた（劇場公開を考えない）作品もあります。もちろん、「ヒットしたら劇場公開もしようと計画していたものの、思ったとおりにいかず、テレビ放映だけで終わってしまった」というものもあるでしょう。

劇場用アニメには、上記のテレビ放映アニメの劇場版のほかに、最初から劇場公開を第一義とするものもあります。劇場用にオリジナルに制作される作品であり、言い換えれば「アニメ映画」ということになります。例えば、スタジ

Point **場合によっては**　かつてはテレビアニメだけでなく、主に子供向けのテレビドラマ（特撮ドラマ）なども、総集編あるいは「単にいくつかまとめたもの」を映画版として公開することがあった。

オジブリ制作の諸作品はその典型です。

劇場用アニメは映画作品（実写映画など）の一種として映画館で公開され、映画賞の受賞レースや興行収入のリストアップでも実写映画と同様に1つの映画作品として扱われます。

特別な放映形態のテレビアニメ

テレビアニメの中には、特別な放映形態のものもあります。テレビの深夜枠やU局（独立UHF局）などで放映するアニメ作品です。

こうしたアニメ作品にはCM（コマーシャル）はありません。深夜枠は価格が安いので、アニメ作品を制作した会社（アニメプロダクションなど）が、制作したアニメ作品の宣伝、プロモーションの目的で自費で深夜枠を買い取るのです。そして作品を、ショーウインドーとして放映します。

テレビアニメビジネス

●**企画、出資**

テレビアニメはテレビ局が企画し、スポンサー企業から支払われる広告費を使って、アニメ制作会社（アニメプロダクション）に発注し、完成したアニメ作品を放送する

テレビアニメと劇場用アニメ

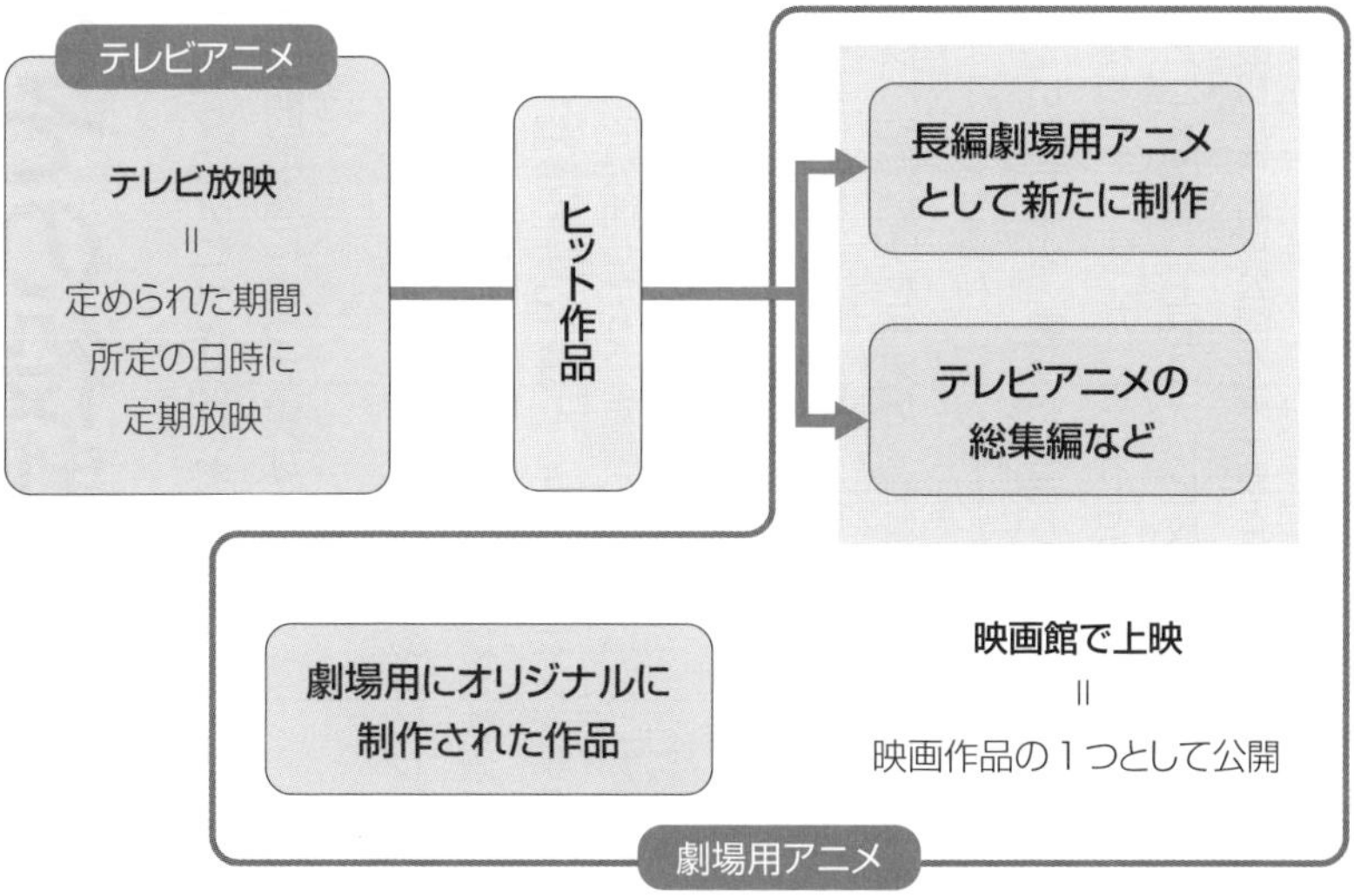

――というのが基本でした。しかしながら近年は、広告代理店がテレビ局から放送枠を買い取り、その枠で放送するためのアニメ作品を企画するのが主流となっています。

そして、放送枠を利用したいスポンサー企業から資金を集めて、アニメ制作会社に発注し、完成したアニメ作品を、スポンサー企業の広告と共に、放送枠で放映します。

テレビアニメに資金を提供するスポンサーの多くは、単にCM（コマーシャル）を放映枠で流すためだけではなく、そのアニメ作品の二次利用（主にキャラクタービジネス）の権利を得る目的で出資するのが大半です。こうした場合のスポンサーが1つの集合組織として活動すると、製作委員会となります。

お菓子などの食品会社や文具会社、子供向けの日用品の製造・販売会社、ゲーム会社、玩具会社などが、アニメ作品のキャラクターを使った商品の製造・販売権を得るために出資するわけです。

なお、現在の業界慣例では、テレビアニメの出資者は、作品やキャラクターの全面的・完全な使用権ではなく、作品やキャラクターの使用の優先権を得ることになっています。

●制作

アニメ制作会社（**アニメプロダクション**）が、テレビ局や広告代理店などから発注を受けて作品を制作します。

主に規模の大きいアニメ制作会社が制作プロジェクト全体を推進、管理・統括し、その下で規模の小さいアニメ制作会社が下請けとして作業を分担します。

そのほか、声優プロダクションや音響プロダクションなどの企業が制作に参加します。

劇場用アニメビジネス

●**企画、出資**

従来の方式では、映画会社が企画・出資し、アニメ制作会社（アニメプロダクション）に制作を依頼して、完成した作品を自社直営館あるいは系列館などの映画館で上映します。シネマコンプレックスに作品を提供して上映することもあります。現在でも、この方式で上映されることがあります。

近年、特に制作費が巨額となるアニメ作品では、共同企画・出資による**製作委員会方式***が採用されています。

製作委員会に参画する企業は、アニメ作品を企画し、自ら出資すると共に、関連の企業などに出資を呼びかけます。

Term **製作委員会方式**　製作委員会方式については3-2節を参照。

製作委員会に参画する企業には、映画会社、映画配給会社、テレビ局、出版社、広告代理店、ゲームソフト会社、玩具会社、ネット配信会社、音楽事業会社などがあります。時には商社などが参画することもあります。また、アニメ制作会社に自己資金があれば、自らも出資して製作委員会に参画することがあります。

製作委員会に参画した企業は、作品の興行収益、二次利用に対する権利やキャラクタービジネスの権利からの収益により、出資に対するリターンを得ます。興行収入からの利益は、出資比率に応じて配分されるのが一般的です。

そのほか、各企業はいろいろなビジネス上の目算があって参画します。例えば、次のようなものです。

映画会社や**映画配給会社**は、自社直営館または系列館などの映画館で上映する作品に企画・出資します。

テレビ局は、テレビアニメの劇場版であれば当然参加するでしょう。また、映画館での上映後のテレビ放映権を獲得するために参画することもあります。

出版社は、自社で出版する漫画を原作にしたアニメ作品に参画します。

ゲームソフト会社は、自社が開発したゲームのキャラク

テレビアニメのビジネス関係

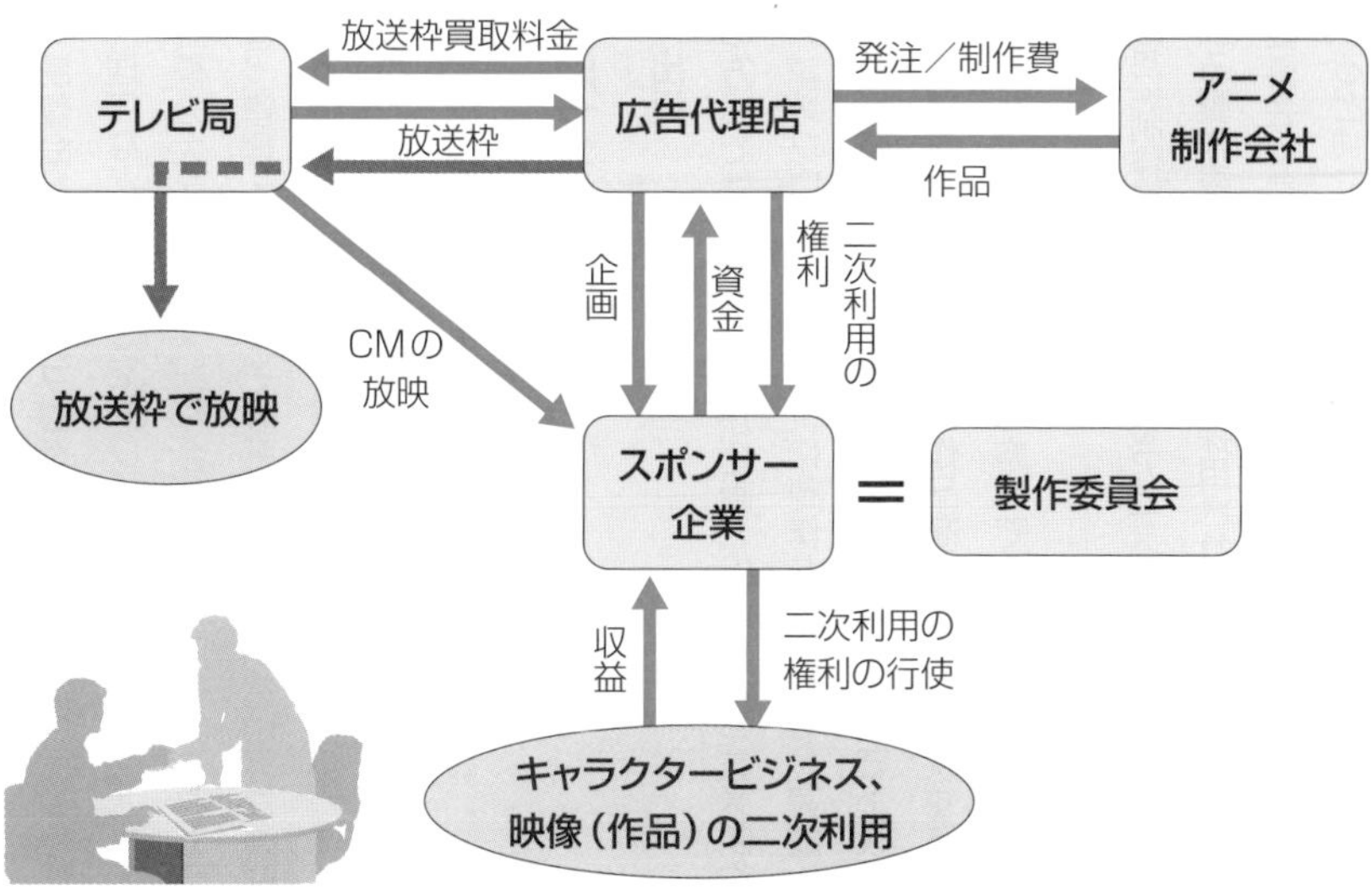

ターや設定を使ったアニメ作品に参画したり、アニメ作品のキャラクターや設定を使ったゲームを開発する前提で参画したりします。

広告代理店は、アニメ作品の宣伝・広告やプロモーションを担当できる前提で参画し、玩具会社なら、アニメ作品のキャラクターを商品に利用する前提で参画します。

●制作

アニメ制作会社（アニメプロダクション）が、製作委員会から発注を受けて作品を制作します。自身が製作委員会に参画している場合は、自身で作品を制作します。

主に規模の大きいアニメ制作会社が制作プロジェクト全体を推進、管理・統括し、その下で規模の小さいアニメ制作会社が下請けとして作業を分担します。

そのほか、声優プロダクションや音響プロダクションなどの企業が制作に参加します。

●配給

製作委員会からの発注を受けて、映画配給会社や映画会社の配給部門が、完成したアニメ作品を配給します。映画会社が製作委員会に名を連ねている場合は自社の配給部門で、また映画配給会社が製作委員会に名を連ねている場合は自社で、それぞれ配給を行います。

●上映

映画館を運営する企業が、映画配給会社や映画会社の配給部門から購入したアニメ作品を上映します。映画会社が製作委員会に名を連ねている場合は、自社の直営館や系列館などで上映します。また、**シネマコンプレックス**＊に作品を提供して上映することもあります。

興行収入（興収）

興行収入は、映画館の入場者が払った入場料の総和です。映画興行会社、配給会社、映画製作会社、製作委員会などが、契約した割合に応じて利益を受け取ります。

映画会社が製作委員会に参加し、直営館で上映する場合は、映画会社が興行や配給も兼ねるので、その映画会社も含めた製作委員会としての収入となります。

製作委員会内部では、出資割合などに応じて収入を配分します。

Term **シネマコンプレックス**　1つの施設の中に、複数のスクリーン（上映場所）がある映画館。ロビー、売店、チケット売場などは共通。略して**シネコン**とも呼ばれる。

劇場用アニメのビジネス関係

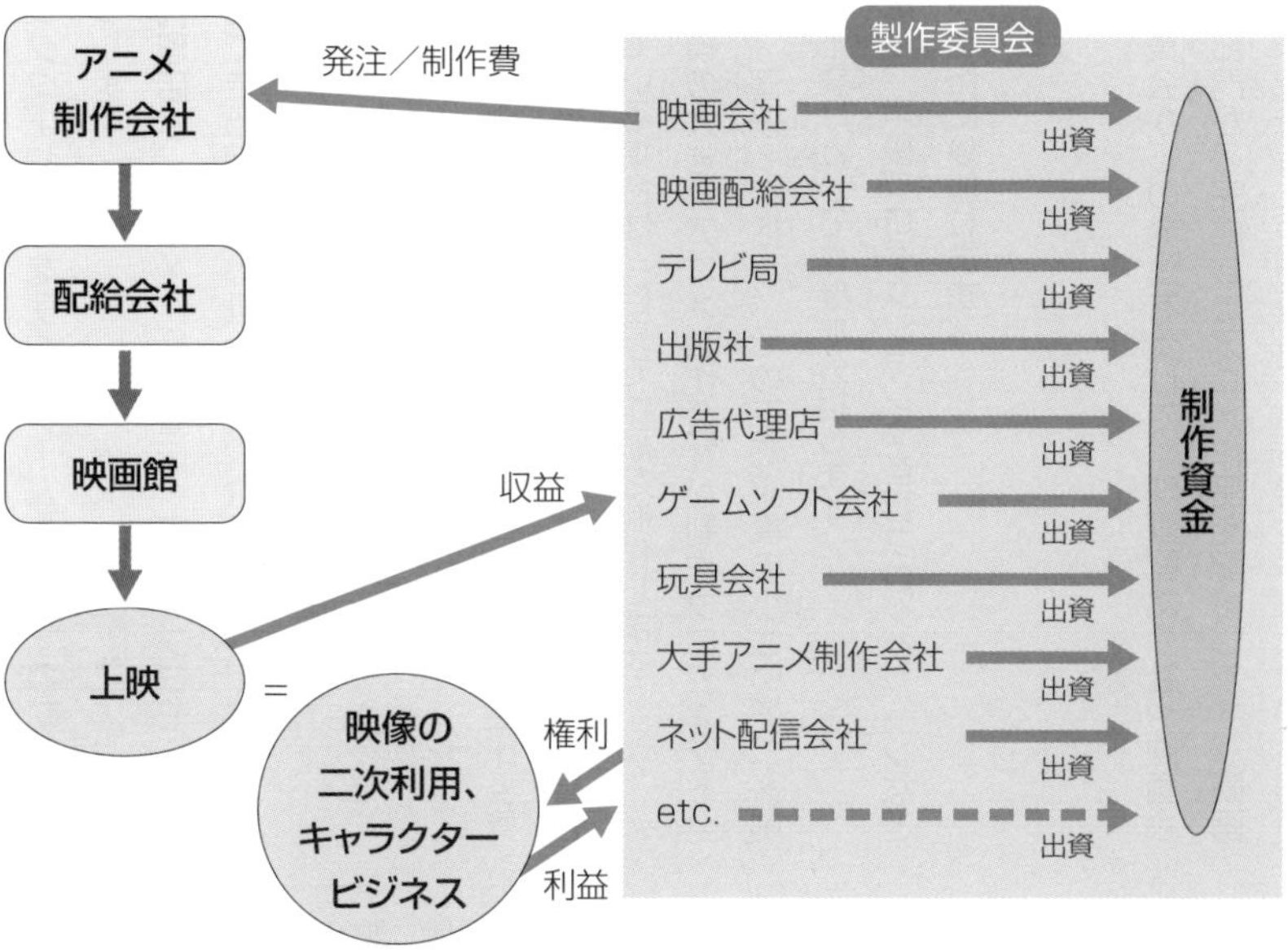

主な劇場用アニメの興行収入（日本国内）

タイトル	公開年度	（おおよその）興行収入
鬼滅の刃 無限列車編	2020	404 億円
千と千尋の神隠し	2001	316 億円
君の名は。	2016	251 億円
ONE PIECE FILM RED	2022	203 億円
ハウルの動く城	2004	196 億円
もののけ姫	1997	193 億円
THE FIRST SLAM DUNK	2022	157 億円
崖の上のポニョ	2008	155 億円
すずめの戸締り	2022	149 億円
天気の子	2019	142 億円
名探偵コナン 黒鉄の魚影	2023	138 億円
呪術廻戦 0	2021	138 億円

タイトル	公開年度	（おおよその）興行収入
風立ちぬ	2013	120 億円
シン・ヱヴァンゲリヲン	2021	102 億円
名探偵コナン ハロウィンの花嫁	2022	97 億円
名探偵コナン 紺青の拳	2019	93 億円
借りぐらしのアリエッティ	2010	92 億円
STAND BY ME ドラえもん	2014	83 億円

1999年以前は興行収入ではなく配給収入を使っていた。興行収入はおよその金額。
2000年以降の作品のデータは（一社）日本映画製作者連盟のデータより。

Section
3-4 アニメの二次利用

アニメ作品の二次利用とは、ビデオ化権、映画化権や映画興行権、テレビ放映権、出版権、ゲームソフト化権……などの権利を行使して利益を得ることです。

二次利用のロイヤリティー

アニメ作品の**二次利用**では、次のような権利（著作権）を行使して利益を得ます。

- ・**ビデオ化権**（**DVD化権**）
- ・**映画化権**や**映画興行権**（テレビアニメの場合）
- ・**テレビ放映権**（オリジナルな劇場用アニメの場合）
- ・**ネット配信権**
- ・**出版権**
- ・**ゲームソフト化権**
- ・**商品化権**（キャラクタービジネスに行使する権利）
- ・**海外販売権***
- ・**その他の諸権利**

こうした権利を持てるのは製作への出資者です。**製作委員会方式**で制作したアニメ作品の場合、製作委員会に参加した企業が権利を持ちます。そして、「誰（どの参画企業）がどの権利を取得する（行使できるようにする）のか」は、委員会内部で話し合って決定されるのが一般的です。

製作委員会が保有する著作権のライセンス（使用許諾）は、著作権を有しない（製作委員会に参画していない）二次利用者に対して販売されます。

具体的には次のように著作権が行使されます。例えば、ビデオ製作会社（ビデオソフトメーカー）、ビデオ販売会社、レンタルビデオ会社、コンテンツ配信会社などは、アニメ作品をDVD化（ビデオ化）し、またDVD化（ビデオ化）された商品（作品のコピー）を販売したり、レンタルしたり、インターネット上で配信したりします。こうしたビジ

Term
海外販売権　近年は、海外の配信サービス向けを中心に、海外販売が製作委員会の大きな収入源になっている。

ネスを展開する企業（著作権を持たない二次利用者）から、ビデオ化権（DVD化権）や配信権などを持つ者に**ロイヤリティー***が支払われることになります。

■キャラクタービジネス

いわゆる**キャラクタービジネス**と呼ばれるものは、アニメ作品の二次利用の**商品化権**（**マーチャンダイジング権**：**MD権**）を行使したビジネスです。

アニメ作品に登場するキャラクターの商品化権（使用権）を持つ者は、そうしたキャラクターを使った商品を製作・販売した企業からロイヤリティーを受け取ります。

企業がキャラクターを使った商品を製作・販売する例には、次のようなものがあります。

アニメの二次利用とロイヤリティ

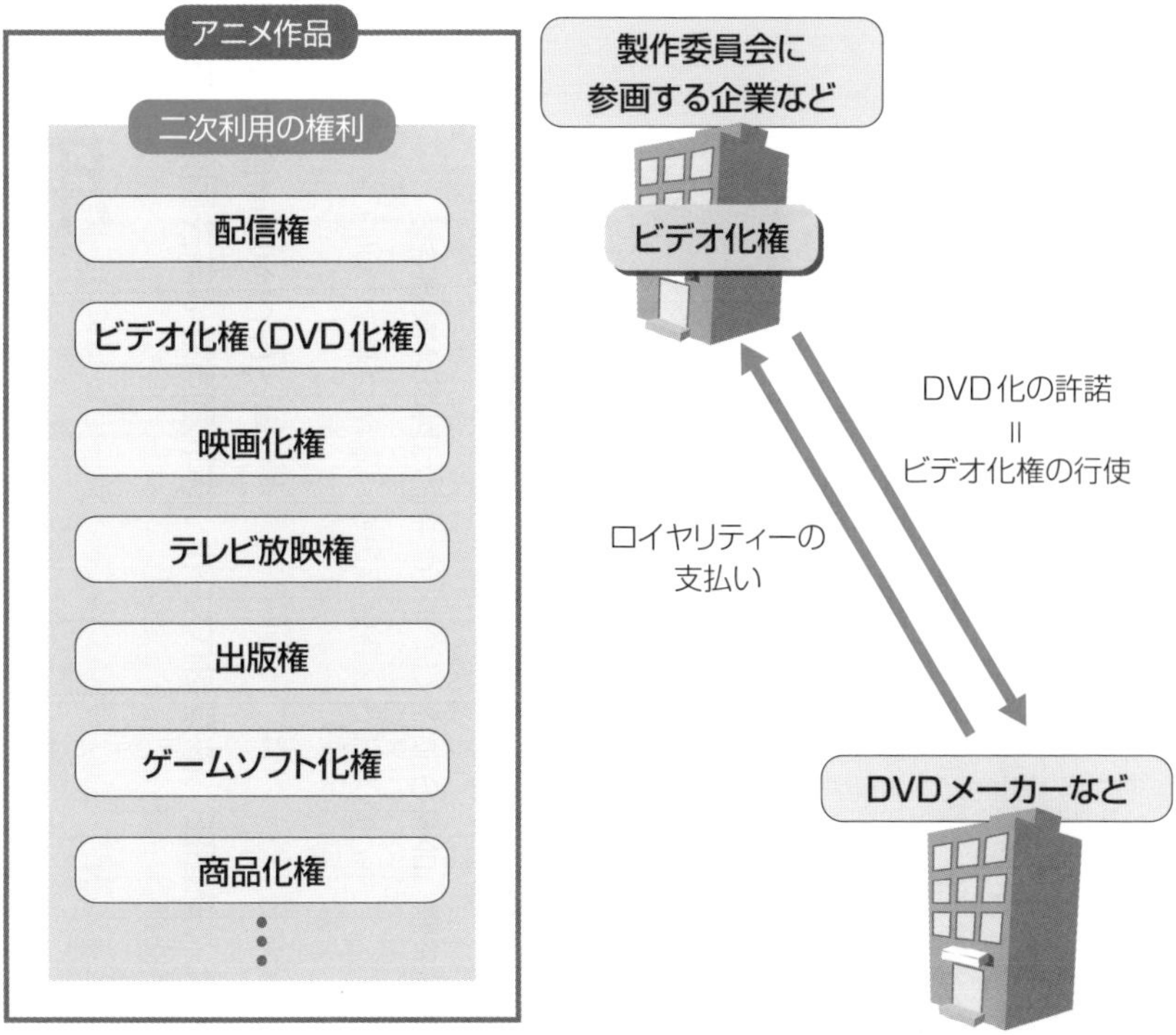

ロイヤリティー　権利を利用してビジネスを行う者が、権利の所有者に支払う権利使用料金のこと。

・玩具会社
キャラクターのフィギュアや模型。
・文具会社
キャラクターを印刷した文具やバッグ。
・食品会社
キャラクターを印刷した商品パッケージ、キャラクターを使ったおまけ（商品に付属）
・アミューズメント会社
キャラクターを使った遊園地の乗物。
・アパレル会社
キャラクターを印刷した衣料やバッグ。

こうした企業から、キャラクターの商品化権を持つ者にロイヤリティーが支払われます。

キャラクタービジネスの拡大に伴い、キャラクターの商品を製造・販売する玩具会社などの企業が、テレビアニメ制作に出資するケースが増えています（製作委員会に参画する）。自身でキャラクターの商品化権を持ち、キャラクターの利用を効果的に行えるようにするためです。

テレビアニメでは、お菓子などの食品会社や文具会社、子供向けの日用品の製造・販売会社、ゲーム会社、玩具会社などが、アニメ作品のキャラクターを使った商品を製造・販売する権利を得るために、資金を提供します。

単にCM（コマーシャル）を放映枠で流すためだけではなく、そのアニメ作品の二次利用の商品化権を得る目的で出資するわけです。

ただし、現在の業界慣例では、テレビアニメの出資者は、作品やキャラクターの全面的・完全な使用権ではなく、作品やキャラクターの使用の優先権を得ることになっています。

また、キャラクターを利用した商品を製造・販売する企業が、劇場用アニメの製作委員会に参画するケースも一般的になっています。この場合、自身でキャラクターの商品化権を持つことができます。

by アルファストック画像

キャラクタービジネスとは

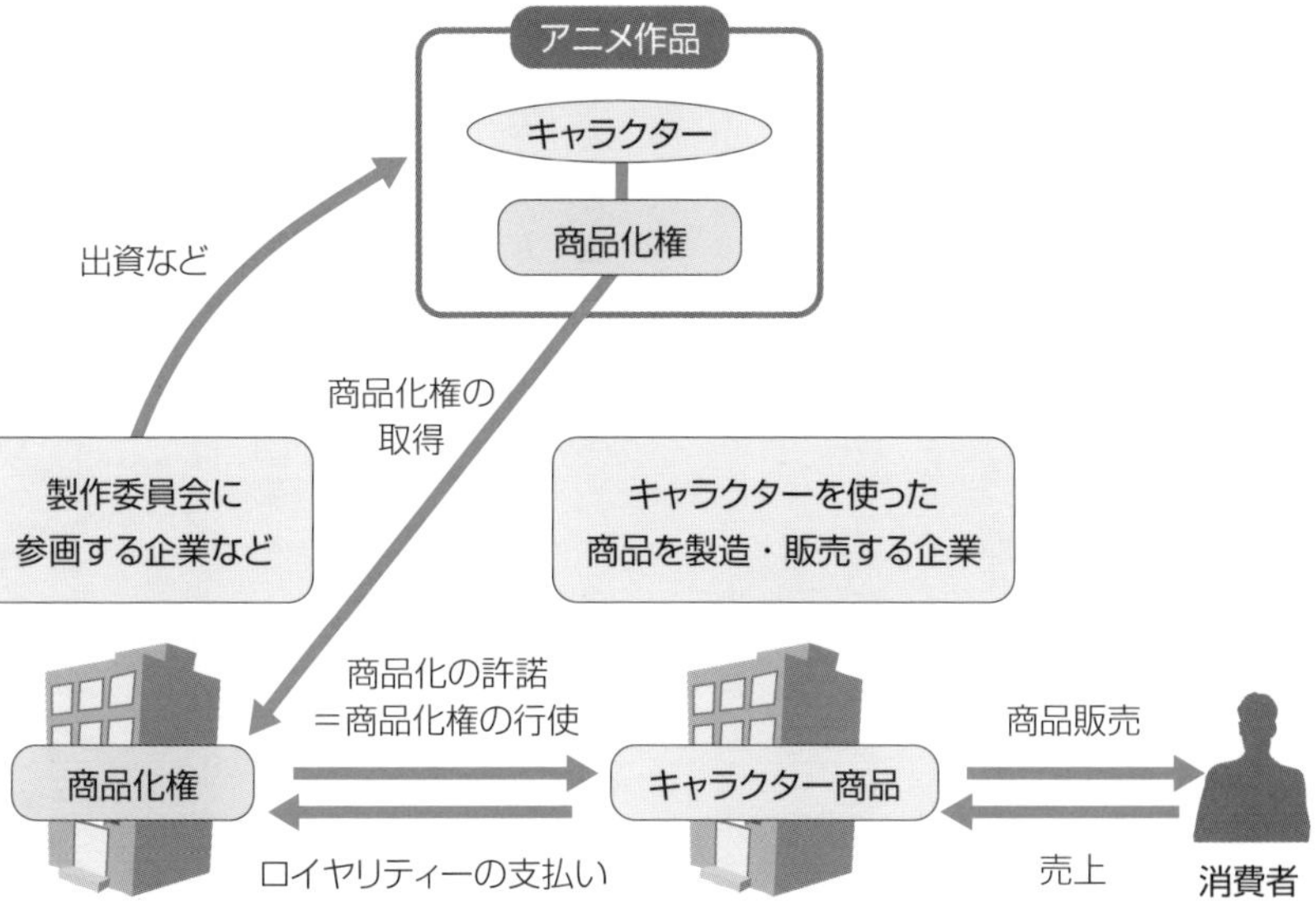

製作委員会とキャラクタービジネス

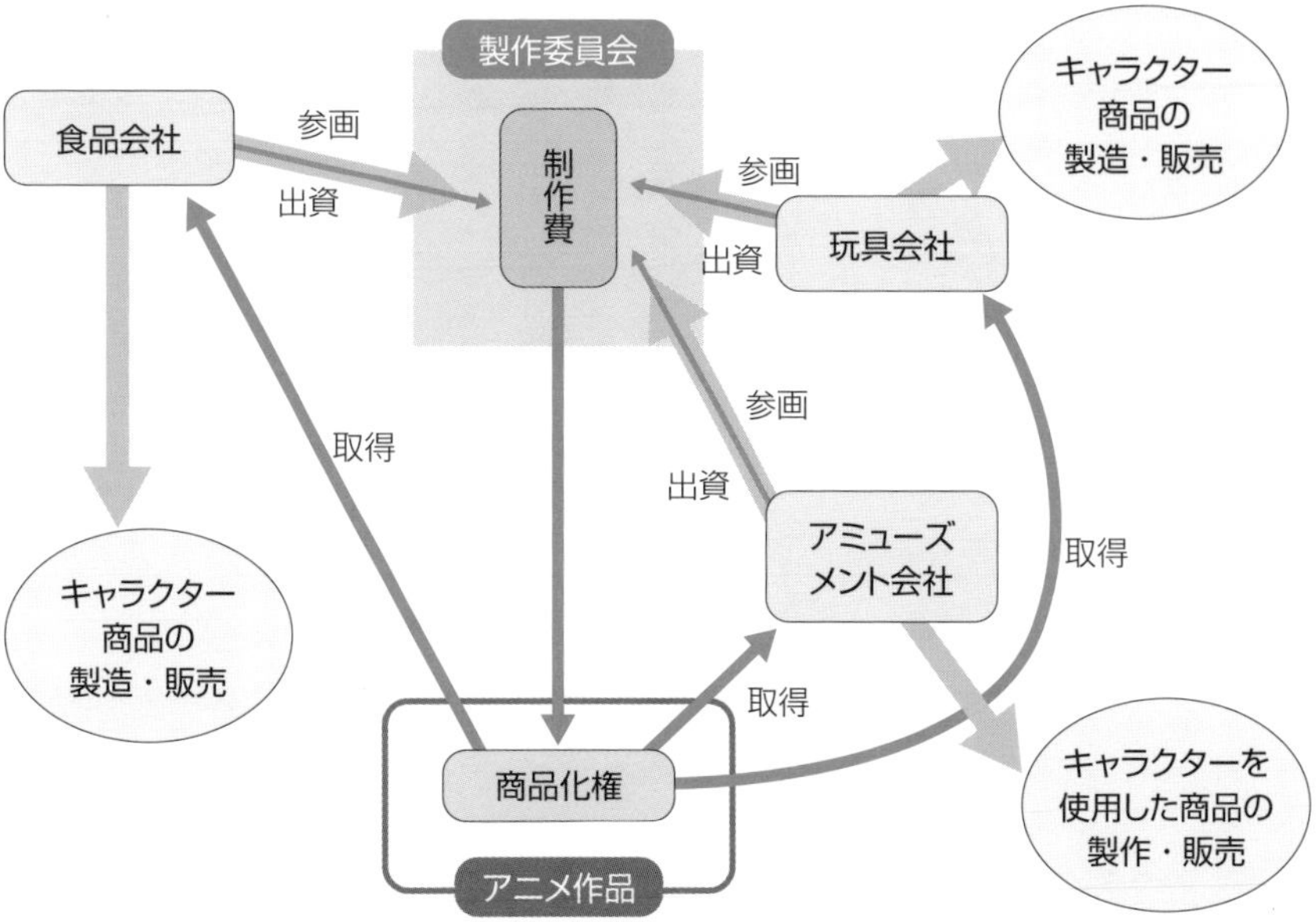

Section

3-5 アニメビジネスと漫画

アニメ作品と漫画は密接な関係があります。これまでも、また現在でも、多くの漫画がアニメ作品の原作となっています。

そして、アニメ作品のヒットで、原作漫画の売上がさらに増加し、それを受けてアニメ作品もさらにヒットする……という好循環が生まれる可能性もあります。

とはいえ、必ず好影響があるとは限りません。ヒットした漫画を原作にしても、アニメ作品が低調な結果に終わることもあります。逆に、それほどヒットしていない、知名度の低い漫画を原作にしたアニメ作品が、大きくヒットすることもあります。

原作のヒットや知名度だけに頼らず、アニメと漫画の違いを把握した上で、しっかりした調査をして原作を選ぶことが必要になります。

漫画とアニメの相乗効果

製作委員会方式でアニメ作品を制作するようになってからは、原作の漫画を出版する**出版社**が、製作委員会に名を連ねることが多くなっています。

これにより出版社は、単に原作としての著作権料を得るだけでなく、興行収入や二次利用からの利益配分も得ることができるようになり、作品がヒットすれば、大きなリターンを手にすることができます。

漫画を原作にしたアニメ作品*は、原作との相乗効果が期待できるため、漫画がヒットして知名度が高まれば、その効果で、アニメ作品のヒットにつながる可能性があります。

Point **漫画を原作にしたアニメ作品**　テレビアニメが作られ始めたころから、一般的には、まず連載中の漫画雑誌で人気が出て、人気がある程度以上になるとテレビアニメ化してヒットし、さらに人気が上がり、原作の連載をまとめた単行本（コミック版）や文庫本の売上が伸びることになる。

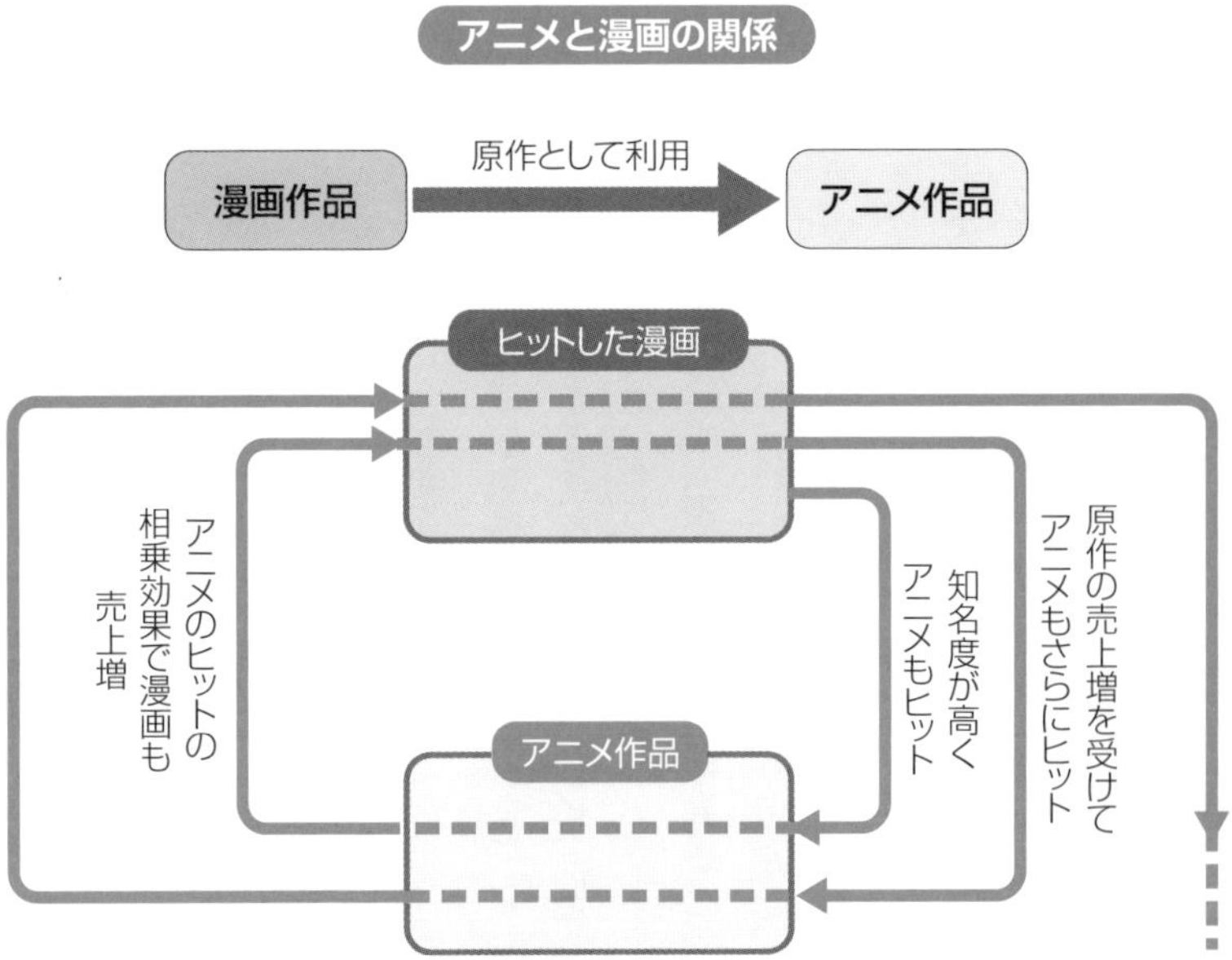
アニメと漫画の関係
漫画作品
原作として利用
アニメ作品
ヒットした漫画
アニメのヒットの相乗効果で漫画も売上増
知名度が高くアニメもヒット
原作の売上増を受けてアニメもさらにヒット
アニメ作品

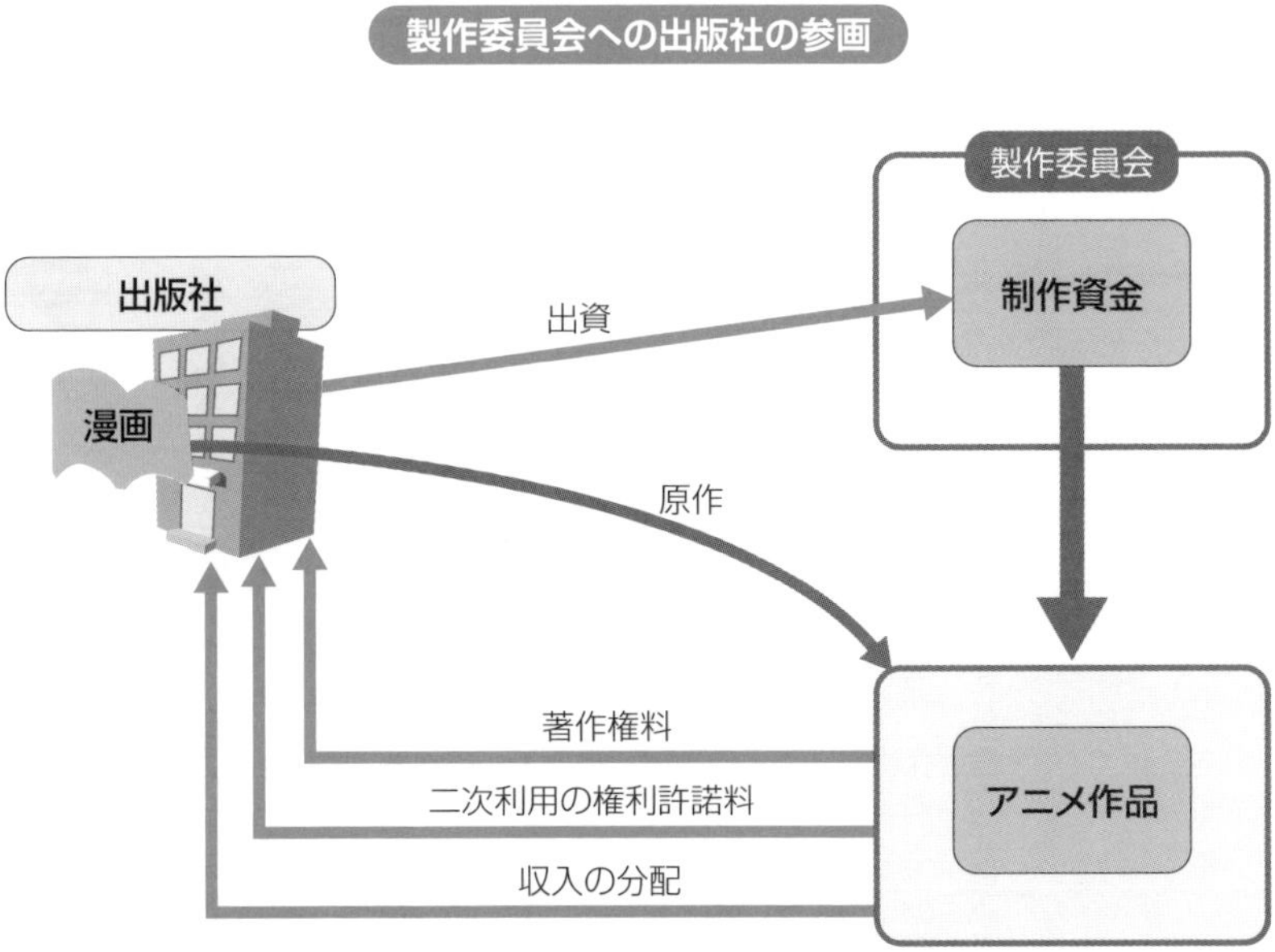
製作委員会への出版社の参画
製作委員会
出版社
漫画
出資
制作資金
原作
著作権料
二次利用の権利許諾料
収入の分配
アニメ作品

Section
3-6 2・5次元とライブエンターテイメント

2010年ごろから、アニメビジネスの新たなビジネス領域として2・5次元（2・5次元ミュージカル）と呼ばれるジャンルが発展し、知名度も向上しつつあります。

2・5次元とは

2・5次元とは、アニメや漫画を演劇化（舞台化）したエンターテイメントのことです。ストレートプレイ（会話劇／通常の演劇）もいくつかありますが、大半はミュージカルであるため、通称として「**2・5次元ミュージカル***」と呼ばれています。「2次元の世界であるアニメや漫画」と「3次元の世界である演劇（ミュージカル、ストレートプレイ）つまり現実の人間のパフォーマンス」の狭間にあるという意味で2・5次元と呼ばれます（実写映画やテレビドラマは、考え方にもよりますが、2次元とするのが妥当なところでしょう）。

なお、遊園地やイベントでの「ヒーローもの」や「戦隊もの」のライブパフォーマンス、覆面プロレスラーのタイガーマスクや獣神ライガー（本章末のコラム参照）も2・5次元といえるかもしれませんが、着ぐるみや覆面というこもとあって「現実の人間（生身の人間）のパフォーマンス」という印象が弱いため、一般には2・5次元の範疇《はんちゅう》に入れません。

2・5次元ミュージカルがビジネスの対象となるジャンル（カテゴリー）として確立するのは、2000年代以降です。それ以前にも、アニメや漫画を演劇化（ミュージカル化）した作品はいくつもありましたが、それらは個々の作品として上演されていたのであり、ビジネス・ジャンルとして意識されていたわけではありません。なお、このジャンルのエンターテイメントに2・5次元または2・5次元ミュージカルという名前が付いたのは2010年を過ぎてから（2011年ごろ）で、それ以前の10年ほどは、このジャンルを明確に指し示す名前は付いていませんでした。

Term

2.5次元ミュージカル　"2.5次元ミュージカル"は一般社団法人日本2.5次元ミュージカル協会の登録商標である。

2・5次元ミュージカルは『ベルばら』から始まる

2・5次元ミュージカルというジャンルが意識される前にも、アニメや漫画の演劇化（ミュージカル化）でビジネスとして成功したものはいくつもあります。

2・5次元ミュージカルの嚆矢《こうし》といえるのは『**ベルサイユのばら**』だとされています。これは「**宝塚歌劇団**」が、同名の漫画を演劇化（ミュージカル化）したものです。1974年に初演され、宝塚歌劇団の公演として大成功を収め、以後、40年以上にわたって何度も公演されて、そのたびに成功を収めています。

ただし、『ベルサイユのばら』の成功は、宝塚歌劇団の人気と名声によるところが大きいといえるでしょう。すでにエンターテイメントとして高い地位を獲得していた（いまでいうところの、ブランドを確立していた）宝塚歌劇／宝塚歌劇団の演目であったことが最大の要因です。宝塚歌劇団の世界が『ベルサイユのばら』の世界を得て、両者が相乗効果を引き起こし、大きな成功につながったといえます。つまり、2・5次元ミュージカルというジャンルとしてのエンターテイメントが成功をもたらした最大要因というわけ

ジャンル確立前の主な2.5次元ミュージカル

年度	タイトル	特徴
1974	ベルサイユのばら	宝塚歌劇団が公演
1980	銀河鉄道999	松竹歌劇団が公演
1985	小公女セーラ	イマジンミュージカルが公演
1987	タッチ	ミュージカルの専門家が公演
1991	聖闘士星矢	SMAP、TOKIOが主演
1993	美少女戦士セーラームーン	−
1997	サクラ大戦	声優が主演
1999	こちら葛飾区亀有公園前派出所	有名俳優が主演
2000	魔法使いサリー	−
2000	犬夜叉	−
2000	HUNTER × HUNTER	声優が主演
2003	テニスの王子様	−

ではありません。

宝塚歌劇団は、その後も漫画やアニメを原作とする演目（ミュージカル）をいくつも公演しています。例えば『るろうに剣心』や『ルパン三世』などです。こうした作品も2.5次元ミュージカルというジャンルではなく、「宝塚歌劇」というジャンルにおける演目と考える方が適当でしょう。

また、1980年に「松竹歌劇団」によりミュージカル化された『銀河鉄道999』も、松竹歌劇団というブランドをベースにした作品と考えることができます。さらに、**劇団四季***が公演する『ライオン・キング』（1998年初演）や『アナと雪の女王』（2021年初演）も、アニメ映画をもとにしたミュージカルです。これらは米国ブロードウェイでヒットし、日本でも劇団四季が手がけてヒットした作品です。こうした作品も劇団四季というブランド（＝ジャンル）の上で公演される演目であって、2.5次元ミュージカルにカテゴライズされるわけではないといえます。

2.5次元ミュージカルの興隆

2.5次元ミュージカルがビジネス対象のジャンルであることを確実にしたのは、2003年に公演が始まった『**テニスの王子様**』からです。

それ以前にも、2000年には『HUNTER×HUNTER』の2.5次元ミュージカルの公演があり、ある程度のヒットとなったものの、ビジネスとして大きな注目を浴びたのは『テニスの王子様』が最初でした（公演タイトルは『ミュージカル・テニスの王子様』）。この公演は大成功を収め、初演以降も、出演者などが替わったりしながら継続して公演が行われています。

『テニスの王子様』初演の大成功ののち、様々なタイトルのアニメや漫画を原作としたミュージカルの公演が行われ、多くの成功作を生み出しています。こうして2.5次元ミュージカルは、アニメ市場のビジネス・ジャンルとしての地位が確立されていきました。それを象徴するように、2014年には業界団体である**2.5次元ミュージカル協会**が設立されました。協会は人材の育成やエンターテイメントとしての質の向上などを支援し、2.5次元ミュージカルの発展を後押ししています。協会の会員には、漫画誌を出版する大手出版社のほとんどをはじめとして、主なテレビ局、動画配信会社、アニメ制作会社、ゲーム制作会社、エンターテイメント提供会社やエンターテイメント・プロダクションなどの大手が多数名を連ね、2.5次元ミュージカルの基盤が確固としたものになりつつあることがわかります。

Term

劇団四季　劇団四季（1953年創設）は、最初からミュージカルを公演したわけではなく、創設初期はストレートプレイ専門で、どちらかといえば新劇的な演目が中心であった。

2.5次元ミュージカルの市場規模の推移

アニメの舞台化には
2.5次元ミュージカルだけでなく、ストレートプレイもあります。

年度	チケット売上（億円）	動員数（万人）
2009	42.73	68
2010	18.59	29
2011	28.56	48
2012	65.77	115
2013	86.98	139
2014	94.28	136
2015	103.95	132
2016	129	150
2017	156	223
2018	226	278
2019	211	253
2020	77	88
2021	239	233

データは「ぴあ総研」による

2.5次元ミュージカル・ジャンル確立後の公演タイトル数

年度	タイトル数（本）
2008	29
2009	35
2010	38
2011	39
2012	69
2013	88
2014	103
2015	123
2016	133
2017	171
2018	197
2019	222
2020	102
2021	172

※ジャンルとして確立したあとは、年間の公演タイトル数が急速に増えている。
データは「ぴあ総研」による

実際、2・5次元ミュージカルの市場規模（チケット売上）は年々、拡大しています。2015年には約104億円と、100億円を超える市場規模になっています（チケット売上に関連商品などを加えると、もう少し大きくなります）。観客動員数も、2015年には132万人と100万人をかなり超える観客動員数を達成しています。『テニスの王子様』の成功以降、市場規模（チケット売上）、観客動員数ともに、多少の凸凹はありますが、ほぼ右肩上がりで増加しています。

2020年にはコロナ禍によって一時的に落ち込みましたが、その後は順調に発展しています。また、2・5次元ミュージカルの業界はネット配信に積極的であり、その産物として、海外向けの有料配信のチケット購入が多数の国で実績を上げています。このように、海外へも徐々に浸透し始めています。さらに、2・5次元ミュージカルの専用劇場ができるなど、その存在感も増しています。

2・5次元ミュージカルがアニメビジネス全体の市場規模に占める割合は、まだそれほど大きいとはいえませんが（139ページ上図参照）、アニメ市場の一翼を担うビジネス・ジャンルとしては着実に成長をしつつあります。

2・5次元ミュージカルのビジネス展開

2・5次元ミュージカルが人気を博しているのは、ビジネス展開がうまくいっているためです。

まず、女性ファンを中心に観客動員数の増加を図っている点です。そのために、女性ファンの多いアニメや漫画を原作として演劇化（ミュージカル化）した作品が多くなっています（もちろん例外もいくつかあります）。

今日のエンターテイメントで市場規模（観客動員数）を大きくするには、まず女性を動かし、女性ファンの増加を目指さなければならないというのが基本です。例えば、かつて（2000年ごろまで）は隆盛を誇っていたものの一時期は人気の低下に悩んでいたプロレスが、V字回復といってよいくらいに2010年代中ごろから急速に人気を回復したのは、女性ファンの獲得を最優先に考えた戦略が奏功したからです。

かつてのプロレスは女性とはほぼ無縁のエンターテイメントだったのに、いまや会場は女性ファンであふれ、ファンクラブの中心も女性が占めている――という状況は*、女性ファンの獲得がいかに重要かを物語っています。

もう1つは、若手の、いわゆる「イケメン」と呼ばれる

Point …という状況は　この状況は「プ女子」という用語も生み出した。「プ女子」は「プロレスが好きな女子」の通称で、ある種の流行語にもなり、市民権を得た言葉となっている。

若手俳優が主要なキャスト（出演者）を占める作品が多い、という点です。もちろん、原作がアニメや漫画（特に女性ファンの多い作品）であるため、登場するキャラクターが青少年であり、こうしたキャラクターを演じる俳優も必然的に若手になるという面もあります。加えて、女性ファンにアピールするためという戦略性もあります（前述のプロレスも、かつてのような大型で怪物のようなプロレスラーではなく、それほど大型ではないがスマートな体形のイケメン系レスラーや、女性の関心を引きそうな、女性に愛されるキャラクターのレスラーが中心になっています）。

また、若手であるため、（演技力や歌唱力の未熟さは多々見られるとしても）シャープできびきびしたパフォーマンスを披露でき、それが漫画やアニメの2・5次元化にふさわしい効果を生み出します。

さらに、評価が確立した名のある俳優ではなく、若手の俳優*なので、かえって成長を見守ったり成長に期待したりできるという、ファン心理をくすぐるような思惑もあるでしょう。

加えて、キャスティングの際にネームバリューやキャリアなどの制約がないために、原作のアニメや漫画のキャラクターに合った俳優を選びやすいというメリットもあります。

ライブエンターテイメント

2・5次元ミュージカルは、アニメ関連の**ライブエンターテイメント**の1つです。アニメ関連のライブエンターテイメントとしては、2・5次元ミュージカルのほかにも、アニソンライブつまりアニメソング（主題歌等）のライブや声優のコンサートなどアニメ関連の音楽公演、あるいはアニメ関連の種々のイベント（子供向けのキャラクターイベントなど）といったものがあります。

また、2・5次元ミュージカルやアニソンライブ、各種イベントの**ライブビューイング**（映画館やホールの大型画面での同時中継）およびインターネットでのライブ配信もあります。

こうしたライブエンターテイメントの市場規模（チケット売上）も、2・5次元ミュージカルと同様に年々拡大しています。特にアニメ関連の音楽公演（アニソンライブなど）は、2015年には100億円を大きく超える約158億円の市場に成長し、18年には200億円とさらに大きくなっています。また、各種イベントの市場規模も、様々なイベントの総計で15年には約103億円と100億円を超える規模になっています。

Point

若手の俳優　2.5次元ミュージカルで人気が出たり演技の力を付けたりした若手俳優が、ドラマや映画、大規模なミュージカルなどで、主要な役柄を演じることも増えている。

2・5次元ミュージカルやアニメ関連の音楽公演は、アニメの添え物ではなく、今後も、それ自体が1つのジャンルの完成されたライブエンターテイメント（パフォーマーと観客の一体感を醸成するイベント）として発展し、市場規模を拡大していくと考えられます。

ペンライト

ペンライトは、ライブやイベントなどで一体感を演出してくれます。

2.5次元ミュージカル以外のライブエンターテイメントの市場規模（売上）

年	ライブエンターテイメント（全体）	（うち）アニメ関連の音楽公演
2013	248億円	72億円
2014	318億円	93億円
2015	484億円	158億円
2016	532億円	160億円
2017	692億円	181億円
2018	774億円	200億円

※アニメ関連の音楽公演の市場規模は、2.5次元ミュージカルと同程度に成長している。
データは日本動画協会「アニメ産業レポート2019」、ぴあ総研より

プロレスラー初代タイガーマスクの試合では、プロレス会場がライブエンターテイメント/ヒーローショーの会場と化しました。

ライブエンターテイメントの位置付け

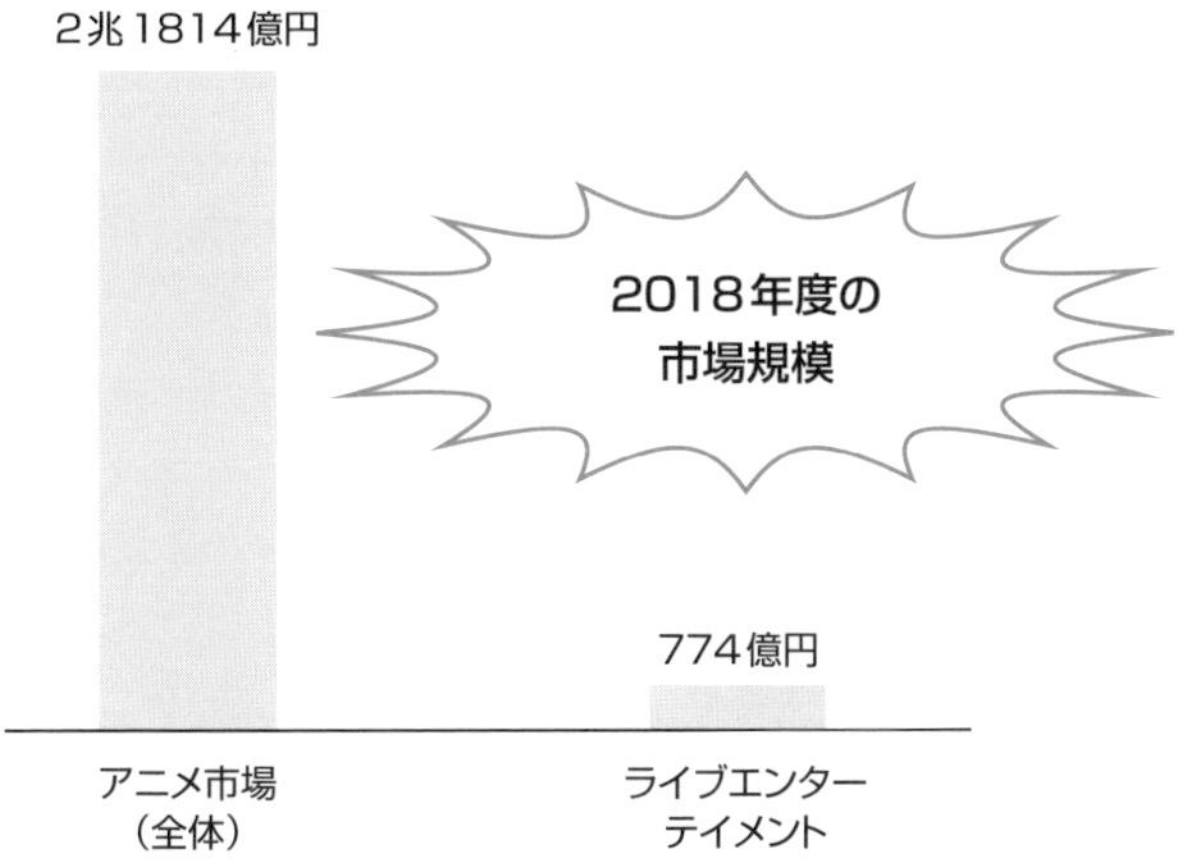

ライブエンターテイメントの市場規模が大きくなっているとはいえ、アニメ市場全体の中では、まだそれほど大きな割合ではない。

ライブエンターテイメントにおける2.5次元の位置付け

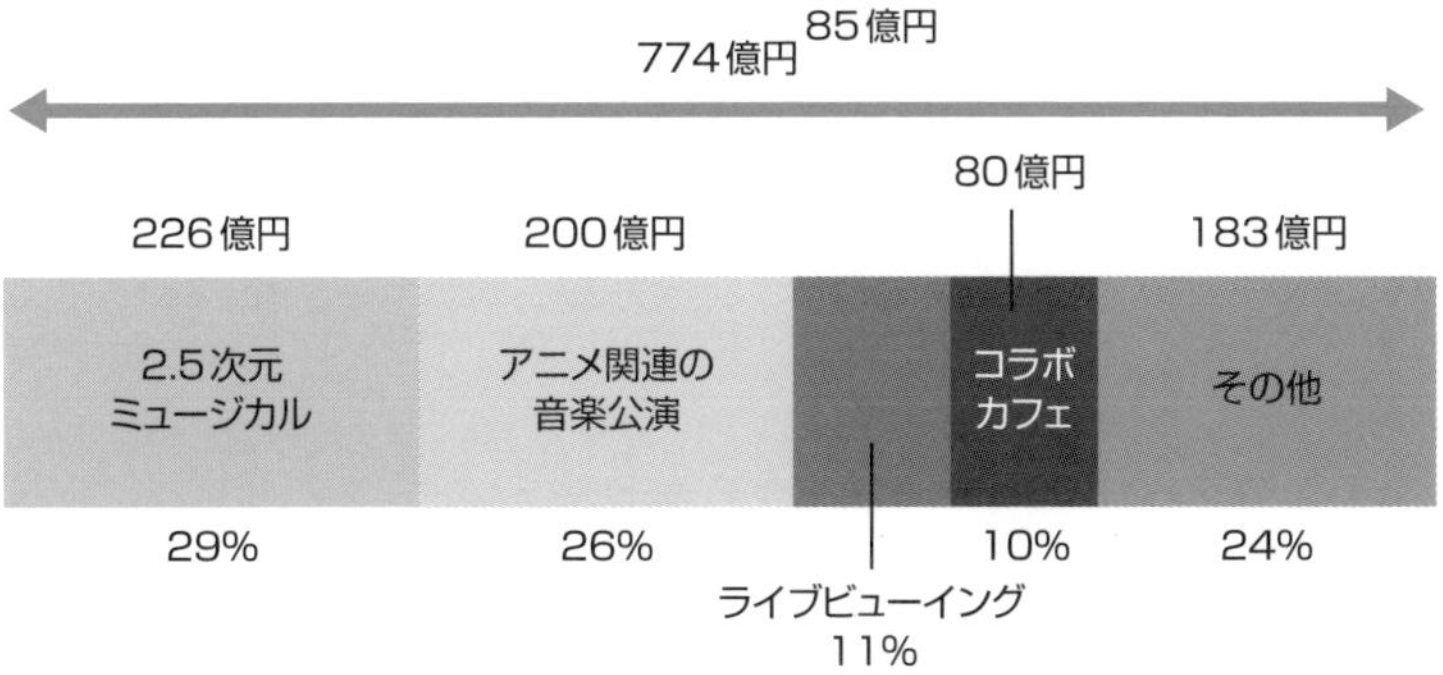

2018年の市場規模では、2.5次元ミュージカルはライブエンターテイメント市場の約30%を占める。ライブエンターテイメントにおける2.5次元ミュージカルの存在は大きい。

日本動画協会「アニメ産業レポート2019」、ぴあ総研のデータによる

Column

キャラクタービジネスが空想をリアルにした

一般に、アニメのキャラクターを使った商品といえば、キャラクターのフィギュアや模型、キャラクターをパッケージに印刷したお菓子や食品、キャラクターを描いた衣類やバッグなどでしょう。

しかし、キャラクタービジネスが、現実に生身で動くキャラクター商品を生み出した例があります。"現実に"、"生身で"といっても、アニメの実写化や舞台化ではありません。それらの場合は、生身の人間が演じるとしても、作品の形態がアニメからテレビドラマや実写映画、舞台・演劇に変わっただけです。そのようなものではなく、現実の世界で私たちと同じ次元で動き回り、生活するキャラクター商品があるのです。

タイガーマスクは4代目までいるし、スーパータイガー、悪役のブラック・タイガー、女子プロレスのタイガー・クイーンなどの派生キャラも生んだ、プロレス界の大ブランドです。

生身のキャラクター商品を生み出したのは、架空の覆面プロレスラー「タイガーマスク」を主人公にプロレスの世界を描いたアニメ『**タイガーマスク***』です。このアニメのヒーロー・キャラクター「タイガーマスク」が現実の覆面レスラーとして生み出され、現実のプロレスのリングで活躍したのです。そして、アニメを凌駕する人気を獲得しました（覆面の中身の人間は代替わりしていますが、いまも「タイガーマスク」というプロレスラーは活躍しています）。

これは、プロレスという特別な世界だから可能になったキャラクタービジネスだといえるでしょう。プロレスの世界では覆面レスラーという存在が可能です。しかも、覆面レスラーそれ自身がすでに空想のキャラクターです。そのため、アニメのキャラクターが現実のリング上に現れても、観客はなんの違和感もなく拍手喝采を送れるのです。

「タイガーマスク」は、プロレスの世界を描いたアニメの主人公のプロレスラーが現実化されたものですが、プロレスラー以外のアニメ・キャラクターが現実の覆面レスラーとして生み出された例もあります。例えば、SFアニメ『獣神ライガー』の主人公キャラクターが覆面レスラー「獣神ライガー」（のちに「獣神サンダーライガー」と改名）として生み出され、活躍しています。

Term

タイガーマスク　実際には、漫画の『タイガーマスク』が先にあり、それを原作にしてアニメ作品が制作されている。現実のプロレスラー"タイガーマスク"は、4人の違ったプロレスラーがマスクをかぶり、4代目までいる。

第4章

アニメ産業の仕事とその内容

アニメ産業は、コンテンツ制作、放映権販売、広告プロモーション、キャラクタービジネス、映像パッケージ販売、ゲーム制作など、多様なビジネス領域の業界が密接に関わりながら成り立っています。また、その収益率やリスク、ビジネスモデルも多様なものです。

この、当たり外れがあってリスクの高いアニメ製作ビジネスにおいて、できる限り版権を握って収益の配分を拡大し、リスク分散したいという各企業の思惑が、近年一般的になった「製作委員会方式」の中に見え隠れしています。

Section

4-1 企画から完成まで

アニメプロデューサー（制作会社）の役割と仕事①

プロデューサーは、アニメ作品を制作する上で大きな役割を果たすにもかかわらず、ディレクター（監督、演出）に比べて、あまり仕事の内容が知られていません。ひとことでいえば、作品の企画から完成までを統括する責任ある立場です。

■制作業務の円滑化

プロデューサーはクリエイティブ面とビジネス面の両方で活躍しています。

まずクリエイティブ面では、作品の企画に始まり、制作およびスケジュール管理、シリーズ構成、宣伝、商品展開など、作品の内容に関わることがらの全体的な指揮をとります。加えてマーケティング、販売、流通などの業務にも関わるため、プロジェクトの全体を見渡せる能力が必要となってきます。作品制作の進行状況とクオリティのバランスを見ながら、クリエイターやディレクターと打ち合わせを行ったり、制作進行に対して指示を出したりする業務を行います。

またスタッフだけでなく、テレビ局、広告代理店、劇場作品であれば映画配給会社など、外部の多くの関係者との綿密な調整も大事な任務の1つです。全体に気を配り、「問題が起きていないか」などをチェックして、業務の円滑化を図ります。

プロデューサーになるためのキャリアステップは、制作現場で**制作進行**の仕事を経験するところから始まります。アニメ制作の工程全体に関わり、流れを理解している必要があるためです。アニメーターとして、実際に画を描く仕事を経験している必要はありません。

制作進行とは、制作のスケジュール管理をしつつ、クリエイターの家を回って原稿を集めたり（最近ではデータ化でのやり取りが多い）、必要な資料をコピーして会議の準備をしたりといった、各種の雑用も一手に担う仕事です。

ビジネス面の業務は、スポンサー獲得や資金調達、予算管理など、お金まわりのことが中心となります。テレビアニメの視聴率、劇場版の観客動員数や興行収入などに表れる、作品の成否、ビジネスとして成り立っているかどうかも、プロデューサーの双肩にかかってきます。

特に国際的な製作になれば、各国の税法とか、著作権法ほか知財関連の基礎知識も必要です。海外展開も視野に入れるなら、プロデューサーが事前に知っておくべきことはたくさんあります。契約書については弁護士、お金まわりについては税理士や銀行マンなど、専門家の知識を活用するケースも増えています。また、アニメ作品を多くの人に届けるため、プロモーション活動の計画立案や実行管理も行います。アニメを制作しても、多くの人に見てもらえなければ十分な収益を上げられず、続編制作やグッズ販売、DVD化など人気を高めて継続的に利益を上げるための取り組みもできません。そのため、作品を広く知ってもらうべく、アニメ雑誌への掲載、SNSや動画サービスでの**宣伝***、イベントの開催など、様々な媒体を活用したプロモーション戦略を考えて実行します。プロデューサーは、単にアニメ作品の制作に司令塔として関わるだけでなく、十分な収益を上げてビジネスとして成立させるために欠かせない職業です。作品の制作が遅れればプロモーション活動なども遅れてしまい、制作資金の出資者らとの信頼関係が悪化してスポンサーを降りられてしまうなどのリスクもあります。そのため、アニメ制作の進行管理は非常に重要な仕事であり、細やかなフォローが求められます。

ひとことでいえば、プロデューサーの仕事とは「作品をビジネスとして成立させるために、なんでもやる」といったところでしょうか。

ディレクターが「作品を作る人」で、プロデューサーは「その作品を完成させてお金にする人」だと考えればわかりやすいでしょう。

制作会社のプロデューサーへの道のり

制作会社に就職
↓
制作進行
↓
制作デスク
↓
プロデューサー

「制作進行」はアニメ制作の全般に関与し、各工程で中心となるスタッフとも直接交渉して、経験を蓄積できる。そのため、この職務を経て演出やプロデューサーへと進む場合が多い。

Term **宣伝**　今日の映画宣伝において、公式アカウントによるXやInstagramといったSNSの活用は不可欠だ。ある調査によると、映画ファンの83%が「Xが新しい映画を知るきっかけになった」と回答。一方、X上でのインプレッション数が伸びず話題性もなければ、作品の認知度不足で盛り上がりを期待できないといえる。

Section
4-2 アニメ制作の資金調達

アニメプロデューサー（制作会社）の役割と仕事②

もう1つ、プロデューサーにとって大事な仕事は、作品を制作するために必要なお金を集めることです。

■融資と投資

一般に資金調達の場合、融資と投資のケースがあります。

融資は、銀行からお金を借り入れて作品を制作するというものです。返済することが大前提となるので、返済できる見込みがある事業であれば問題ありません。

コンテンツビジネスは、成功すれば大きな利益を生み出しますが、通常のビジネス感覚で考えれば、人気の変動、個人の力量への過度な依存といった具合に、極めてハイリスクな事業です。

また、金融関係者の持つ従来のノウハウでは、事業の成功・失敗の予測が極めて困難です。通常、制作会社には作品の権利を除けば、不動産などの確実な担保がありません。そのため、融資を受けるのは難しかったのです。『もののけ姫』（1997年公開）や『ポケモン』（1997年放送開始）の大ヒットが追い風になり、2000年以降、銀行側は制作会社の持つアニメ作品の著作権や商標権を担保とする融資を増やしました。これは、アニメ作品の担保価値が高く評価されるようになったということです。こうして「融資」のケースも少しずつ増えてきました。しかし、融資である以上、あとで返済しなければなりません。事業の失敗は制作会社の死活問題につながります。

次は**投資**のケースです。投資は「返済不要の出資金としていったん預かり、利益が出たら配当で返済する」というもの。90年代後半から広く浸透した**製作委員会**＊（任意組合）方式は、アニメ作品への投資の代表的な形態です。

この方式では、出版社、ビデオメーカー、広告代理店といった、アニメビジネスに関連する企業数社が集まって製作委員会を作り、共同で出資してアニメ作品を制作します。作品が完成したら、テレビ放映、ストリーミング配信、D

Term
製作委員会　1995年に『新世紀エヴァンゲリオン』がヒットして社会現象などと報道されたことで、経済界ではアニメ作品への出資熱が高まり、製作委員会が組まれることが多くなった。やがて、複数のスポンサー企業によるアニメ作品への出資形態のことを「製作委員会方式」と呼ぶようになった。

VD／BD化、ゲーム化、海外販売……など様々なかたちで権利を行使して資金を回収しようとします。

出資金の割合やリスクの負担、作品に対する役割などを調整して、配当の割合を決めることになります。この手法は、参加する企業が多いほどリスクが分散され、1社が過大なリスクを背負い込むことがなくなるため、**リスク最小化モデル**と考えられています。ただし近年はその傾向に変化が見られます。アニメ業界では長らく主流だった製作委員会方式ですが、出資企業が多くなることで生じる制約や不便さを回避するため、少数精鋭製作方式を採用するケースが出てきました。その成功例として『鬼滅の刃』が挙げられます。2019年の放送開始からシリーズを通して集英社、アニプレックス、ufotableの3社のみで製作されています。キー局が介入せず、原作の出版社、アニメ企画会社、アニメ制作会社の3社のみで取り回しを行ったことで、『鬼滅の刃』は自由な表現や独自のプロモーション戦略を実行することができました。結果として国内外で大ヒットを飛ばしたのは、誰もが知るところです。

さらに、アニメ製作現場の革新として注目を集めているのが、動画配信サービスの出資です。米国発の配信プラットフォームのネットフリックスやアマゾンプライムビデオでは、制作会社やクリエイターと直接契約を結ぶ**パートナーシップ方式**に力を入れています。これにより、アニメ制作会社は自らが主体となって表現の制限や時間枠にとらわれないクリエイティブをかなえることができるようになりました。資金調達の新たな手法として、今後の展開が期待されます。

その他の資金調達方法

そのほかに、**匿名組合方式**を使った資金集めの方法もあります。例えば**映画ファンド方式**は、「事業展開は映画会社などの1社が集約して行い、それ以外の組合員は純粋な投資家となって配当をもらう」というやり方です。

また近年は**クラウドファンディング**と呼ばれる、「ネットを通じて不特定多数の人々に比較的少額の資金提供を呼びかけ、一定額が集まった時点でプロジェクトを実行する」という資金調達方法も利用されるようになりました。

こうした方法による制作資金の調達で事業の全体像が見えてきたら、様々な契約を文書で確定していきます。この契約締結までが**プリ・プロダクション**といわれる部分です。このあと、実制作・宣伝・公開（放映）の運びとなります。

映画ファンド*方式

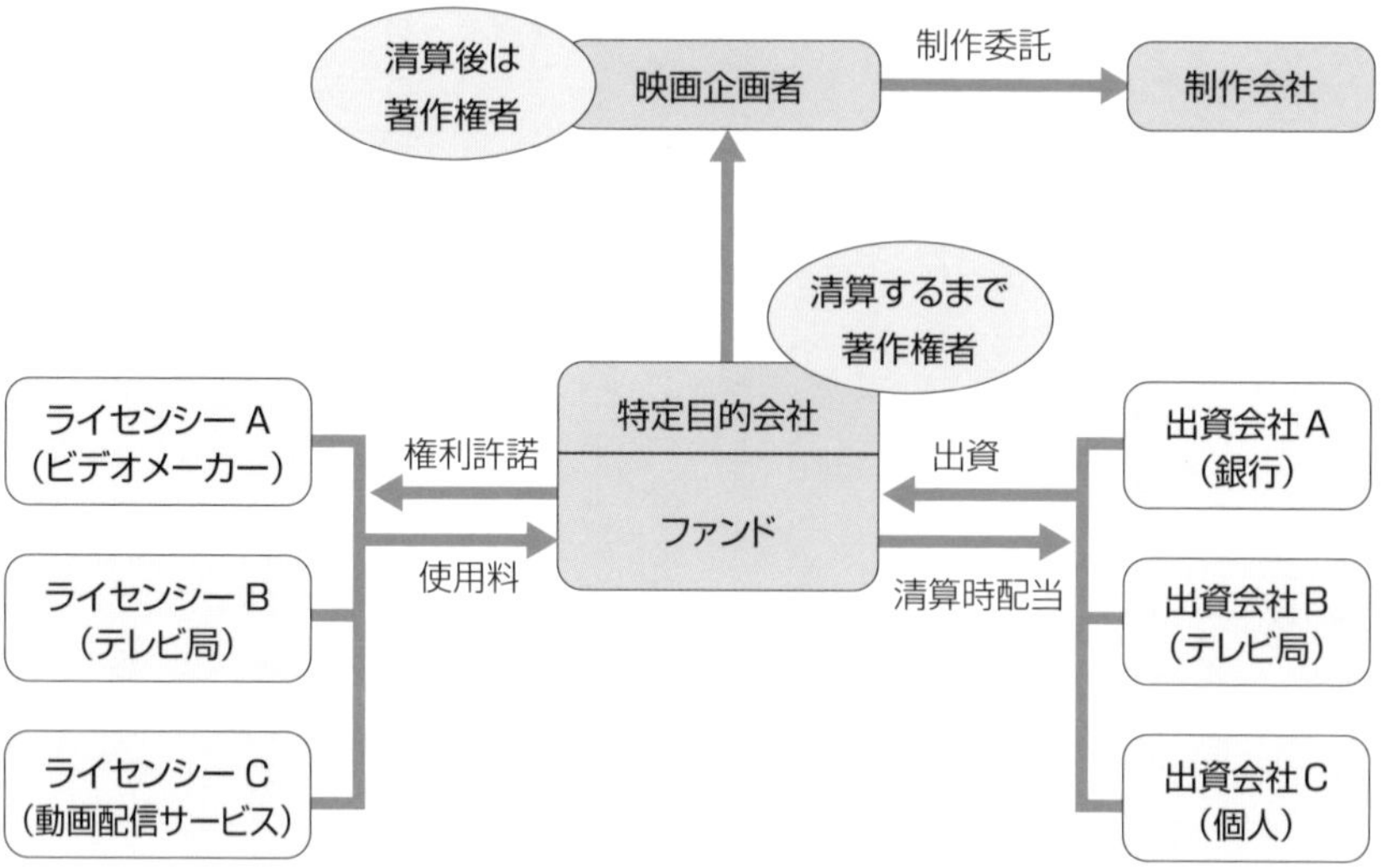

企画の流れ

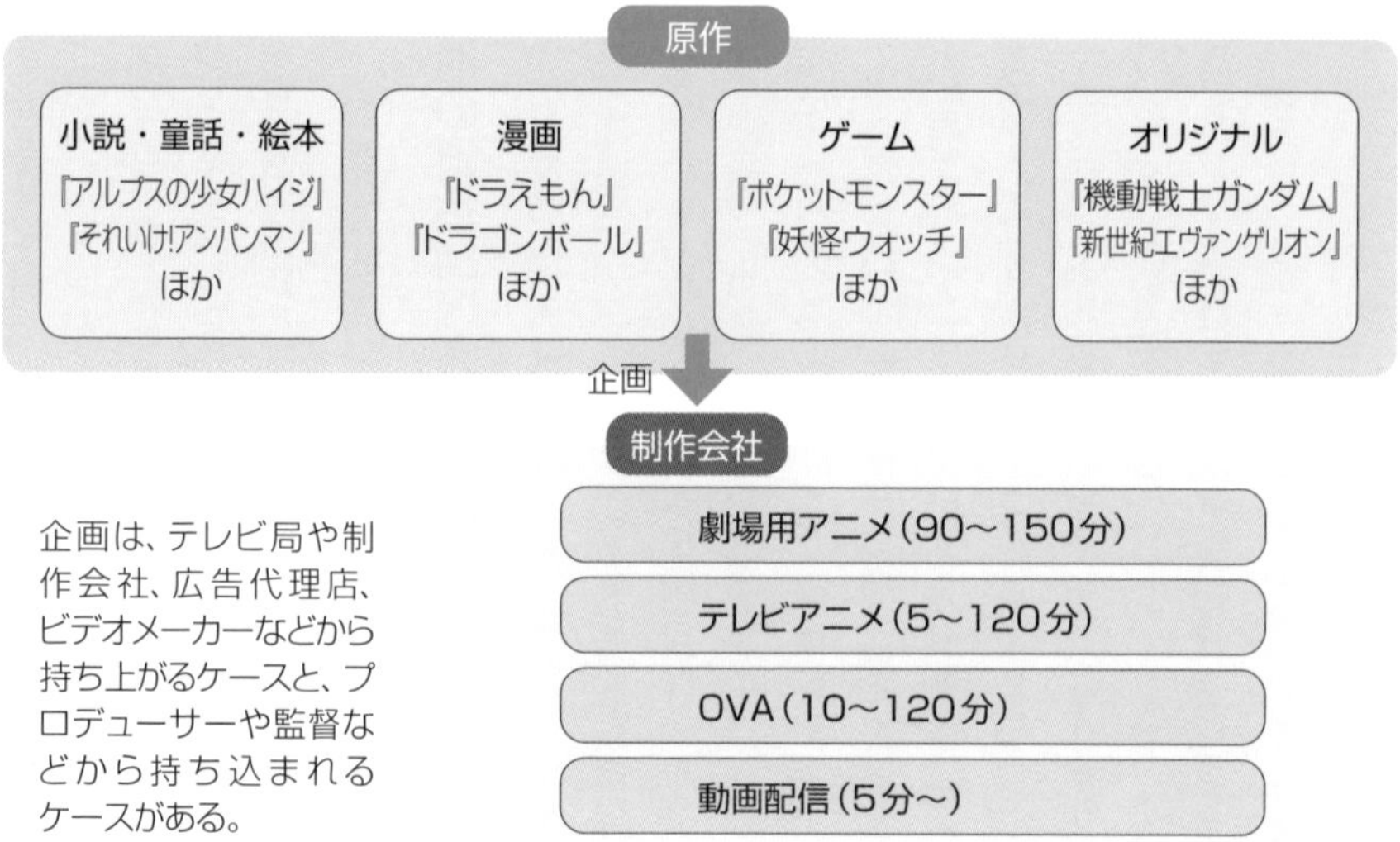

企画は、テレビ局や制作会社、広告代理店、ビデオメーカーなどから持ち上がるケースと、プロデューサーや監督などから持ち込まれるケースがある。

Term **映画ファンド**　映画制作資金を調達するために設立される投資ファンド。映画の制作には多額の投資が必要となるため、スポンサーや金融機関から資金を調達しなければならない。映画のプロジェクトに賛同した投資家がファンドに出資を行い、映画の興行成績やメディア販売収益などに応じて配当を得られる仕組み。

アニメ制作の資金集めの方法

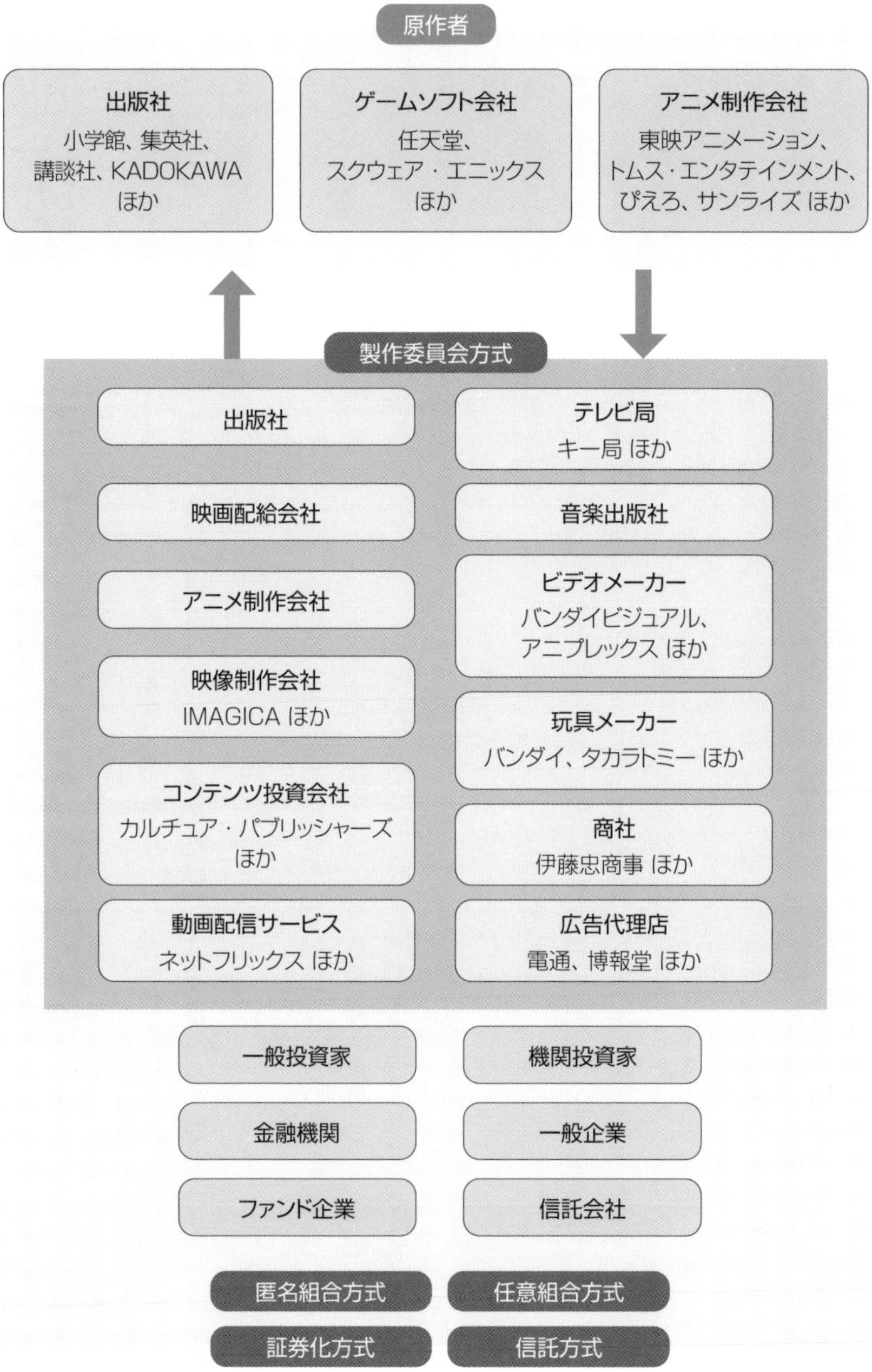
原作者
出版社
小学館、集英社、講談社、KADOKAWA ほか
ゲームソフト会社
任天堂、スクウェア・エニックス ほか
アニメ制作会社
東映アニメーション、トムス・エンタテインメント、ぴえろ、サンライズ ほか
製作委員会方式
出版社
テレビ局
キー局 ほか
映画配給会社
音楽出版社
アニメ制作会社
ビデオメーカー
バンダイビジュアル、アニプレックス ほか
映像制作会社
IMAGICA ほか
玩具メーカー
バンダイ、タカラトミー ほか
コンテンツ投資会社
カルチュア・パブリッシャーズ ほか
商社
伊藤忠商事 ほか
動画配信サービス
ネットフリックス ほか
広告代理店
電通、博報堂 ほか
一般投資家
機関投資家
金融機関
一般企業
ファンド企業
信託会社
匿名組合方式
任意組合方式
証券化方式
信託方式

Section

4-3 製作委員会の役割とその内容

今日、日本の商業的な劇場用映画のほとんどが「製作委員会」方式で作られています。『風の谷のナウシカ』（1984年制作）、『AKIRA*』（1988年制作）で有名になり、急速に拡大した日本特有の製作方法です。

■事業リスクの分散

製作委員会（**任意組合**）**方式**は、『新世紀エヴァンゲリオン』（1995年放送開始）の商業的な大成功によってテレビ作品にも普及しました。

製作委員会は、作品を制作するための資金を集めると同時に、作品に関わる様々なビジネスを推進していく組織です。法的な視点から見ると、民法上の**任意組合**という性格を持つ共同事業団体となります。

アニメ製作の場合ならば、放送局や元請け制作プロダクションといった、アニメビジネスに関連する多数の企業が出資して共同事業を営むわけです。

テレビシリーズを広告代理店が企画したケースを例にとると、まず代理店はテレビ局に話を持っていくと同時に、実際に作品を制作するアニメ制作プロダクションを選定します。また、番組スポンサー候補となる玩具メーカーやビデオメーカーなどにも声をかけます。これらの企業が番組提供費（広告料）だけでなく出資もすることになれば、これで製作委員会が立ち上がったことになります。

そして、完成した作品の著作権を、当初の出資割合に応じて共同で保有します。各社が商品化やパッケージ販売を行ったあとに、その売上（手数料控除後）を委員会の口座に戻し、出資比率に応じて利益が配分される――という流れです。

具体的には、関連商品販売のロイヤリティー（ライセンス料）収入のほか、地方局や海外への番組販売、ストリーミング配信、DVD／BD販売収入などが、作品の二次利用の利益となります。

諸外国でも数社が映画著作権を共有する例はあります

Term

AKIRA　大友克洋による漫画を原作とした1988年公開の長編アニメ映画。監督は大友自身が務めている。日本だけでなく海外での評価も高く、公開から35年以上経っても全世界に多くの熱狂的なファンを抱える。日本アニメの世界的ブームの火付け役となった作品。

が、日本ほど多数の会社による著作権共有が常態化した（今日では8割以上の作品がこの方式で作られている）国は異色といえます。ハリウッドの映画業界ではあらゆる権利を1社で保有することにこだわります。米国では、映画産業に限らず、作品の権利が分散してコントロールできなくなることへの抵抗感があるからです。

日本で製作委員会方式が増えた理由としては、「制作費の高額化への対応」、「多数で出資することによる事業リスクの分散」、そして「出版社や広告代理店といった多業種が力を合わせるシナジー（相乗）効果への期待」などがあります。

事業を幅広く展開し、短期間で資金を回収するには好適なモデルといえます。

ただし、多数の企業が製作に関わるネック*として「チャレンジがしにくい」という点があります。決定権を持つ他人同士が多数集まると、意思の統一が難しくなって、斬新な意見は却下されやすくなります。赤字を出したくないのは誰しも同じですが、製作委員会として複数企業が携わることで、個性的な戦略の実行やとがった作品づくりが難しくなることがあります。結果として、制約を気にするあまりファンの納得するクオリティのものが作れなくなるケースも出てきています。

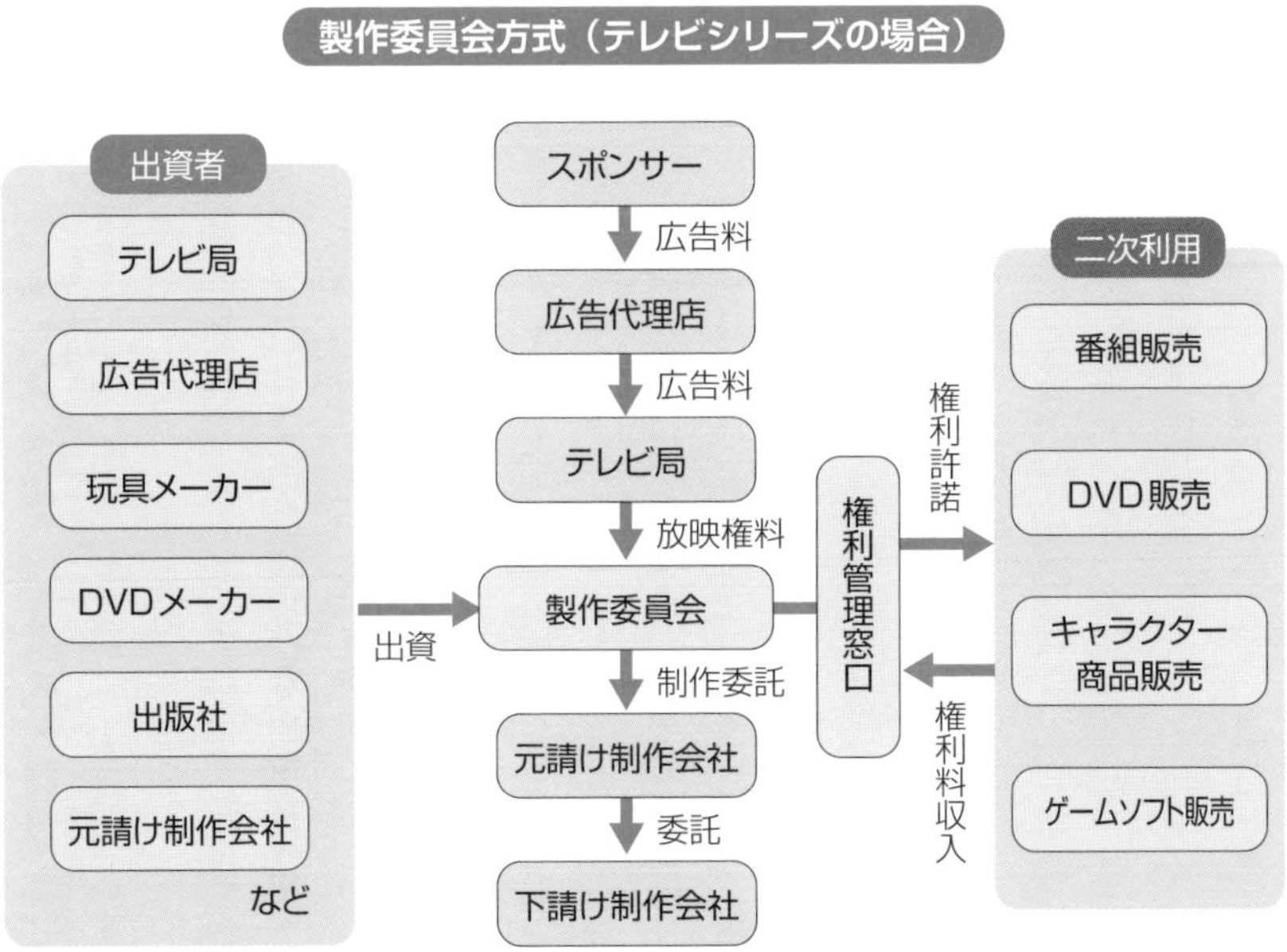

Point
…に関わるネック　製作委員会が著作権を保有するため、個々の企業が自由に作品を活用することは制限され、新たなビジネスチャンスを逃す可能性もある。長期にわたって作品を活用し映像資産化していくには、共有著作権をめぐるトラブルが起きやすく、権利の管理に安定を欠くなど課題が多い。

Section

4-4 クラウドファンディングによるアニメ制作

日本のアニメを世界に向けて発信する動きが活発化している裏で、テレビアニメ1話につき1300万～1500万円もの制作費用がかかる状況であり、アニメの企画会社や制作会社が十分な資金を集めて良質のアニメを制作し、利益を出すのはハードルが高いといえます。

製作委員会以外のお金の集め方

そこで注目を集めているのが**クラウドファンディング**という、「プロジェクトを実現させるための資金を、銀行などから借り入れるのではなく、ネットを通して募集する」という資金調達方法です。支援者は出資した金額に応じて**特典**＊（見返りとして関連するグッズなどがもらえる）などのリターンが得られる仕組みです。

2016年11月に公開されて大ヒットした劇場用アニメ映画**『この世界の片隅に』**では、製作費の出資企業を集めるためのパイロットフィルム制作を目的に、クラウドファンディングで一般から出資を募り、約3900万円を集めました。もともと、製作委員会を組成して資金調達に乗り出していたものの、作品に派手さがないということで、想定していた「上映時間150分、制作費4億円」の実現は難しいと思われました。そこで、資金調達とパブリシティを目的とするクラウドファンディングを実施。集めたお金で制作した5分間のパイロットフィルムが多くの支持者を生むことにつながり、出資企業が集まって製作委員会を組成できたのです。その後、映画化が正式に決定され、約120分の映画を2億5000万円で完成させることができました。公開当初は宣伝費の捻出が難しくてテレビでの宣伝は少なかったものの、公開されるとクラウドファンディングの支援者の口コミを中心に話題となり、上映館数が拡大されて、累計動員数210万人、興行収入27億円を記録する異例の大ヒット作品になりました。

『この世界の片隅に』が成功したことで、アニメやゲームの制作プロジェクトは、クラウドファンディングを積極的

Term

特典　アニメでは、原作電子書籍、アニメ視聴権、記念誌への名前とメッセージの掲載、クラウドファンディング特製冊子、描き下ろし壁紙、缶バッジセットといった特典が提供される場合がある。『この世界の片隅に』では、「本編のエンドロールに支援者の名前がクレジットされる」という特典が付いた。

に利用するようになっています。

最初の段階でプロトタイプを作るためにクラウドファンディングで資金を集め、そして正式版からシリーズ化するまでに育てていく。また、クラウドファンディングで資金が集まらないのであれば、恐らくヒットの可能性が低いタイトルなのだろう、という判断材料となります。つまり、本当にアニメ化が望まれているかどうかを確認するマーケティングツールとしても、クラウドファンディングが採用されています。

2013年に若手アニメーターの参加作品として公開された短編アニメ『**リトルウィッチアカデミア**＊』は、続編を望む声が多数上がり、クラウドファンディングを利用して資金調達を実施。1カ月で目標金額の4倍となる約7400万円を集め、続編の劇場版『リトルウィッチアカデミア　魔法仕掛けのパレード』が制作されました。その後も人気が落ちることはなく、本作はテレビシリーズも制作され、いまなお多くの人に愛される作品の1つになっています。このように、制作資金を募るだけでなく、クラウドファンディングをうまく活用することで、より多くの人にプロジェクトを認知してもらうこともできます。一般的にオタクは推しには惜しみなく愛やお金を注ぎます。クラウドファンディングとは相性がいいといえるでしょう。さらにクラウドファンディングでは、そこでしか手に入らないグッズや権利が与えられ、オタクにとっては推しの手助けをすると同時にグッズを手に入れられるうれしい企画となっています。今後、プロモーションやファンサービスとしての活用も増えていくことでしょう。

クラウドファンディングを使ったアニメ作品の展開例

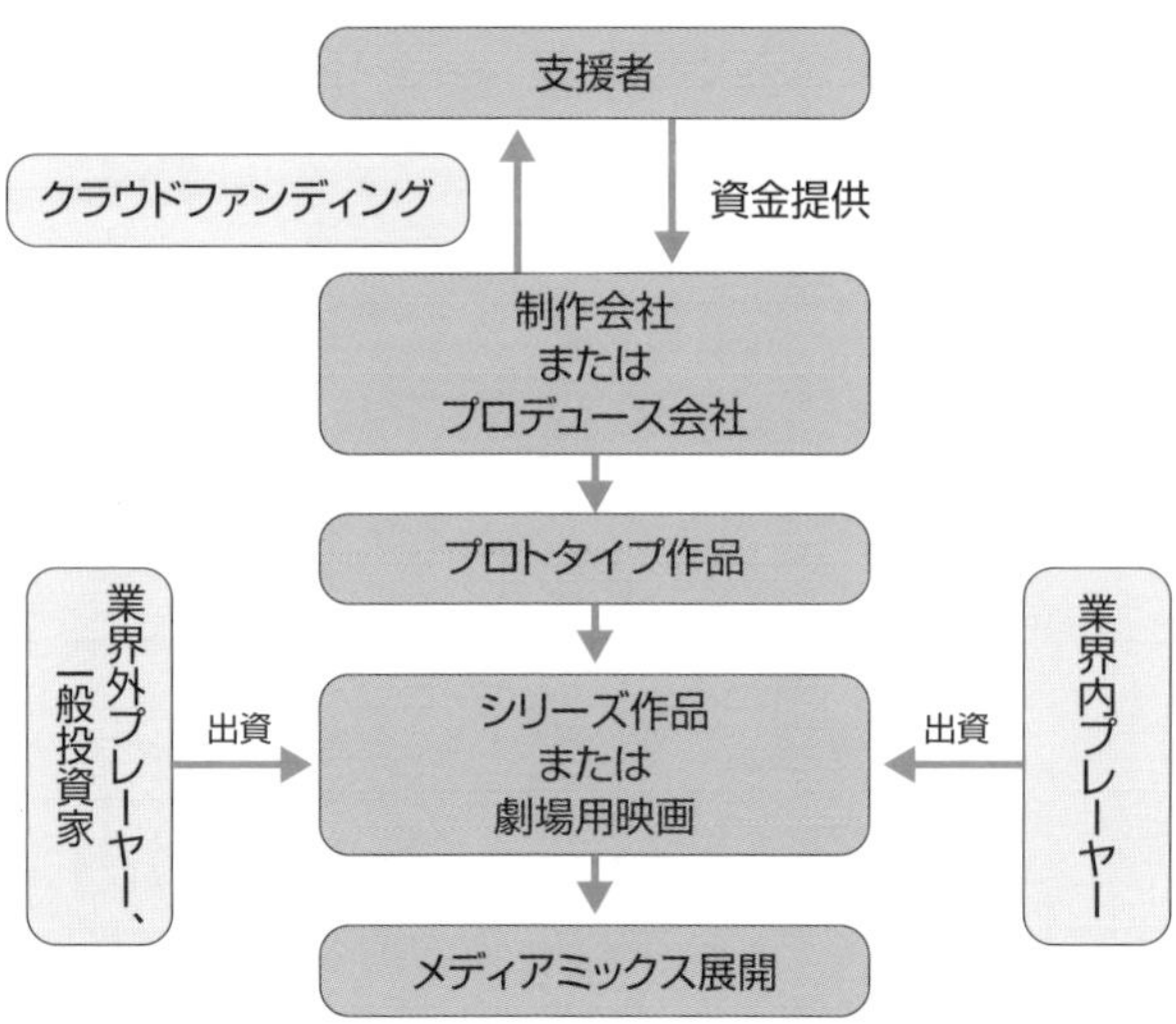

Term
リトルウィッチアカデミア　魔法学校を舞台にした、TRIGGER制作のアニメ作品。原案、監督、キャラクターデザインは吉成曜が務めた。

Section

4-5 テレビ局の役割と動向

インターネットの普及によってネット広告が急成長を遂げ、テレビをはじめとする従来の広告メディアに大きな影響を与えています。

目指せ！ アンパンマン

このため、広告収入が減少したテレビ業界では番組制作費の圧縮を図ると共に、イベント、物販など放映・広告以外のビジネスの拡大に一層力を入れるようになりました。

他の番組に比べてコストが高いとされるアニメ番組ですが、収益率の高いアニメ作品の著作権ビジネスは魅力的です。実際、アニメは当たれば大きなリターンがあります。その代表の1つが『**アンパンマン**』です。1988年に日本テレビ系にてアニメ『それいけ！アンパンマン*』として放送が開始され、現在まで放送され続けています。

現在レギュラー放送されているテレビアニメでは『サザエさん』『ドラえもん』に次いで3番目に長寿のアニメ作品です。視聴率は低い水準で、放送事業ではそれほど利益を上げていませんが、著作権を活用したライセンスビジネスでは、放送開始以来コンスタントに多大な収益を、版権窓口を持つ日本テレビにもたらしています。関連商品のこれまでの総売上額は6兆6000億円に及び、この売上額を超えるのは、日本では海外売上を含めた「ポケモン」と「ハローキティ」しかありません。

アンパンマンは言わずと知れた**やなせたかし**による絵本およびアニメを中心とするコンテンツ群です。特に幼児期の子供への訴求力が極めて高く、同作品のキャラクター商品には複数年にわたり継続して販売されるロングセラー商品が多数あります。版権を持つテレビ局側はキャラクター価値の下落を防ぐため、アンパンマンの世界観を守りキャラクター玩具全体のクオリティコントロールを行っています。

またモバイルサイトや動画配信などデジタル分野での展開を推進し、さらなるアンパンマンのブランディングと市場創造の実現を図っています。

Term

それいけ！アンパンマン　原作はやなせたかしが描く一連の絵本シリーズ。テレビアニメ化されたことで、子供たちの間で絶大な人気を誇る国民的キャラクターの1つになった。映画化やゲーム化も多数。

主要民放テレビ事業者の売上高

各テレビ局は、アニメ事業部の設立、制作会社の子会社化、新規深夜放送枠の設立、海外配信の推進といった展開を行い、アニメへの注力を進めている。今日の新作アニメのメディア展開は、劇場映画を除けば、テレビ放送と配信の組み合わせが圧倒的に多くなっている。

（単位：億円）

	2019年	2020年	2021年	2022年	2023年
日本テレビ	3,110	3,072	2,863	3,007	2,908
テレビ朝日	2,358	2,264	1,994	2,255	2,239
TBS テレビ	2,173	2,103	1,896	2,174	2,240
テレビ東京	1,164	1,113	1,033	1,109	1,134
フジテレビ	2,679	2,555	2,175	2,382	2,374
毎日放送	619	572	515	525	528
朝日放送テレビ	589	576	512	558	565
関西テレビ	577	572	500	550	533
読売テレビ	679	640	589	641	633
東海テレビ	311	299	252	290	280
中京テレビ	338	334	268	314	343
CBC テレビ	268	255	217	243	245
名古屋テレビ	243	231	196	222	217

テレビ東京のアニメタイトル別売上高ベスト5

テレビ東京のアニメ事業の売上高は221億9600万円（23年度）。テレ東はアニメコンテンツを活用し、放送による広告以外に収入を上げた。主に海外向けの番組販売、ゲーム化による権利、ネットを通じた課金型配信サービス、広告付き動画配信サービス向けのコンテンツ供給、イベントなどから得られた収入である。

2020年3月期

順位	タイトル	制作会社
1	NARUTO	ぴえろ
2	BORUTO	ぴえろ
3	遊☆戯☆王	NAS
4	ブラッククローバー	ぴえろ
5	BLEACH	ぴえろ

2023年3月期

順位	タイトル	制作会社
1	NARUTO	ぴえろ
2	BORUTO	ぴえろ
3	遊☆戯☆王	NAS
4	BLEACH	ぴえろ
5	ポケットモンスター	OLM

アニメのテレ東

従来からアニメを看板にして自社の独自色を打ち立ててきたのが、今日、アニメ放映作品の半数近くをカバーしている**テレビ東京**です。実際、〝アニメのテレ東〟と呼ばれるほどアニメ番組に強みがあるテレビ局で、アニメ事業だけで年間200億円以上を売り上げ、高い利益率が局の収益を支えるほどです。『NARUTO』『遊☆戯☆王』『東京リベンジャーズ』『チェンソーマン』『SPY×FAMILY』など、近年のヒット作の多くが同局発の作品です。

2023年3月期決算では、アニメ事業は売上高で約222億円、特に『SPY×FAMILY』が国内外で、『BLEACH』の新シリーズが中国や欧米の配信向けに好調。『遊☆戯☆王』シリーズのSNSゲームは各国で、欧米では『NARUTO』などの商品化が売上を伸ばしました。

テレビ東京のアニメ事業の特徴は、海外売上比率の高さです。なんと売上の82%を海外分が占めました。こうした実績を受けてテレビ東京は「**配信ビジネス局**」を新設。魅力ある配信コンテンツを増やし、海外向け配信ビジネスの一層の拡大を目指します。

売上高の上位タイトルには、海外で人気の高い『NARUTO』『BORUTO』『遊☆戯☆王』『BLEACH』『ポケットモンスター』が並び、1990年代から2000年代初頭までの作品が上位を占めています。作品を長く続けるノウハウに強みがある一方で、今後の成長には新しい有力タイトルの開発も必要になるところです。今後のコンテンツ投資の強化の成果が期待されます。

またこのほか、日本アニメをテレビ黎明期から牽引してきたフジテレビも、2013年という早い時期に立ち上げたアニメ開発部が独自の取り組みを推進、放映アニメのグッズ、イベント、海外配信のほか、『鬼滅の刃』(無限列車編以降)に代表される深夜アニメと劇場映画の連動など、戦略的なコンテンツ戦略を進めています。

最近では、中国**bilibili**＊と互いのコンテンツを提供するほか、それぞれのIPを活用してアジア発で世界的ヒットを狙うアニメを共同制作していく方針です。テレビ局がアニメ強化を打ち出すのは、視聴率と広告出稿の長期的な低減傾向が続く中で、生き残り戦略として「放送外収入」の拡大に期待できるからです。今後もテレビ業界では、大きな収益を生むアニメの著作権を活用したライセンスビジネスに注目が集まりそうです。

Term
bilibili　中国で若年層に人気の大手動画プラットフォーム。年間50作品のアニメを制作・配給しているコンテンツ制作会社でもある。

4-6 玩具メーカーの役割とその成果

玩具メーカーがアニメ番組に関わる場合、おおまかに2つの方法があります。「企画段階から携わり、アニメ制作費も負担するケース」および、「別会社（ビデオメーカーや出版社など）が制作してきた番組に、単にスポンサーとして関与するケース」です。

アニメは30分の宣伝番組

前者のケースは伝統的な制作スタイルですが、基本的に**玩具メーカー**は商品の売行き予測において、数十億円規模の商いを想定しています。

1年間（4クール52話）継続して放映するテレビシリーズなら、アニメ制作費だけで、その予算規模は5～7億円程度です。これを玩具メーカーが半額ほど、残りをテレビ局、広告代理店、元請け制作プロダクションなどが出資します。

さらに、スポンサーとしての提供番組枠の広告費が年間でざっと2億4000万円ほど。このほかに、放送に付随して持ち出す諸経費や玩具現物の宣伝費などを含めれば、さらに額は上がります。これだけ投資しても、当たるかどうかはやってみないとわかりません。テレビアニメ化はかなりリスクが高いものです。しかし、ひとたび時流に乗りブームになれば、桁違いの商品売上に結び付くことがあります。

2001年に玩具メーカーの**タカラトミー**＊（当時はタカラ）が主導で企画・放映したテレビアニメ『爆転シュート ベイブレード』は、1999年にタカラトミーが発売したおもちゃの「**ベイブレード**」（伝承玩具ベーゴマを現代風にアレンジした対戦式のコマ）のプロモーション目的で企画されたものです。テレビアニメの人気で「ベイブレード」は年間3000万個（売上高1650億円以上）を売り上げるという、驚異的な宣伝効果を発揮しました。

さらに09年から、『メタルファイト ベイブレード』の放映を開始。「ベイブレード」をリニューアルした新商品はこの年の国内玩具市場最大のヒットとなり、翌年からの海外展開の拡大で累計売上3650億円を記録しました。

Term
タカラトミー　日本の玩具メーカー。2006年3月1日に、大手玩具メーカーであるタカラとトミーが合併することによって誕生した。

バンダイナムコとタカラトミー

日本のアニメをスポンサーとして支えてきた玩具メーカーには、**バンダイナムコグループ**＊および先述のタカラトミーという老舗2強のほか、プライズ商品（クレーンゲーム用景品）を扱うセガトイズや、フィギュアを扱うグッドスマイルカンパニーなどの新興企業があります。

アニメ業界にとっては、これらの玩具メーカーは作品を経済的に支えている陰の功労者だといえるしょう。

２００６年にタカラとトミーが合併して生まれたタカラトミーは、プラレールの玩具シリーズをもとにしたアニメ『新幹線変形ロボ シンカリオン』を手がけ、ＪＲ各社との連携や、『新世紀エヴァンゲリオン』『銀河鉄道９９９』とのコラボレーションなどで話題となり、ヒット作品となりました。会社全体の売上高（23年3月期）は１８００億円を超えています。

また、いまや様々な事業を展開する巨大企業グループにまで成長したバンダイナムコグループは、『聖戦士ダンバイン』や『機動戦士Zガンダム』、『創聖のアクエリオン』、『交響詩篇エウレカセブン』といった有名なロボットアニメのスポンサーとして知られ、１９９４年にはサンライズを傘下に加えてガンダムシリーズの全権利を取得しています。現在は『ＯＮＥ ＰＩＥＣＥ』『ドラゴンボール』『ドラえもん』『それいけ!アンパンマン』などの国民的アニメのスポンサーにも名を連ね、『ドラゴンボール』をはじめとする数多くの東映作品の商品化権を独占的に所有。さらにグループ企業が新たに生み出した『アイドルマスター』や『ラブライブ！』シリーズなどの自社コンテンツも所有するなど、日本最大級のコンテンツ力を誇っています。アニメ制作からメディアミックス、商品展開まで、グループシナジーを最大限に発揮できる体制を築いており、アニメ作品と共に成長してきた、日本で最もアニメとの関わりの深い企業の1つといえるでしょう。

最後に、「番組の人気」と「おもちゃの売上」の関係ですが、アニメ番組の視聴率が、必ずしもその関連商品の売上と直結したものにはなっていません。

おもちゃ自体に魅力がなければ、どんなに視聴率が高くても現物は売れないのです。玩具メーカー主導のアニメ制作における難点の1つとして、「制作プロダクションなど関係会社が多いため、商品が売れないからといって途中で軌道修正するのが難しい」ということが挙げられます。

Term **バンダイナムコグループ**　玩具メーカーのバンダイは、1980年代に『機動戦士ガンダム』のプラモデルの商品化権を入手。ガンプラブームを生み出し、玩具業界1位にまで成長した。2005年には、それまで業務提携を行ってきたナムコと経営統合してバンダイナムコグループを形成。

玩具メーカーによる商品のプロモーション展開

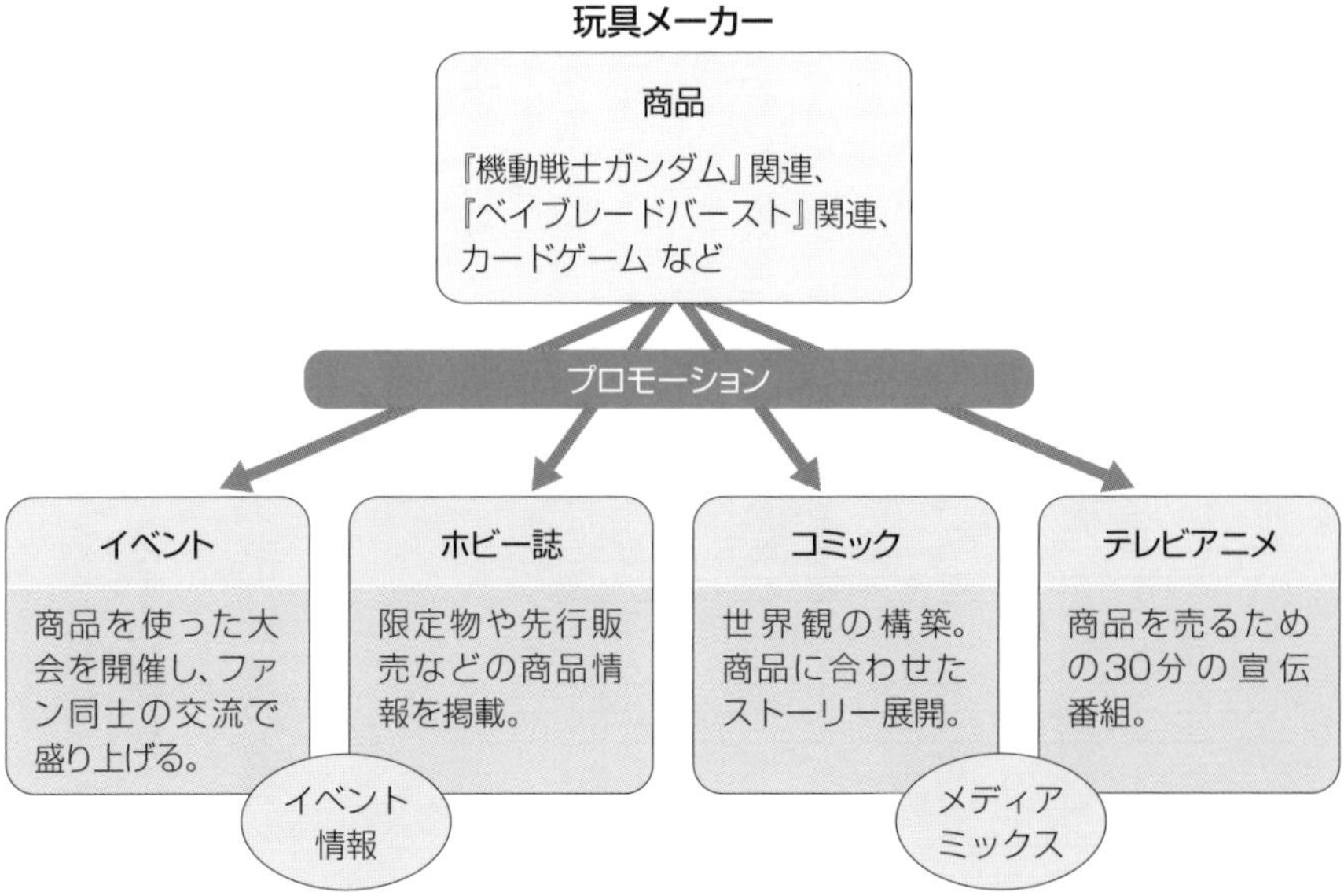
玩具メーカー
商品
『機動戦士ガンダム』関連、
『ベイブレードバースト』関連、
カードゲーム など
プロモーション
イベント
商品を使った大会を開催し、ファン同士の交流で盛り上げる。
ホビー誌
限定物や先行販売などの商品情報を掲載。
コミック
世界観の構築。商品に合わせたストーリー展開。
テレビアニメ
商品を売るための30分の宣伝番組。
イベント情報
メディアミックス

キャラクター玩具とプラモデルができるまで

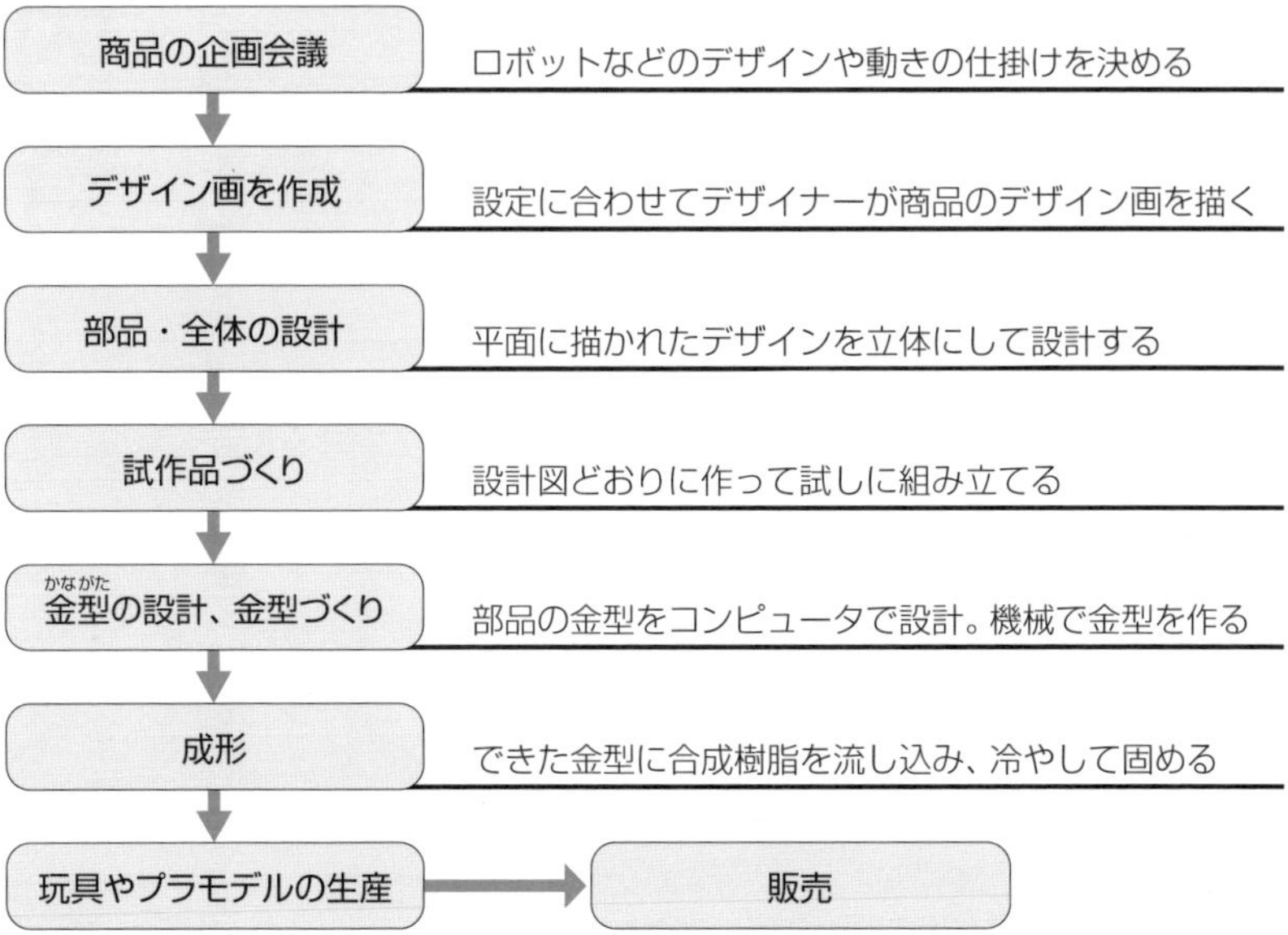
商品の企画会議
ロボットなどのデザインや動きの仕掛けを決める
デザイン画を作成
設定に合わせてデザイナーが商品のデザイン画を描く
部品・全体の設計
平面に描かれたデザインを立体にして設計する
試作品づくり
設計図どおりに作って試しに組み立てる
金型《かながた》の設計、金型づくり
部品の金型をコンピュータで設計。機械で金型を作る
成形
できた金型に合成樹脂を流し込み、冷やして固める
玩具やプラモデルの生産
販売

Section
4-7 出版社の役割とその内容

今日、アニメ番組は地上波と衛星波を含めて週に60本ほど放送されています。その半数以上が漫画を原作とするものです。

■メディアミックス展開

最近では漫画『呪術廻戦』『推しの子』『**葬送のフリーレン***』などに代表されるように、ひとたびアニメ化されてテレビ放映されれば、その原作となる漫画単行本の販売部数は大きく伸び、それまで漫画雑誌の読者にしか知られていなかった作品が一気に全国区の知名度を得ることになります。これほどまでに大きな宣伝効果はないでしょう。また、アニメの人気が出て劇場版映画にでもなれば、原作本の売行きにもますます拍車がかかります。

近年は**出版社**が製作委員会に名を連ね、自社の漫画を原作とするアニメ番組のスポンサーになるケースも多くなりました。これは、テレビ局側から選ばれて作品のアニメ化権を許諾するだけの「待ち」の姿勢を改め、積極的に**メディアミックス**を仕掛けていこうとする出版社側の意欲の表れでしょう。

製作委員会側としても、原作のないオリジナル脚本のアニメより、すでに知名度も人気もある作品の方が企画を通しやすく、アニメ化に取り組みやすい上に、「原作ファンが視聴率やパッケージ販売を支えてくれるだろう」という期待も大きいのです。

そこで、大手の出版社では**ライツ事業部**を設け、コミックや小説等を原作とするコンテンツのアニメ化／ゲーム化／商品化を展開したりする「**ライツビジネス**（**版権事業**）」を強化・推進しています。ライツビジネスでは、コミックや小説を原作以外のかたちで世に出すべくプロデュースしていきます。ライツ（権利）の保有者はライセンス使用料を獲得できます。コンテンツを動画配信サービスに販売するのも、ライツビジネスの一例です。

Term **葬送のフリーレン** 『週刊少年サンデー』（小学館）にて2020年より連載中のファンタジー漫画。魔王を倒した勇者一行の後日譚（ごじつたん）を描く。日本テレビ系列でアニメ化され、2023年9月から2024年3月まで連続2クールが放送されている。独特な世界観が海外からも好評を得た。

■原作コミックの売上

出版社主導でアニメ放映をする場合、まず経費として制作費と広告宣伝費、それから放映するための番組提供料が必要になります。制作費は1話あたり1300万〜1500万円くらいの幅があります。出版社が負担する提供料は、首都圏キー局で2クール（6カ月26話）放映するならざっと2億4000万円、深夜帯の全国5〜7局ネットの場合は2クール放映で5000万円くらい、U局（独立UHF局）だとその半分くらいです。

一方、得られる収益は、DVD／BDなどのパッケージ販売や関連商品販売の原作印税および出資分に応じた配当、そしてなんといっても大きいのがアニメ放映によって売れた**原作コミック**の売上です。近年では、講談社の『進撃の巨人』が全世界で累計発行部数1億4000万部、また集英社の『鬼滅の刃』が1億5000万部を突破しています。両作品ともアニメ化が人気に拍車をかけ、世界中にファンを持つ作品へと成長しました。広告起用や商品化、ゲームコラボなど多彩な事例を持つIPとなりました。

漫画原作のアニメ化の場合、原作の展開が進んでいない作品でも、出版社側とテレビ局側の事情から、安易にアニメ化に走り出す傾向があります。原作漫画の連載終了を待ってアニメ化するのが最良のやり方だとわかっていても、商業的理由で待てなかったり、またテレビ局側で独自に設定やストーリーを変更する場合もあります。

こういうやり方が原作ファンの期待を裏切る可能性もあり、アニメ化は出版社側にとっても双刃《もろは》の剣《つるぎ》だといえるでしょう。

近年、人気のあった漫画原作の主なテレビアニメ

集英社	『ハイキュー!!』『銀魂』『ONE PIECE』『ハチミツとクローバー』『バクマン。』『キングダム』『DEATH NOTE』『鬼滅の刃』『ゴールデンカムイ』
小学館	『BLACK LAGOON』『だがしかし』『うえきの法則』『銀の匙 Silver Spoon』『マギ』『半妖の夜叉姫』『葬送のフリーレン』
講談社	『進撃の巨人』『ちはやふる』『金色のガッシュ!!』『みなみけ』『プラネテス』『ふらいんぐうぃっち』『亜人』『ブルーロック』
スクウェア・エニックス	『ばからもん』『荒川アンダーザブリッジ』『月刊少女野崎くん』『鋼の錬金術師』
祥伝社	『うさぎドロップ』『海辺のエトランゼ』
メディアワークス※	『GUNSLINGER GIRL』『とある科学の超電磁砲』
少年画報社	『それでも町は廻っている』『僕らはみんな河合荘』
角川書店※	『日常』『僕だけがいない街』『異世界おじさん』
白泉社	『暁のヨナ』『3月のライオン』『フルーツバスケット』

※現在はKADOKAWAのブランド名。

Section

4-8 プリ・プロダクション工程

アニメ制作会社の役割と仕事①

日本のアニメ制作では、製作委員会に参加した複数の関連企業が製作プロジェクトに出資し、その対価に許諾窓口権ならびに二次利用権を握るケースが多くなっています。

制作会社とコンテンツの権利

アニメ制作会社も自ら出資すれば権利を持てます。とはいえ、実際には資金力のあるテレビ局や広告代理店、出版社が大半を出資し、制作会社は資金力の制約などもあって持てる権利は全体の10％前後となっています。また、自己資金を持たない制作会社は共同出資者になれず、下請けの立場となります。

製作委員会が業務委託として制作会社にコンテンツを発注します。制作会社は受託して制作しますが、出資していなければコンテンツの著作権を持つことはできません。得られるのは業務委託費という対価のみです。コンテンツを制作しているにもかかわらず、コンテンツの著作権を所有できないのです。テレビ局や広告会社などが組成する製作委員会に言われるがままで、多くの制作会社は受託だけのジリ貧状態から抜け出すことができません。

自己資金でコンテンツを製作できず、受託に頼らざるを得ない状況では、制作会社がライセンスビジネスを展開することは不可能です。米国ではすでに確立されている〈制作会社が資金を調達してコンテンツを製作し、放送局に売り込む〉というビジネスモデルを見習うべきでしょう。

日本アニメが世界的にも高評価を得て一大産業となったいまこそ、制作会社が儲からない現在のビジネスモデルは早急に変革されなければなりません。

プリ・プロダクション*工程

では、制作会社の現場を見てみましょう。

今日、テレビ放映されている新作アニメ作品は、ほぼ100％がパソコンとアニメ制作専用ソフトを用いたデジタルワークで制作されています。この制作工程のデジタル

Term **プリ・プロダクション**　実制作（プロダクション）に入る前の準備段階の作業のことを、プリ・プロダクション（プリプロ）と呼ぶ。プリプロの中で最初に行われるのが企画であり、作成された企画書をもとに、脚本、絵コンテ、設定を整え、アニメーション制作に必要な材料を準備する。

化により、大幅な時間短縮が実現しました。従来の**セルアニメーション**（**セルアニメ**）**方式**では、透明なシート（アセテート樹脂製）にアクリル絵の具で描かれた絵（登場人物などや背景画）を重ねながら、撮影台で1コマ1コマ撮影して映像にしていたのです。

しかし、デジタルワークに移行しているといっても、制作工程のすべてというわけではありません。制作の入り口である「原画」や「動画」の部分では、まだ「アナログ作画」（紙に鉛筆で描く作業）と「デジタル作画」の両方が入り交じって存在しています。

また、デジタルワークに移行したいまでも、基本的な制作工程は従来と同様であり、「原画作画」「動画作画」「彩色」「背景作画」「撮影（合成やカメラワーク）」などの各工程が細分化され、分業化されたスタイルで進められています。

次に、アニメ制作の基本的な流れを簡単に紹介します。

❶企画、設定、脚本

まず**企画**や原作（原作モノの場合）に基づき、登場人物のキャラクター、背景、登場するメカなどのデザイン画が描かれ、色彩設定もきちんと決められます。これらの**設定**をもとに、物語の骨格をなす**脚本**が執筆されます。

❷絵コンテ、レイアウト

脚本に基づいて**絵コンテ**が作られます。これは、スタッフが全体の流れや演出の方向性を把握できるように、各場面をカットごとに絵で表した設計図のようなものです。演出家やコンテマンと呼ばれる絵コンテを専門に扱う人が描くことが多いものの、中には監督が自ら細かく描く場合もあります。絵コンテの担当者は、脚本を理解するだけでなく、よりよい演出ができる演出力や構成力が求められます。中でも演出力は、キャラの細かい動きや表情を表現する上で欠かせません。

そのため、絵コンテの仕事をするにはアニメ制作の仕事を通じて技術を積み上げていくか、専門学校に通ってノウハウを学ぶ必要があります。絵コンテづくりには、作画担当者並みの画力はいらないものの、キャラクターとして認識できる程度の描写をしなければならないため、必要最低限の画力は求められます。特に動きのある描写のときは、作画担当者にわかりやすいように描かなくてはなりません。

絵コンテができたら、絵コンテをもとに各場面の画面構成を定めた「**レイアウト***」が作られ、絵コンテよりもさらに具体的に、登場人物の動きやカメラワークなどの指示が書き込まれます。

Term
レイアウト　アニメ制作で「絵コンテ」と「原画」の間に挟まる工程。絵コンテをもとに1カットの完成画面を想定し、背景の構図とキャラクターの動きや配置を決定して、より緻密に描かれた設計図のこと。

Section
4-9 アニメ制作会社の役割と仕事②
プロダクションとポスト・プロダクション工程

デジタルという新たな制作方式・表現領域を手に入れたものの、作画パートのクリエイターたちには、依然として絵を描くきちんとした技術や確かな演出力が求められています。

■プロダクション工程とポスト・プロダクション工程

❸原画

設定とレイアウトをもとに、カットごとに動きの基本となる絵を描く工程のことを**原画**といいます。ディテールを表現するための重要な作業であるため、アニメーターの中でも経験を積んだベテランが担当します。テレビシリーズの場合、1カットにつき4000円から5000円くらい支払われるのが一般的です。原画には、レイアウトや絵コンテから絵を描き起こす「原画」と、線をきれいに描き直す「**第2原画**」があり、基本的には同一のアニメーターが作業をします。この「**原画マン**」は1日に3～5カット程度の原画を描きますが、描写が細かいときは、1日に1カットしか描けないこともあります。30分のアニメ作品で約300カットの原画が描かれます。

また、**タイムシート**（マス目に撮影コマ数を記入する用紙）に動きのタイミングやカメラワークの指示を書くのも原画担当の仕事です。ストップウオッチで計りながらコマ数を決めて、画面上の動きを確定させます。それをもとに次の工程の動画が作成されます。

デジタル化が進む今日でも、作画（原画・動画工程）の部分だけは、まだ紙に鉛筆で描く古参のアニメーターも多くいて、アニメ業界全体が**デジタル作画**（パソコンとペンタブレットを使い、直接コンピュータ上で描く）に急いでかじを切っている最中です。

❹動画

前工程で描かれた基本となる「原画」を清書しつつ、原画と原画の間を埋める細かい動きの絵を足していく工程を

Point **原画の単価**　原画の単価は1カットあたり2100～5000円程度、第2原画の単価は1600～3200円程度となっている。1カットの作画枚数は、単純な動きでも5～10枚、複雑な動きが含まれていれば数十枚にも及ぶが、枚数にかかわらず、1カットあたりの単価は一定である。

動画といいます。

設定資料や指示書であるタイムシートをもとに、原画と原画の間を自然な動きでつなぎ、アニメの中で動いているように見える絵を描く作業を**中割り**と呼び、原画の清書と中割りを担当するアニメーターを**動画マン**と呼びます。中割りの出来次第で、動画が滑らかになったり、逆にカクついてしまうこともあるので、とても重要な作業です。

この動画担当は若いアニメーターの役割です。報酬は出来高制で、1枚あたりの単価はおおよそ200～300円、1日に描ける枚数は20～30枚くらいが一般的です。

新人アニメーターは、まずこの動画からアニメの仕事をスタートさせます。そして一定期間（従来は3年間ほどでしたが、海外委託による動画パートの減少でいまでは1年間ほど）、動画マンとして腕を磨きながら作画の実力を付けて、実力が認められると原画マンに抜擢《ばってき》されるのです。

❺仕上げ・彩色

従来のセル画の工程では、動画をセルにトレースしてセルの裏側から絵の具で1枚1枚塗っていましたが、今日では、完全にパソコン上のデジタルワークに置き換わっています。

紙に鉛筆で描かれた動画は、仕上げの前段階として、スキャン・トレースされてデータに置き換えられます。次に、アニメ業界標準の彩色ソフトであるRETAS PaintManやCLIP STUDIO PAINT（いずれもセルシス社製）を使って、彩色の作業を行います。

色数は約1600万色から選択できるので、従来とは比較にならないほど豊かな色表現が可能となりました。

❻美術・背景

動画などの作業と並行して進められるのが、**美術**と呼ばれる**背景画***の作業です。背景は従来の手描きと3DCG（PCによって立体感のある画像を作る手法）が混在しています。メカニックなものやビルなど、表面が滑らかなものは3DCGが比較的使いやすいといえます。

手描きのタッチを好む監督もおり、作品の内容などの諸条件で3DCGを使うかどうかは変わってきます。

背景画の着色は、美術スタッフによって絵の具で描かれるケースと、デジタルワークでのペンタブレット使用のケースがあります。

遠近感を強調したり、**ピン送り**（手前と奥の間でピントを移動すること）のようなシーンでは、背景をいくつかの

Term　**背景画**　「背景」を描く人は、背景美術スタッフ、背景マンといった人たちで、ストーリーの流れや時間経過、キャラクターとの調和性などを踏まえた上で、世界観に合った背景を作らなければならない。背景美術は、アニメ制作の中でも専門職のような立場となっている。

レイヤーに分けて描き、撮影時にカメラワークのフォーカスを個々に調整しながら表現していきます。

また、カメラワークで画面を大きく移動したり、ズームバックしたりする指示の場合には、パノラマのような大きな背景画が描かれます。

❼撮影、カメラワーク、特殊効果*

従来のセルアニメ方式では、撮影用カメラが吊り下げられた撮影台に、仕上がったセル画（人物や背景など）を重ね合わせて、1枚1枚撮影されていました。しかし今日では、彩色と同様にすべてパソコン上の作業となりました。カメラアングルやライティングの設定、登場人物と背景の合成をデジタルで行います。

また、**特殊効果**の専用ソフトやデジタルのフィルター、3DCGを組み合わせることで、多くの表現が可能になりました。光や雲、霧、炎などの表現、ぼかし、画面が波模様になる効果なども簡単に行えます。

これらの工程は、アニメ業界の慣習で、いまだに**撮影**と呼ばれています。アニメ撮影の仕事をするのに必要な資格はありませんが、専門学校や美術系の大学でデジタル撮影の技術を学び、アニメ制作会社に就職するのが近道です。

❽編集

撮影のあとは、実写動画のビデオ編集と同じ要領で、デジタル編集システムを使って映像を仕上げていきます。映像が仕上がったあとは声優のアフレコ、SE（効果音）、BGMといった音入れの作業が行われ完成です。その後、これらのデータをビデオに出力して納品です。近年はネット経由での納品も増えています。

アニメ制作では、様々な作業工程を分業化して、多くの下請けスタジオや専門スタジオに発注しています。従来は大量の動画（紙）やセル画のやり取りであったものが、デジタルデータの受け渡しに変わったので、工程の均一化と省力化が進み、制作時間が大幅に短縮されました。海外などの下請けスタジオまで原画データを、インターネットを介したデジタル通信で送り、完成した動画データをデジタル通信で受け取る——といったことも行われています。

こうして、デジタルという新たな制作方法・表現領域を手に入れたものの、コンピュータが自動的に絵を描いてくれるわけではありません。作画パートのクリエイターたちには、依然として絵を描くきちんとした技術や確かな演出力が求められています。

Term **特殊効果**　実在する自然現象だけでなく、漫画的な集中線、魔法少女が発する光、ドラゴンが吐く炎なども含まれる。エフェクトの表現方法は多岐にわたり、3DCG空間内で流体シミュレーションを用いて高負荷な計算をする場合もあれば、2D作画で表現する場合もある。

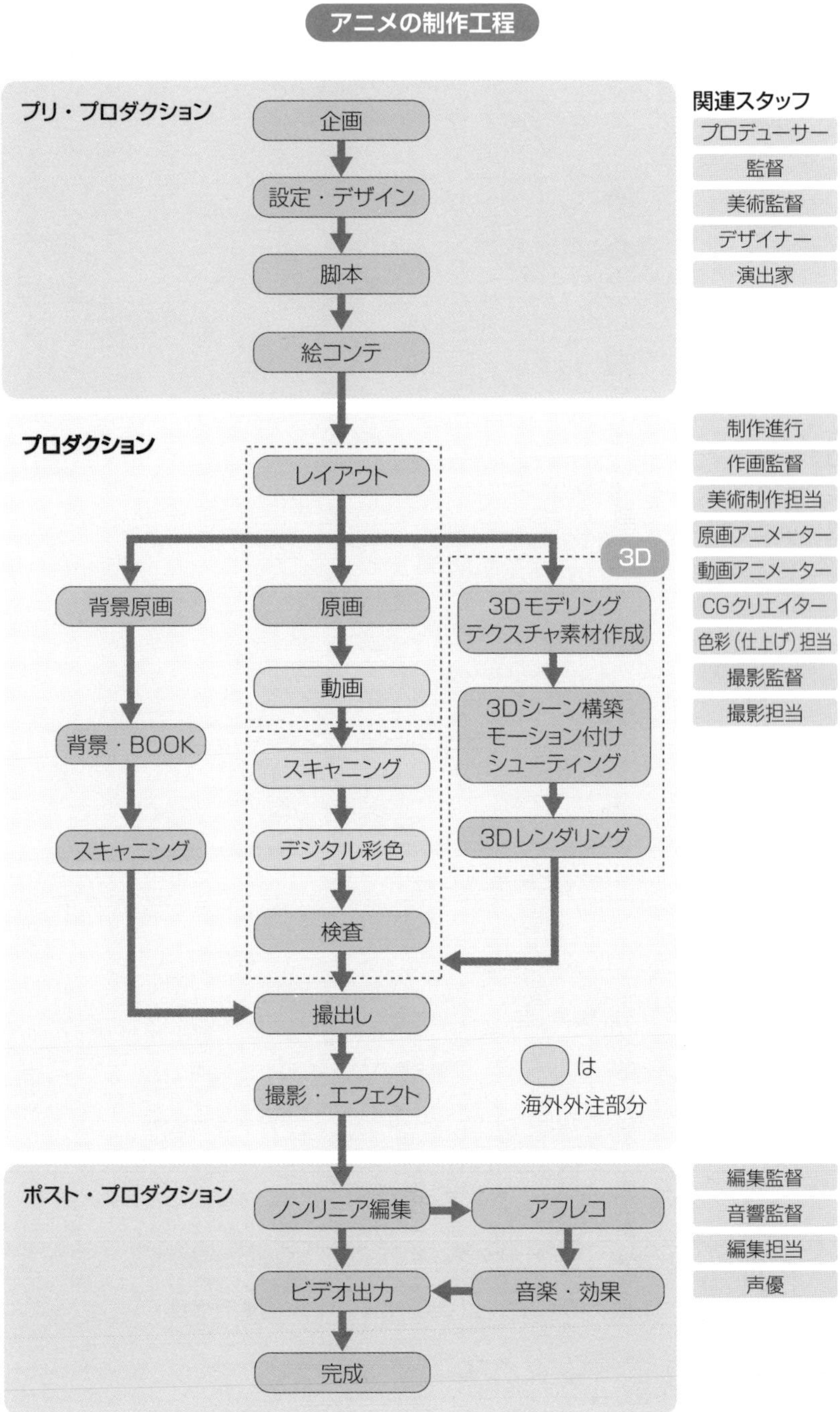
アニメの制作工程
プリ・プロダクション
企画
設定・デザイン
脚本
絵コンテ
関連スタッフ
プロデューサー
監督
美術監督
デザイナー
演出家
プロダクション
レイアウト
背景原画
原画
3D
3Dモデリング
テクスチャ素材作成
動画
背景・BOOK
スキャニング
3Dシーン構築
モーション付け
シューティング
スキャニング
デジタル彩色
3Dレンダリング
検査
撮出し
撮影・エフェクト
は
海外外注部分
制作進行
作画監督
美術制作担当
原画アニメーター
動画アニメーター
CGクリエイター
色彩（仕上げ）担当
撮影監督
撮影担当
ポスト・プロダクション
ノンリニア編集
アフレコ
ビデオ出力
音楽・効果
完成
編集監督
音響監督
編集担当
声優

アニメの制作プロデューサーのフローチャート

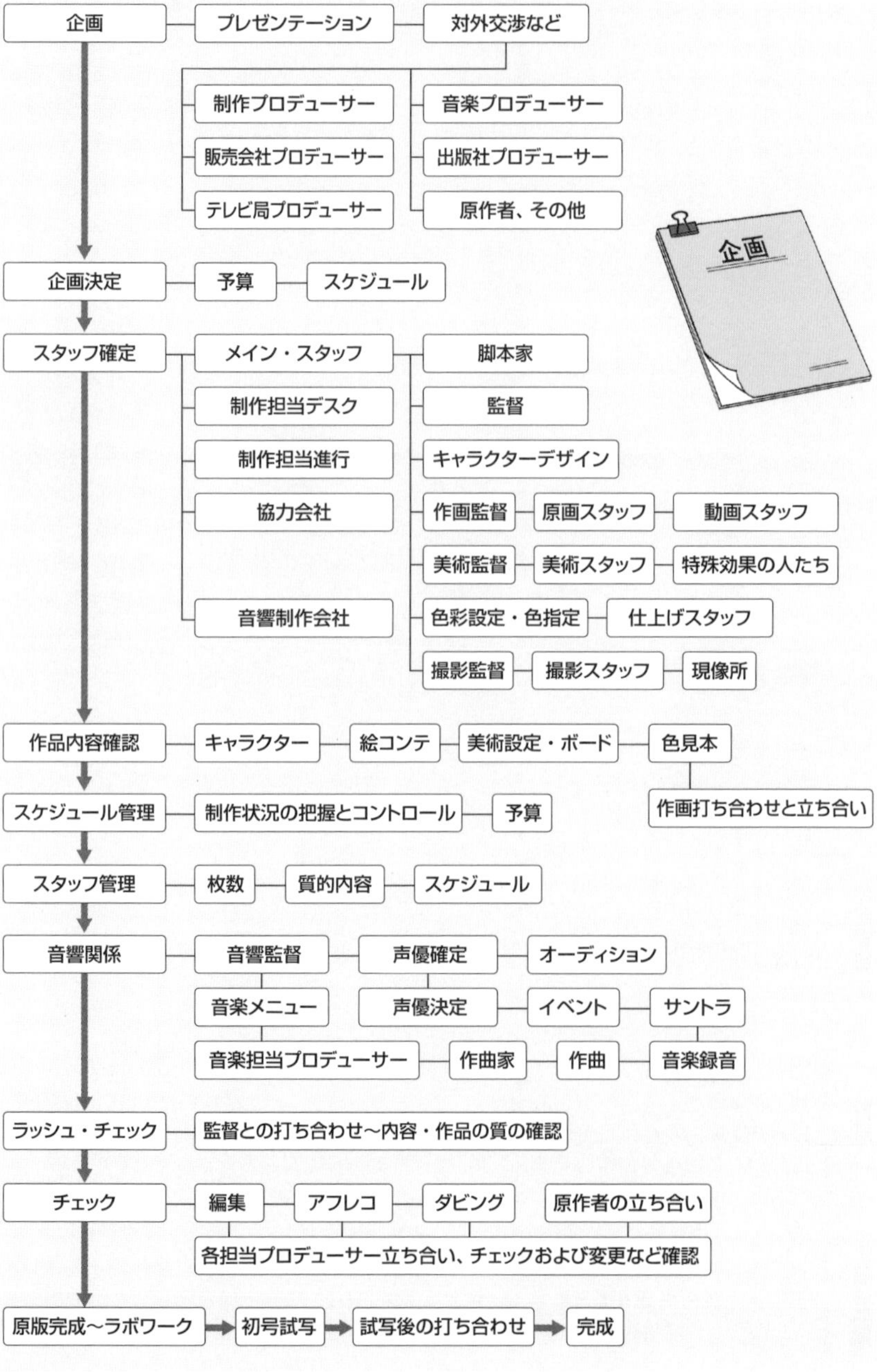
企画
プレゼンテーション
対外交渉など
制作プロデューサー
販売会社プロデューサー
テレビ局プロデューサー
音楽プロデューサー
出版社プロデューサー
原作者、その他
企画
企画決定
予算
スケジュール
スタッフ確定
メイン・スタッフ
制作担当デスク
制作担当進行
協力会社
音響制作会社
脚本家
監督
キャラクターデザイン
作画監督
原画スタッフ
動画スタッフ
美術監督
美術スタッフ
特殊効果の人たち
色彩設定・色指定
仕上げスタッフ
撮影監督
撮影スタッフ
現像所
作品内容確認
キャラクター
絵コンテ
美術設定・ボード
色見本
作画打ち合わせと立ち合い
スケジュール管理
制作状況の把握とコントロール
予算
スタッフ管理
枚数
質的内容
スケジュール
音響関係
音響監督
声優確定
オーディション
音楽メニュー
声優決定
イベント
サントラ
音楽担当プロデューサー
作曲家
作曲
音楽録音
ラッシュ・チェック
監督との打ち合わせ～内容・作品の質の確認
チェック
編集
アフレコ
ダビング
原作者の立ち合い
各担当プロデューサー立ち合い、チェックおよび変更など確認
原版完成～ラボワーク
初号試写
試写後の打ち合わせ
完成

アニメ制作の主なパートの内容

企画	アニメ制作の第一歩は、**企画**を立てて実現していくためのプロジェクトを立ち上げることです。 企画はテレビ局、制作会社、広告代理店、DVDメーカー、玩具メーカーなどの各社から出されるケース、およびプロデューサーや監督などの個人から制作会社に持ち込まれるケースがあります。
監督、演出	演出面でテレビシリーズ全体の総指揮をとる人を**監督**と呼び、各話の指揮を担当する人を**演出**と呼びます。演出は絵コンテ作成も兼任することが多く、この絵コンテをもとに原画担当者に演出プランを正確に伝えます。 監督や演出になるには、「動画」「原画」を経験してから入る道と、「制作進行」「演出助手」を経て、演出テクニックを習得してから入る道があります。
脚本（シナリオ）	テレビシリーズの場合は、3〜5人前後の脚本家がローテーションを組んで各話を担当します。 まず、シリーズ構成をもとにあらすじのプロットを起こします。プロデューサーや監督などのチェックを受け、OKが出ると**シナリオ**の執筆に入ります。
キャラクターデザイン	ストーリーの中で活躍するキャラクターたちをデザインして、設定画に起こす仕事です。 ロボットアニメやファンタジー作品では、**キャラクターデザイン**のほかに、メカニックデザインやモンスターデザインなどの担当も参加します。 漫画原作の場合は、原作のイメージを大切にしつつ、アニメで動かしやすいタッチに修正して設定します。
作画監督	テレビシリーズの原画は10〜15人の原画マンが担当するため、キャラクターの顔や絵柄にズレが生じることがあるので、それを修正したり描き足したりして雰囲気をそろえていかなければなりません。また、演出プランに従ってキャラクターが生き生きと演技できているかどうか、絵の面からチェックしていくのも**作画監督**の仕事です。
背景	キャラクターのバックにある建物や風景などの**背景**の絵を専門に描く仕事。多くの背景の作画法も、ここ10年ほどかけてアナログからデジタルに移行しました。テレビアニメ30分ものでは、200枚くらいの背景画を、4社程度の美術専門スタジオが各話に分かれて担当・作成します。「背景」は専門的な技術を必要とする仕事です。
音響監督	アニメの音響制作は、編集が終わった絵素材データに合わせて音声を付ける作業です。 アニメの音を構成する3要素――キャラクターのセリフ、効果音（SE）、バックの音楽（BGM）――に関する全作業のディレクションを担当するのが**音響監督**です。

Section
4-10 デジタル作画はワークフローを変える

アニメ業界における「デジタル作画」へのシフトがますます加速しています。そのメリットは作画のスピードやクオリティの向上だけにとどまりません。大幅な効率アップは、アニメ業界を悩ますクリエイターの低賃金問題や人手不足などの解決につながるとも期待されます。

■デジタル作画の利便性

アニメ制作はおおまかに「作画」「美術」「仕上げ」の3つに分類されますが、現在、「仕上げ」はすべてデジタル化が完了しており、「美術」もタブレットでペイントしていくスタイルが主流となっています。**デジタル作画**とは、アニメ制作時にアニメーターが紙と鉛筆を使わず、**デジタル環境**＊でこの「作画」を行う手法です。しかし、紙と鉛筆に慣れ親しんだ古参アニメーターは、職人としての愛着やプライドのゆえに、なかなか作画のスタイルを移行できないでいました。とはいえ、やはりデジタル環境の機能の豊富さや可能性の大きさは圧倒的です。その利便性から、ペンタブレットを使用して画面上に絵を描くデジタル作画を導入するアニメーターやプロダクションが近年、急速に増えつつあります。導入直後こそ、新しいことを覚えて対応しなければならず現場は混乱しますが、技術を習得してしまえば作業効率が抜群にいいので、かなりのスピードアップが見込めます。大量の画を描く必要がある「作画」では、デジタルなら、同じような画を描くときにコピー&ペーストを活用することで、手間をかなり抑えられるのです。

動画マンや原画マンの低賃金が問題視されるアニメ業界ですが、デジタル作画によって表現の幅が広がり、作業領域を増やすことができるので、アニメーターの賃金がアップする可能性もあります。また、コンピュータ画面では簡易的なアニメーション再生（プレビュー）が可能になります。プレビューができると描くモチベーションは上がるので、デジタル作画を覚えた途端、1日あたりの作画枚数が大幅に増えたアニメーターもいます。

Term
デジタル環境　アニメ制作には各種のソフトウェアが使用される。作画には「CLIP STUDIO PAINT EX」、ペイントなどの仕上げに「RETAS STUDIO」、背景を描く作業では「Adobe Photoshop」、撮影には「Adobe After Effects」……といった具合に。

新人アニメーターが動画の描き方を覚える際には、均質な線を描く訓練が必要になります。ところがデジタル作画の場合、線のぶれを抑える補正や太さの調整を自由自在にツールが肩代わりしてくれるので、使い方さえ覚えれば、いきなり作画の現場に入って腕を磨くことができます。また、従来のアナログ作業では、「仕上げ」に入る前に、鉛筆で描かれた紙をスキャンする必要がありました。この場合、線の濃淡のせいで途切れてしまった線をあとで継ぎ足したり、紙の汚れを取り除くといった作業に時間をとられます。しかし、最初からデジタル作画であればその必要はなくなり、仕上げの工程はぐんとスピードアップが見込めるのです。

ワークフローの劇的変化

デジタル化により原画や動画などはすべてデータとして保存されるため、ペーパーレスでデータ管理ができるほか、データをそのままインターネット経由で受け渡しすることも可能です。アナログ作画の場合、出来上がった画は郵送や手渡しで納品する必要があったのですが、そういった手間もなくスムーズに納品できるようになり、制作進行業務の負担も減ります。また、画素材の上がりを待ったり受け取りに行ったりする作業もなくなるので、ルーチンワークを減らすことで仕事の効率化も図れます。プロデューサーもしくはデスクが制作進行を兼任できるレベルであり、カット袋や**タイムシート**＊がないおかげで何本も掛け持ちすることさえできるようになります。

ただしメリットばかりではなく、素材の不備に気付かないまま素材が作業工程に流れてしまったり、タイムシートを含めて紙素材が発生するとそれだけで機能しなくなるといったデメリットも出てきています。また、デジタル化には「直しすぎ問題」も付きまといます。修正が簡単にできてしまうので、ギリギリの時間になるまでクオリティ向上を図り、結局、アナログ時よりもアニメーターが疲弊してしまう——という現象です。

このような課題を抱えつつも、デジタル作画は着実に浸透しつつあります。より広まることで、ワークフロー自体を劇的に変化させてしまうことでしょう。

デジタル化の恩恵で、作業の効率化に加え、表現できるものの幅も広がったアニメ制作現場ですが、一番重要なのが「何を伝えたいか」であることは変わりません。そのためにも、クリエイターたちには「知恵を絞りイメージを広げる」ことが今後より一層求められることになるでしょう。

Term
タイムシート　時間経過に沿って、芝居・セリフのタイミング、撮影におけるカメラワークや特殊効果の指定などが書き込んである指示書。

Section

4-11 声優の役割と仕事（アフレコ）

1950年代のテレビ黎明期には、海外で制作されたドラマや映画が多数放映されていました。このとき、外国の俳優の声を日本語に吹き替えるアフレコという仕事が確立したのです。

アニメブームと人気声優

当初は俳優が声優を兼ねるというスタイルでしたが、徐々に声優専門の役者が増えていきました。1963年放映の『鉄腕アトム』以来、テレビアニメの**アフレコ***も**声優の仕事**になりました。

以来、アニメのアフレコでは登場人物のキャラに合わせて、いろいろな声の人が集められます。アニメに最適なのは、メリハリがあってインパクトのある声、子供に好まれる音域の声などです。アニメの録音には、モニター画面を見ながら台詞《せりふ》を吹き込む**アフレコ**と、事前に台詞を収録し、それに合わせてあとから動画を制作する**プレスコ***の2種類の方法があり、日本ではアフレコが主流です。動画が未完成の状態でアフレコをすることが多いため、絵コンテなどを簡易撮影した素材を参考に演技し、セリフの場面では役名が表示された四角い印を見ながら録音することもあります。

『宇宙戦艦ヤマト』に端を発するアニメブームの到来は声優の認知度を高め、声優ブームにつながっていきました。当時の人気声優の多くは男性でした。

そして80年代後半、主題歌を歌いアフレコもできるマルチ女性声優が登場して、アイドル化現象のはしりとなりました。90年代中ごろからは、声優がラジオ番組のパーソナリティを務めたり、CDの発売、コンサートの開催、写真集の出版を手がけるなど、幅広い活動を行うようになりました。近年は、声優単体でのアーティストデビューはもはや当たり前で、『アイドルマスター』『ラブライブ！』『BanG Dream!（バンドリ！）』といったアニメ作

Term

アフレコ　アフター・レコーディングの略で、通称は音入れ。アフレコは、制作中のアニメがアニメーターの手を離れたあとの工程であり、録音スタジオで声優や音響担当がアフレコ台本に沿って声を吹き込む作業にあたる。

品と連動したライブ活動が大成功したり、声優の冠番組やトーク番組が放送されるなど、声優のマルチタレント化がますます進んでいます。

　今日の声優は、アニメのPR目的のラジオ／ネット番組のパーソナリティを務めたり、キャラクターソングを歌ったり、各番宣イベントへ出演したりすることが必須となり、声優としての技能や演技力のみならず、容姿に歌唱力、トーク力やバラエティ能力まで求められるようになりました。とりわけアイドル声優の場合は、ルックスのよさが重要なポイントになっています。

声優のランク制とギャラ

　声優が憧れの職業となった今日、アニメ作品で名前のある役をもらえている声優だけでも7000人を超えます。海外映画・ドラマの吹き替え専門の声優、ゲーム出演やナレーション専門の声優、まだ名前のある役をもらえていない新人声優なども加えると、声優人口は1万人以上、声優事務所も200社以上存在しています。そこで声優の仕事の受注ですが、通常は新人と大物の区別もなく、「選考オーディションを受けて自分で仕事をとってくる」システムが主流です。制作会社などから声優の事務所にオーディションのお知らせが来て、事務所は役柄に合うと判断した所属声優を数人選び、その選ばれた者だけがオーディションを受けられる、というのが通例です。

　声優の出演料（ギャラ）は、基本的には音響制作会社から出演依頼の都度、所属事務所を通して出演契約をして、声優に支払われます。20％程度が所属事務所のマネジメント料となります。

　アニメと洋画のアフレコの場合は、15から45までの「**ランク制**」をとっていて、料金体系が細かく定められています。ベテランから新人までキャリアごとにランクが分かれており、例えば「30分もののテレビアニメ作品のレギュラー

アイドル声優によるアフレコ

Term

プレスコ　「声優の演技を下敷きにして、アニメーターが自然な芝居を付けられる」、「演技に合わせてアレンジが利かせやすい」という長所がある。しかし、テレビアニメのような予算やスケジュールの厳しい現場で、作画に手間ひまをかけることは難しい。フルアニメが主流である欧米では、プレスコ方式が多く採用されている。

ならいくら」というように、ランクに応じて出演料が支払われることになっています。

「30分枠1話の基本出演料」の相場は、最低ランクで1万5000円、最高ランクで4万5000円、その上に上限なしのノーランクが設定されています。出演作品のDVD化やネット配信があると転用料が発生し、ギャラはトータルで2・4倍ほどになります。

声優は年に一度、自分のランクの自己申請を行います。ランクを上げないといつまでも低いギャラで仕事をしなければならず、逆に上げすぎると仕事が来ないという事態も起こってきます。CMやテレビ番組などの**ナレーション**＊の仕事は、このようなランクの縛りがないので、中堅・ベテラン格になるにつれてナレーションの仕事が中心になる、という傾向が見られます。

人材が次々に登場してくる新陳代謝の激しい業界であるため、「わずかな期間活躍できただけで次の若い世代にポジションを奪われ、仕事量が激減した」というケースも珍しくありません。ベテラン声優の中には本業のかたわら、声優事務所の経営、声優の養成所や専門学校の講師、カルチャースクールのしゃべり方教室の講師、音響監督などといった副業に励む人も少なくないようです。

一般的な声優デビューまでの流れ

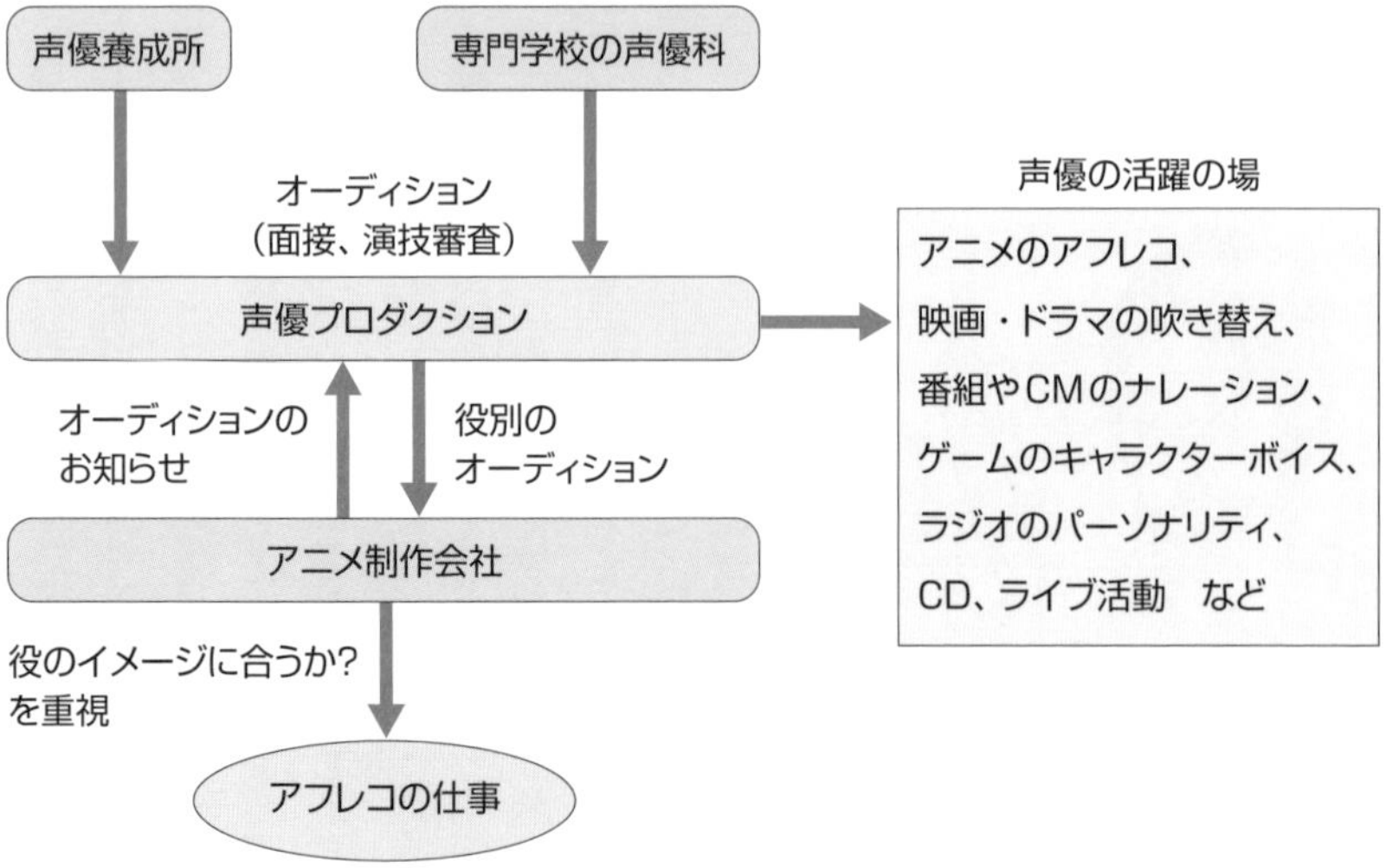

Term
ナレーション　ナレーションとラジオは、どちらも1回につき固定の出演料が支払われ、相場はナレーションが1回1000〜10万円、ラジオが1回5000〜1万円。洋画の吹き替えはランクに関係なく、1時間あたり5万円が相場。ゲームは経験や人気に応じて変わり、1文字30〜200円が相場。

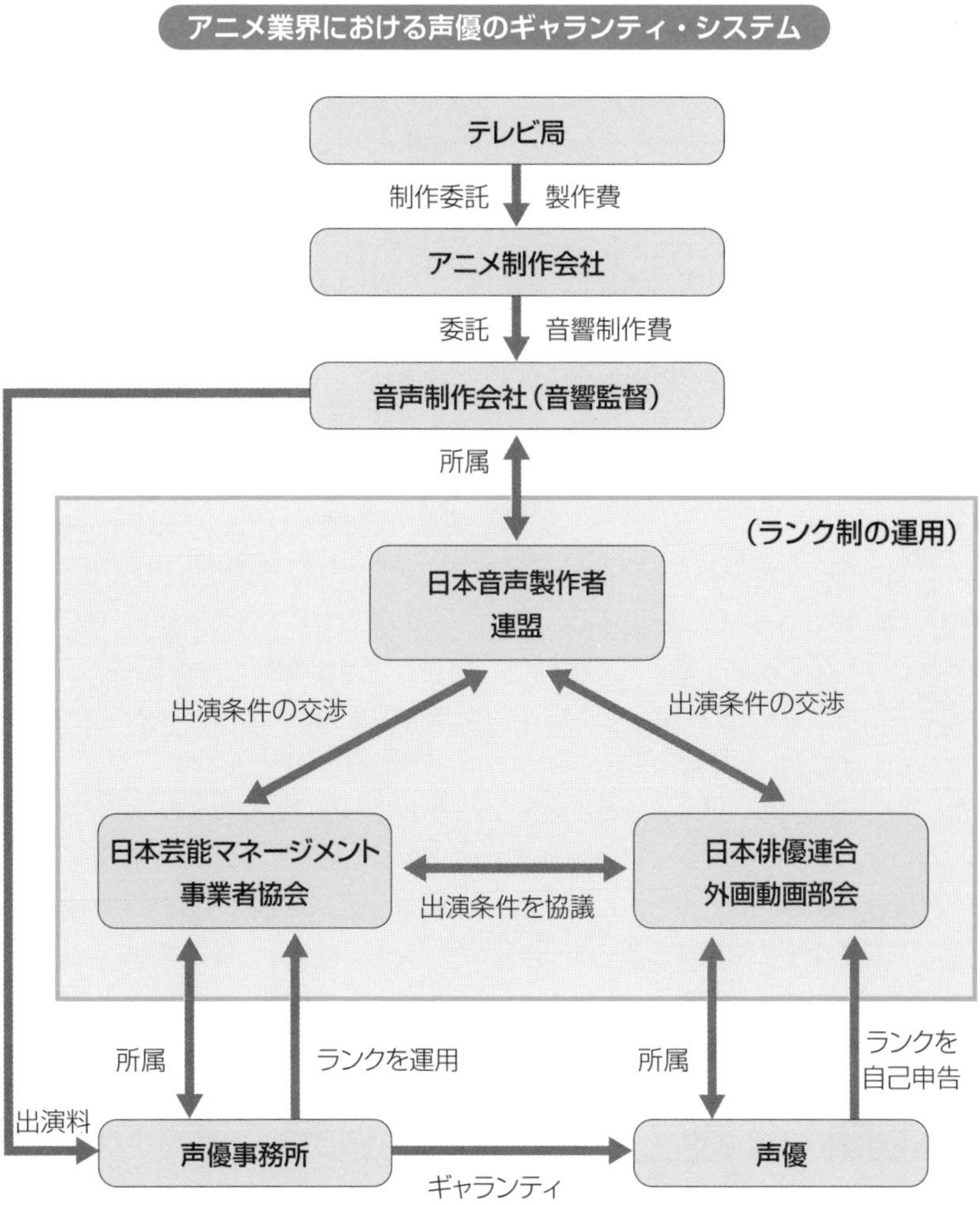
アニメ業界における声優のギャランティ・システム
テレビ局
制作委託
製作費
アニメ制作会社
委託
音響制作費
音声制作会社（音響監督）
所属
（ランク制の運用）
日本音声製作者連盟
出演条件の交渉
出演条件の交渉
日本芸能マネージメント事業者協会
出演条件を協議
日本俳優連合外画動画部会
所属
ランクを運用
所属
ランクを自己申告
出演料
声優事務所
ギャランティ
声優

アニメ声優のギャラは「ランク制」。セリフの量に関係なく、一言だけしゃべった場合でも長時間しゃべった場合でも、同じランクであればギャラは同じです。

Column なぜ人はアニメを面白いと感じるのか？

あるネット掲示板で、中高生が「アニメのキャラに感情移入しすぎて心が疲れるんだが、これやっぱ何かしらの病気かな？　映画館だと涙止まんないし、テレビ見てると心が張り裂けそうになって、最後キャラが死んだりすると、悲しすぎてずっとボーッとしてるんだ」と投稿、掲示板の読者にアドバイスを求めていました。

確かに自分のことを振り返ってみても、小学生時代、連続モノの冒険ドラマでハラハラさせられて、「こんなに毎回ドキドキするんだったらもう見たくないよ～」と思ったことがありました。年を重ねていくうちに、こっちも知恵がついて「主人公がすぐ死ぬわけないよ」なんて見方も冷めてきて、だんだん素直じゃなくなってしまうのですが。

そもそも登場キャラに感情移入して、自分の体験でもないのに、ワガコトのように感じられるのはなぜでしょう？

おそらく……太古より、人は生き残るために感情を発達させ、集団の中で、感情という共通のコミュニケーションを使って互いを支え合ってきました。相手のことを考える力がなければ集団の一員としてやっていけないため、感情移入という能力を発達させたのでしょう。

感情移入とは、人の感情に共感し、想像力を駆使して生まれる感情です。この能力のおかげで、他人が創造した小説や映画・ドラマでも、あたかも自分が体験しているかのように脳が錯覚して、喜んだり悲しんだりと感情を揺さぶるのでしょう。

物語に引きずられて感情移入しやすい人は、他人の気持ちをくみ取って行動できる、とても優しい人なのでしょう。とはいえ、何もかも自分のことのように感情移入していては疲れてしまいます。「これは感情移入しすぎて自分のことだと勘違いしているだけだな」と一歩引いて状況を俯瞰することで、感情と距離をとりましょう。そう、もっと気軽に。アニメは「娯楽作品」なんですから——なんてアドバイスされても、よい作品に出会い、その世界観に浸って、主人公たちにどっぷり感情移入しちゃうと、やっぱりハラハラドキドキさせられます。

テレビドラマの制作スタッフに聞いたところでは、配信でコンテンツを楽しむ習慣が定着したことで、ストーリーの組み立て方は大きく変化したそうです。主人公がピンチに陥ったハラハラで次回に誘導する展開は、好まれなくなっているのだと。たとえピンチでも〈次回はもっと主人公が活躍して、いい展開になりますよ〉といった、どこか光明が差すような“引き”を盛り込むように意識しているとのこと。近年は、疲れていてリラックスしたい、カタルシスを味わいたいというときに苦しい展開を見せられると、「もういいかな」と離脱してしまう視聴者も多いそうです。

確かに、「アニメのキャラに感情移入しすぎて心が疲れる」っていう苦痛の展開よりも、「次はもっといい展開になるみたい」って、どこか少しは安心したいというのが、昨今の視聴者心理なのかもしれません。

現場の声を聴く
（アニメ監督インタビュー①）

アニメ監督って、いったいどういう仕事なのでしょうか。

アニメ監督は、作品の方向性や内容を決め、それを制作に関わる各パートのスタッフに伝え、1つの作品にまとめていくために、アニメの演出に関するすべての決定権を持つ、作品の総責任者です。スタッフ、シナリオ、キャラクター、動画、配色、CG、背景、声優、音楽など、1つのアニメ作品が生まれるまでには、たくさんのことを決めて制作を進めていく必要があります。その1つひとつの決定に監督は関与し、判断を下していきます。

ここでは、現役のアニメ監督である花井宏和氏の声を聴いてみましょう。

現場の声を聴く（現役ディレクターの声）

20数年間にわたってアニメ制作の現場に携わり、現在は監督（ディレクター）として活躍中の花井宏和氏に、アニメーターの技術関係（特にデジタル作画の技術）を中心に、現在のアニメ制作の状況を話していただきました。

■現役ディレクターとして制作の現場を語る

花井宏和氏は、テレビアニメ『イジらないで、長瀞《ながとろ》さん』（2021年放映）や『**アリス・ギア・アイギス Expansion***』（2023年放映）などで監督、演出、絵コンテを担当するなど、現役として活躍中のディレクターです。

現在はアニメ制作の第一線でバリバリ活躍中の花井氏ですが志望動機は学生時代、「上手な絵は描けないが演出なら仕事としてできるかな。監督の名前がアニメ番組のクレジットの最後に出るのがかっこいいな!」という安直な理由だったそうです。

しかし、アニメ産業で仕事に就こうと入学したアニメーション専門学校には制作科のコースがなく、何もわからないままアニメーター科に入りました。

花井宏和氏（自画像）

また、卒業後に入社したアニメ制作会社も、いわゆる補欠合格でした。入社試験を受けて落ちた会社のうちの1社でしたが、たまたま席が空いたので、〝やる気があるなら来ないか〟と誘ってもらったのがアニメーターとしての第一歩。「アニメ・スポット」（12年に「スタジオエル」に吸収）という作画の請負会社でした。そして、それがよかったようです。

作画に関して、社長のアベ正己氏（おとぎプロ出身のアニメーター）から、レイアウトや芝居などとにかくアニメーターとしての基本を徹底的に教えてもらいました。「君は相当頑張ってやっと一人前の原画マンになれるかどうかだ」と叱咤《しった》激励されながら、人一倍の努力でスキルを向上させていきます。そこでの経験が、現在でも花井氏の仕事の基本の部分となっているそうです。

Term

アリス・ギア・アイギス Expansion　2023年4月から6月までテレビ放送された。就職を希望する少女が成子坂製作所へ来訪するところから物語が始まる。原作ゲームにあるような戦闘シーンは終盤までほぼなく、日常に比重を置いたコメディストーリー。

現場で着実にスキルを向上させ、アニメーターとしての地歩を固め、若いころ思い描いていたとおりにアニメ監督として第一線で活躍中の花井氏。技術を中心にアニメ制作の状況を語っていただくには最適の方でしょう。

インタビュー（2024年5月吉日）

・アニメーターへの道

デジタル作画のスキルが必要不可欠ないま、専門学校での技術・知識の習得がアニメーターへの近道か？

確かに専門学校には大きなメリットがあります。専門学校の講師は経験者が多いですし、質問をすれば答えてくれるでしょう。同じ目的の仲間と知り合えるので、業界に入ったあとで他社の情報も手に入れやすいでしょうし、励まし合うこともできると思います。

なので、受動的な性格の人ならば、環境が作られているぶん、専門学校に行くことによって前に進みやすいと思います。逆に能動的な性格の人でしたら、インターネットやSNSなどでも素晴らしいアニメ技術は見られるので、独学で勉強して果敢にアニメ会社の門をたたくのもありだと思います。大事なのは、自分の性格を知った上でどうするかだと思います。

付け加えると、基本的にデジタル作画スキルは必須ではなくて、絵を描くスキルが必須です。紙で始めた人などはデジタル作画のツールはあと回しでよいと思います。皆さんが勘違いしやすい部分だと思いますが、私たちが一番に考えるのは絵のスキルであって、ツールではないのです。

紙媒体でないと仕事ができないというアニメーターとの共同作業はできるか？

いま申したように、必要とされているのはその人が持っている絵のスキルですので、ツールはマストではありません。なので、デジタル作画ツールを使わないアニメーターとでも共同作業ができるように、アナログの環境は残しておくべきだと思っています。

演出と絵コンテの勉強

2007年から演出をしていますが、その段階で演出や絵コンテの勉強はほとんどしていません。アニメーターのときからそうでしたが、まわりの人たちのおかげで運よく役職を経験させていただき、そこから反省や学習をして成長させてもらっています。予習や勉強ではなく〝失敗して学ぶ〟のがほとんどでしたね。

絵が描けることは演出・監督の仕事でも役に立つ

演出や監督としてチェックするときは、できるだけ絵を描いています。本当は指示のみに専念すべきなのですが、どうしてもいまのアニメの作り方に合わせると、アニメは絵で表現するものですから、言葉で言うよりも端的に絵にする方が理解させやすく、また納得させやすいのです。

キャラクターに似せる指示ではなく、デッサンや芝居の流れ、表情のニュアンスがおかしくないように描いたり、たまにはレイアウトから描いて指示を出したりもします。

私の場合、監督作品はできるだけすべての話数（エピソード）を見ておきたい性格なので、シリーズ内の3分の2以上のカットは見て何かしらの手を入れています。

若手アニメーターの指導

監督業をメインにしていると、新人や若手アニメーターと直接やり取りすることは少ないです。各セクションの長との打ち合わせがメインで、その長たちが若手の作業者たちに伝えていくことが多いです。直接の接点のある新人というと、制作進行くらいです。

専門学校のアニメ学科講師をしたときもそうでしたが、どこまで強く踏み込んでいいのか、だんだんわからなくなってきましたので、基本的にはデスクやプロデューサーに相談するようにしています。

ただ、作品の質がスケジュールの制約の中でも過度に下がりそうなときは、意見をさせてもらいます。

アニメ監督の仕事

花井氏が監督、演出、絵コンテを担当したテレビアニメ『アリス・ギア・アイギス Expansion』（2023年4～6月放送、原作：株式会社ピラミッド、制作会社：ノーマッド）を例として、アニメ監督の仕事を具体的に話していただきました。

本作品の製作は、**株式会社コロプラ**＊（オンラインゲーム会社）と株式会社ピラミッド（ゲーム開発会社）の合同出資による、『成子坂《なるこざか》製作所』（本作に登場する事業所と同名）とクレジットされている製作委員会です。

プリプロ期間、制作体制、プロダクション期間

本作品のテレビ放映はワンクール12話ですが、プリプロ期間については、今回はOVA、テレビシリーズと続いた作品ですので、合わせて放送までの準備期間は3年半ほどです。

Term **株式会社コロプラ**　オンラインゲームの開発・運営を行う企業。主力タイトルとして『クイズRPG 魔法使いと黒猫のウィズ』、『白猫プロジェクト』、『アリス・ギア・アイギス』などがある。

同時並行でいくつかの話数を制作していますが、制作体制としては、3〜4班の同時並行といったところでしょうか。有限会社ノーマッドの会社規模は大手ではないので、グロス請け制作会社にも助けてもらいました。

どこからをプロダクション期間とするかは難しいところですが、本格的に現場が動く、つまり絵コンテが上がったあとの期間はしっかりとってありました。各話数とも平均7〜8カ月は用意しました。

絵コンテが上がってから納品まで平均7〜8カ月というのは、一般的には余裕のある期間だと思われますが、自分が携わった最近の作品では、絵コンテが上がってからこれくらいのスケジュールを用意することが多いです。それでも人手が足らずにギリギリの納品になることが多々あります。制作人数が限られているため、納品の早い前話数を優先して人手を回していかざるを得ません。なので、たとえ後ろ話数の絵コンテが早く上がっていたとしても、入れる作業者のアサインができず、前話数の作業が終わるまで寝てしまう現象が起きたりします。だから、実際のところ話数内にかけているスケジュールは数字よりも短いです。

●アニメ監督としての制作参加の時期（今回は原作もの）

本作品では、プリプロの企画書制作段階から参加しています。原作者（株式会社ピラミッド）からは、「原作のストーリーをそのままやらなくてよい」、「ただし、いまいるユーザーを大事にしてほしい」という要望がありました。出資者（株式会社コロプラ）からは、「いろいろとメディア展開ができるように可能性を広げてほしい」という要望がありました。そうした要望をもとに、一緒に企画の内容を膨らませていきました。

企画の打ち合わせは、構成に行くまでに4〜5回くらい行ったでしょうか。こちらがたたきを用意して、そこに原作者（株式会社ピラミッド）に監修や肉付けをしてもらいつつ、構成案に移っていったという手順です。

構成に入ってからは、隔週か毎週の定例の打ち合わせになっていきました。

●アニメ監督の仕事で一番大変なところ

私は、スタッフにできる限り多くの時間を渡して、スタッフが個々に持っているパワーをいかに完全に引き出せるかを大事にしています。しかし今回の作品では、制作現場との連携不足や人材不足で工程が途中で寝てしまうことが起きたため、スタッフに十分な時間を渡せなくて現場は大変だったと思います。

作品を監督する上で大事にすること

今回の作品では、原作ゲームの特色である、主要キャラクター「アクトレス」（アリスギアを纏《まと》い戦う少女）の女の子たちの可愛さを一番大事にしました。もう1つ、アニメのオリジナルキャラクターを用意することになったので、既存のキャラクターに対して違和感がなく、視聴者からも受け入れられる愛すべきキャラクターであるように努めました。

監督の仕事と収入の関係

監督を受ける際に制作会社（ノーマッド）側と話し合った結果の金額ですので、納得はしています。ですから今回の場合、収入は仕事の内容に見合っているといえます。

ただ、CG業界のディレクターなどに比べると相場が低いとは認識しています。なので、地位向上のために交渉はしていきますし、監督作業以外の作業に関しても別途話し合いをして、その作業のぶんを支払ってもらっています。

著作権については、監督でさえ、企画から参加している場合であっても発生しないことが多々あるので、そこはなんとかして持てるようにしたいですね。

ブルーレイ販売による印税

今回の作品はブルーレイ（BD）が販売されていますが、契約上、それによる印税はありません。印税契約ができている監督さんは非常に少ないのではないでしょうか。

製作委員会方式ですと、出資していない人に著作権がもらえることは非常にまれではないかと思います。大手の制作会社との仕事の場合、最初の契約時に「著作権の放棄」が契約書の文言に入っていることが多いですね。クリエイターの希少価値をきちんと評価してもらえるようにしたいです。

デジタル作画の技術

制作現場でのデジタル作画の最初の経験

私が原画担当のころは、まだアナログ作業でした。

原画にデジタルが浸透してきたのは最近のことだと思います。作画ソフトのCLIP STUDIO PAINT＊が安価でアニメ向きでもあったので、会社で実験的に使ったのは、制作会社の「テレコム・アニメーションフィルム」に籍を置いていたときです。テレビアニメ『神之塔

Term
CLIP STUDIO PAINT　セルシスによって開発されたペイント（作画）ソフト。抜群の描き味などが評価され、業界シェアNo.1アニメ制作ソフト「RETAS」シリーズと共に、多くの商用アニメ制作現場で活用されている。

-Tower of God-』の制作のときが最初で、まだ5年ほど前のことです。

デジタル作画スキルの現場での身に付け方

『神之塔 -Tower of God-』の副監督をしながら、会社内でデジタルのみで作品を回していくプロジェクトにも参加していました。初めてのことで手探りでしたが、そこでいろいろと経験させてもらいました。3Dソフトも軽く使いましたし、別件でゲームやVTuber案件のディレクションなどもしました。

ちなみに、このときの3Dソフトを使った経験は、監督になったとき、CG班への指示出しなどで役立ちました。2Dの作業と3Dの作業は業種が違うので、2Dのルールを押し付けないようにします。むしろ、3Dのルールに沿って作業を依頼しないと、メリットが消えていくことも多々あります。

3Dの会社をうまく使えていない現場も多いようですが、ほとんどの場合、その原因は2Dルールの押し付けにあると感じます。2Dも3Dもどちらも映像であることに変わりはありませんが、2次元と3次元の世界を1つにまとめるわけですから、無理があるのは当然です。

使用しているデジタル作画ソフト

絵コンテは完全にCLIP STUDIO PAINTで作業して、OP／EDなどはToon Boom Storyboard Proを使っています。けれども、作業の大部分はまだ紙ベースにしています。その理由は、監督業務が多すぎて、いまの私のスキルでデジタルで作業すると、間に合わなくなるからです。作品に関わるすべての部署を指揮し統括するのが監督の仕事です。脚本をもとに絵コンテを起こし、制作チーム、美術（背景）、演出など各部署との打ち合わせ、声優や音楽への指示など、作品が生まれるまでには非常に多くのことを決めて制作を進めていく必要があるので、どうしてもデジタル作業の優先度は下げざるを得ません。

デジタル作画の作業は手描き作画より効率的か？

紙作画とデジタル作画はツールが違うだけなので、慣れてしまえばスピードはどちらもあまり変わらないと思います。

コピー&ペーストが使えることや、トライ・アンド・エラーを何度でも繰り返せることが、デジタル作画のメリットです。一方、動きを確認するために複数枚を一気に見たいとき、デジタルでは1枚ずつしか確認できないなどのデメリットもあります。なので、紙作画を経験していると余計に、どちらの方がいいかは断定できません。大事なのはツールではなくクリエイターの持っているスキルなので、紙作画しかできない人でもその人ならではのスキルがあって、よい映像を作り出すためのカットが描けるのであれば、ツールは紙でもデジタルでも構わないと思っています。

アナログ作画からデジタル作画への移行*はどれくらい進んだか？

アニメーターのデジタル化率は上がってきていると思います。一方、演出や作画監督の普及率はまだ低いと思います。これは、作画データのフォルダ構成のルールが確立されておらず、アニメーターごとに違っていたりして、チェックする側が把握しづらいのが理由です。

また、複数枚の重ね作業、つまり〝ペラペラマンガ〟にして動きが滑らかかどうかを確かめる作業が、紙原画と違ってやりづらいというのが私の肌感覚です。

人間の目は都合よくできていて、透けた絵に対して透過率やフォーカスを自動調整して見ることができるのですが、タブレット上だと慣れていないせいか見づらいのです。

海外とのオンラインでの作画データの受け渡しはデジタル作画のメリットか？

昔は、動画を海外に委託した場合、紙が空輸で戻ってくるまで動画の確認や修正の作業はできませんでした。いまでは、オンラインで作画データの受け渡しができるため、タイムラグがなくなったのは大きいと思います。

それでも、時間がないことが多々あるため、状況によっては動仕（動画と仕上げをまとめて発注）になってしまうことがあります。そのため、動画チェックを行わないことも多いです。

クラウドストレージを利用して作画データをネット上で共有することについて

ネット上でのデータ共有には当然ながら情報漏洩《ろうえい》などのリスクがあるため、どの制作会社もできる限りローカル内で管理し、やり取りすることを基本としています。セキュリティを考えて、外部の会社や個人との間でのみ、最小限のデータをネット上で共有していると思います。

CGアニメの浸透がアニメ制作に与えた影響

アニメ作品の中でCGを取り扱う作品は増えてます。

Point **デジタル作画への移行** デジタル作画への移行はまだ60～70%あたり。同じ作品の中でもアナログとデジタルの素材を管理しなければならず、コストの面からも大きな負担。すべてをデジタル化してしまえば解決する問題だが、職人気質の作り方をしていることも多く、一律のデジタル化は難しい。

デジタル化が進むことで、アニメーターの作業も分業化が進んでいます。車などのメカや街中のモブなどで**3D**を使うケースが増えており、3Dソフトウェアの持つ多彩な機能を使って3Dの強みを発揮させます。手描きでは大変なシーンであっても、3Dソフトウェアで先にモデルやモーションなどを仕込んでさえあれば比較的容易に作れますし、汎用性のあるものは様々な場面で効果的に使えます。

手描きアニメとCGアニメの使い分け

手描きアニメとCGアニメは、別々の専門分野に分かれています。

CGアニメーターになるためには、様々なシーンで種々のCG制作ソフトを使いこなせるスキルを身に付けなければなりません。CGアニメーターは絵が描けなくてもいいと思われがちですが、キャラクターやアニメーションの制作のためには絵心があった方がよいです。キャラクターや物体の構造を理解したり表現したりするための基礎的なスキルは確実に必要ですし、デッサン力はどんな場面でも求められます。

最近のアニメ業界について

ネットフリックスなど配信プラットホームの参入で制作現場の賃金状況は変わったか?

配信プラットホームの参入で制作費が増えて、1話数に対する金額は上がっているようです。でも、その一方でCGの使用なども当たり前になってきて、そこにも予算を割くため、クリエイターみんなが潤っているとは思いません。

どの業界も同じだと思いますが、掛け持ちなどしてうまくやっている人は稼げていても、不器用で稼ぐのが難しい人もいるはずですので、制作会社が把握して、頑張っている人にお金が行くようになればうれしいです。クリエイターはフリーランスが多いので、好きな作品を選べるけれども、金銭交渉は自分でやらないといけないですからね。

アニメーターや監督、演出などはよく話題に上がってきますが、仕上げや編集など他の部署もフリーランスが多いので、そこからの声も拾い上げてほしいです。

そうした声を踏まえて、クリエイターがお金の心配をしすぎることなくクリエイティブな作業に専念できるようになればと思います。制作会社が十分なギャラを払えるだけの制作料を受け取れるようになれば、もっと多くの優れた作品が生まれるのではないでしょうか。

●アニメがもてはやされているのに現場のスタッフは苦しい状況のようだが、将来の展望はどうか？

アニメの世界配信や劇場アニメの大ヒットなどで、現場のスタッフの待遇が近い将来に劇的に変わるかというと、クリエイターがフリーランスを続けている限り、一部の人間以外は難しいと考えています。クリエイターを会社で抱え込んで、作品数を減らし、会社のブランド価値を高めて、「制作予算を上げないとアニメは作れません」と言えるくらいにしないと、クリエイターが安心して仕事に取り組める環境の実現は難しいのではないかと思っています。

一方で、たとえ環境がそうなったとしても、フリーランスのクリエイターの多くは、「好きな作品をやりたい」「会社の規則に縛られたくない」など、いまの自由を失うことなく、フリーランスのままでそこそこの生活水準も手に入れたい、という思いが強いと感じています。

この問題は、自由と収入の「あちらを立てればこちらが立たず」で、悩ましいところですね。

●要求される作品クオリティに対してアニメーターの才能の供給が足りていないのか？

テレビアニメについては確かに、視聴者やクライアントから求められるクオリティは高くなったと感じています。しかし、才能あるクリエイターをどれだけ使えるかはその作品の予算やスケジュールに大きく左右されるので、最初にクライアントと交渉して作品のクオリティの最低ラインを設置するべきではないかと思います。もちろん、どこの会社もアニメーターや演出の人材を常に探しています。

●日本アニメフィルム文化連盟（ＮＡＦＣＡ）が実施する「アニメータースキル検定＊」について

検定によってアニメーターのスキルを目に見えるようにして、制作に参加する若手アニメーターの技量を把握し、採用基準に使うとのことです。検定の内容はこれから詰めていくとして、こういった改革の姿勢自体は非常によいことだと思っています。今回のアニメータースキル検定は動画に関してのみの検定となっているようですが、試みの結果がすごく気になります。ＪＡｎｉＣＡ（アニメーターおよび演出家の地位向上と技術継承を目的とする日本の社団法人）なども、技術を教える場を増やそうと努めているようで、こうした取り組みによって業界が少しでもよくなっていければと思っています。

Term　**アニメータースキル検定**　アニメ業界を志す若者の人材育成の一環として、アニメーターの仕事の中でも主に「動画」という最も基本となるセクションに必要な技術と知識をレベルごとに測る検定。2024年に第１回検定が実施される予定で、受験資格は16歳以上。

第5章

アニメ業界の人材育成と現場

アニメビジネス、アニメ業界でいま最も深刻な問題、重要な課題とされているのが、人材不足ならびにその解消策としての人材育成です。

ここではアニメ人材の育成の現状について紹介します。

Section
5-1 アニメビジネスの人材育成の現状

アニメ制作の人材育成は、専門学校や各種学校のアニメーション科などで基礎を習得し、制作会社に入社したあとはOJT*により実践技術を身に付ける、というコースが一般的です。

学校で基礎を習得、入社後はOJT

アニメビジネスには、「企画や資金獲得の仕事」（プロデューサーの役割）、「アニメ作品の制作」つまりシナリオ作成／原画作成／動画作成／彩色／撮影／編集などアニメの制作工程を担う仕事（制作会社が中心）から「放映・公開」まで、いろいろな仕事の領域があります。その中で中核となるのが「アニメ作品の制作」です。そして、中核であるからには、その仕事の質を維持・向上させるために人材の確保が必要になります。すなわち、ここでいうアニメ業界の人材育成とは、主に、アニメ作品の制作に携わる人材の育成ということです。

ところで、一般的に新人**アニメーター**は、アニメ制作の仕事を動画作成からスタートします。**動画**担当としての仕事の中で実力を付け、**原画**の作成にキャリアアップし、さらにその中で能力のあるアニメーターが**作画監督**や**作画総監督**、**キャラクターデザイナー**などになるわけです。そして、キャリアアップするにつれて賃金は上昇します。こうした点から、アニメ制作の人材育成の基本は、動画作成における人材育成となります。

アニメビジネスが始まった当初の人材育成は、「白紙の状態から、現場で技術を習得させつつ鍛え上げていく」ものでした。しかし、アニメビジネスの発展に伴って、様々な専門学校がアニメ制作の基礎を習得できるコースを設け、アニメ制作を専科とする各種学校も設立されるようになりました。そのため近年は、アニメ制作会社の多くが、こうした学校の卒業生を中心に人材を確保するようになっています。

もちろん、それ以外の様々なルートからも人材が入ってきますが、新しい人材の多くが、今後もこうした学校から

Term
OJT　On-the-Job Trainingの略。

輩出されることは間違いありません。

なお、大学でもアニメーションを教える学科を備えているところがあります。専門学校や各種学校のアニメーション科と大学のアニメーション科の違いは、前者がアニメ制作の実践に即した、現場で実際に使える知識や技術を教授するのに対し、後者*は実践に即していないという点です。

専門学校や各種学校では、アニメ制作の現場で実践を積んできて、現場に精通した専門家を講師に迎え入れています。ただし、アニメ制作のすべての工程で経験を積み、すべてに精通することは難しいので、それぞれの工程別に専門家が必要になります。

こうして招かれた工程ごとの専門家は、自分自身がアニメ制作の現場で習得してきたもの、つまり、アニメ制作の現場で実際に必要とされる技術や知識などを学生に教えます。

一方、大学のアニメーション科では、一般化された知識や技術、学術的な知識など、いわゆるアート系の内容が中心になります。そのため、実践に即してはおらず、卒業しても、ただちにアニメ業界で実践をこなせるわけではありません。例えば、アート的な作品を個人的に制作するなど、作家的な活動に向かう人もいます。

キャリアアップの2つのコース

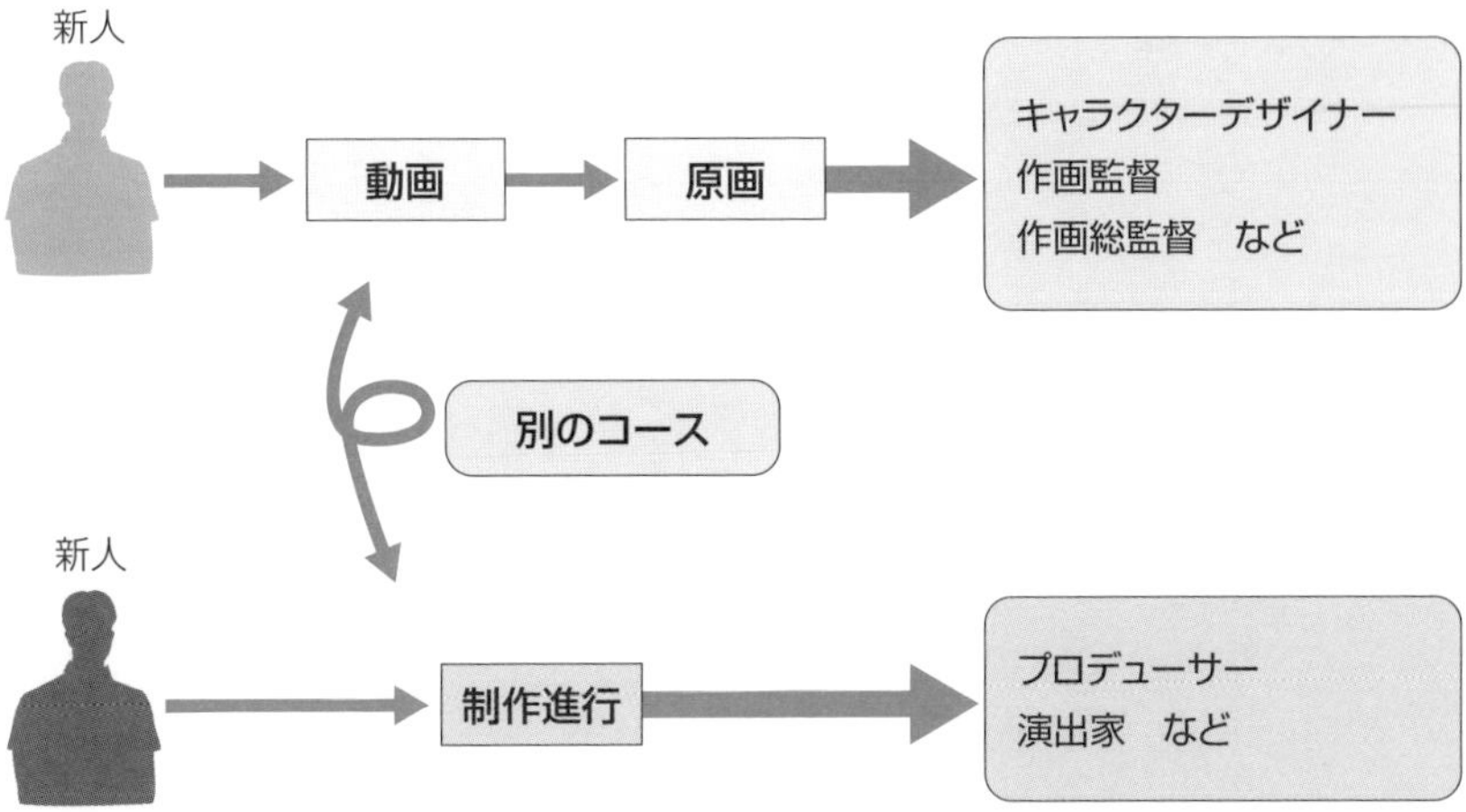

後者　もちろん、実践に即した内容を教えているアニメーション科のある大学も2、3ある。

しかし、専門学校のアニメーション科で習得するのは、あくまでもアニメ制作の基礎です。少数ですが、職に就いてすぐに戦力となる人材や、例外的に、在学中からアニメーターとして実践をこなす人材もいますが、一般には、卒業してそのまま即戦力になる人材というのはまれです。多くは、制作の現場で一定期間の研修を経なければなりません。研修期間に制作技術（作画技術など）や制作スピード（作画スピードなど）を向上させ、実践に堪え得るようになってから、アニメーターとして独り立ちします。

制作進行の人材確保

ところで、アニメ制作の現場では、作画（動画や原画）や彩色、仕上げ、美術、背景、撮影、編集など、実際に手を動かしてアニメ制作の作業に携わるポジションとは別に、重要なポジション（仕事）があります。

それは、作画（動画や原画）や彩色、撮影、編集などに携わるスタッフ（アニメーター）をサポートして、制作をスムーズに進行させるポジションです。アニメ業界では**制作進行**＊などと呼ばれます。

アニメ制作の工程には動画作成、原画作成、仕上げ・彩色、美術・背景、撮影、編集などがありますが、それぞれ分業化されています。こうした工程の作業は、下請け（制作会社やフリーのアニメーター）に外注されます。制作進行の仕事の中心は、外注先が作り上げた素材（原画、動画など）を次の工程の外注先に運んで回ることです。それ以外にも、アニメ制作における様々な雑用を担当します。

制作進行の人材は、アニメーターとは別のポジションとして確保されます。つまり制作進行は、アニメーター以外としてアニメ業界に入るための職種であり、一般的に**プロデューサー**や**演出家**への入り口の1つとなっています。

アニメ制作会社は、様々なところから制作進行の人材を確保します。例えば、大手の制作会社では、大学新卒者を制作進行の担当として採用するケースがあります。小規模な制作会社では、いろいろな方面から人材を確保します。

一般的に、アニメ制作会社は、制作進行を正社員として雇用します。そして、制作進行で経験を積ませて実力を付けさせ、プロデューサーや演出家とするべく育成します。ただし、雑用が中心の制作進行の仕事は激務であり、そこを生き延びて、その間にきちんと勉強し、経験を積んだ人材だけが、プロデューサーや演出家にステップアップできます。

制作進行　アニメだけでなく映画やドラマ、舞台などは、集団で1つの作品を作り上げるものなので、集団がスムーズに動けるようにする制作進行や、それに類する仕事は非常に重要である。

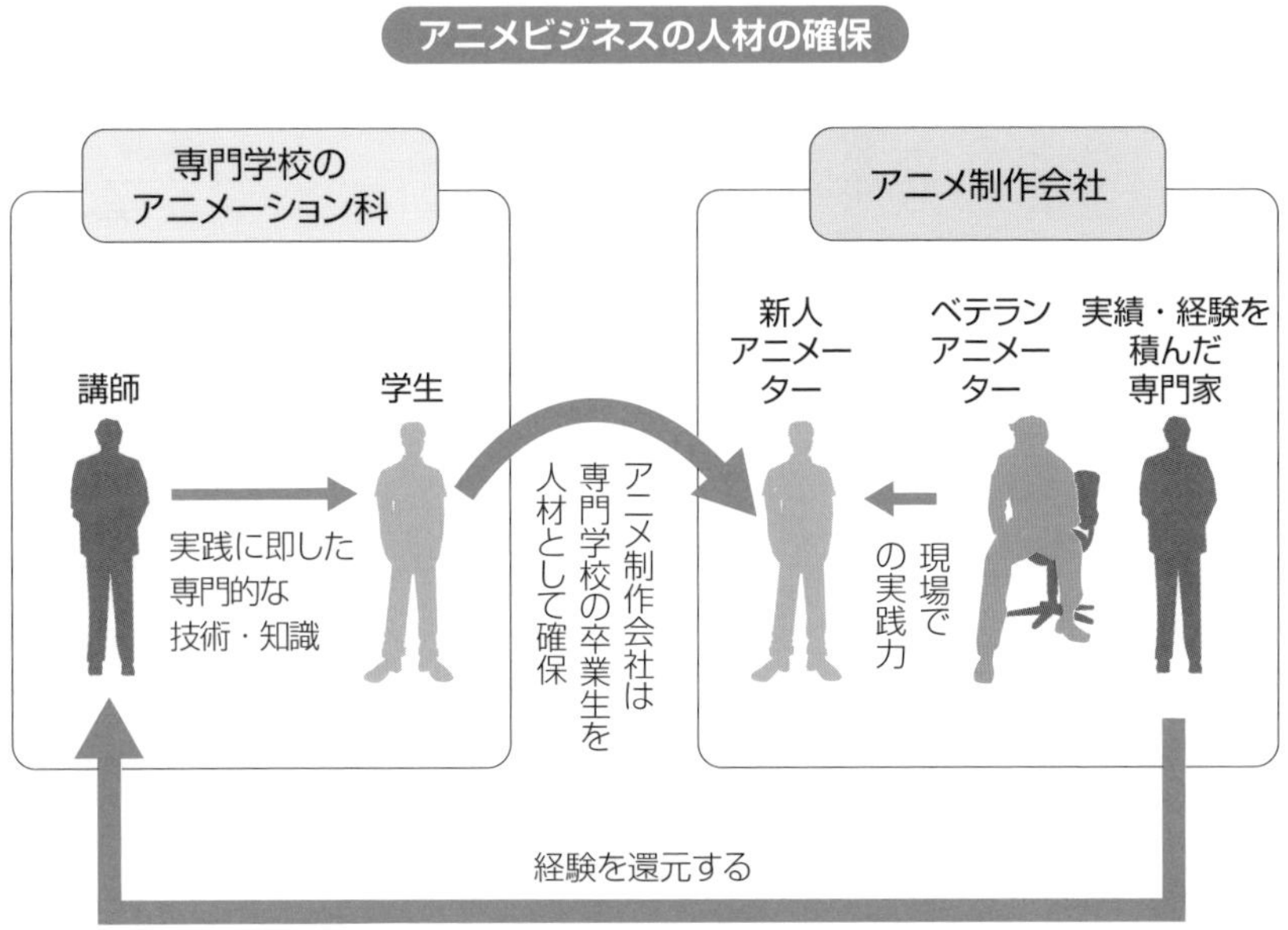
アニメビジネスの人材の確保
専門学校のアニメーション科
講師
学生
実践に即した専門的な技術・知識
アニメ制作会社は専門学校の卒業生を人材として確保
アニメ制作会社
新人アニメーター
ベテランアニメーター
実績・経験を積んだ専門家
現場での実践力
経験を還元する

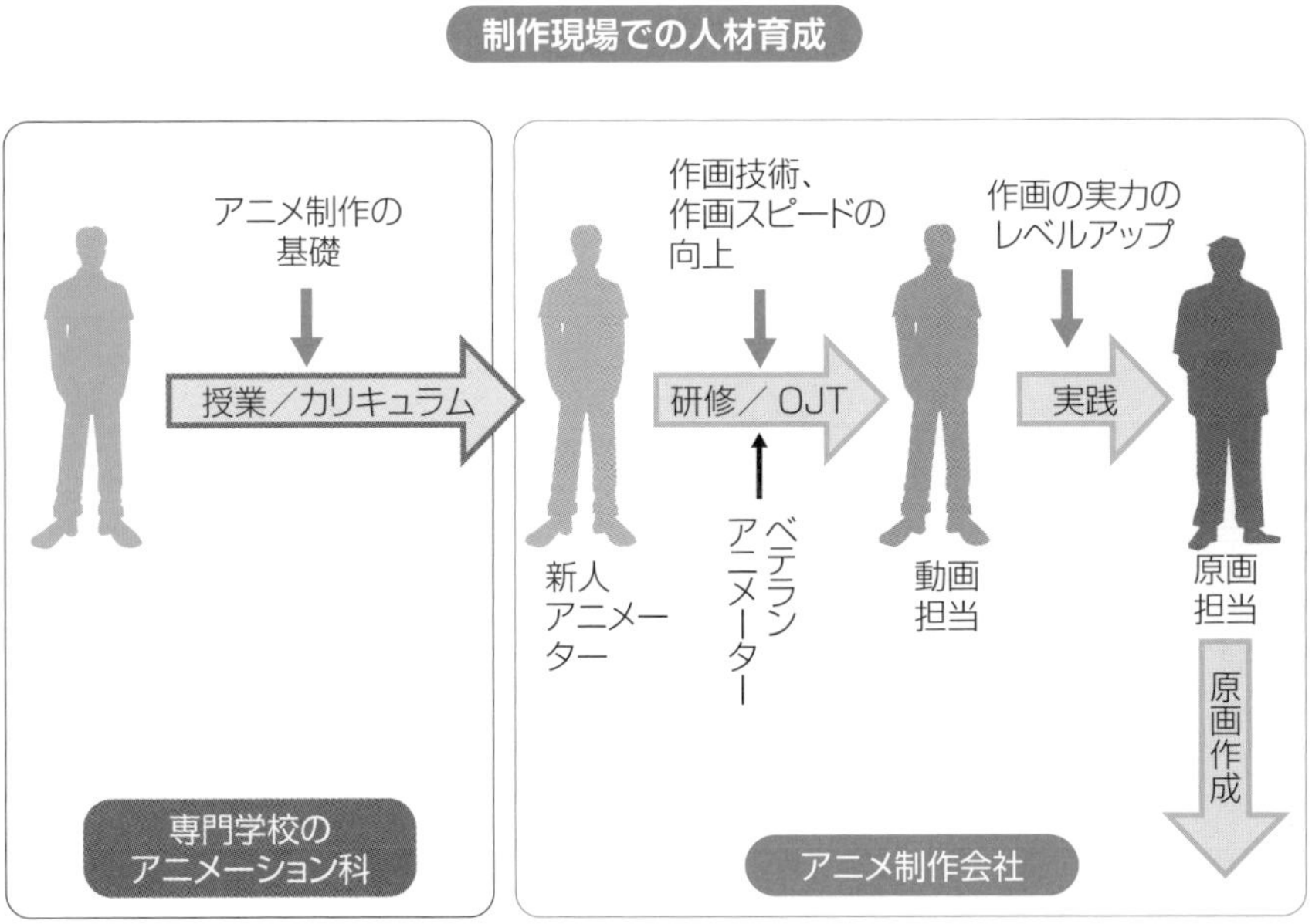
制作現場での人材育成
アニメ制作の基礎
授業／カリキュラム
作画技術、作画スピードの向上
研修／OJT
作画の実力のレベルアップ
実践
新人アニメーター
ベテランアニメーター
動画担当
原画担当
原画作成
専門学校のアニメーション科
アニメ制作会社

Section

5-2 アニメ制作現場での人材育成

新人アニメーターは「動画担当で力を付けて、原画担当にステップアップする」というのが基本的なコースです。

一流のアニメーターになるにはレベルアップが必要

一般にアニメ制作会社では、専門学校や大学、各種学校などでアニメの基礎を習得して入社した新人**アニメーター**に、研修期間を設けています。学校で習得した基礎だけでは、実際の制作現場で通用しないため、研修期間で実践が可能なレベルに到達させるのです。多くの制作会社では、作画(動画の作成)がこなせるようになることを研修期間の目標として置いており、期間は1~3カ月程度となっています。

研修期間中、新人アニメーターはベテランアニメーターの指導のもと、OJTによって作画作業(動画の作成)を行います。ベテランアニメーターによる作画品質のチェックを受けながら、作画の技術力および作画スピードを実践可能なレベルまで向上させます。

しかし、研修期間が終了して作画(動画)がこなせるようになっても、それが到達点ではありません。作画パートの目標は、原画作成が実践レベルになることです。そこで、日常の作画作業を通して一層のレベルアップを図り、原画担当を目指すことになります。作画(動画)の担当者が原画担当として一人前になるまでには、ある程度の育成期間(一般的に3年ほど)が必要とされます。

アニメーターの報酬形態

大手の10社程度の制作会社ではアニメーターは月給制ですが、それらを除けば、たいていのアニメ制作会社では、作画(動画)のアニメーターは**出来高制**になっています。これは、「動画を1枚描く単価が決まっており、描けた枚数によって収入が決まる」ということです(新人アニメーターの単価は動画1枚あたり200~300円*)。一般的に、

Term

動画1枚あたり200~300円 元請け制作会社所属のアニメーターでは、300~400円程度という場合もある。

研修期間中は生産性が低い（動画を数多く描けない）ため、最低保障額の報酬が支払われます。大手や中堅の制作会社では、研修期間中に5～10万円の最低保障額を払っています。少ないながらも最低額は保証されるわけです。しかし、研修終了後は完全出来高制に移行します。つまり、「どれだけ多くの枚数の動画を描けるか」が勝負になります。

動画作成の現場で力を付けると、**原画担当**、さらには**キャラクターデザイン**の担当や**作画監督**などのポジションにステップアップします。ステップアップすれば待遇や報酬が向上します。例えば、原画の単価は動画の単価よりも高く、およそ10倍前後になります。もちろん、上のレベルをこなせるだけの実力があると認められた者だけです。

実写映画では、多くの異業種人がヘリコプターでいきなり山頂に立とうとして、大半が失敗しました。

動画工程とアニメ制作

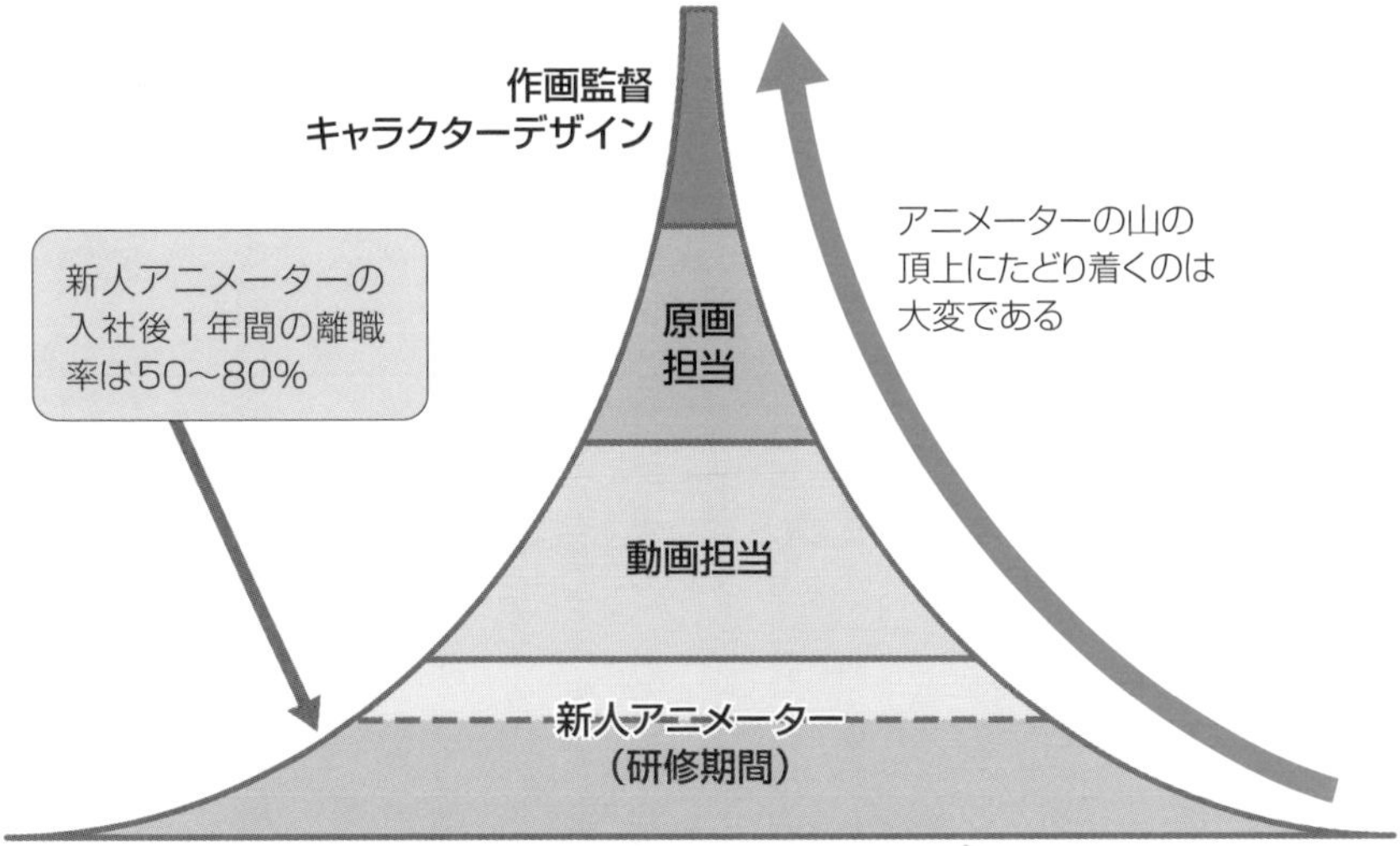
作画監督
キャラクターデザイン
原画担当
動画担当
新人アニメーター（研修期間）
新人アニメーターの入社後1年間の離職率は50～80%
アニメーターの山の頂上にたどり着くのは大変である

動画はアニメ制作の基礎
動画工程で力を付けないと人材は育たない

Section
5-3 基礎的な人材を養成する学校

今日、アニメ人材の育成において、その基礎の習得を目的とする教育機関は、専門学校や各種学校のアニメーション科が中心となっています。

アニメ人材育成学校

アニメ制作会社の多くは、**専門学校**や**大学**のアニメの基礎を習得するコースおよびアニメ専門の**各種学校**の卒業生を中心に、人材を確保します。

アニメビジネスの発展に伴い、多くの専門学校や大学が、アニメの基礎を習得するための学科（コース）を設けるようになりました。また、アニメを専門に習得する各種学校もいくつか設立されています。

こうした学校のうち最も多いのが、専門学校や各種学校の**アニメーション科**（実際の名称は様々）です。そのほか、アニメーション習得を専門とする学校（各種学校など）がいくつかあります。アニメ制作会社に就職する人材を最も多く（大部分といっても差支えないかと）輩出するのが、こうした専門学校などのアニメーション科やアニメ専門の学校です。アニメ制作会社が新卒として採用する新人アニメーターの大多数は、こうした学校の出身者です。

日本アニメーター・演出協会（JAniCA）による「アニメーション制作者実態調査2023」によると、およそ4割が専門学校を卒業してアニメーターになっています＊。

アニメ市場は1990年ごろから右肩上がりで拡大し、2006年にピークになりました。その後、減少に転じて停滞が続いていましたが、2013年から再び拡大を続け2016年には過去最高となっています。それに伴って、アニメ作品の制作規模（制作タイトル数や制作分数）も増加しています。

その一方で作品の質の向上が求められ、また、より高度なアニメ映像表現も求められるようになっています。そのため、1つの作品にかかる人手（アニメーター）がますます増えています。つまり、より多くのアニメーター、それ

Point

…になっています　近年はインターネット経由などでアニメ制作に関する様々な情報が入手できるので、自力で勉強してアニメ制作会社に挑むという方法もある（175ページ「現場の声を聴く（アニメ監督インタビュー①）」を参照）。

も技術力や表現力の高いアニメーターが求められるようになっているのです。

そのため、アニメ人材育成学校（特に専門学校）の役割が重要になっています。

専門学校の側でも、アニメ業界の発展に対応するべく、カリキュラムの内容（授業内容）、学習プロセス、設置コースを改善するなどして、授業の質の向上を図っています。また、作画やキャラクターデザインといったアニメ制作技術だけでなく、監督・演出、作画監督、音響、声優など多様な学科・コースを設けている学校も多くあります。

一方で、すべての学校に当てはまるわけではありませんが、ピーク時から比べると入学者数が減少傾向にあります。ただし、これはアニメ関連の学校だけの問題ではなく、あらゆる専門学校や大学などと同様であり、少子化の影響を多分に受けていると考えられます。

主要なアニメーション人材養成学校の例

日本工学院専門学校	マンガ・アニメーション科	https://www.neec.ac.jp/
日本工学院八王子専門学校	マンガ・アニメーション科	https://www.neec.ac.jp/
日本工学院北海道専門学校	CG デザイナー科	https://www.nkhs.ac.jp/
日本電子専門学校	アニメーション科／アニメーション研究科	https://www.jec.ac.jp/
東京デザイン専門学校	アニメーション科	https://www.tda.ac.jp/
東放学園映画アニメ CG 専門学校	アニメーション・CG 科	https://www.tohogakuen.ac.jp/movie/
専門学校デジタルアーツ東京	アニメ学科	https://www.dat.ac.jp/
専門学校デジタルアーツ仙台	イラスト・マンガアニメ科	https://www.sugawara.ac.jp/digital/
東京工学院専門学校	アニメ・マンガ科	https://www.technosac.jp/eng/
アミューズメントメディア総合学院	アニメーション学科	https://www.amgakuin.co.jp/
東京アニメーター学院専門学校	アニメーションコース	https://www.o-hara.ac.jp/senmon/school/tokyo_anime/
代々木アニメーション学院	アニメーション学部	https://www.yoani.co.jp

※これらのほか、いくつかの大学では学科でアニメーションに関する教育を行っています。

Section 5-4

アニメ人材育成機関の実際

専門学校や各種学校のアニメーション科では、それぞれ独自のカリキュラムを用意して、卒業生がアニメ制作の現場で力を発揮できるように教育しています。

■アニメ人材育成学校のカリキュラム

専門学校のアニメーション科やアニメ専門学校のカリキュラムは、大別して2通りがあります。

1つは、アニメーション制作における作画（動画、原画）、作画監督、彩色、撮影、編集、背景美術、制作進行、演出など、アニメ制作のすべての工程の技術を総合的に学習するカリキュラムを用意するものです。在学中に、こうした一連の技術をひととおり満遍なく習得します。例えば、こうしたカリキュラム構成をとっている**日本工学院**のマンガ・アニメーション科*では、一連の技術を総合的に習得させると同時に、作画（原画や動画）、監督・演出、撮影、背景美術、制作進行など、個々の学生が目指す方向、もしくは得意とする分野の技術にも注力できるカリキュラムを組んでいます。これにより、卒業生は制作会社において、特定の職種に限らず、いろいろな職種を目指すことができます。

マンガ・アニメーション科の卒業生は、アニメ業界を支える大手企業へアニメーターとして就職しています。例えば、サンライズ、ジェー・シー・スタッフ、ディヴィッドプロダクション、プロダクション・アイジー、マッドハウス、MAPPA、ufotableといった企業です。またアニメ業界にとどまらず、様々な業界へも数多く進出しています。プロの漫画家としてデビューした卒業生も多数います。さらに、ビジネス著作権検定や色彩検定、カラーコーディネーター検定をはじめ各種の資格の取得をバックアップし、各方面への進路の選択肢も広げています。

もう1つは、個々の技術に特化したコースを設け、個別にカリキュラムを用意するものです。例えば、在学中に作画の技術を集中して習得するコース、撮影（および撮影監督）の技術を集中して習得するコースなど。

Point
日本工学院のマンガ・アニメーション科　本節でのコースやカリキュラムの情報は2024年度のもの。

日本工学院のマンガ・アニメーション科の設置コース

●マンガ・アニメーション科の構成

・2年制
ハイレベルなマンガ・アニメ技術を習得し、業界で活躍する即戦力のクリエイターを目指す。
・四年制
豊富な実習と制作経験で基礎からじっくりと実力を高め、マンガ家、アニメーターを目指す。

●マンガ・アニメーション科四年制に設置されたコース

・キャラクターデザインコース
・マンガコース
・アニメーションコース
・マンガ・アニメビジネスコース

豊富な実習や産学協同のコラボレーション、インターンシップなどで、プロのアニメ制作、マンガ制作に関わるなど、在学中から経験を積むことが可能。四年制では卒業時に「高度専門士」の称号が与えられる。

●コースの内容（例）
・マンガ・アニメビジネスコース
マンガやアニメの制作スキルを身に付けると共に、マンガ・アニメ業界でビジネスを生み出すためのスキルを習得。マンガ・アニメのプロデュースや演出、関連イベントの企画や運営など、幅広い視野を持って実践的な学習を行う。このコースは4年進級時に選択する。

●マンガ・アニメーション科（2年制）に設置されたコース

・キャラクターデザインコース
・マンガコース
・アニメーションコース

マンガ（漫画）・アニメ業界のすべての職種を目指せる3コースを設置。描く力のレベルアップ、デジタルスキルの習得など、プロ必須の技術を学ぶ（文部科学大臣認定 職業実践専門課程認定学科）。

マンガ・アニメーション科の学習プロセス

●マンガ・アニメーション科四年制、2年制の学習の流れ

四年制：豊富な実習と制作経験を積み、最先端のクリエイターへ

1年次 総合的な基礎力の養成 → 2年次 分野別基礎 専門力の養成 → 3年次 専門力の養成 → 4年次 実践・研究・発表 → 卒業

2年進級時に
コース選択

2年制：技術の習得を中心に学び、即戦力のクリエイターへ

1年次 分野別基礎 専門力の養成 → 2年次 専門力の養成 → 卒業

2年制卒業と同時にマンガ・アニメーション科四年制3年次への編入が可能。マンガ・アニメーション科四年制卒業時には、それまでに取得した「専門士」に加えて「高度専門士」の称号が与えられます。

●マンガ・アニメーション科四年制のキャリアデザイン

4年間のキャリアデザイン

1年次 → 2年次 → 3年次 → 4年次

総合的な基礎力の養成 → 分野別基礎 専門力の養成 → 専門力の養成 → 実践・研究・発表

▲ 2年進級時に
コースを選択

3年次：
- アニメーション制作
- マンガ制作
- イラストコンテンツ制作

4年次：業界で即戦力となるスキルの習得

プロダクションワーク／企業のプロジェクトへの参加

インターンシップ

Anime Japan出展

海外研修

卒業　プロのクリエイターへ

3年次からはプロの現場を体験することをカリキュラムに組み入れ。学生のうちから企業とのプロジェクトメンバーとして実務に参加できます。

●マンガ・アニメーション科四年制の４年間の流れ

1年次 **基礎的なキャラクターデザイン・マンガ・アニメーション制作スキルの習得**

キャラクターデザイン・漫画（マンガ）・アニメーションに関するカリキュラムを総合的に学習。マンガ家・アニメクリエイターに必要な基礎力を身に付ける。

▼

2年次 **テクニックや表現力のスキルアップ**

キャラクターデザイン・漫画（マンガ）・アニメーション制作のテクニックや表現力を徹底的にスキルアップ。プロの指導で作品づくりにも力を入れていき、実践力を高めることで、プロの現場で即戦力となる知識・技術力を身に付ける。

▼

3年次 **他学科や企業とのコラボなどを通じ実践力を身に付ける**

希望職種に応じて専門スキルをマスター。また、他学科とのコラボや企業でのOJTなどに参加することで、実践的にプロスキルを習得していく。

▼

4年次 **業界との連携でデビュー・就職を目指す**

４年間で身に付けた技術・知識・感性の成果を作品にし、学内外でアピール。漫画（マンガ）家デビュー、またアニメ業界をはじめとする、様々な業界への就職を実現する。

マンガ・アニメーション科のカリキュラム概要

●マンガ・アニメーション科四年制の主な授業内容

- **キャラクターデザイン実習**
  キャラクターデザインやイラスト制作の基本テクニックの習得と制作プロセスを理解する。
- **マンガ実習**
  マンガ制作の基本テクニックの習得と制作プロセスを理解する。
- **アニメーション実習**
  アニメーション制作の基本テクニックの習得と制作プロセスを理解する。
- **デッサン実習**
  デッサンを通じて観察力や描画力を高める。
- **デザイン演習**
  色彩構成や表現技法などを学び、色彩検定取得を目指す。
- **制作プロデュース**
  企画運営やライティングなどを学び、学内外におけるイベントなどを通じて、その準備と実施運営について学ぶ。

●マンガ・アニメーション科四年制の時間割（例）

２年次前期の例

<table>
<tr><th>曜日
時間</th><th>月</th><th>火</th><th>水</th><th>木</th><th>金</th></tr>
<tr><td>１時限</td><td>キャリアデザインB</td><td rowspan="2">デッサン実習A</td><td rowspan="4">キャラクターデザイン実習A</td><td rowspan="4">キャラクターデザイン実習A</td><td rowspan="2">メディア研究C</td></tr>
<tr><td>２時限</td><td>CC概論A</td></tr>
<tr><td>３時限</td><td rowspan="2"></td><td rowspan="2"></td><td>デザイン実習B</td></tr>
<tr><td>４時限</td><td></td></tr>
</table>

授業は１コマ90分。

日本工学院マンガ・アニメーション科の授業風景

▲CG デザインファクトリー

▲アニメ・デザイン館

▲スタジオで制作実習

最新のマンガ・アニメ業界に準拠したデジタル制作環境での学習を推進

デジタル作画教室▶

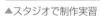

Section

5-5 公的なアニメ人材育成の実際

日本政府は、以前はアニメ産業を産業として支援する方向が中心でしたが、2010年ごろより、アニメ人材の減少への危機感から人材育成の支援に力を入れるようになっています。

日本政府もアニメ人材育成に力を入れている

日本政府はアニメ産業を重要な産業と位置付け、保護・育成し、その発展と規模拡大を図る方針を打ち出しています。また、そのための人材育成の助成にも力を入れています。「日本のアニメ産業が世界市場でシェアを獲得していくためには、優秀なアニメ制作者の育成が急務である」として、そうした人材を育成するための教育体制・環境を整備しようというものです。

政府は、〝アニメの殿堂〟と揶揄された国立メディア芸術総合センターの設立計画を2009年に撤回したあとも、アニメ制作に関わる人材の育成は継続的に推進しています。

文化庁の育成プロジェクト

文化庁は2010年より毎年、継続的に「**若手アニメーター等人材育成事業**」(通称:若手アニメーター育成プロジェクト)を推進しています(政府の事業なので単年度ごと〈4月~翌年3月〉に完了することになっている)。

この事業(プロジェクト*)は、若手アニメーター(原画制作者および動画制作者)を実際のアニメ作品の制作現場に参加させ、実際の制作を通じてOJTによって技量を向上させようとするものです。文化庁が制作資金全額(数千万円規模、ただし制作に関わるすべてのコストを含む)を支援し、アニメ作品の制作は実際に稼働しているアニメ制作会社が行います。

年度ごとに、プロジェクトに応募した制作会社の作品企画の中からこれはと思われる企画を選定。その制作会社に

Point

プロジェクト　プロジェクトの名称は、2010年度は「PROJECT A」、2011~2014年度は「アニメミライ」、2015~2019年度は「あにめたまご」、2020年度からは「**あにめのたね**」。

制作資金を支給し、指定された人数の若手アニメーターを制作に参加させ、提示企画の制作を実行してもらうのです。

参加する若手アニメーターには、人数のほかに、年齢や経験などの規定があり、規定に沿ったアニメーターを指定人数だけ参加させることになります。これまで、各年度に大体４本の企画（４社の制作会社）が選定され、制作を実施しています。制作する作品（企画）は、テレビの30分アニメ作品と同程度のものが想定されています。

実際のプロジェクトの運営・管理は、文化庁から委託を受けた一般社団法人**日本動画協会**が行っています（２０１３年度までは、一般社団法人日本アニメーター・演出協会〈JAniCA〉が行っていました）。

このプロジェクトの特徴は、単に実習目的でアニメを作るのではなく、商業用のアニメ作品を制作することにあります。ただし、完全なオリジナル作品でなければならない（原作もの等は不可）という制約はあります。商用アニメですから、参加する若手アニメーターにも仕事内容に応じてギャラが支払われます。

なお、ＯＪＴを行う経験者には、通常のアニメ制作とは違って、制作に関わるギャラのほかに若手アニメーターへの指導料（ＯＪＴのギャラ）も別途発生します。

また、制作したアニメ作品の著作権は制作会社に帰属し、通常の商用アニメ作品と同様に扱うことができ、その作品でビジネスを行えます。つまり、ビデオ化、テレビ放映、グッズ販売などが可能で、制作会社は制作作品を使って（著作権を行使して）収益を上げることができるのです。

さらに、制作された作品は、映画館・劇場で限定的な期間ながら一般公開されたり、テレビで放映されたりして、一般観客の目に触れることとなります。

プロジェクトでは、こうした作品制作を通じたＯＪＴによる人材育成（技術継承）のほかに、教育プログラムも実施しています。

既存アニメーターに対するスキルアップ教育プログラムおよびアニメーター志願者に向けた基礎教育プログラムの２通りがあります。前者は講演、セミナー、実技演習で、ＯＪＴだけでは伝えきれない技術や知識を教えます。後者はアニメ表現の基礎を教えるものです。

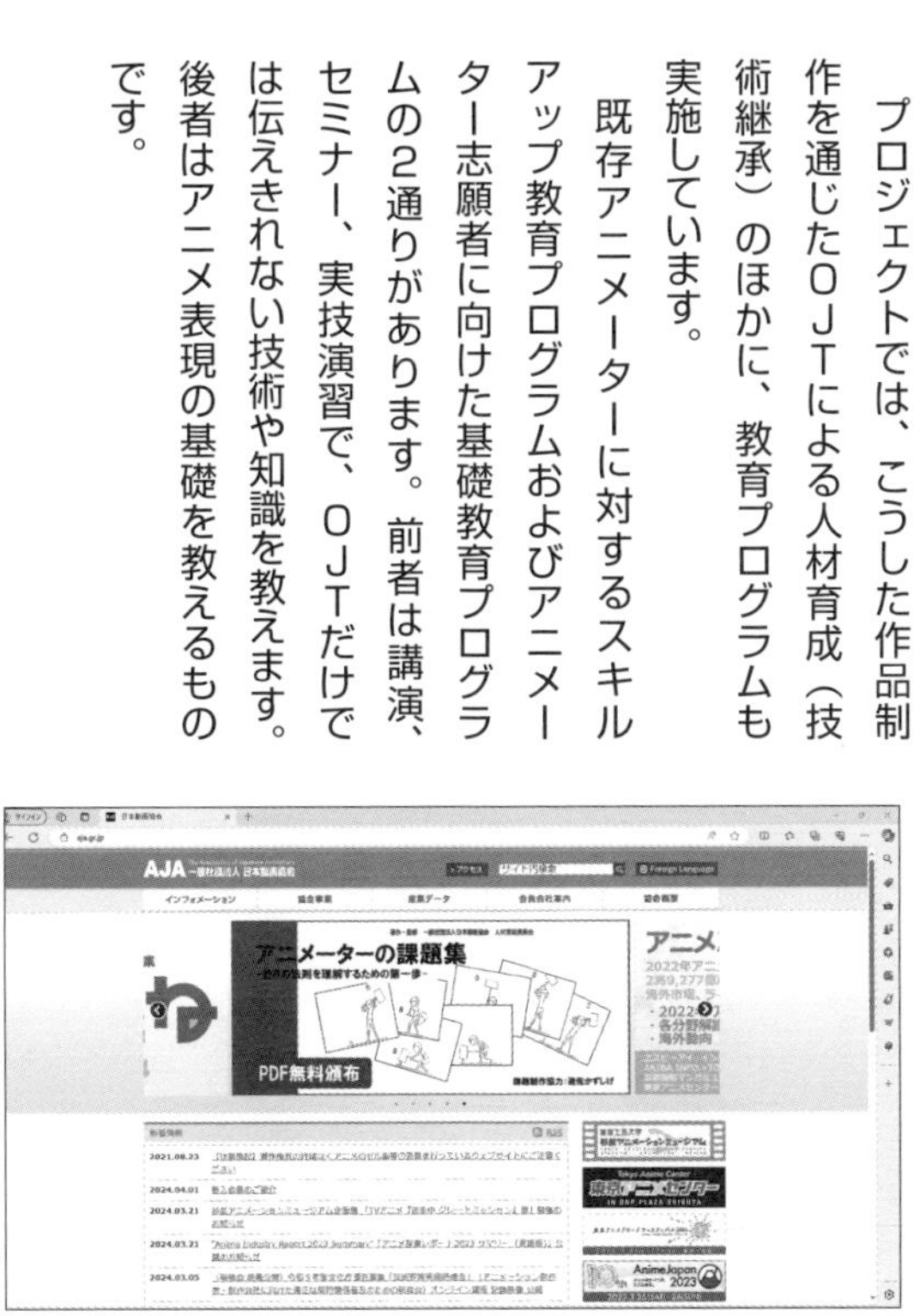

◀日本動画協会ホームページ

文化庁・若手アニメーター育成プロジェクト制作作品

年度	プロジェクト	作品タイトル	制作会社
2013	アニメミライ 2014	アルモニ	ウルトラスーパーピクチャーズ
		大きい1年生と小さな2年生	A-1 Pictures
		パロルのみらい島	シンエイ動画
		黒の栖 - クロノス -	スタジオよんどしい
2014	アニメミライ 2015	アキの奏で	J.C.STAFF
		ハッピーカムカム	SynergySP
		音楽少女	スタジオディーン
		クミとチューリップ	手塚プロダクション
2015	あにめたまご 2016	カラフル忍者いろまき	シグナル・エムディ
		UTOPA	スタジオよんどしい
		かっちけねぇ！	手塚プロダクション
		風の又三郎	武右ェ門
2016	あにめたまご 2017	ちゃらんぽ島（ランド）の物語	スタジオコメット
		RedAsh -GEARWORLD-	スタジオよんどしい
		げんばのじょう - 玄蕃之丞 -	日本アニメーション
		ずんだホライずん	スタジオ・ライブ など
2017	あにめたまご 2018	TIME DRIVER 僕らが描いた未来	IMAGICA イメージワークス など
		えんぎもん	スタジオななほし など
		ミルキーパニック twelve	トマソン
		Midnight Crazy Trail	ピコナ
2018	あにめたまご 2019	Hello WeGo!	WIT STUDIO
		斗え！スペースアテンダントアオイ	ケイカなど
		チャックシメゾウ	日本アニメーション
		キャプテン・バル	Flying Ship Studio
2019	あにめたまご 2020	オメテオトル≠HERO	スピード
		レベッカ	ベガエンタテイメント
		みちるレスキュー！	ゆめ太カンパニー
2020	あにめのたね 2021	DELIVER POLICE/西東京デリバー警察隊	IMAGICA Lab.
		ハチミツスーサイドマシーン	ウサギ王
		HOME!	オレンジ
		龍殺ノ狂骨	つむぎ秋田アニメ Lab
2021	あにめのたね 2022	天神	イマジカデジタルスケープ
		ロックンおヨネ	スタジオエル
		宇宙キャンパー / チッチ	プロダクション・プラスエイチ
		キラキラきらり☆	レスプリ
2022	あにめのたね 2023	NICO/AGONY	ウサギ王
		WANDER BURABURA BAKKAMU	ECHOES
		もしメタ - もし女子高生がメタバースで巫女になったら -	スタジオエル
		鶴が舞う夜に	ノーヴォ、ph スタジオ
2023	あにめのたね 2024	POP POP CITY	グラフィニカ
		BRIDGE -My Little Friends-	StudioGOONEYS
		KICKS AND PUNK	日本アニメーション
		エフェメール	ノーヴォ、スタジオエイトカラーズ

「あにめのたね2024」のホームページより

Column かつて映画界にも人材不足を憂慮する声があった

今日のアニメ産業の大きな問題の1つとして、人材の不足に対する懸念があります。これは、放置しておけば危機的な状況を生み出すシビアな問題であり、なんとか解決しなければならないものです。実は、映画産業（実写映画）においても、過去に人材の不足が大きなトピックになったことがあります。1970年代中ごろのことです。

1960年代の終わりごろまでは、映画の人材（監督や主要なスタッフ、俳優など）は映画製作会社（実際には東宝、東映、松竹、日活、大映の大手5社）が育成するのが基本でした。例えば監督は、「映画会社に入社後、3番目、4番目の助監督からスタートして経験を積み、チーフの助監督になり、監督に昇格する」という基本コースで人材を育成してきました。しかし、1970年ごろから邦画（日本映画）の入場者数が急激に減少し、それを受けて、大手映画製作会社が製作する作品の数も急速に減り、結果として、大手映画製作会社は人材を育成する余裕がなくなりました（大映は会社そのものが倒産しました）。

そのため、製作会社の撮影所という修行の場がなくなって、人材が不足するのではないか、悪くすれば枯渇するのではないか、という憂慮の声が上がりました。

こうした状況を改善する一助となったのが、大手映画製作会社以外からの、つまり脇道からの人材の参入でした（もちろん、これがすべてではありません）。自主映画、テレビCM、極小規模の成人映画（いわゆるピンク映画）の作品を作っていた監督やスタッフ、俳優などが、一般の映画館で上映される作品に参加し始めたのです。少しかたちは違いますが、日活が製作を始めた成人映画（いわゆる「日活ロマンポルノ」）も同じような位置付けだと考えられます。

こうした人材が、レベルの高い作品を多く作り（必ずしも高い興行収入を得たわけではありませんが）、人材不足で底が抜けそうになった映画産業を下支えしたといえます。

実際、アカデミー賞外国映画賞を受賞した『おくりびと』の滝田洋二郎監督、テレビドラマ『相棒』やその劇場版の和泉聖治監督、『ヴィヨンの妻』でモントリオール映画祭の監督賞を受賞した根岸吉太郎監督、『パッチギ』などの井筒和幸監督、『転校生』『時をかける少女』の大林宣彦監督、ヴェネチア映画祭で銀獅子賞受賞『スパイの妻』の黒沢清監督、ゴジラ映画などの大森一樹監督など、中心的な映画監督の多くがこうしたコースから出てきた人材です。

アニメ業界にもこのような別コースができて、人材不足解消の助けとなるのでしょうか。

Section
5-6 アニメ人材育成の課題

日本のアニメ業界では、人材の不足が「いまそこにある危機」として認識されています。

アニメ人材の不足が迫っている

日本のアニメ産業は世界一といっていいほど大きな成長を遂げ、高度の技術と美しさとエンターテイメント性を誇り、いまや世界市場の半分以上を占めるようになりました。このように日本を代表する文化の1つになっているアニメですが、制作現場は深刻な問題を抱えています。それは人材育成の問題です。若い**アニメーター**が育たないのです。

若いアニメーターが育たない理由の1つは、海外への外注によるアニメ産業の空洞化です。

皮肉なことに、これはアニメ産業の隆盛に理由の一端があります。アニメ作品の制作本数が増大し、対応する動画アニメーターが足りなくなったのです。そのため、海外への委託が進みました。

発注側は、海外の制作会社の使い勝手のよさを一度覚えると、そちらの方を重宝するようになります。中国などの制作会社は大量の人員を抱え、日本の制作会社より安いコストで早く仕上げるという点から、日本国内でまかなえるにもかかわらず、発注側は海外に仕事を依頼するようになりました。

今日、日本のアニメ制作会社は制作工程の一部を、アジア諸国を中心とする海外に外注しています。動画工程や仕上げ工程のおよそ80%を海外に依存しています。海外に発注すれば、動画工程の単価が非常に安くなるからです。

しかし、アニメーターの基礎技能は動画工程でこそ習得できます。ですから、海外発注の増加は、国内の新人アニメーターの、**OJT**による技能習得機会の減少を意味します。そのため、国内でアニメ産業に関わる人材が育ちにくくなっているのです。

Point
20～24歳　日本アニメーター・演出協会の2023年調べ。若手の動画アニメーターは平均で月10万円程度といわれている。

アニメの作画は出来高制

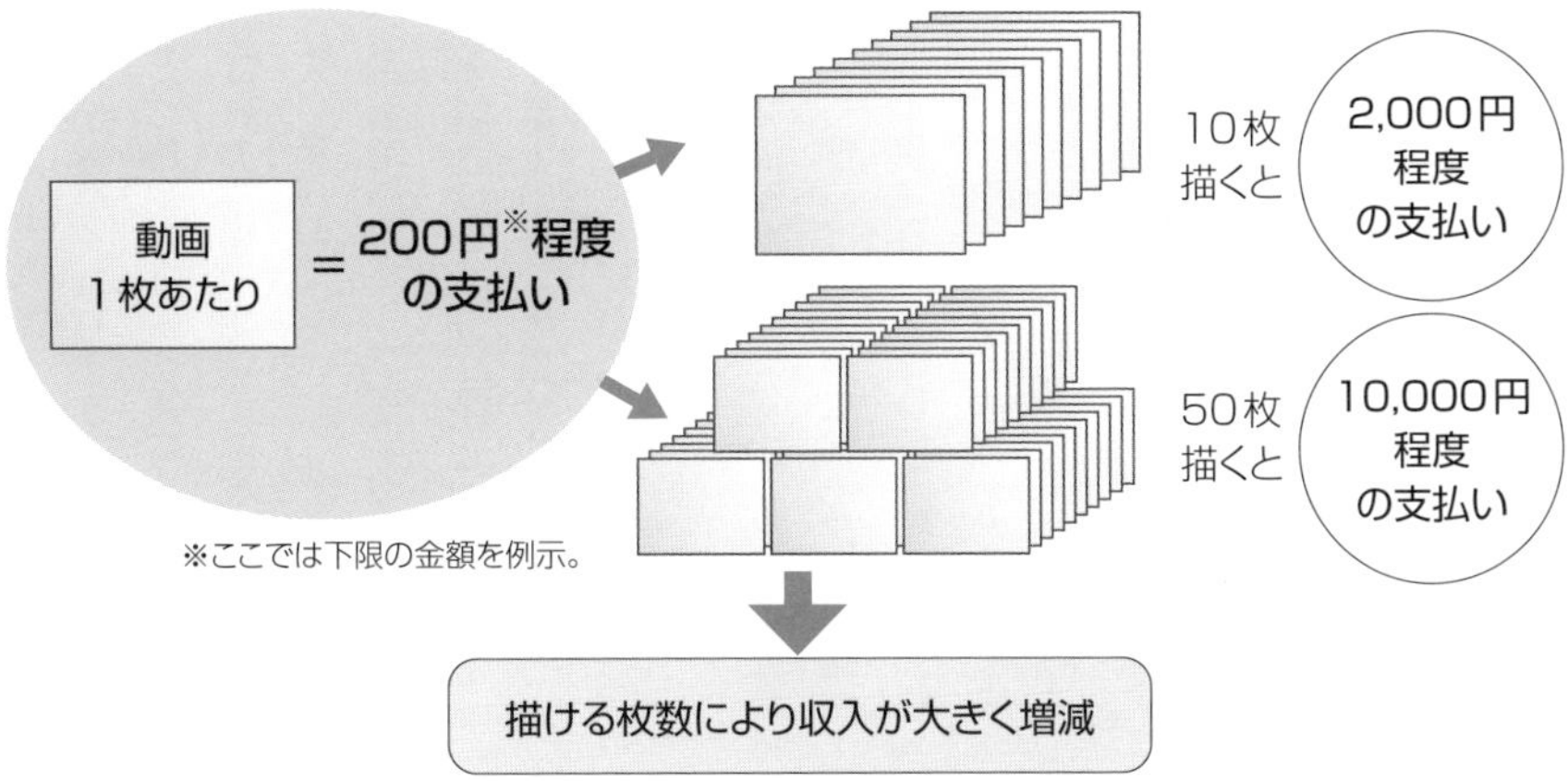

若いアニメーターが育たない理由

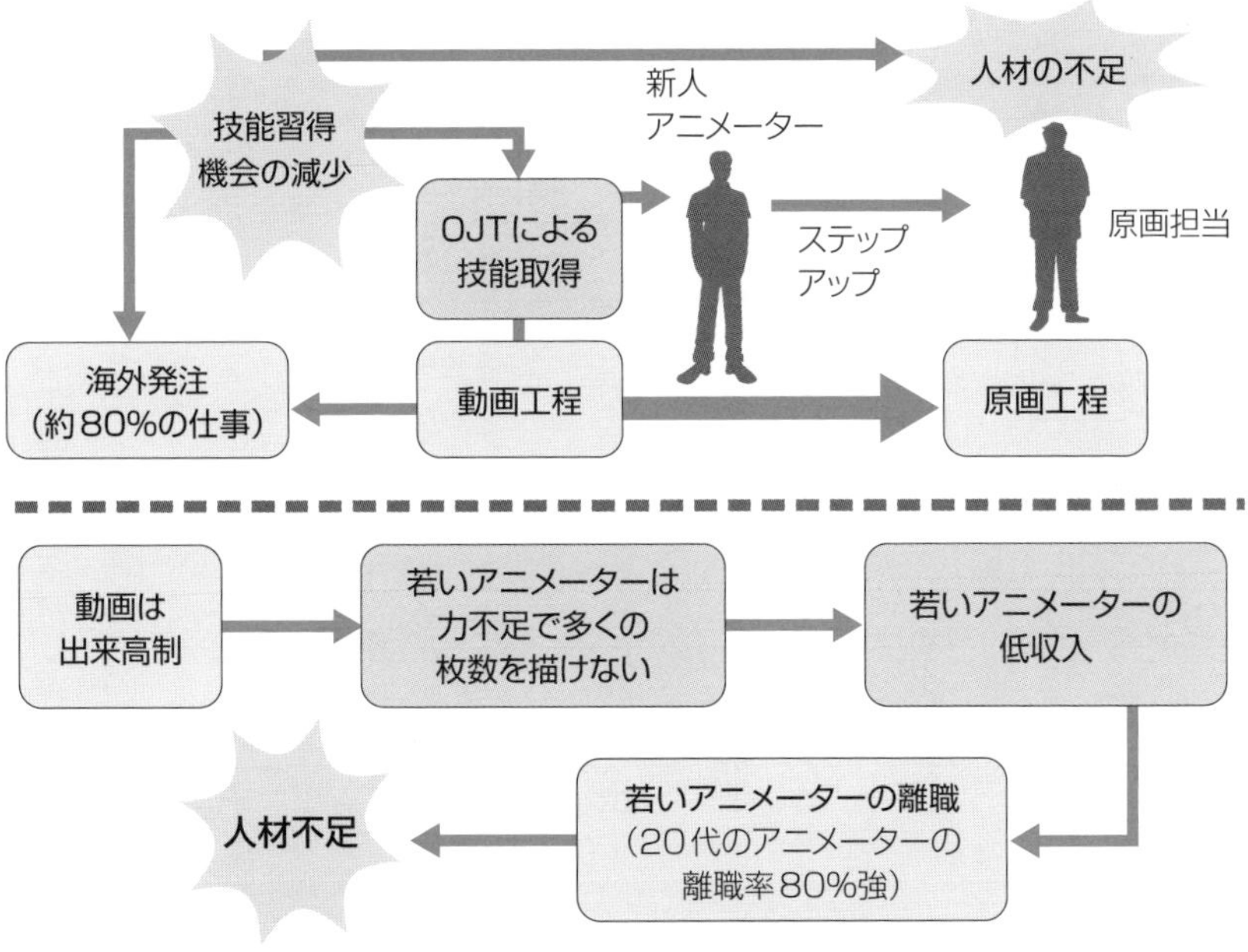

Point **平均1枚200～300円程度**　元請け制作会社所属のアニメーターの場合、300～400円程度という場合もある。

加えて、制作本数の増加に伴い、経験のあるアニメーターも時間の余裕がなくなります。作業の工程を前に進めるのに精一杯となり、OJTを実施する機会が失われます。つまり、経験者の技術や知識が若手アニメーターに伝わりにくくなってしまうのです。

また、労働条件の厳しさも理由の1つです。

動画制作者の大半は若手アニメーターです。20〜24歳*のアニメーターの平均年収は約196万円、25〜29歳では約292万円です。これは他の産業のそれぞれ同年代の年収に比べて100万円ほど低い額です。

動画は**出来高制**なので、描いた動画の枚数に応じて支払われます。しかし、新人アニメーターの動画1枚の単価は低く（平均1枚200〜300円程度*）、新人は技量が高くないため、1日に描ける枚数も多くありません。若手の動画アニメーターの描く枚数は平均的に月間300枚程度といわれています。このため、新人の動画アニメーターの多くが、平均的な生活水準に必要な収入を確保できないのです。加えて、アニメーターの5割はフリーランスや自由業です。そのため、会社勤めのような福利厚生はなく、会社からの補助もないため、自身の出費がかさみます。つまり、支出の面でも負担が大きいのです。その結果、多くの新人アニメーターが離職します。制作会社の多くでは、新人アニメーターの入社後1年間の離職率が5〜8割と非常に高くなっています。20代のアニメーターの離職率が8割を超えるという調査結果もあります。

さらに、生活を維持できる程度の枚数をこなせるようになったとしても、そのまま定着するとは限りません。描ける枚数が一定以上に伸びなかったり、伸びが非常にゆるやかだったりして、自身の年齢における世間一般の収入に比べて、収入が非常に低いアニメーターの中には、見切りを付けて転職してしまう人も多くいます。

アニメ制作プロダクションの中には、人材の流出を防ぐため、新人アニメーターの収入を上げる目的で早めに昇進させるところもあります。一般に、動画から原画にステップアップするまで3年ほどかかりますが、これを短縮し、新人アニメーターのほとんどを入社後1年以内に単価の高い原画担当にするのです。これは人材流出防止策というだけでなく、海外発注によって国内動画工程の仕事が減少した現状への、やむを得ない対処という面もあります。

ただし、こうした方法は両刃の剣でもあります。アニメーターが、基礎技能を習得するべき動画マンの時期に、十分な経験を積むことができないのです。才能のあるアニメー

Term **NAFCA**　NAFCAは、代表理事がアニメプロデューサーの植田益朗氏、設立理事が演出のヤマトナオミチ氏、声優の甲斐田裕子氏など、アニメ関連のいろいろな領域のクリエイターが設立を進めた。

ターは別として、現場で基礎的な経験を十分に積むことなく原画担当に進んでしまうことで、技能・経験において困難を抱え込んでしまう可能性があります。このような状況は、まさに人材育成の困難さを表しています。

さて、若いアニメーターが育たないことは、実力のある人材、一線級のアニメーターが不足することにつながります。実際にそうした事態が起こりつつあります。長編劇場アニメを制作しようとする際に、数の限られた腕のあるアニメーターの奪い合いになったり、特定のアニメーターの手が空くまで企画が動かないといったケースが出てきているのです。

さらに、第一線を担っているアニメーターの高齢化が進んでいます。実力のあるアニメーターの多くが30代後半から50代前半に差しかかっているのです。そして、前述のように、そのあとに続く人材が不足し始めています。

そのため、第一線を担っているアニメーターが退出していけば、人材不足がますます深刻になるでしょう。一方、アニメ制作会社の中には、不足するアニメーターを確保するためにスタッフを月間契約にするなど、社内に抱え込むところが増えています。

アニメータースキル検定による底上げ

2023年に、アニメ制作における種々の問題・課題、特に人材に関連する課題を改善する目的を持って「一般社団法人日本アニメフィルム文化連盟（NAFCA*）」が創設されました。NAFCAは**アニメータースキル検定***を2024年から実施することになっています。この検定では、アニメーターに必要な基本的な技術や知識を客観的に判定（測定）します。

検定は、アニメーター自身にも、アニメーターを採用する制作会社（の上層部）や現場で若手アニメーターを指揮・指導する経験あるアニメーターにも役立ちます。

若手アニメーターは自分の技量を把握でき、また検定のクリアを目標にして技量の向上を図ることができます。若手アニメーターを採用する側は、採用の判定に活用できます。また、若手を指揮するアニメーターは仕事の割り振りや指揮の仕方に活用できます。若手の技量を把握できていれば、仕事の割り振りが適切に行えます。これにより、上級アニメーターの指揮・指導の負担が軽減され、アニメーター本来の仕事により集中できるようになります。

つまり、制作会社は人材の底上げが期待できます。

Term

アニメータースキル検定　検定内容は、①トレス・タップ割り検定、②デッサン割り検定、③シート、セル組み、合成（多重合成不可）など。16歳以上、日本在住、日本語での受験可能であれば、誰でも受験可能。

Section
5-7
アニメ人材を海外に求める動き

国内のアニメ制作会社の中には、海外でアニメ人材を育成しようとするところが増えています。

日本のアニメ制作会社が海外で人材を育成

日本国内でのアニメ人材の減少を一気に解決するような、画期的な対策はなかなかありません。

一方で、韓国、中国などのアニメ産業が伸びると共に、欧米では3Dアニメの制作が盛んに行われるようになっていて、今後、アニメ産業の国際競争の激化が予想されます。こうした競争に勝ち抜くためには、安定的に人材を確保する必要があります。

そこで、大手のアニメ制作会社などを中心に、**海外での人材育成**を強化する動き*が広がっています。さらに、育成した人材を登用して、海外現地での制作機能を強化しようとしています。

例えば、ある大手のアニメ制作会社はすでにフィリピンの現地子会社での人材育成を強化しています。

まず、常勤のアニメーターの数を大幅に増やして制作機能を強化しました。そして、日本からの外注による動画工程を請け負うだけでなく、ベテランアニメーターを稼働させて、原画や美術などの高度な工程も請け負うようにしています。

同時に、こうしたベテランのアニメーターを中心とした現地スタッフが指導して、動画や彩色の工程で若手の人材を育成する体制を整えています。こうした体制で人材育成を強化して、安定的にアニメーターを確保しようというわけです。

将来的には、条件に合う作品について、脚本・音声・編集だけを日本国内で行い、これら以外のすべての工程をフィリピンで行うことも計画されています。

また、サウジアラビアでアニメーターの育成を始めた制作会社もあります。

Point
…を強化する動き　海外人材の育成は、国内の人材育成と一体的に行う必要があろう。統合的に、ある程度のスパンを考えて戦略的に進めないと、どこかの時点で不都合が生じるおそれがある。

サウジアラビア政府の出資を受け、日本国内から講師を派遣して、2年間で100人の若手アニメーターを育成する計画です。

単に人材を育成するだけでなく、サウジアラビア国内のテレビ局や出版社と共に合弁の制作会社を設立し、育成した人材によるアニメ作品の制作を目指しています。

なお、こうした作品は日本向けではなく、現地で放送・上映するためのものです。「その国での公開を念頭に置いた作品は、現地のスタッフが制作するのがよい」という考えによるものです。

これら以外の制作会社でも、中国やインドなどの制作スタジオと提携し、現地のアニメーターを指導して人材の育成を始めたところがあります。

さらに、近年のインターネットの発展に伴い、高速回線を利用して遠隔授業でアニメ技術を教え、人材育成を行うケースもあります。日本国内の経験を積んだアニメーターが、海外のアニメーター希望者や若いアニメーターに技術を伝授します。

こうした海外での人材育成は、安定的にアニメーターを確保するための必然的な流れであり、今後ますます広がっていくのではないでしょうか。

海外での人材確保の動き

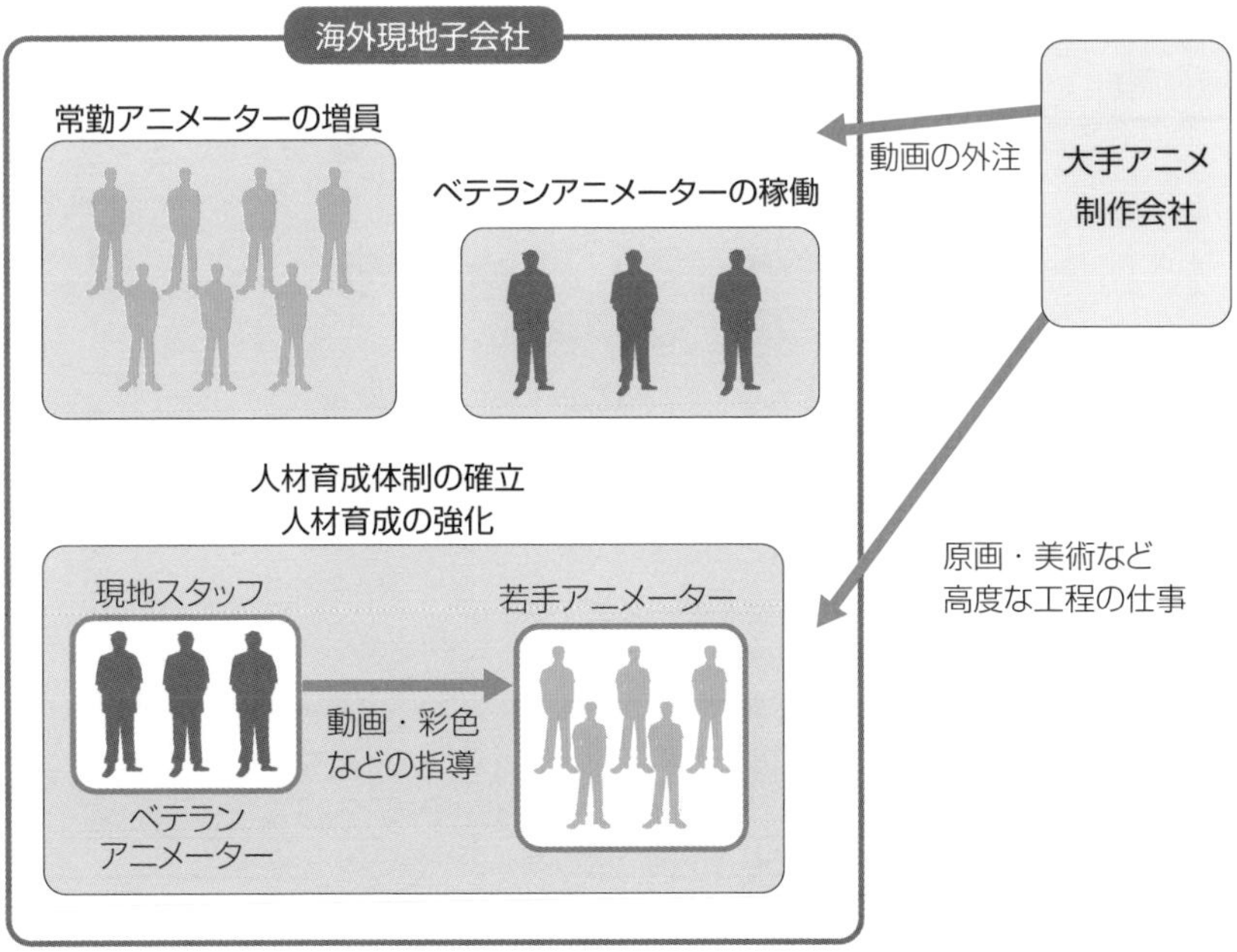

アニメ映画の評価の確立

Column

『この世界の片隅に』が2016年の「キネマ旬報ベスト・テン」邦画部門の第1位を獲得しました。アニメ映画としては1988年の『となりのトトロ』以来です。

キネマ旬報ベスト・テンは、日本で最も伝統がある映画賞だといえます。映画の評価は、その映画を観た個々人が下せばよいとはいえ、「キネマ旬報ベスト・テン」のトップ10に入れば、作品としてのレベルの高さを社会的に認められたことになるでしょう。下表は、トップ10入りしたアニメ映画の一覧です。『この世界の片隅に』以外は、スタジオジブリの宮崎駿監督と高畑勲監督による1980年代以降の作品です。

1960年代に映画館で公開されたアニメは、子供向けテレビアニメの延長であり、映画作品とは考えられていませんでした。1970年代後半からは、『宇宙戦艦ヤマト』など映画作品と見なされる作品が現れます。しかし、「実写とアニメを邦画として同列に扱っていいのか？」という論争が一部にあったように、評価が定まっていませんでした。また、1980年代には実写邦画の沈滞が顕著になりますが、1970年代までは実写邦画も作品的に力が残っていて、そうした実写映画と張り合えるアニメ映画がなかったことも確かです。しかし、宮崎・高畑両監督の作品の出現が様相を変えました。それらは内容、ストーリーやテーマの点でも、映画的表現や映像美表現の点でも作品としてレベルが高いため、アニメだ実写だという垣根を無意味にし、有無をいわさず映画作品として高い評価を得たのです。

明らかに宮崎・高畑両監督の作品が邦画におけるアニメ映画の位置付けを新しい次元に引き上げたといえます。

▼「キネマ旬報ベスト・テン」邦画部門トップ10入りしたアニメ作品

1984年	7位：風の谷のナウシカ（宮崎駿監督）
1986年	8位：天空の城ラピュタ（宮崎駿監督）
1988年	1位：となりのトトロ（宮崎駿監督）　6位：火垂るの墓（高畑勲監督）
1989年	5位：魔女の宅急便（宮崎駿監督）
1991年	9位：おもひでぽろぽろ（高畑勲監督）
1992年	4位：紅の豚（宮崎駿監督）
1994年	8位：平成狸合戦ぽんぽこ（高畑勲監督）
1997年	2位：もののけ姫（宮崎駿監督）
2001年	3位：千と千尋の神隠し（宮崎駿監督）
2013年	4位：かぐや姫の物語（高畑勲監督）　7位：風立ちぬ（宮崎駿監督）
2016年	1位：この世界の片隅に（片渕須直監督）
2023年	9位：君たちはどう生きるか（宮崎駿監督）」

第6章

デジタル時代のアニメ産業

今日、あらゆる産業／ビジネスでデジタル化、IT化が進んでいます。アニメ業界も、アニメ製作が産業でありビジネスとして利益を得なければならないという現実があるため、この流れと無縁でいるわけにはいきません。

ここでは、産業／ビジネスとしてのアニメのデジタル化、IT化について紹介します。

Section

6-1 アニメ制作のデジタル化

アニメ制作のデジタル化*とは、アニメ制作の全工程をデジタル化することです。

アニメの全制作工程のデジタル化

コンピュータ技術、デジタル技術の発展に伴い、他の様々な分野・業界の制作・製造工程と同様に、アニメ制作においても当然のように、制作の各工程を**デジタル化**、コンピュータ化しようとする動きが起こりました。

アニメ作品はいくつかの工程に分けて制作されます。原画、動画、彩色、背景作画、撮影といった工程です（4-9節参照）。このような、アニメ制作の各工程をすべてコンピュータ上で行えるようにすることが、アニメ制作のデジタル化*です。

そして、アニメ制作をデジタル化するとは、コンピュータ上で、アニメ作品をデジタルデータとして作成することです。そのため、最終的なアニメ作品はデジタルデータになります。

デジタル化による制作コストの圧縮

アニメ制作をデジタル化すると、作業の効率化が図れ、制作時間を短縮でき、結果的に制作コストの削減につながります。

例えば、データがデジタル化されていることで、別の制作会社に依頼した作品データ（原画・動画など）について、監督（演出者や作画監督など）、プロデューサー、制作担当者などが、コンピュータ上で内容（絵の様子や状態）を効率的にチェックできます。また、制作会社間の作画データのやり取りも、ネットワークとコンピュータを使って効率的に行えます。

コンピュータ上でデジタルデータとして画像処理を行えるため、次のように画に様々な処理を簡単に施せるようになります。

Point **アニメ制作のデジタル化**　2020年には、業界の5割ほどの企業でデジタル化への移行が完了したといわれる。

アニメ制作の各工程のデジタル化

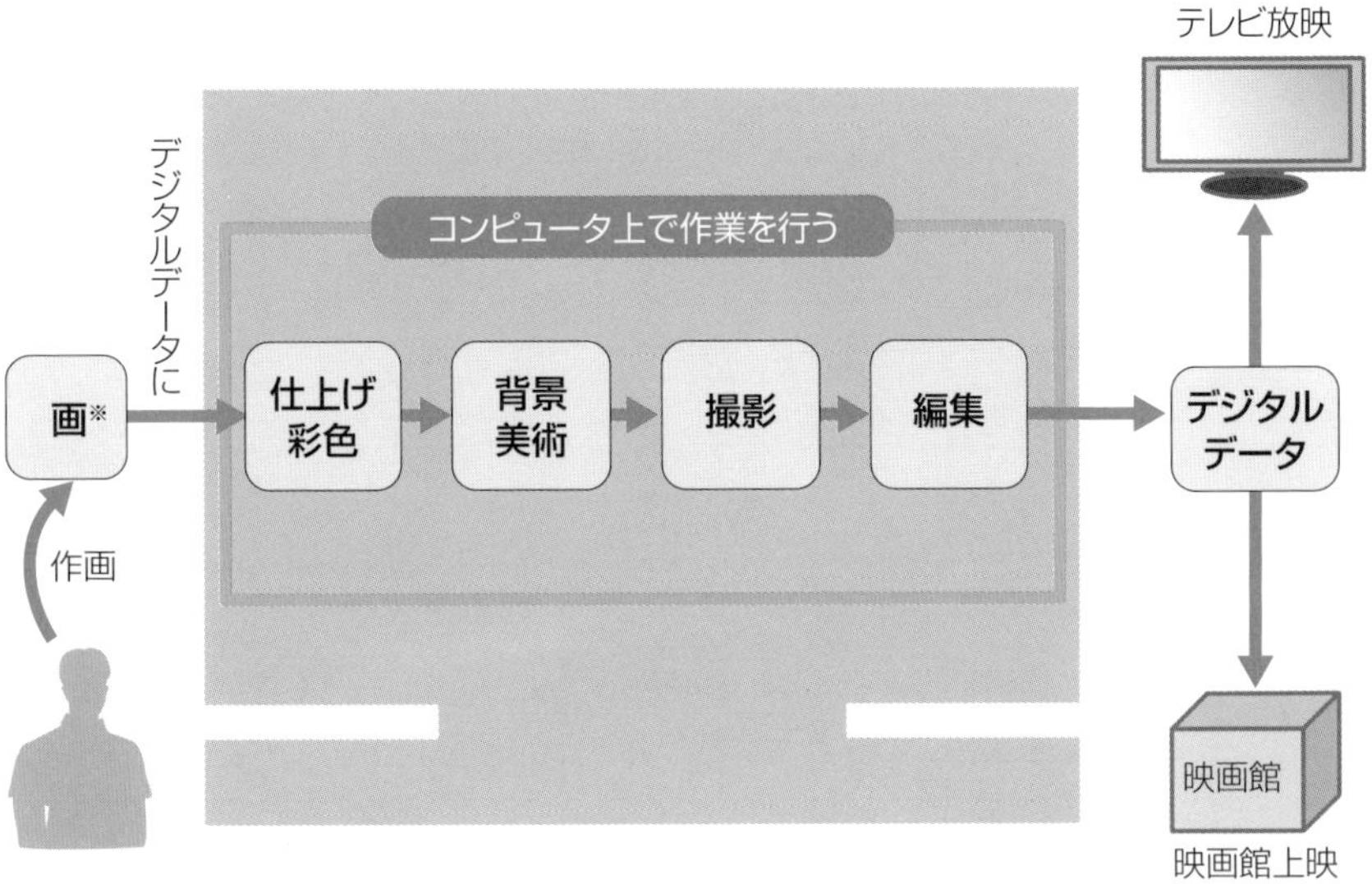

※デジタル作画では画そのものがデジタル化されている。

デジタル化された作品データの共有による作業の効率化

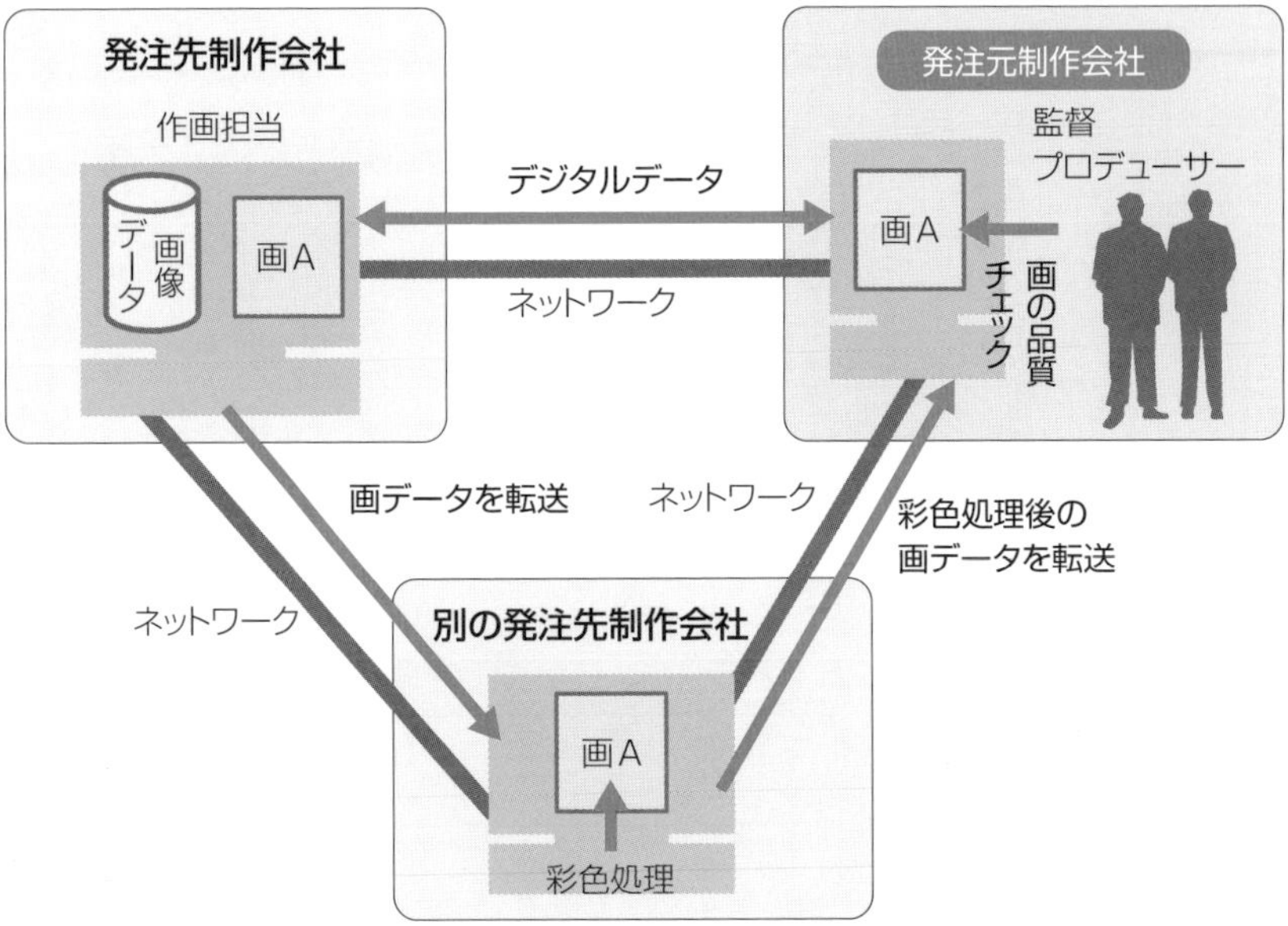

・画に特殊効果を簡単に施せる。
・色の修正も簡単に行える。
・グラデーションなど、画の色にいろいろな効果を施すことも簡単。
・画の細部の加筆・修正・削除などの処理も簡単に行えます。

さらに、画をデジタルデータとして保存できる上、簡単に加工できるため、他の場面や他の作品への流用が可能になります。これにより、制作の効率化が図れると共に、量産が可能になります。

このように、制作工程をデジタル化し、作品をデジタルデータとして扱うことで、制作コストの低減を図ることができるのです。

例えば、次のような事例があります。

・30分のテレビアニメ50本あたりの製作コストを、作画工程のデジタル化で数千万円削減。
・彩色工程と撮影工程のデジタル化でも、数千万円削減。

作画工程のデジタル化が進む*

アニメ制作のデジタル化は、日本では１９９０年代の中ごろから本格的に始まりました。そのときには、まず彩色工程と撮影工程のデジタル化が進められました。

これらの工程は、デジタル化になじみやすい工程であり、制作結果の質（レベル）も、従来の人手で行う作業の結果と遜色がなかったためです。

次に、原画作成工程と動画作成工程のデジタル化が進められました。これらの工程については、技術的には（デジタル化の技術という点では）デジタル化が可能になってからも、実際の導入にはハードルがありました。

原画や動画は人の手で描かなければならず、デジタル化が難しい作業工程だったからです。コンピュータ任せで、つまり、ソフトウェア的（プログラム的）に描画しても、日本のアニメ作品の画としての品質を獲得することはできませんでした。

そこで、「アニメーターがコンピュータ上でデジタル的に描画できるようにしよう」という方向に進みました。そして、コンピュータ入力技術の発達により、描画に液晶タブ

Point

…のデジタル化が進む　デジタル化はあくまでツールの活用であり、その前にアニメーター自身の画を描くスキルが重要である（175ページ「現場の声を聴く（アニメ監督インタビュー①）」を参照）。

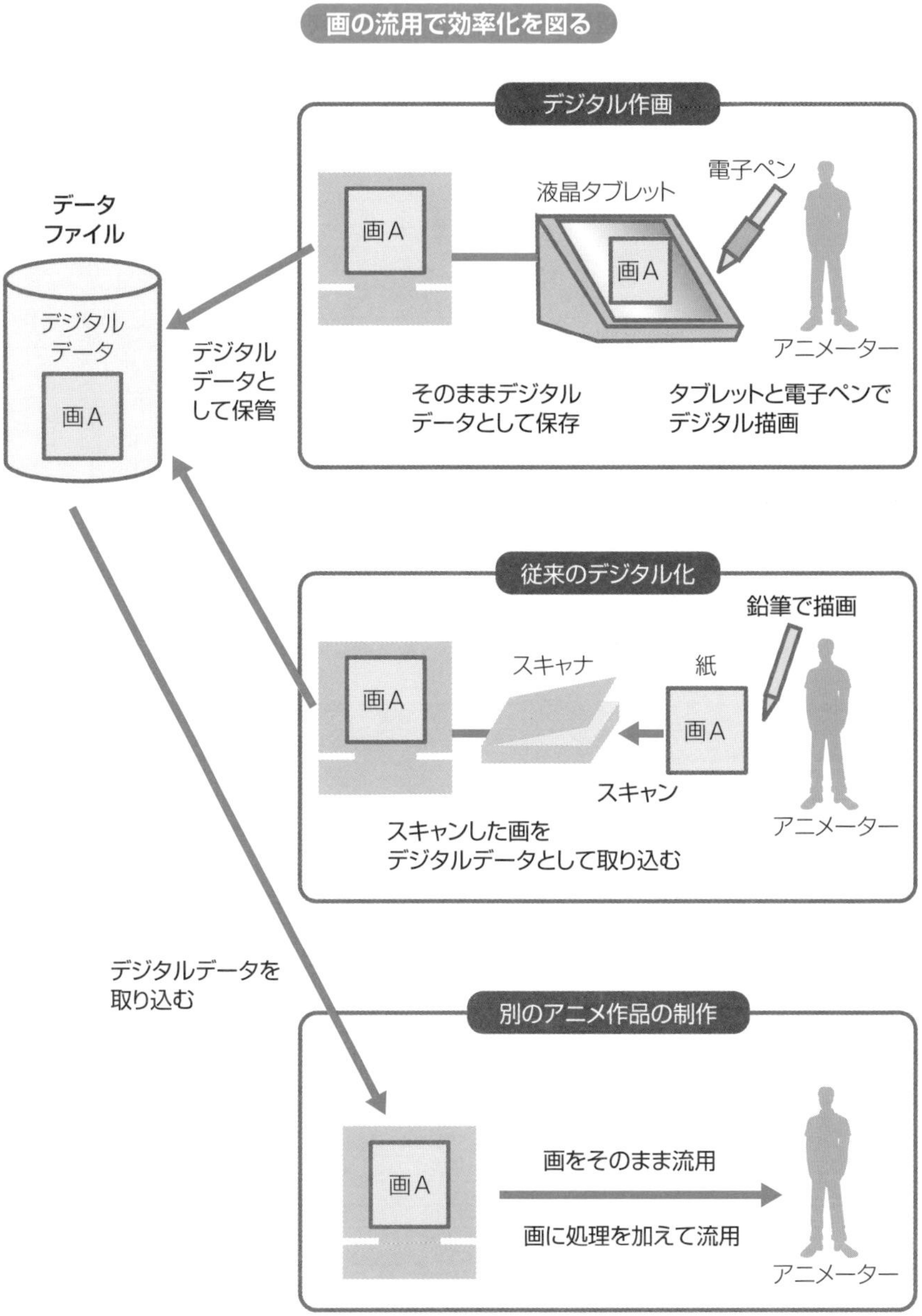
画の流用で効率化を図る
データ
ファイル
デジタル
データ
画A
デジタル
データとして保管
デジタル作画
画A
液晶タブレット
電子ペン
画A
アニメーター
そのままデジタル
データとして保存
タブレットと電子ペンで
デジタル描画
従来のデジタル化
鉛筆で描画
画A
スキャナ
紙
画A
スキャン
アニメーター
スキャンした画を
デジタルデータとして取り込む
デジタルデータを
取り込む
別のアニメ作品の制作
画A
画をそのまま流用
画に処理を加えて流用
アニメーター

既存の画を流用して効率化を図る

レットが使えるようになり、原画や動画をコンピュータ上で描けるようになりました。**液晶タブレット**の導入により、アニメーターは、**電子ペン**を使って画面上に直接、絵を描けるようになったのです。これでアニメーターは、紙の上に鉛筆で描くのと同様、思いどおりに自由に絵を描くことができるようになるはずです。このような作画方式のことを**デジタル作画**と呼びます。デジタル作画では、描いた絵はそのままデジタルデータとして使用できます。

しかし、初期の段階では、電子ペンと液晶タブレットを使用すると、紙の上に鉛筆で描く場合のような繊細で柔軟な描画ができませんでした。そのため、アニメーターがイメージするような画を、そのまま描くことができません。紙の上に鉛筆で描くのと同等の、高いレベル（高品質）の描画ができなかったのです。

また、紙と鉛筆での描画に慣れている従来からのアニメーターが、なかなかデジタル描画に移行してくれないという点も、デジタル化の普及のハードルでした。

そのため、これまでは多くのアニメ制作において、「まずアニメーターが紙の上に鉛筆で描き、それをスキャンしてデジタルデータとしてコンピュータに取り込む」というやり方が行われてきました。つまり、作画工程については、完全なデジタル化ではなく、部分的なデジタル化でした。

しかし今日では、技術発達の恩恵により、コンピュータ上でも、紙の上に鉛筆で描くのと同様に、繊細・柔軟な線で、アニメーターのイメージをそのまま描画できるようになりました。そのため、作画工程においても完全なデジタル化が急速に進みました。「紙と鉛筆」から「タブレットと電子ペン」によるデジタル作画へと急速に移行が進んだのです。つまり、アニメ制作の全工程のデジタル化が実現しました。

アニメ制作でのＡＩの活用*

デジタル化の先に、**ＡＩ**の活用があります。ＡＩといっても「生成ＡＩが独力でアニメ作品を作り上げる」といったものではなく、各工程にＡＩを導入して作業を効率化（自動化）するものです。例えば、背景の描画や彩色などの作業をＡＩが実行します。人材が不足するぶんを、ＡＩを活用して補完します。ただし、ＡＩの活用は緒に就いたばかりです。ＡＩを活用した背景の描画などの試行が行われていますが、まだまだアニメーターの手を借りなければ、監督や作画クリエイターのイメージを満足させられるレベルには達していません。

Point
AIの活用　AIを実用的にするには、大量のデータ（情報）を用意して、それをAIに学習させ、AIの知識を向上させる必要がある（223ページ参照）。

作画工程のデジタル化（タブレットを使用）

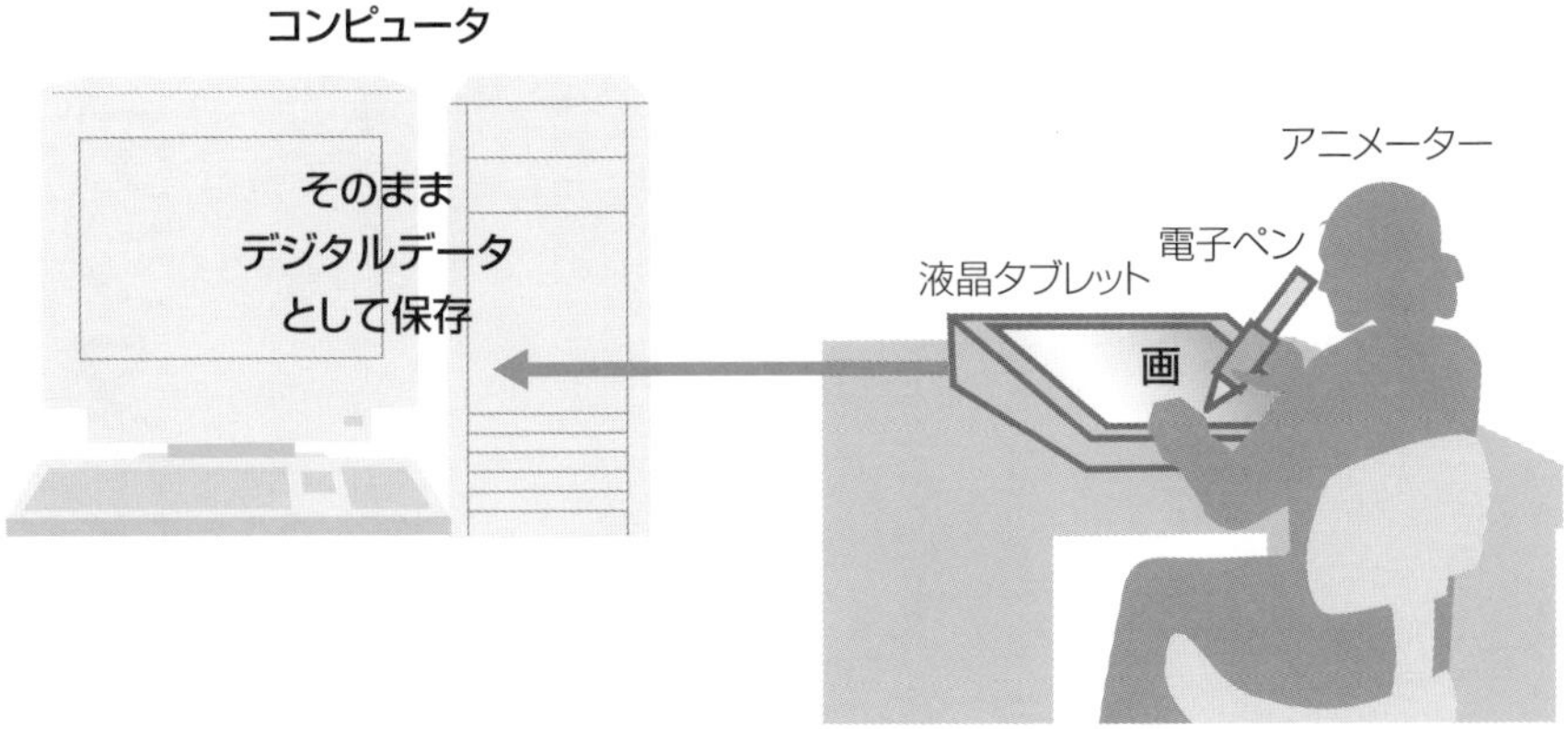

作画工程のデジタル化（従来の方式）

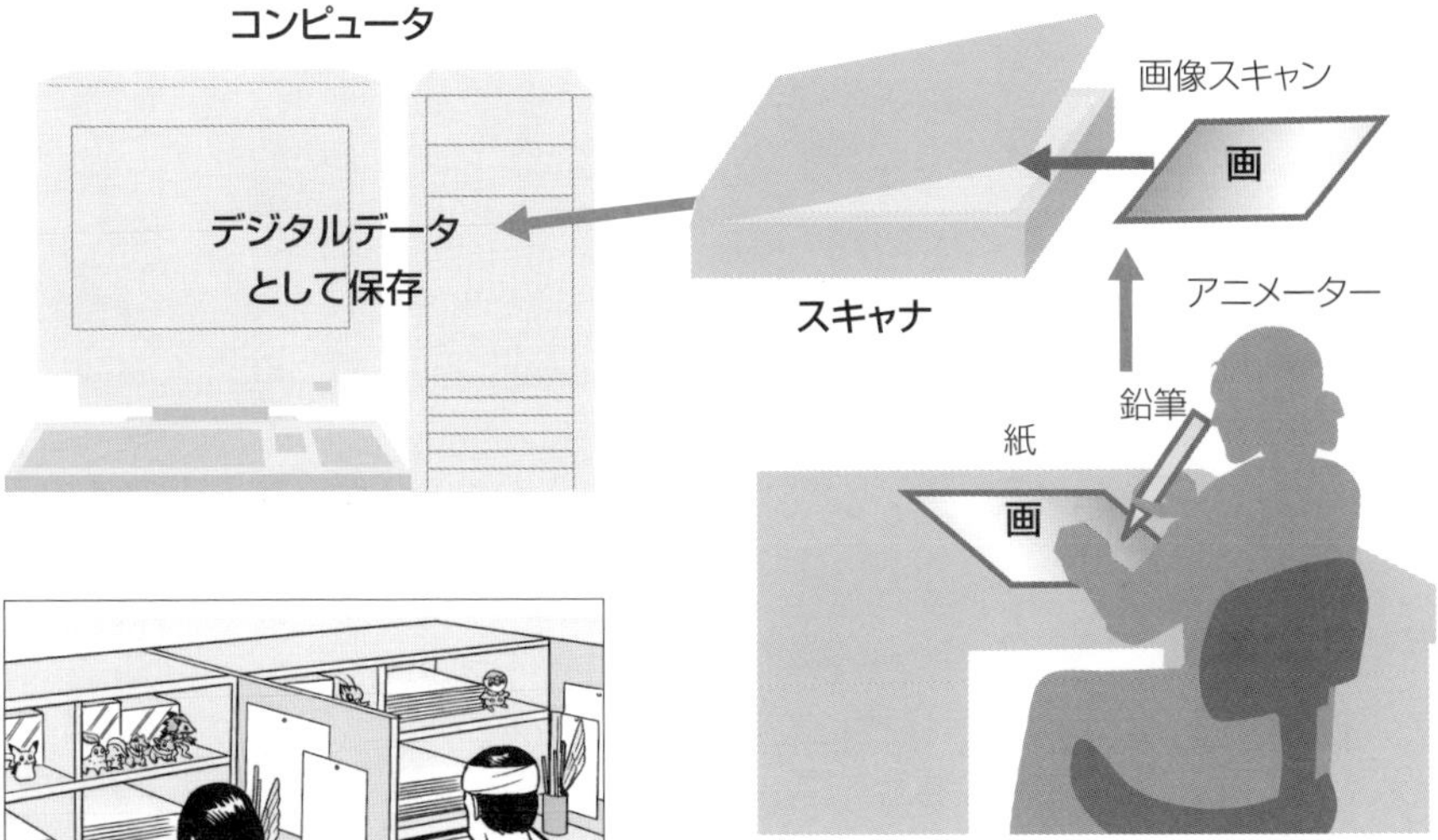

Section
6-2
デジタル化がもたらすアニメ制作の変革

アニメ制作の現場では作画工程のデジタル化が加速しています。手描きのアニメ作画から、タッチペンとタブレットで原画や動画を描くデジタル作画への移行が急速に進んでいるのです（4-10節参照）。

デジタル作画が進むことで、アニメ制作の完全なデジタル化が進展します。そして、デジタル化されることによって、アニメ制作のそれぞれの工程で大きな変革が生じ、アニメ制作にさらなる進化をもたらす可能性があります。

デジタル作画がもたらす制作の効率アップ

作画工程をデジタル化すること（デジタル作画）の最大のメリットは、原画や動画の運搬にかかる時間とコストの削減です。これは、デジタル作画によって、インターネットを介しアニメ素材（原画データや動画データ）を瞬時に伝送できるようになるためです。

従来は、大量の動画や原画を入れた袋（通称〝**カット袋**〟）を人手で、アニメーターの作業する拠点から拠点へと運搬していました。出来上がった原画を原画作成者のもとから動画作成者のもとに届け、さらに、完成した大量の動画を動画作成者から引き取らなければなりません。しかし、作画工程のデジタル化によって、インターネット経由で作画データをやり取りできるようになり、この「運搬」作業が不要になりました。作画データを瞬時に送受信できるため、運搬時間が節約できます。また、運搬のための車両代や駐車場代、ガソリン代もかからなくなり、コストを削減できます。特に、日本国外に動画などの作成を外注する場合には、運搬コストも運搬時間も大幅に削減・節約できます。

加えて、デジタル作画によって、その後の「仕上げ・彩色」工程へスムーズにつなげることが可能になります。「仕上げ・彩色」は、最初にデジタル化された工程です。

従来のアナログ作画では、動画のスキャンを行ったあと、スキャンしたデータの線が途切れた部分の補正作業や、ア

Term

レイヤー　レイヤー（またはレイヤ）は“層”のこと。ここでは別の“シート”を意味する。彩色の作業時には、画面上に動画および別レイヤーの指定を重ねて表示できるので、効率的な作業が可能。

ナログ画のスキャン時に発生する「ゴミ」を除去する作業が必要でした。デジタル作画の場合、はじめからソフト上で線を引くため、このような補正作業は不要になります。また、線画が途切れていると「仕上げ・彩色」工程の色塗り（デジタルペイント）の際に、途切れ部分から色がはみ出してしまいます。しかし、デジタル作画では、途切れがなくなることで色のはみ出しもなくなり、「仕上げ・彩色」作業の効率化が図れます。

また、従来のアナログ作画では、「仕上げ・彩色」において、動画用紙の裏に書いてある指定をいちいち裏返して参照しながら、仕上げの担当者が彩色しています。一方、デジタル作画の場合、指定は別**レイヤー***に記載できるため、用紙を裏返す煩わしい手間がなくなり、時間を短縮できます。このため、大量生産が可能になりました。

これらの点もデジタル作画のメリットです。

デジタル化がもたらすクオリティの向上

デジタル化は、アニメ制作のクオリティを向上させることができます。

デジタル化の範囲には、作画工程だけでなく、監督や演出などによる絵コンテの作成も含まれます。絵コンテの作成をデジタル化すると、デジタル化された絵コンテから、そのままムービー（動画）を作ること*ができます。そして、原画作成者は、ムービー絵コンテを見ることで、監督が意図する映像のリズム感や流れを理解しやすくなります。従来、原画作成者は監督の意図の理解に多くの労力を使っていました。しかし、ムービーがあることでそれが容易になり、作画そのものに集中できるようになります。結果として、作画のクオリティが向上するでしょう。

また、デジタル作画では、原画からムービーを作成することもできます。ムービーにして見ることで、原画の動きをその場ですぐチェックできます。動きに不都合な点があれば、ただちに修正できます。これも作画のクオリティの向上につながるでしょう。

さらに、作成したムービーに簡易的にセリフ音声を入れることもできます。そうすると、従来のアナログ制作ではラッシュの時点まで不明だった声の演技とのマッチングが、原画の時点で把握可能になります。そのため、声の演技とのマッチングを考慮しつつ原画を作成でき、作画のクオリティが一層向上します。いうなれば、デジタル作画は可能性を広げるための新たな表現ツールなのです。

Point

***…を作ること** 何枚もの絵コンテを連続して表示することで動画にできる。動画マンの描く動画と区別するため、本書ではムービーと呼んでいる。

デジタル作画によるワークフローの変化

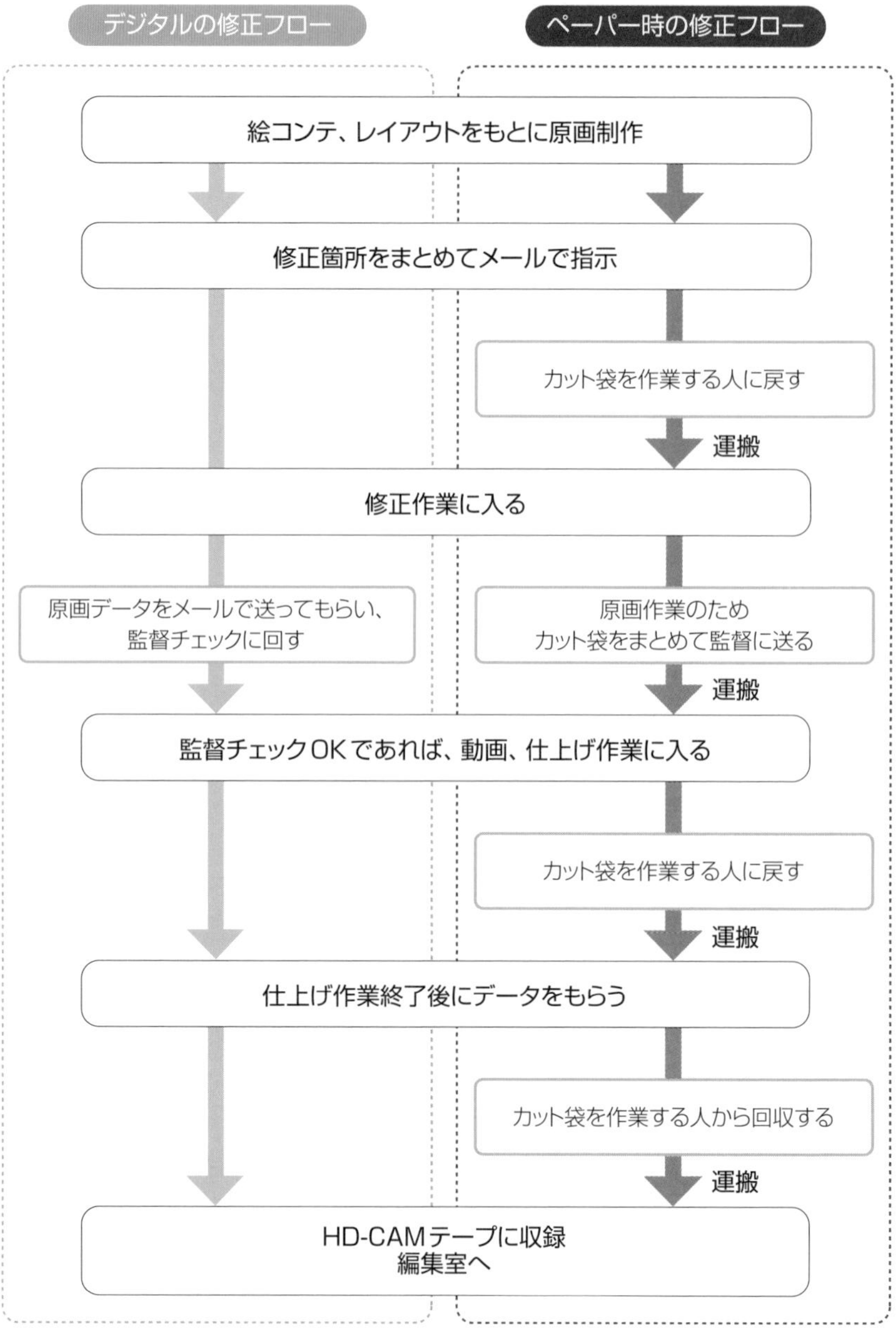
デジタルの修正フロー
ペーパー時の修正フロー
絵コンテ、レイアウトをもとに原画制作
修正箇所をまとめてメールで指示
カット袋を作業する人に戻す
運搬
修正作業に入る
原画データをメールで送ってもらい、
監督チェックに回す
原画作業のため
カット袋をまとめて監督に送る
運搬
監督チェックOKであれば、動画、仕上げ作業に入る
カット袋を作業する人に戻す
運搬
仕上げ作業終了後にデータをもらう
カット袋を作業する人から回収する
運搬
HD-CAMテープに収録
編集室へ

デジタル化による労働環境の改善

アニメーター（特に若手）の平均賃金や長時間労働といった問題も、デジタル化によって緩和できる部分があります。まず、アニメーターの生活環境の改善が期待できます。フリーランスの原画作成者には在宅で作業する人がいます。従来のアナログ原画作成の場合、そのような原画作成者の住居は、東京都内近郊であることが基本でした。これは、制作進行スタッフが完成原画を人手で回収できる範囲に住居（もしくは作業場）がなければならないからです。多くのアニメ制作会社が東京都内にあることから、必然的に、フリーランスの原画作成者も東京都内近郊に限定されてしまいました。そして、東京都内近郊は他地域に比べて住居費用や物価が高くなります。

しかし、制作をデジタル化すると、インターネット経由で作画データをやり取りでき、人手による回収は不要になります。そのため、フリーランスの原画作成者の作業場所（住居）は地域的に限定されません。東京都近郊にいる必要はなく、住居費用や物価の安い地方での制作が可能に＊なります。加えて、デジタルツールを使いこなせるようになれば、作業のスピードアップと効率化を図ることができ、労働時間が減って生活に余裕が生まれることも考えられます。

また、新人アニメーターのキャリアアップのスピードを速めることも期待できます。キャリアアップのスピードが速まれば、それだけ賃金の上昇も速くなります。制作のデジタル化によって、新人アニメーターでも1カ月目から「商品として成立する動画」を作成できるようになります。プロとして仕事ができるようになるまでの時間が短縮され、それによって、賃金の水準が上がるまでの時間も短縮されます。なお、新人アニメーターに限らず、パソコンの素養があるアニメーターであれば、一般的に1カ月程度でデジタル作画の習得が可能です（ただし、何らかのツールを新しく使い始めるときは、慣れるまでに1週間程度を要します）。

さらに、制作のデジタル化は別の意味でもアニメーターの賃金上昇につながる可能性があります。従来のアナログでのアニメ制作は水平分業型で、アニメーターごとに作業が分業化されていました。動画の作成者は動画だけを、原画の作成者は原画だけを仕事としています。しかし、デジタル化が進展すれば、将来的に、1人のアニメーターが複数の作業をこなす**垂直分業型**へ変化する可能性があります。1人のアニメーターが複数の仕事をこなせれば、そのぶん、賃金もアップします。

Point　**…での制作が可能に**　もちろん、インターネットなどを使った通信環境の整備（つまり初期投資）が必要。

デジタル化の進展とアニメ制作ソフトの発展

アニメ制作のデジタル化の進展は、**アニメ制作ソフト**やツールの革新に負うところが大です。使い勝手のよい制作ソフトの開発や改良が絶えず進められており、それに伴って制作のデジタル化が加速しています。

現在の代表的なアニメ制作ソフトは、日本のセルシス社の「**CLIP STUDIO PAINT EX**」です。セルシス社は、アニメ制作ソフトのトップメーカーであり、同社の製品は世界中のアニメ業界で長く使われ続けています。「CLIP STUDIO PAINT EX」は同社の最新ソフトであり、価格が比較的手頃なこともあって、日本でも東映アニメーションや旭プロダクションなどの大手アニメスタジオをはじめ多くのアニメ制作会社で使われています。

また、「CLIP STUDIO PAINT EX」は、無料で誰でも使用可能な仕上げ・彩色ソフト「**OpenToonz**」に対応しているため、コスト面や利便性の点でメリットがあります。「CLIP STUDIO PAINT EX」最新バージョンを使って作成した原画・動画は、

その他の主なアニメ制作ソフト

ソフト名	開発国など	機能など
TVPaint	フランス	25 年の歴史を持つ作画ソフトで、絵コンテから撮影までカバーする、柔軟性に優れたツール。
Toon Boom	カナダ	英語圏で普及する制作ツール。
CACANi	シンガポール	中割りと呼ばれる、原画と原画の間の絵を描く作業を自動生成する仕様を備える。
Photoshop および After Effects	米国 Adobe 社	月額数千円という格安のクラウド型サービスで提供される。

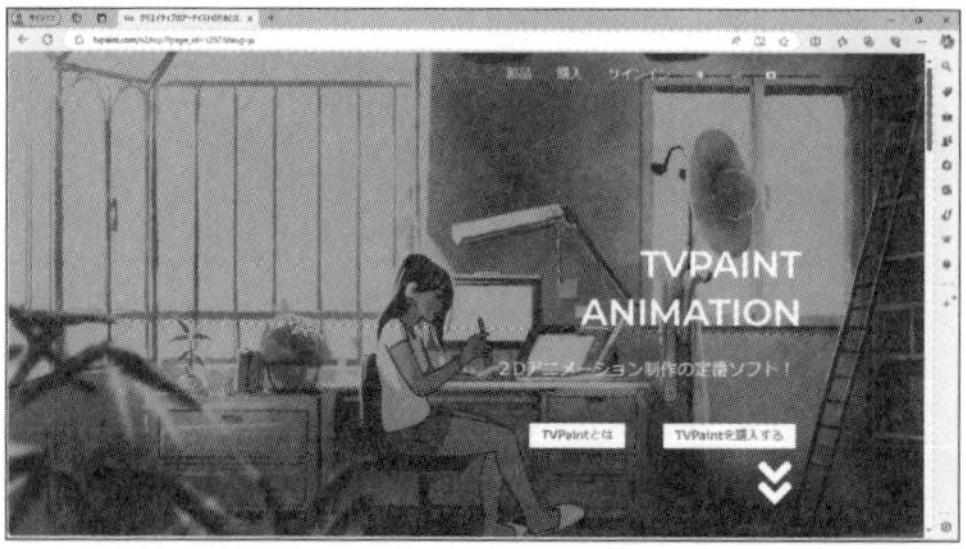

◀ TVPaint ホームページ

「OpenToonz」を使って仕上げや彩色を行うことができます。「OpenToonz」は、仕上げや色指定、撮影などの工程で活用されているソフトウェアで、日本のドワンゴ社が無料で公開しており、誰でも使用できます。

実は、このソフトウェアの開発にはスタジオジブリが大きく関わっています。ベースは、イタリアのDigital Video社が開発したソフトウェア「**Toonz**」ですが、このソフトを『もののけ姫』の制作に導入したスタジオジブリが、自分たちが使いやすいようにカスタマイズしてジブリ版の「**Toonz Ghibli Edition**」を開発したのです。そしてこれを、『借りぐらしのアリエッティ』以降のすべての作品の仕上げ、色指定、撮影工程で使用しています。

一方、ドワンゴ社は、Digital Video社から「Toonz」の権利を買い取ってこれを改良し、さらに「Toonz Ghibli Edition」の機能も使えるようにした「**OpenToonz**」を開発したのです。

なお、「OpenToonz」はオープンソースのソフトでもあります。つまり、このソフトのソースコード(プログラムコード)は公開されていて、誰でも改変することができます。

そのほかの主なアニメ制作ソフトを前ページの表に示しました。

AI活用の期待と課題

アニメ制作へのAIの導入は、「作業の効率化(省力化)を図る」「人材不足を補う」といった点で期待されています。AIの活用は、人材不足が深刻化している作画工程のうち、背景の作画(背景美術)工程で試みが始められています。さらに彩色工程などが続いています。

期待は大きいのですが、課題も大きいのが現状です。

その1つは、AIの特質による技術的なものです。AIは、アニメ制作に限らずどの分野でも、AIにあてがう情報(=データ)の量が多いほど的確な結果を出します(アニメでは描画の高度化)。AIは、与えられたデータを学習して、的確な結果を出せる経験知(知識、知恵)を獲得します。そのためには膨大な量のデータ(情報)が必要であり、数千枚や1万枚程度の既存画(データ)を与えられても、実用に耐える結果(描画)は出ません。億単位の枚数の既存が必要であり、それだけの量*の既存画をいかにして集めるかが大きな課題です。

もう1つ、クリエイター側のAI活用に対する態度・思惑に対処しなければならないことも大きな課題です。

Point …**それだけの量** 自分たちが著作権を持つデータ(画)や、公開されていて著作権に抵触しないデータ(画)が必要。

Section

6-3 アニメとCG（コンピュータグラフィックス）

アニメ制作のデジタル化の進展の一方で、アニメ制作におけるCG（コンピュータグラフィックス）の利用が進みました。

■CGアニメーションの進展

近年はアニメ作品の画像の一部や全部を**CG**で作成するようになってきました。このような、CGで作成したアニメ作品を**CGアニメーション***と呼びます。

CGアニメーションでは、アニメ作品の1コマ1コマ（各ショット）の静止画像を順番にCGで作成します。これらのコマをつないで、一連の動画に仕上げます。

作画の作業も動画作成の処理もコンピュータ上だけで行うことになります。つまり、コンピュータ上でのCG作成だけで、アニメ作品（の一部または全部）を作り上げることができるのです。

そのため、制作過程におけるいろいろな工程を省くことができ、通常の（手描きの）アニメ制作よりもコストを削減することができます。ただし、全部をCGで作り上げるとコストが安くなるということで、かえって制作費の大きい大作にしてしまう、という事例も多々あります。

CGアニメーションは、特殊効果のように作品の一部にCGを使うところから始まり、作品全体をCGで作るまでになりました。近年は、CGだけで作り上げたアニメ作品（**フルCGアニメーション**と呼びます）も多数制作・公開されています。

最近では、実写映画でもCGが多く使われています。そのため、実写映画とアニメ映画の境界がどんどん曖昧になっています。2016年公開のハリウッド映画『ジャングルブック』では、主人公の少年以外はすべてCGで表現されています。こうなると、実写映画とアニメ映画の境界がほぼなくなってしまったといえるかもしれません。

なお、アニメーションには、次ページの表のようにいくつかの種類があります。

Term **CGアニメーション**　2DCGと3DCGがある（単に2D、3Dと呼ぶこともある）。デジタル作画（6-1節参照）で作成したものが2DCG（2D）。

アニメーションの種類

アニメーションの種類	作り方
手描きアニメーション	通常の日本のアニメーション作品など。
CG アニメーション （フル CG アニメーション）	作品全体を CG で作り上げたアニメーション作品。
人形アニメーション （パペットアニメーション）	人形をほんの少しずつ動かしながらコマ撮りするアニメーション。
クレイアニメーション （粘土アニメーション）	粘土で作った人や動物や物などを少しずつ動かしたり変形させたりしながらコマ撮りするアニメーション。
切り絵アニメーション	キャラクターの切り絵の全体やその一部を背景画の上で動かしながらコマ撮りするアニメーション。

CG アニメーションの仕組み

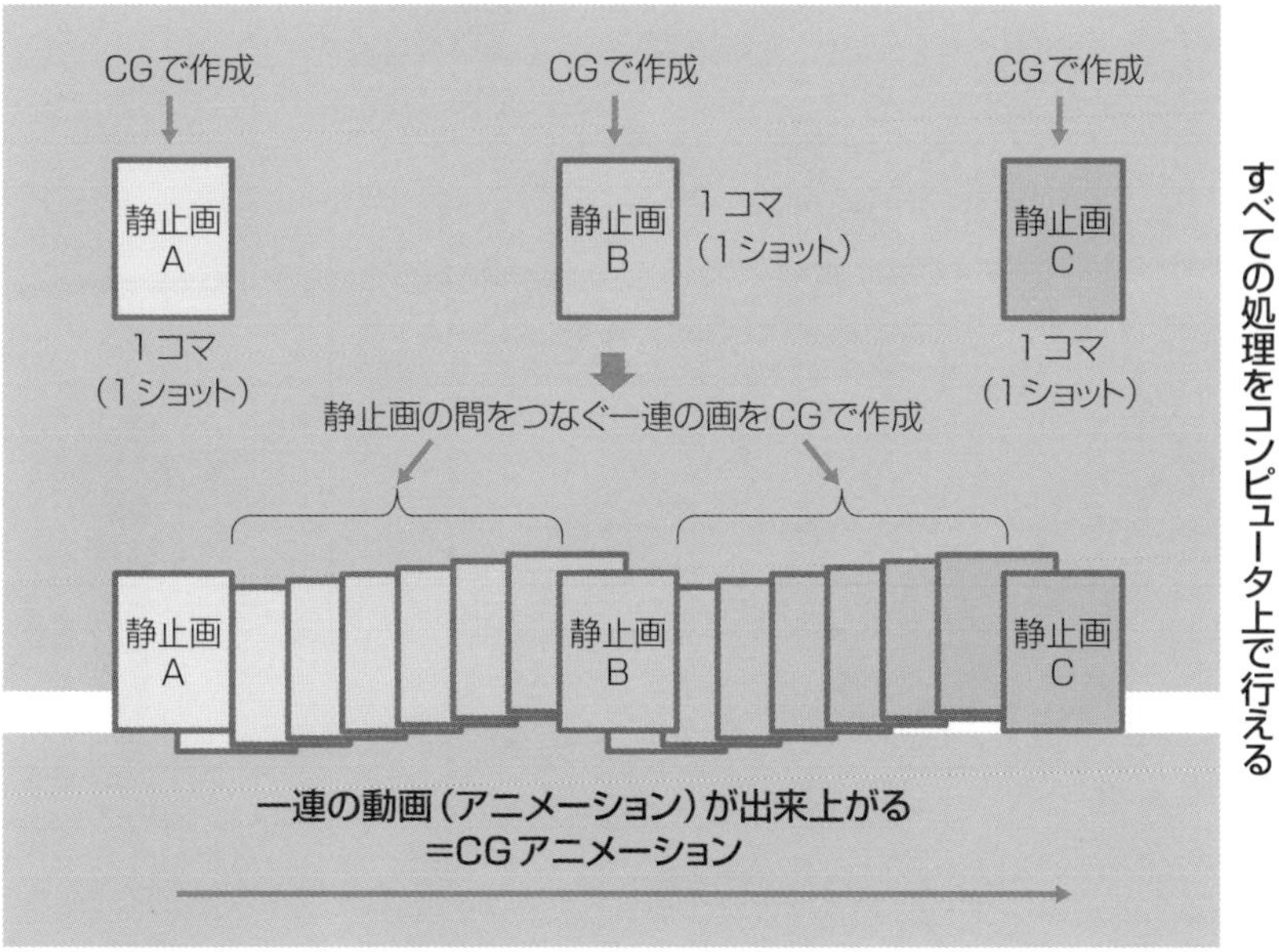

作品によりCGアニメーションを使い分ける

ただし、同じアニメ作品といっても、通常の（手描きの）アニメ作品とCGアニメーション（フルCGアニメーション）では、画（画面の描画）の印象は大きく異なります。

手描きアニメーションは、一般に「ぬくもりがある」、「作者のイメージがそのまま表現されている」などの印象があるといわれます。一方、CGアニメーション（フルCGアニメーション）には、「ハードな」、「メタリックな」印象があります。

それぞれのアニメには特徴（言い換えれば〝それぞれのよさ〟）があるので、単にコストの高低だけで決めるのではなく、「この企画はどの種類のアニメにすれば最良の作品になるのか」を考える必要があるでしょう。制作効率の向上やコストの削減を考えて手描きアニメーションから撤退し、フルCGアニメーションだけを制作するようになった制作会社（制作スタジオ）が、手描きアニメーションのよさを再認識し、その制作を復活させるという例もあります。

手描きアニメとCGアニメーション

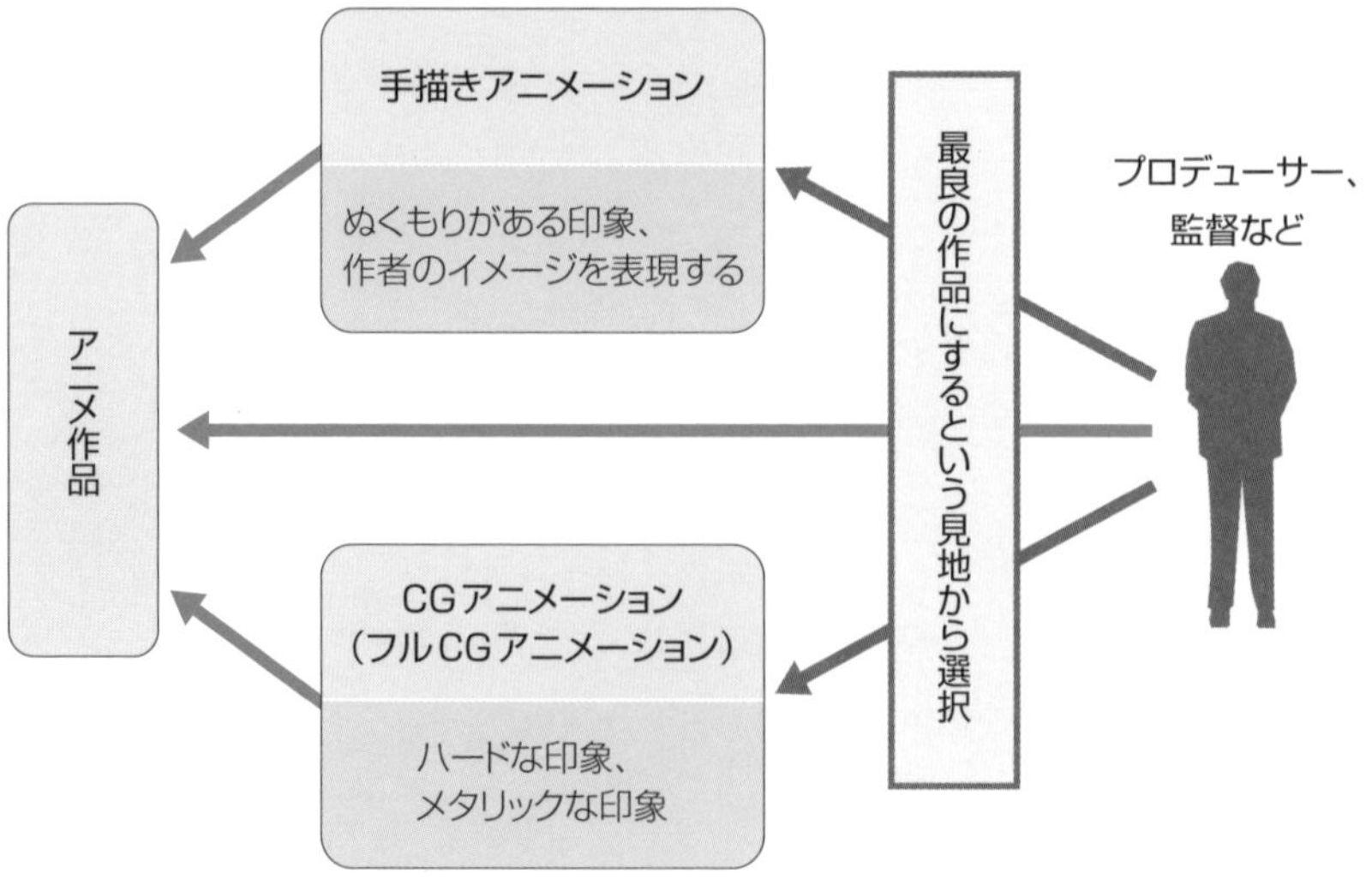

実写に融合したアニメ

Column

ハリウッド映画には、実写映画の中で登場人物がアニメのキャラクターと共演するものが何本かあります。

その代表的な作品が、1945年に製作されたミュージカル映画『**錨《いかり》を上げて**』です。この映画の中には、主演のジーン・ケリー（ハリウッドの大スターであり、ダンサーでもある）が、ネズミのジェリー（米国のテレビアニメ『トムとジェリー』のキャラクター。番組の内容は、猫のトムがジェリーを追い回し、最後はジェリーにコテンパンにやられてしまうというもの）と一緒に、アニメの世界でタップダンスを踊る非常に長いシーンがあります。このシーンの出来は非常に優れていて、いまでは伝説となっています。

それほど素晴らしいシーンになったのは、1つは、アニメのキャラクターの動きと違和感なくダンスが踊れるジーン・ケリーの実力、もう1つは、逆にジェリーのダンスをジーン・ケリーの動きと見事なまでに調和した動きにしたアニメ作画の技術力のおかげでしょう。

この映画は、ジーン・ケリーとジェリーのダンスシーンがなければ、その当時何本も作られたハリウッド製ミュージカル映画の中のよくできた（ウエルメイドな）1本として記憶されるだけに終わっていたかもしれません。このダンスシーンがあることで、映画『錨を上げて』は伝説の1本として残っているといっても過言ではありません。

ジーン・ケリーの動きやダンス・パフォーマンス、顔やキャラクターそのものが、アニメとの親和性の高いものでした。

錨を上げて （原題：Anchors Aweigh）

MGM映画、1945年製作

監督：ジョージ・シドニー

出演：ジーン・ケリー

フランク・シナトラ

キャスリン・グレイソン

ジェリー（アニメ『トムとジェリー』のキャラクター）

Section
6-4 アニメのネット配信

インターネットの発展・普及は、アニメビジネスを大きく変化させています。その変化は終了したわけではなく現在進行形です。

■インターネットを使った作品の公開

ネットワーク技術の発展・向上により、インターネット上で動画のような大容量データを高速に、しかも高い品質で（一部のデータが抜けたり壊れたりしないで）伝送できるようになりました。

また、光ファイバーなど、ブロードバンド通信環境の普及に伴い、家庭でも大容量・高速通信が活用できるようになっています。

その結果、インターネット上のサイトから高速で動画作品を1本まるごとユーザーの端末（スマートフォンやパソコンなど）にダウンロードすることが可能になりました。ユーザーは、自分の端末機器にアニメ作品（デジタルデータ）を保管しておいて、好きなときに見ればよいのです。つまり、インターネット経由でアニメ作品を販売することができるわけです。

また、作品データをダウンロードしたあと、一定の条件を満たした時点で作品を視聴できない状態にしたり、消滅させたりすることが技術的に可能ですので、そうした技術を使えば作品のレンタルが可能になります。このように、インターネットを使えば、販売やレンタルにＤＶＤのような媒体を使う必要がありません*。

また、**ストリーミング**と呼ばれるネットワーク技術によって、リアルタイムで（テレビを見るように）、インターネット上の動画をユーザーがパソコンで見られるようになっています。これはダウンロードして端末機器に保管しておくのではないため、見たあとに作品がユーザーのもとに残るわけではありません。

この技術を使えば、ユーザーは、インターネット上のサイトから配信される動画作品を、映画館やテレビで見るの

Point **…を使う必要がありません**　今日では、もはやネット配信が作品公開の中心手段となっている。

と同じ感覚で見ることができます。つまり、映画館やテレビ放送を使わなくても、インターネットを使ってアニメ作品を公開できるようになったのです。

ただし、品質面では、BDやDVDの再生画像の品質に比べて難があります。また、通信状況によって品質が落ちることがあります。

ネットは世界同時公開を可能にする

インターネットを使った作品の公開（リリース）は、既存のテレビや映画館、DVD媒体による公開に比べて、大きなメリットがあります。

それは、インターネットがグローバルなものでり、世界中の隅々のユーザーを結び付けていることによります。

インターネットを活用すれば、作品データのダウンロードであれ、ストリーミング技術を使った視聴であれ、世界のあらゆる国のあらゆる場所にいるユーザーに同時に情報（コンテンツ、ここではアニメ作品）を届けることができます。

つまり、アニメ作品の**世界同時公開**が技術的に可能になるわけです。もちろん、現地語での吹き替えや字幕付けその他の問題はあるものの、技術的には世界同時公開（配信）

インターネットを使ったアニメ作品の公開

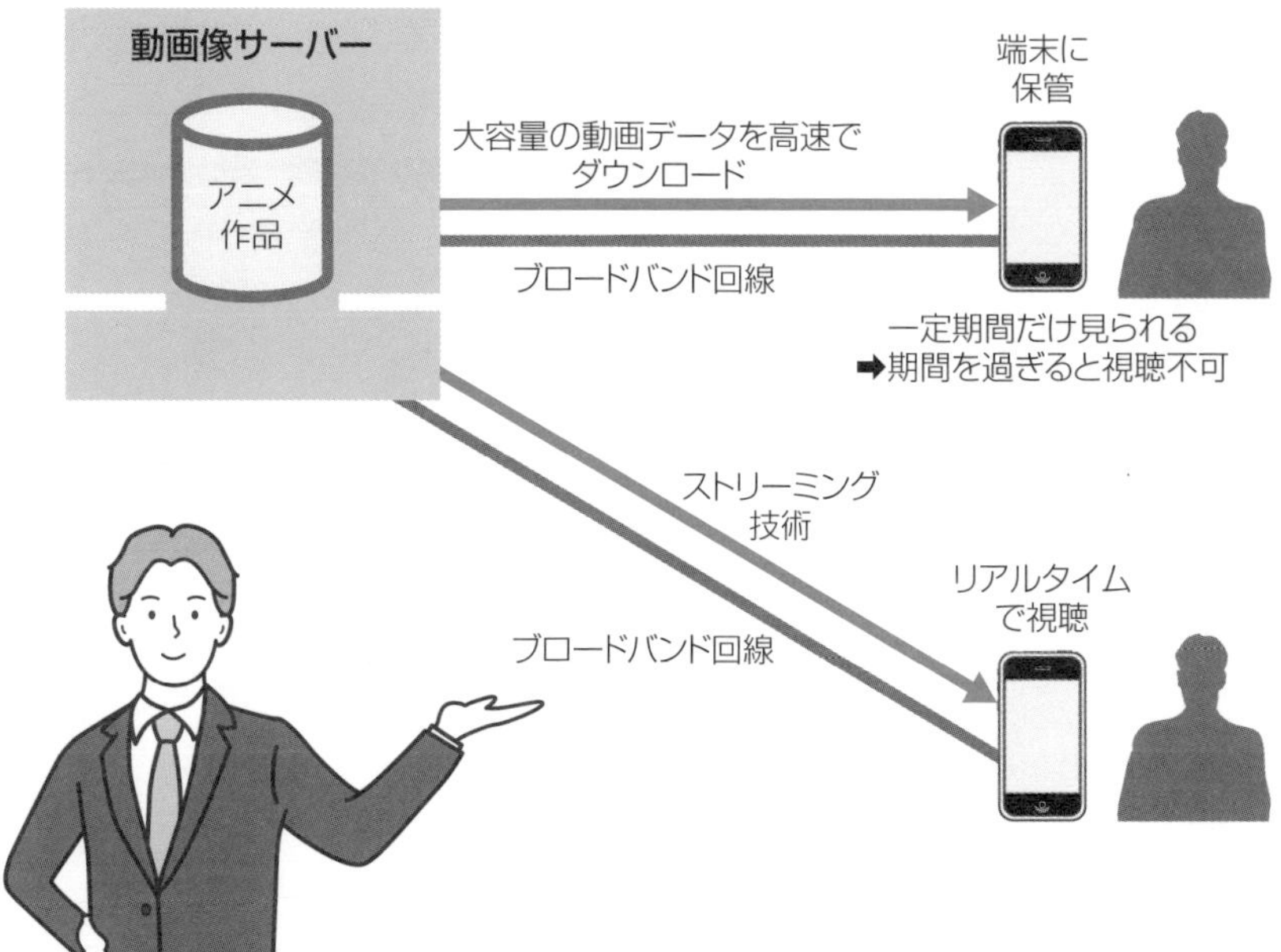

が可能なのです。

デジタルデータをそのまま配信できる

　また、インターネットを使えば、完成した作品をそのまま（システム上の変更なく）、インターネット上に配信することができます。デジタル化した制作工程で作成した2Dアニメ作品や3DCGアニメ作品は、完成後はデジタルデータの集まりです。そのままパソコンで再生したり、ネットワークで伝送したりできます。

　つまり、映画館での公開のように「劇場の映写システムに載るように移行させる」、テレビ放映のように「テレビ局の放映システムに載るように移行させる」、ディスク販売やレンタルのように「DVDやBDの媒体に複製する」といった作業は発生しません。

　デジタルデータとして完成したアニメ作品を、そのまま自社の配信サーバーにアップロードするだけで済み、従来のような手間はかからないのです。あとは、ユーザーがサーバーにアクセスして、ダウンロードしたり、ストリーミング方式で観賞したりしてくれるのを待つだけで、配信自体のコストはかかりません。

インターネットを使ったアニメ作品の世界同時公開

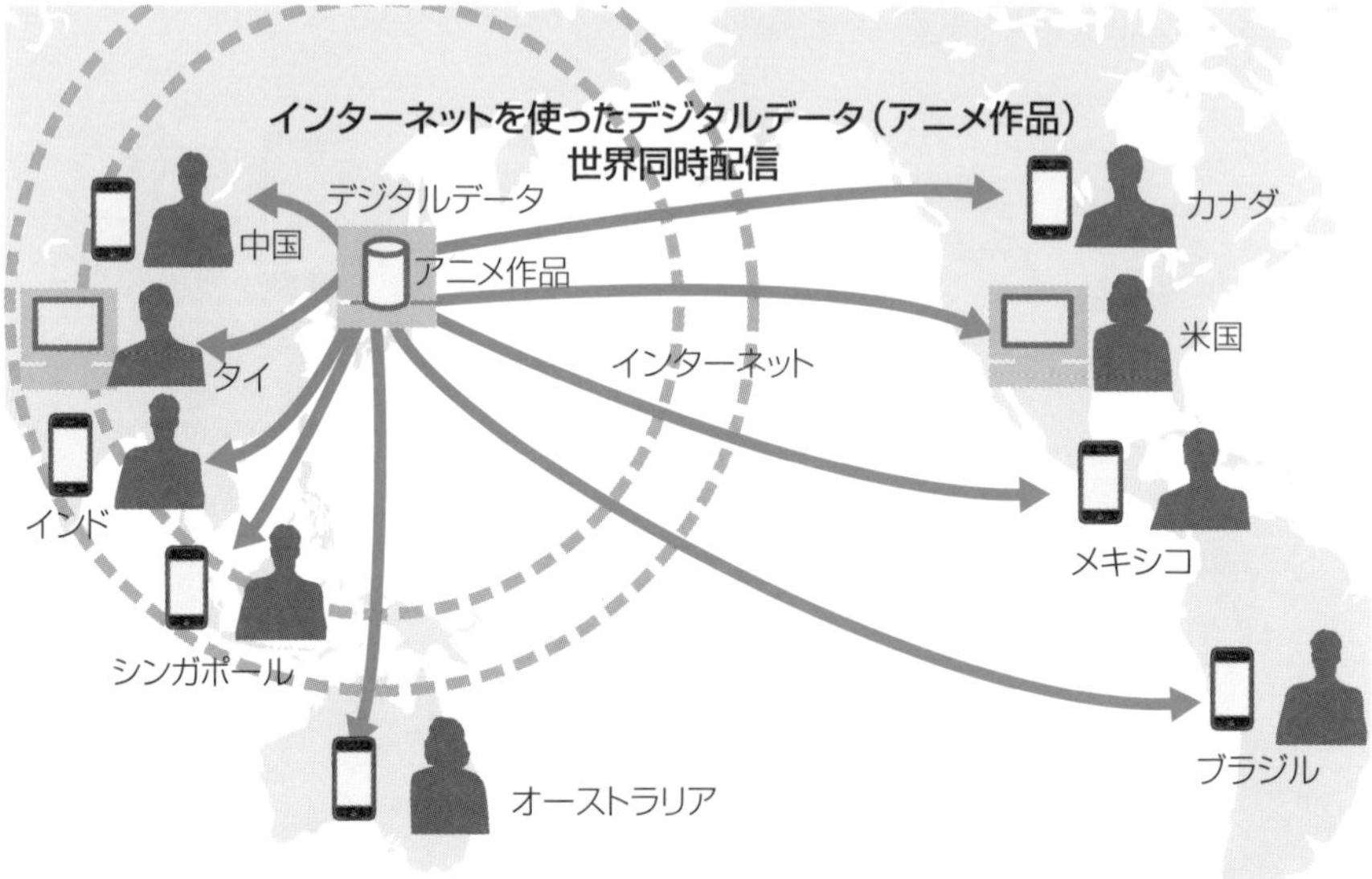

流通に変化をもたらす

さらに、インターネットを活用すれば、アニメ作品を現地のユーザーに直接届けることが可能になります。いわば、産地直送です。

もちろん、現地ユーザーの課金・集金やユーザー登録など、ユーザー管理の業務を行う事業者は必要ですが、従来の映画館公開やテレビ放映、DVD販売やレンタルとは違って、現地の流通・配給の業者が関わらなくても、作品をユーザーに直接届けることができます。結果として流通の手段が拡大・多様化することになります。

流通業者を通さないということは、配信側が思いどおりの作品を自由に公開できるわけです。作品の公開が流通業者の思惑に左右されるといったことはなくなるでしょう。また、間に入る流通業者に対するコストの低減も図れます。

海外動画配信サイトの進出

米国や中国のIT・ネットワーク企業が、運用する動画配信サイトでの日本アニメの配信に力を入れています。米国のアマゾン（**アマゾンプライムビデオ**）や動画配信企業**ネットフリックス**（**Netflix**）は、多数の日本アニメ作品の

インターネットを使った作品公開のメリット

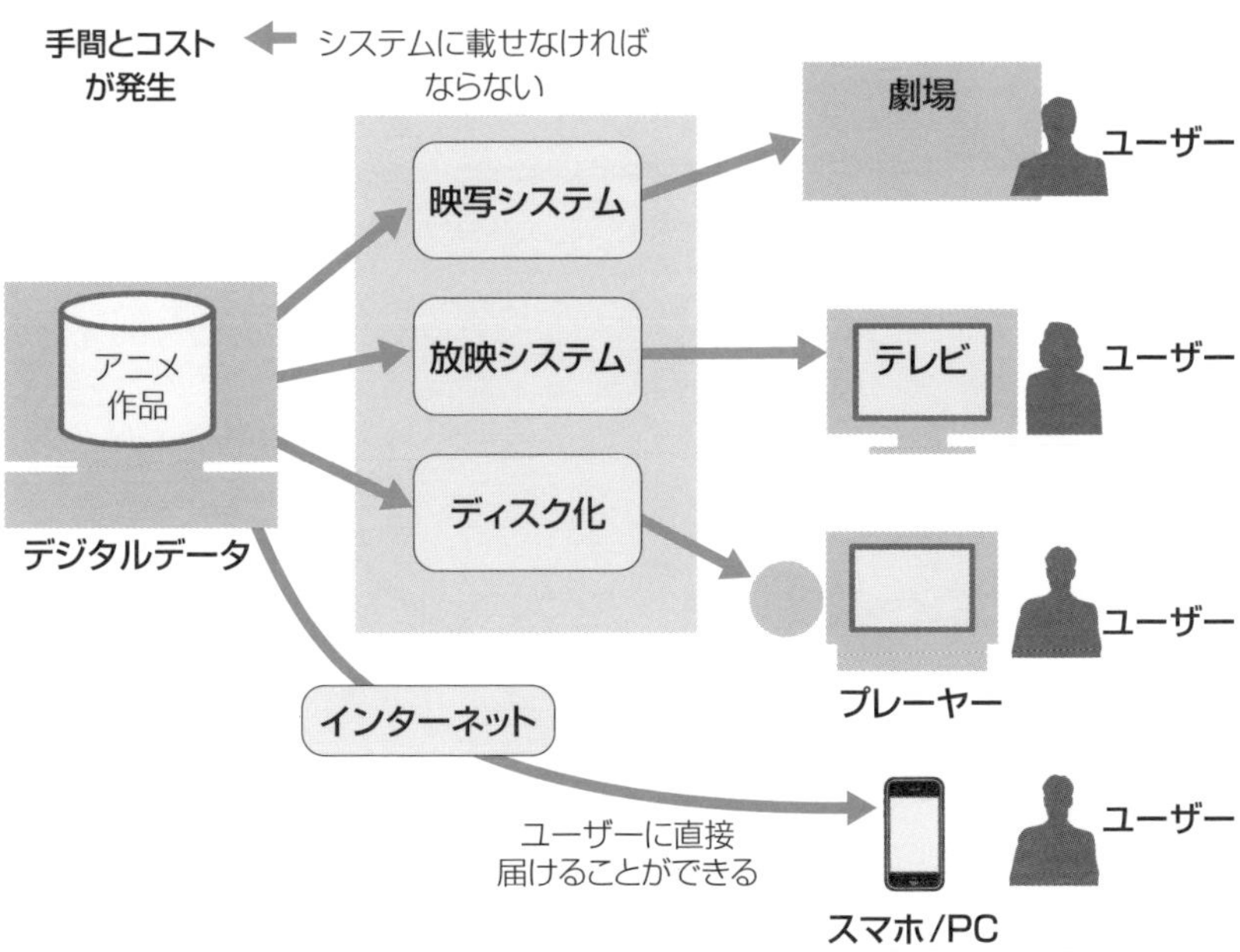

配信権を入手し、自社の動画配信サービスで日本内外に配信しています。一方、**クランチロール**は、日本アニメだけを配信する企業です。海外中心に、日本でのテレビ放映と同時にネット配信しています。

中国企業も圧倒的なユーザー数を背景に、日本アニメの配信権を多数購入し、自社のサイトで中国国内外に向けて配信しています。検索大手「百度」傘下の「**愛奇芸**」、ネットサービス大手「アリババ」傘下の「**優酷**」、ネットサービス大手「**テンセント**」など、中国3大IT企業（BAT）がすべて日本アニメの配信に力を入れています。また、「**bilibili**（**ビリビリ**）」も日本アニメを多数配信しています。

インターネット配信の課題

ただし、インターネットを活用した配信（公開、リリース）には課題があります。それは、利益をどのように確保するかということです。

インターネットは元来、ユーザーが無料で情報を入手できるようになっているメディアです。情報を提供するサイトでは、例えば、登録（登録料は無料）したユーザーが無料で情報を閲覧できる仕組みがふつうです。その上で収益は、サイトのページに掲載する広告の料金でまかなうのが

インターネット公開による流通の変化

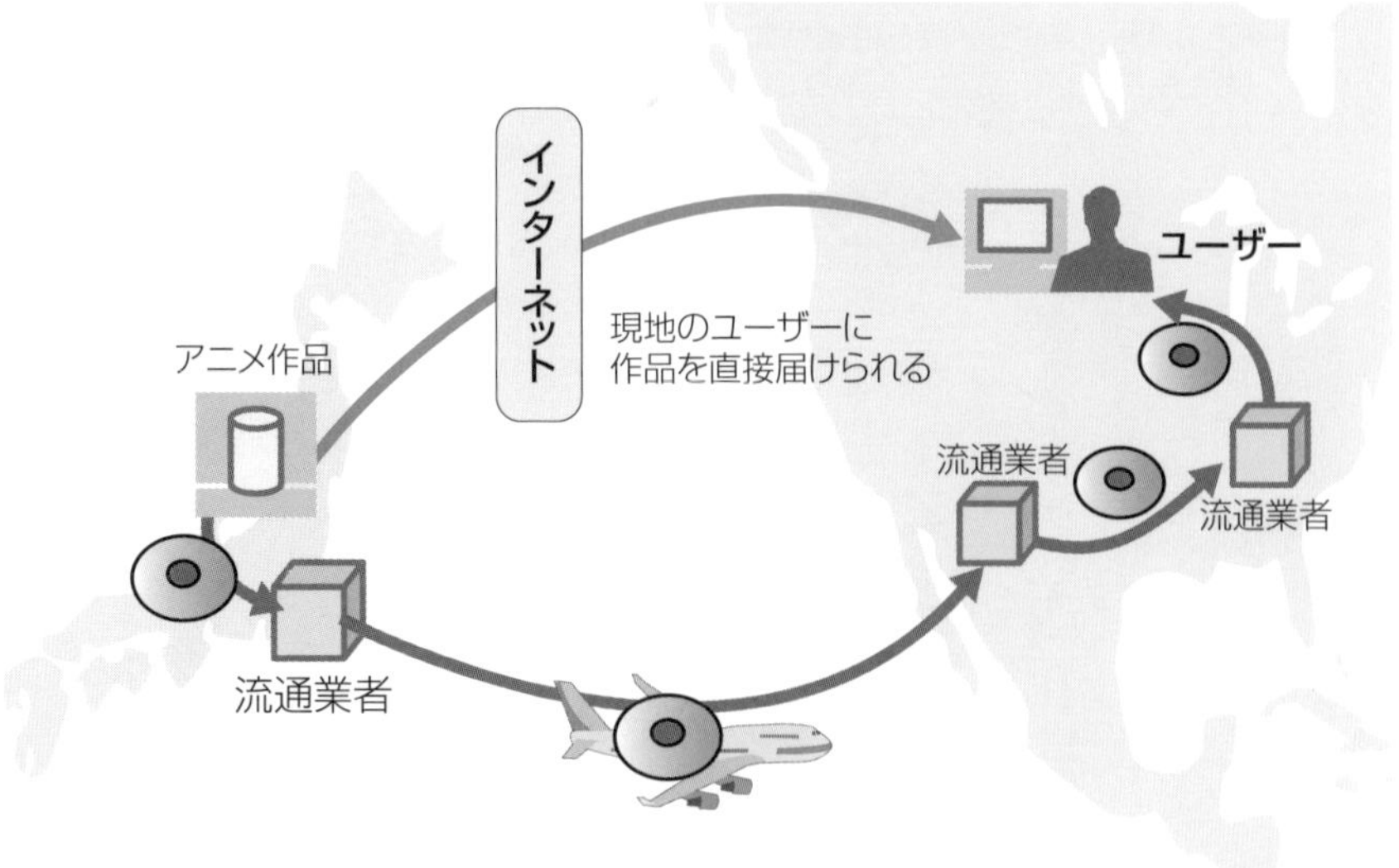

一般的です。

作成コスト（アニメ作品では制作コスト）が小さい情報ならば、無料で情報を公開することが可能でしょう。しかし実際には、右記のようなビジネスモデルでは、大きな収益が得られません。アニメ作品のようなコストが大きい情報（作品＝コンテンツ）では、無料ではビジネスが成り立たないのです。そうすると、課金した有料配信ということになります。実際に最近では有料配信サービスが増えています。アニメ作品を含む、映画やドラマ等の商業作品の有料配信では、**サブスク**＊（**サブスクリプション**）と呼ばれる定額料金の課金方式が主流です。一定の料金（月額や年額）を支払うことで、一定の期間（月単位、年単位）、動画作品が見放題になります。ただし、作品を1つも見なくても料金を支払わなければなりません。

しかし、有料といっても、それほど高い料金は設定できないのが現状です。ユーザーに受け入れられるような料金（低料金）にせざるを得ないでしょうし、それでも収益を確保できる仕組みを整えなければなりません。

例えば、「ユーザーの数を相当に大きくすることで利益を上げる」という方法もあります。つまり、薄利多売で利益を上げるモデルです。世界各国の幅広いユーザーに関心を持ってもらえるような魅力的な作品を数多くそろえて配信できれば、この方法はうまくいくでしょう。

しかし、世界には数多くの動画配信サービスがあり、料金ならびに作品ラインナップの両面で競争を繰り広げています。有望な作品を数多くそろえつつ、ユーザーに受け入れられる料金に抑えると、なかなか大きな利益を生み出すのは難しくなります。

「よい作品を多くそろえる（お金がかかる）」および「料金をできるだけ抑える（収入が少なくなる）」という両立の難しい集客の2つの要件を同時に満たすべく、「料金を低く抑える代わりに、作品に広告も載せて配信する」という課金方式を選択肢に加える配信サービスもあります。

配信会社が製作委員会に参画していれば、**二次利用**で収入を得ることができます。つまり、〈配信料金＋二次利用収入〉でトータルとして大きな利益が出るようにすることが可能になります。

いずれにせよ、アニメ作品のインターネット配信のビジネス展開は、まだまだ変化するでしょう。

Term

サブスク　動画配信だけでなく、様々な商品やサービスの定額料金での課金方式に用いられる。

Section

6-5 動画サイトのアニメへの影響

インターネット上には動画共有サイトがいくつもあります。動画共有サイトでは、動画を自由に掲載し、また掲載された動画を無料で自由に閲覧できます。

■動画共有サイトとどう付き合っていくか

インターネット上には**YouTube**のような**動画共有サイト**が多数あります。動画共有サイトには、ユーザーが自由に動画を掲載（アップロード）し、また誰でも自由に無料で掲載動画を閲覧（視聴）できます。

●動画共有サイトの問題点

このような機能ゆえに、動画共有サイトには、違法に動画がアップロードされることもあります。

ＤＶＤ（ビデオ）のコピー、テレビの録画、映画館で上映中の作品の違法撮影など、正規の作品を違法にコピー／録画／撮影した著作権侵害動画がアップロードされるのです。アニメ作品も、映画やテレビ番組、音楽ＤＶＤなどと同様に、違法にアップロードされています。

サイトの運営側は、違法にアップロードされた動画が見付かったらただちに削除するようにしていますが、それでも違法なアップロード＊は後を絶ちません。

●違法な動画配信サイトの存在

また、インターネット上には動画作品を正規価格に比べて非常に安価に配信する違法なサイト、つまり**海賊版配信サイト**が多数存在し、多くのユーザーが利用しています。

●販売利益の逸失につながる

このような動画共有サイトの違法利用や、違法な動画配信サイトの存在は、アニメビジネスに大きな影響をもたらし、アニメビジネスを阻害することになるのは明らかです。

当然ですが、こうした手段でアニメ作品を見るユーザーは、正式な公開／リリース作品を、おカネを払って購入し

Point
＊…**違法なアップロード**　違法アップロードは組織的に行われている場合も少なくない。また、違法な動画配信サイトの多くも組織的に運営されている。

ようとは考えません。そのため、正規のアニメ作品（動画配信やDVD販売など）の利益を損なうことになります。

かといって、動画共有サイトへの違法なアップロードを完全になくすことはできず、また、世界各国に広がったインターネットですから、違法な配信サイトは摘発されてもイタチゴッコのように次々に出現します。

現在のアニメビジネスは、こうしたインターネットの状況と付き合っていかなければなりません。

●動画共有サイトへの対応

例えば、動画共有サイトへの違法なアップロードや違法配信サイトからの配信に先んじて、世界に同時に低料金で作品を配信します。

また、YouTubeなどの動画共有サイトには膨大な数のユーザーがアクセスし、そこにアップロードされたコンテンツは多くの人の目に留まります。その点を考慮し、宣伝やプロモーションになるコンテンツを自ら積極的にアップロードします。さらに、プロモーションのため期間限定で作品の宣伝用動画をアップロードしておき、一定期間が過ぎたあと、正式な作品を有料で販売する――という方法をとる例もあります。

動画共有サイトへのアニメのアップロード

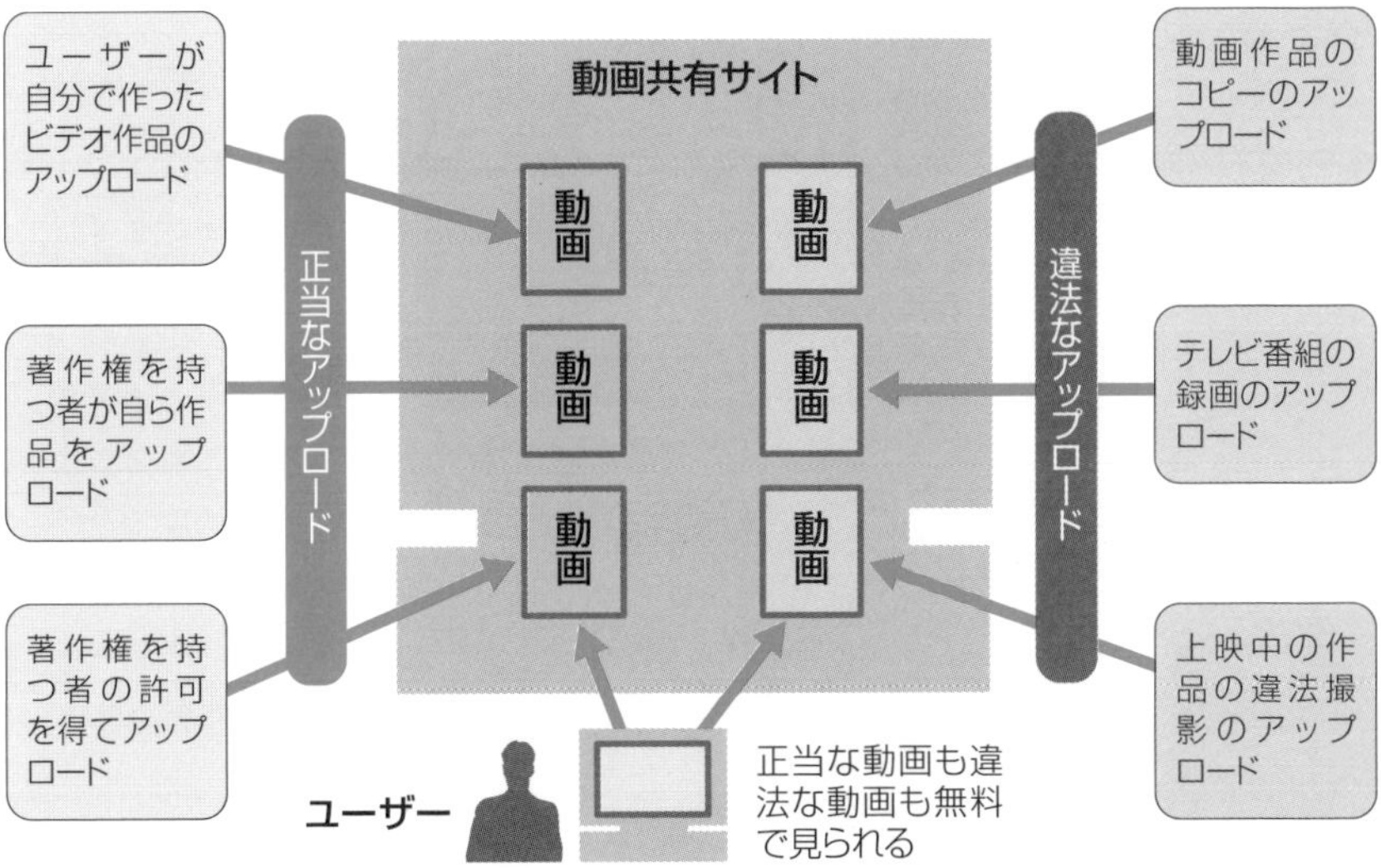

Column

アニメ制作の多様化

低価格・小規模で操作が簡便な、個人利用向けのアニメ制作用の機器やソフトウェアが販売されるようになっています。それに伴って、個人でアニメを制作する人が増えており、またそうしたアニメ作品を公開できる場も増えつつあります。

過去にも映像作品の制作では、使用する機器の低価格化・小規模化や操作の簡便化が、制作形態の多様化をもたらしてきました。

例えば実写映画では、1950～60年代に大きな潮流となった、フランスの**ヌーヴェルヴァーグ**（新しい波）がそうです。

その当時の映画は、一般的には、映画製作会社が大きなセットを組み、大規模な撮影機材を使って、助監督などの下積みを経験したのちにデビューした監督のもとで、撮影・制作されていました。

ヌーヴェルヴァーグ以降、カメラがあれば誰でも映画を撮れるようになりました。

しかし、ヌーヴェルヴァーグの作家たちは、そうした下積み経験なしに、低価格化・軽量化されて操作も簡便になった撮影機材（例えば、手持ち可能なカメラ）を武器に、個人として（一作家として）、若い俳優や素人を使って、ロケ撮影、同時録音、即興演出といった撮影手法で、非常に低予算で映画を作りました。

ヌーヴェルヴァーグを牽引した監督には、ジャン=リュック・ゴダール、フランソワ・トリュフォー、クロード・シャブロル、ジャック・リヴェット、エリック・ロメール、アニエス・ヴァルダなどがいて、その後、世界の映画界の中心的存在となっていきます。

ヌーヴェルヴァーグは、重要な監督たちを生み出しただけでなく、映画表現や映像表現、映画の文法、撮影の仕方を新しい地平に導き、その後の映画に大きな影響を与え、また、映画制作の多様化をもたらしました。ヌーヴェルヴァーグの前とあととでは、映画や映画制作はまったく違うものになっています。

さて、個人での制作が盛んになりつつあるアニメですが、こちらにもヌーヴェルヴァーグがやってきて、制作の多様化がもたらされることはあるのでしょうか。

第7章

アニメ産業の問題

日本のこれからを支える産業の１つとして期待のかかるアニメ産業ですが、現実には様々な問題を抱えています。

下請け制作会社の問題、アニメーターの収入の問題、人材流出の問題、技術力低下の問題、市場縮小の問題などが、「いまそこにある危機」として認識されています。

ここでは、これらの問題について見ていきます。

Section

7-1 制作会社の問題

アニメ業界は、建築業界、ソフトウェア開発業界、自動車製造業界などと同様に、元請け➡下請け➡孫受けといった階層構造で制作が行われています。

■下請けの疲弊

アニメ制作の**発注元**は、たいていの場合、製作委員会です。テレビ局や映画会社などの場合もあります。発注元は**元請け**に制作を委託します。元請けから見れば制作を受託することになります。元請けは、一般的には大手アニメ制作会社、放送局傘下のアニメプロダクションなどです。

そして、元請けから**下請け**に、さらにそこから**孫請け**、ひ孫請けへと再委託が行われていきます。こうして、元請けを頂点にした下請けの階層構造でアニメ制作が進められます。同じアニメ制作会社といっても、元請け会社はそれなりの規模を持つ企業が多いです（中には規模の小さい企業もあります）。一方、下請けの制作会社はほとんどが資本金1000万円にも満たない小規模な企業。さらに、特定の工程のみを請ける下請けや、孫請け、ひ孫請けになると、大多数が資本金も小さく従業員数も少ない零細企業です。元請けがアニメ制作全体を受託して、アニメ制作の各工程である作画、美術、撮影、音声制作、編集など、それぞれを担当する下請けや孫請けに委託することになります。

元請けは、発注元から支払われる制作費*から、自身の利益分を確保し、残りの制作費で下請けに制作を依頼します。下請けから孫請け、孫受けからひ孫請けへも、同じように、自身の取り分を確保して、残りの制作費で制作依頼が行われます。

アニメ制作の制作費は、たいていの場合、潤沢ではありません。その結果、元請けから下請け、孫請けへと再委託が行われるうちに、制作費がどんどん減少していきます。そのため、多くの下請け、孫請け、ひ孫請けの会社は収入が低く、苦しい経営を余儀なくされることになります。

さらに、発注元から支払われる制作費が工数に見合わな

Point

*…**支払われる制作費**　ネットフリックスが制作するオリジナル作品では、制作費が潤沢に支払われる。そのため、下請けに支払われる制作費も多くなる。

アニメ産業の下請け構造

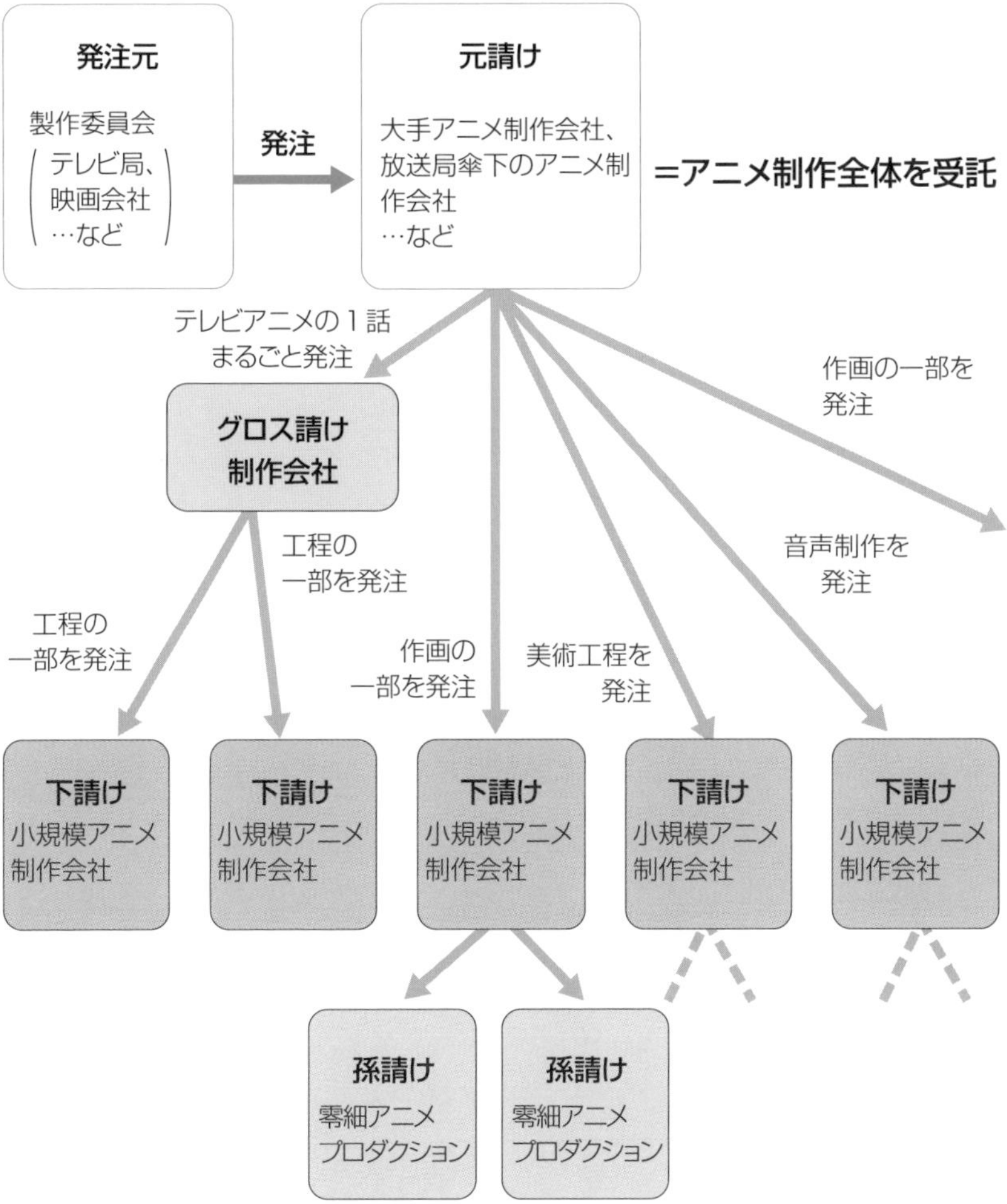
発注元
製作委員会
（テレビ局、映画会社…など）
発注
元請け
大手アニメ制作会社、放送局傘下のアニメ制作会社…など
=アニメ制作全体を受託
テレビアニメの１話まるごと発注
グロス請け制作会社
工程の一部を発注
工程の一部を発注
作画の一部を発注
美術工程を発注
音声制作を発注
作画の一部を発注
下請け
小規模アニメ制作会社
下請け
小規模アニメ制作会社
下請け
小規模アニメ制作会社
下請け
小規模アニメ制作会社
下請け
小規模アニメ制作会社
孫請け
零細アニメプロダクション
孫請け
零細アニメプロダクション

フリーランスのアニメーターが直接、下請けになることもあります。

いほど少ないときは、下請けや孫請けに赤字のツケが回されるという事態も起こり得ます。

下請けの中には**グロス請け**と呼ばれる形態があります。主にテレビアニメの制作において用いられる下請けです。テレビアニメのシリーズ中の1話分（主に30分作品）について、丸ごとでの制作を委託されます（複数話分を請けることもあります）。1話分*の制作費をもらい、その予算範囲において、自身の裁量で作品を完成させます。この場合、まるごと制作するとはいえ、アニメ制作サプライチェーンにおける位置付けが下請けであることには変わりありません。

アニメ業界に限らず、元請け／下請けの階層構造になっている業界では、発注側（発注元や元請け）と受託側（下請けや孫請け）に力関係が存在し、下請けや孫請けは弱い立場に置かれます。

それに加えて、元請け／下請けの構造になっている業界において、下請けや孫請けは非常に小規模な企業や零細企業が多いため、発注側が圧倒的に優位になることがしばしばです。このことはアニメ業界も例外ではありません。

そして、そのような力関係を背景に、下請けや孫請けは、不当に低い料金や厳しい納期などの取引条件を飲まされることが多々あります。いわゆる**下請けいじめ**が起こるわけです。アニメ業界でもしばしば起こっています。

2009年の公正取引委員会によるアニメ産業に関する実態調査報告書では、「**下請け法**」に違反する下請けいじめがアニメ業界に蔓延《まんえん》している実態が報告されています。

元請け／下請けの構造が見られる業界では、どこでも多かれ少なかれ下請けいじめというものは存在します。

しかしながらアニメ業界では、取引上の力関係に加えて、クリエイターが関係する業界だという事情も加わります。下請けのクリエイターは、作品を発表したいという意欲が先に立って、「作品の発表の場を確保できるならば」ということで、取引条件が悪くても仕事を引き受けてしまう傾向があるのです。それが、発注側と下請け／孫請け側の力関係の強化に拍車をかけています。

日本のアニメ業界を構成する会社の大多数が下請け／孫請けとして事業を運営している現状を考えると、このような下請けの疲弊は、日本のアニメ業界の疲弊そのものだといえます。疲弊が固定化し、拡大されていくのであれば、業界の落日をもたらすことになってしまうでしょう。

Point

1話分　制作コストが予算（受け取った制作費）をオーバーすれば、自社の持ち出し、つまり赤字になってしまう。

アニメ産業の力関係

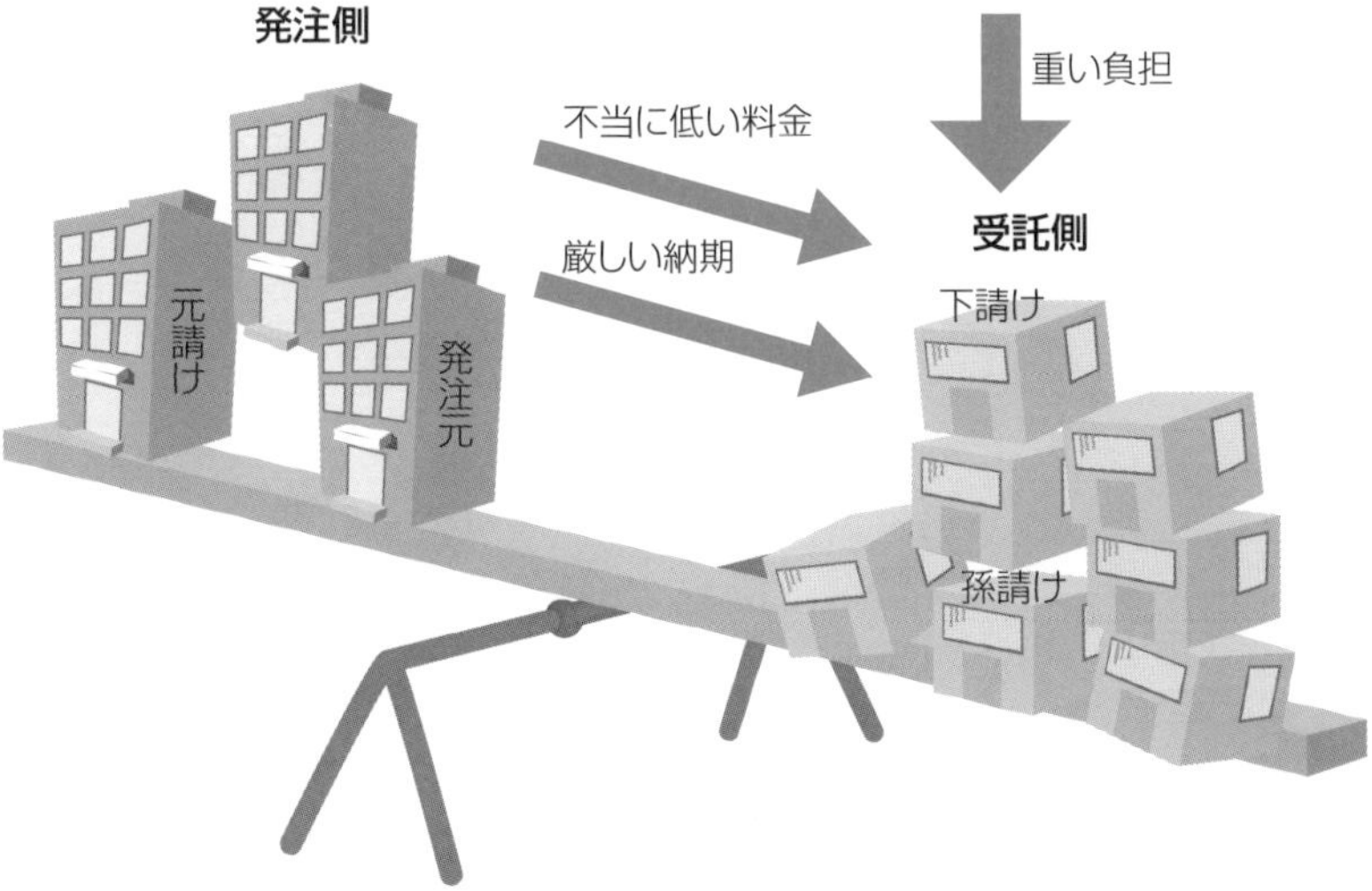

下請けの疲弊の現状

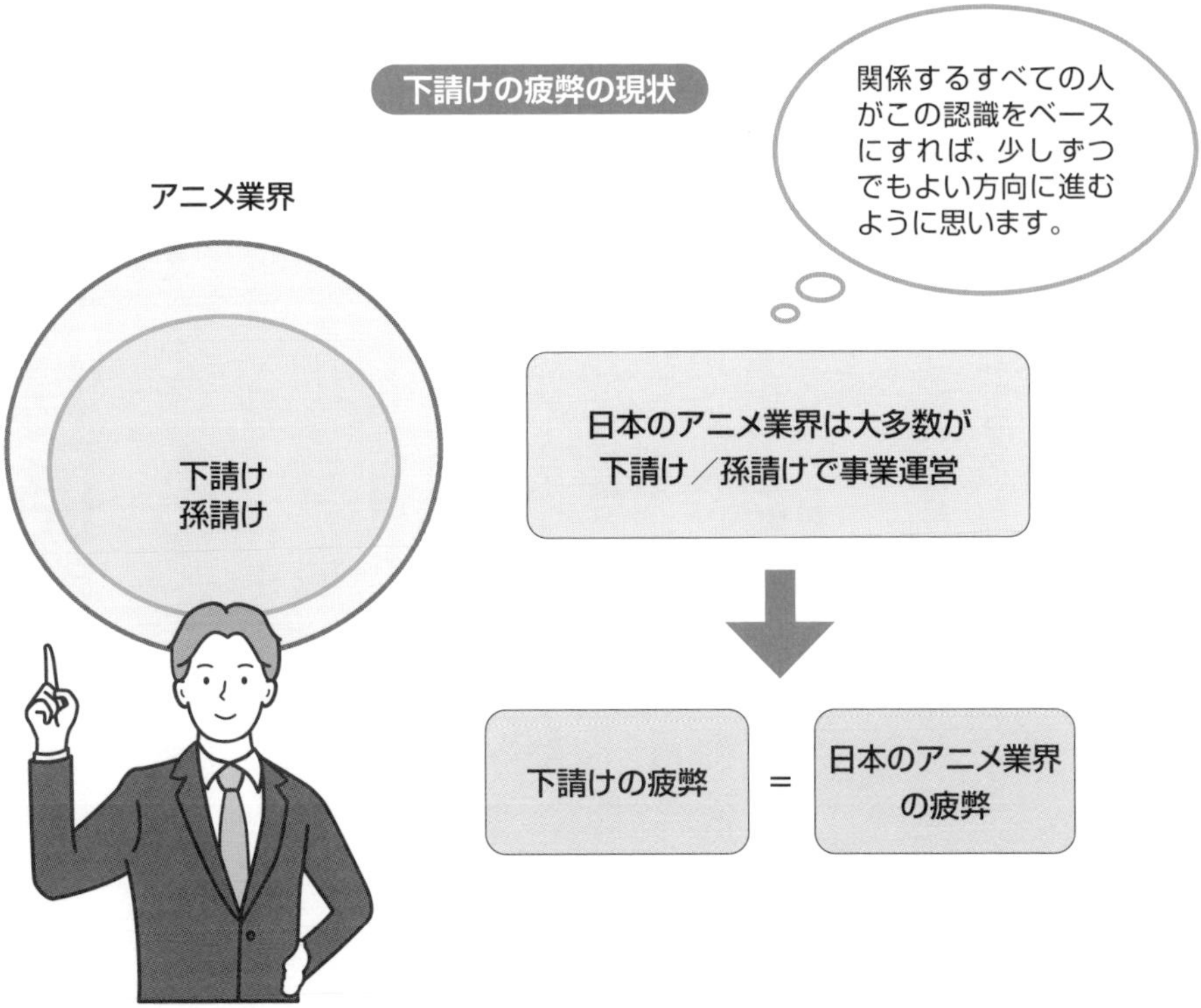

Section
7-2 アニメーターの低収入、長時間労働

2010年代後半ごろから徐々に改善されてきたとはいえ、アニメ業界で働くアニメーターたちの労働環境はまだまだ厳しいといわざるを得ません。

■長時間労働と低収入の原因

日本アニメーター・演出協会（JAniCA）の「アニメーション制作者実態調査報告書2023」によると、20代前半（20～24歳）のアニメーターの平均年収は約196万円、20代後半（25～29歳）は292万円となり、毎年、徐々に増えてきています（2019年の同調査では20代前半が約154万円、20代後半が約245万円でした）。それでも、他の産業の平均的な収入と比べて、どちらの年代も100万円ほど低くなっています。加えて、アニメーターの5割近く*が自由業、フリーランス、パート・アルバイト（および契約社員）であり（JAniCA調査による）、会社の福利厚生や金銭的な手当て、支援を受けられないことを考えると、経済的に厳しい状況に置かれていることに変わりはありません。ただし、30代以上のアニメーターの収入は、同じ年代の他の産業の収入と大きな差はなくなっています。

一方で、これまで長期的に指摘されてきた、アニメーターの長時間労働は改善されています。前述のJaniCAの調査では月間300時間以上の超長時間労働というのはありませんでした。月160～240時間労働が最も多くて約61%、1カ月の平均も198時間と、それなりの労働時間に収まっています。しかし、240時間以上のアニメーターも15%ほどになり、やや長めの200時間以上というのもそれなりの比率のようです。つまりアニメーターは、様々な職種の中でも、まだまだ長時間労働が多く残っている職種だといえます。

また、自由業やフリーランスが多いので、（病気やケガなどで）労働時間が少なくなると収入の減少につながる、というアニメーターも数多くいます。

さて、アニメーターは映画人や作家、漫画家と同様のク

Point

…の5割近く 「アニメーション制作者実態調査報告書2023」によれば、自営業16.5%、フリーランス30.8%、パート・アルバイト0.2%（以上計47.5%）、契約社員8.5%となる。正社員は40.5%。

リエイターです。つまり、当初は低収入でも、自分の作品がヒットしたり評価を得たりすれば、一躍、高収入者となり得ます。そんな将来を夢見て、低収入でも仕事を続けている人が多いことも、若手に低収入の人が多い原因の1つです。

アニメ産業を取り巻く環境にも原因があります。アニメーターの多くが、下請け、孫請け、ひ孫請けを常態とするアニメ制作プロダクションで仕事をしています。そのため、プロダクションが低い制作資金、厳しいスケジュールで受注すれば、そこで働くアニメーターが低賃金、長時間労働になるのは当然です。また、そもそもアニメ製作費が増えないのも1つの理由です。長期にわたりてテレビアニメの製作費はそれほど変わっていません（1話あたり1000万~2000万円程度）。総額が増えない（変わらない）ため、アニメーターの収入の増加にも限界があります。

さらに、近年は韓国や中国のアニメーターの技量が向上しています。しかも、低料金で仕事を引き受けます。そのため、コスト削減を考える日本のアニメ制作プロダクションが、こうした国に制作の外注をするようになってきました。つまり、低コストで仕上げる海外のアニメーターと競争しなければならず、賃金低下の圧力がかかります。

アニメ制作工程の平均年収*

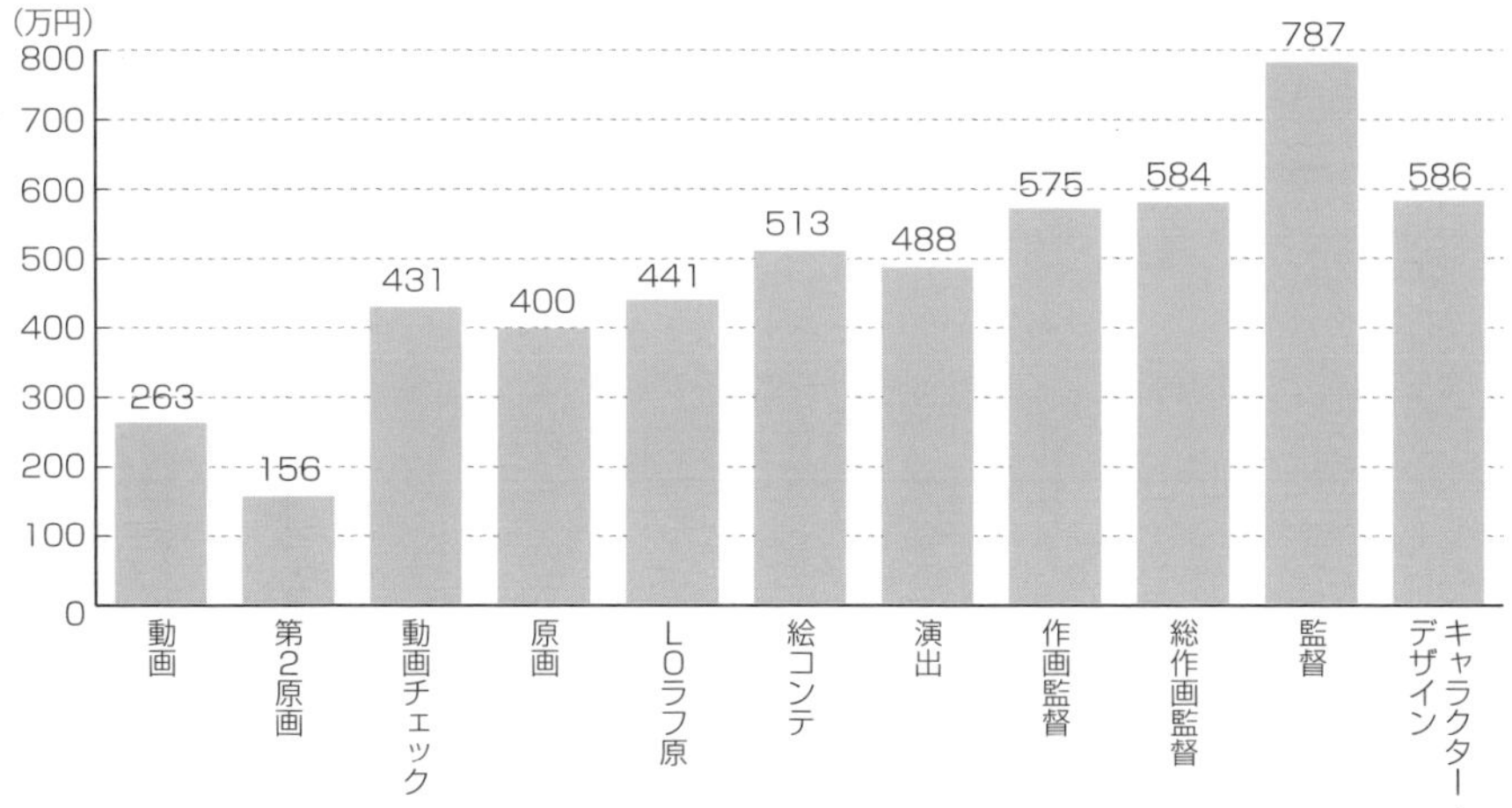

データは、日本アニメーター・演出協会（JAniCA）の「アニメーション制作者実態調査報告書2023」による

平均年収　動画の年収が以前と比べて特に大きくなっている（2019年調査では125万円）。これは、平均年齢と平均勤続年数が影響しているかもしれない。2023年の動画の平均年齢は31.2歳、2019年は27歳、平均勤続年数は2023年が9.6年、2019年が4年。年齢が上がり、勤続年数が増えたことが収入増加につながっている可能性がある。

Section
7-3 著作権を持てない下請け

下請けや孫請けを常態とするアニメプロダクションやそこで働くアニメーターが低収入（低賃金）を余儀なくされる大きな理由の1つが、アニメ作品の著作権の問題です。

■著作権を持てないから低収入になる

アニメ作品は、映画館での興行収入やテレビ放映からの収入だけでは、制作資金に見合った利益を上げることができません。**二次利用**や**キャラクタービジネス**からの収益が、アニメビジネスの収入の大きな部分を占めています。これらの収益がなければ、制作資金（投資額）すら回収できない場合があります。二次利用やキャラクタービジネスは、アニメビジネスの収益の大きな柱（時には大黒柱）といえます。そして、二次利用やキャラクタービジネスからの収益をもたらすものは、アニメ作品に付随する各種の**著作権**です。著作権があれば*、権利の持ち分に応じて、二次利用やキャラクタービジネスからの収益の分配を受けることができるのです。

アニメ作品に付随する著作権には、次のようなものがあります。

・**ビデオ化権**（DVD／BD化権）
・**映画化権**（テレビアニメについて）
・**映画興行権**（テレビアニメについて）
・**テレビ放映権**（オリジナル劇場用アニメについて）
・**ネット配信権**
・**出版権**
・**ゲームソフト化権**
・**商品化権**（キャラクタービジネスに行使できる権利）
・**海外販売権**

二次利用やキャラクタービジネスからの利益を得るために必要な、アニメ作品に関連する著作権を持てるのは、製作への出資者です。たいていの場合、それは製作委員会に

著作権があれば　著作権を持てたとしても、その行使（つまり二次利用から収益を得られるようにする）には法的な知識が必要。海外での行使も考えると、相当に高度な法的知識が求められる。小規模・零細プロダクションにとっては、この点も大きなハードルとなる。

参加する企業です。出資額に応じて各権利の持ち分が分配されます。

　しかし、アニメ制作を受注して実際のアニメ制作を行うアニメプロダクションのうち、製作委員会に加わって出資できるのは経済的な基盤のある企業だけです。資金力のない制作会社は出資できず、各種の著作権を持つことができません。もちろん、下請けや孫請けとして制作に参加するアニメプロダクションは、そうした権利を持つことはないでしょう。

　つまり、財力のある制作会社（たいていは大手制作会社）だけが、二次利用やキャラクタービジネスで収益を得ることができるのです。「元請けであっても資金力のない制作プロダクション」、そして「下請けや孫請けである小規模プロダクションや零細プロダクション」は、そうした収益を得る可能性の圏外に置かれています。このため、多くの制作プロダクションは、実際の制作費から支払われる収入しか頼ることができず、低収入を余儀なくされます。

二次利用・キャラクタービジネスの存在

2022年のアニメ産業市場（利用者が支払った金額）

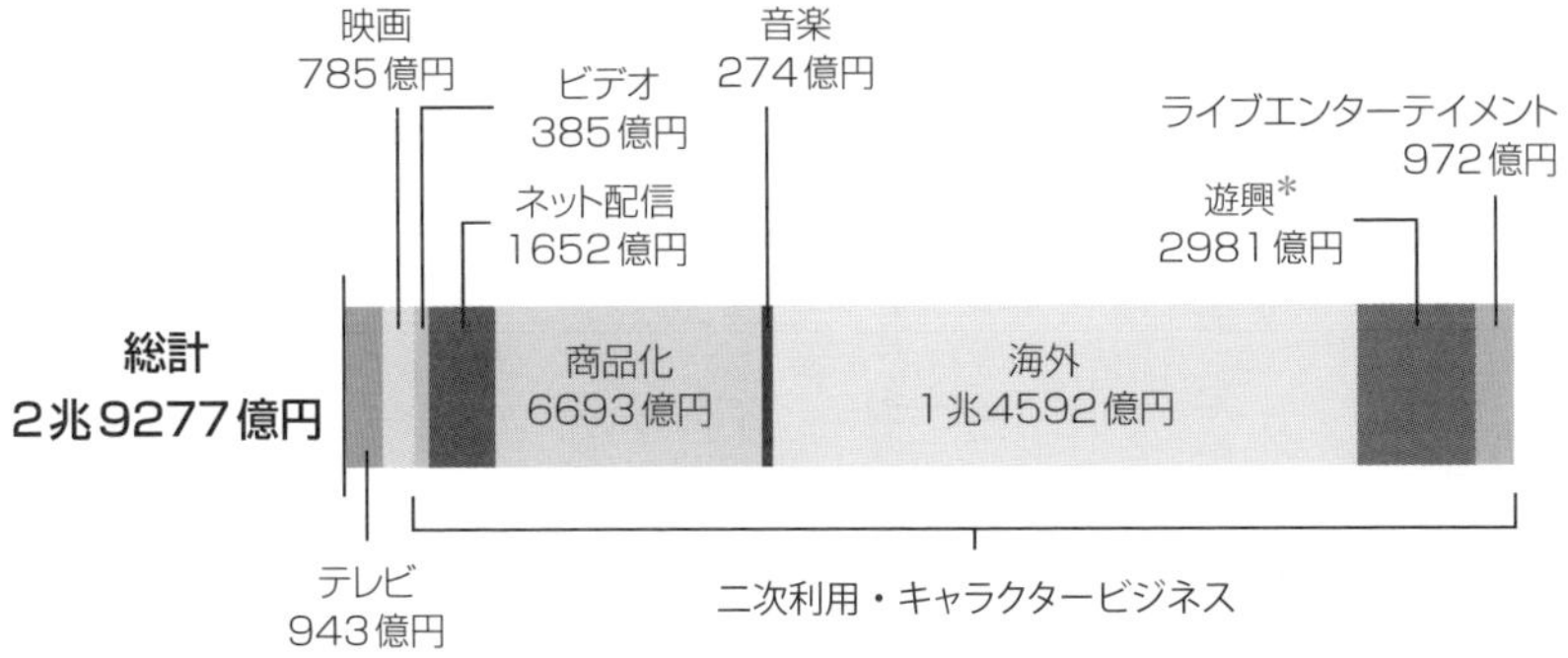

二次利用・キャラクタービジネスからの収益が、アニメ産業市場の大半を占める

出所：日本動画協会「アニメ産業レポート2023の情報に基づく」

遊興　アニメ作品を利用したパチンコ・パチスロ台。

Section

7-4 並行して進む人材減少と技術低下

アニメ制作現場では、人材減少と技術低下が同時並行的に進んでいます。

人材減少と技術低下の同時進行

人材の減少*の問題と技術の低下の問題が相互に影響し合いながら進んでいます。

労働条件の厳しさや収入の低さによる若手アニメーターの離職、海外への動画工程の流出による国内での動画作業の減少などが要因となって、若手アニメーター人材が減少しています（5－6節および5－2節を参照）。

そして、若手アニメーターは動画工程で作業の基礎を習得し、技術や知識を向上させつつ、原画工程やさらに上の段階にキャリアアップしていきます（5－1、5－2、5－6節を参照）。そのため、若手動画アニメーターの減少は、今後、原画・演出・監督など上のレベルのアニメーター人材の減少につながりかねません。

別の問題もあります。日本のアニメ制作の工程は細分化されてしまっているのが現状です。仕事は、それぞれの工程に特化される傾向があります。つまり、特定の工程にとどまってしまい、別の工程に移れなくなりがちなのです。

そのため、動画工程で仕事に就いたアニメーターは、ステップアップしてキャリアを進めるのが難しくなっています。これも、原画や演出、監督の仕事を担う人材の減少につながります。

さて、動画工程の仕事が減少すると、若手アニメーターが作画の基礎を習得する機会が減る、あるいは失われることになります。その結果、ステップアップするのに必要な技術や知識が不足するので、原画や演出、監督といった上位のアニメーターの人材が減少してしまいます。もしくは、悪くすると、技術や知識が足りないまま上のレベルに進んでしまう者が出るかもしれません。

Point

人材の減少　人材の減少と高齢化、そして技術の低下は、アニメ制作現場だけでなく、日本国内の様々な産業で生じている。ITやAIの導入、海外からの人材の獲得などの対策が考えられているものの、どの産業でも根本的な解決には至っていない。

さらに、技術や知識を備えた経験のあるアニメーターが増えないと、アニメ制作の負担がこうしたアニメーターに大きくかかり、若手に対するOJTの余裕がなくなってきます。そうすると、若手アニメーターが伸びず、人材の不足が加速します。そして、能力の低い若手が増えると、経験のあるアニメーターに一層の負担がかかる……という悪循環に。これでは制作の現場が疲弊してしまいます。

このように、演出家や監督として力のある人材が輩出されにくい状況になりつつあり、日本アニメの技術力の低下が懸念されています。

アニメ制作は文化的・芸術的な仕事ですから、人材が急激に減少し、枯渇するということは、すぐには起きないかもしれません。

しかし、将来のどこかの時点で優秀な人材がほとんど集まらなくなるのでは、という懸念の声も聞かれます。

作画工程の仕事の海外流出

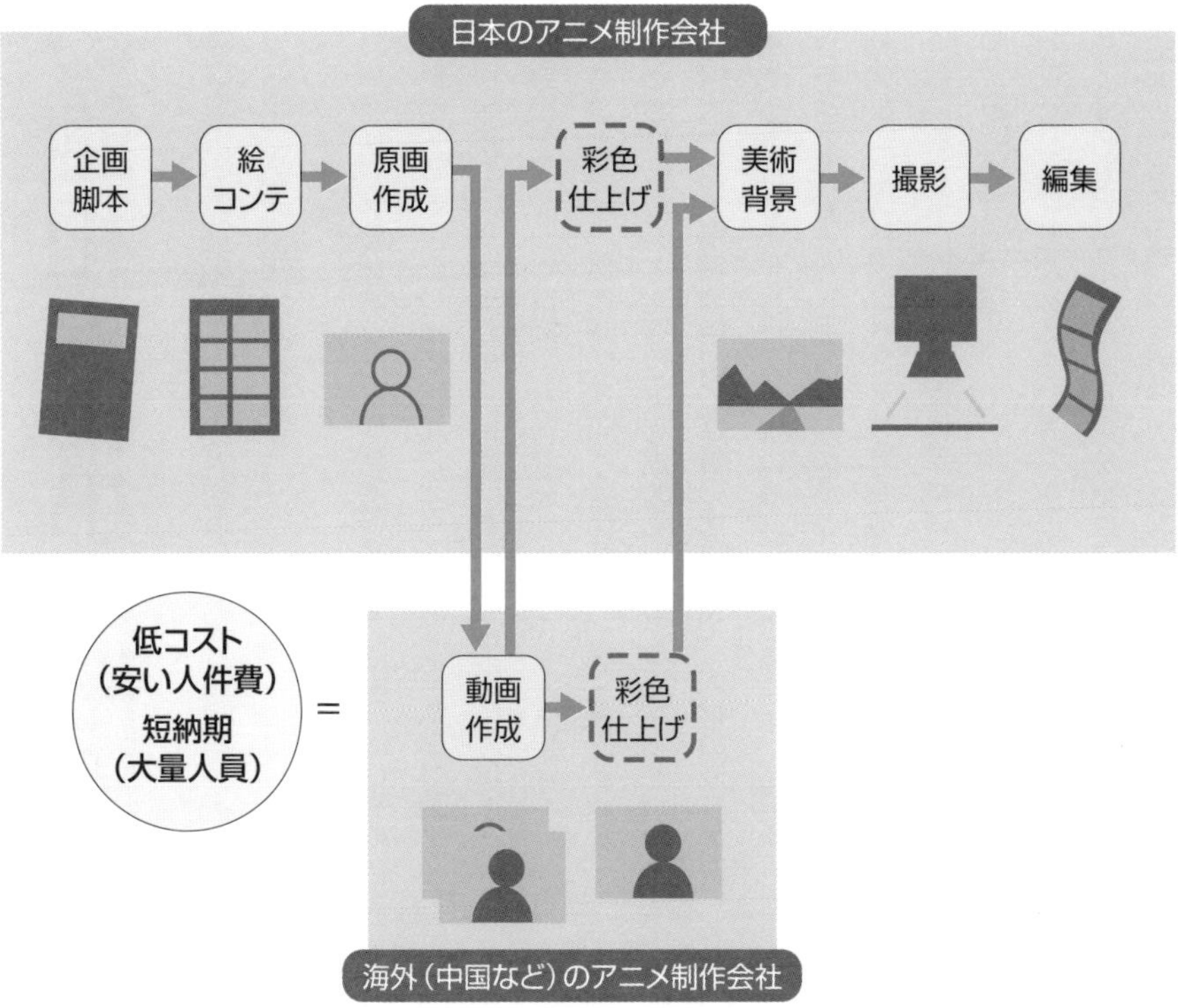

Section

7-5 国内アニメ市場の飽和・縮小の問題

日本のアニメ産業にとっては、日本国内のアニメ市場の飽和やその先の縮小も大きな問題です。特に、少子化および娯楽の多様化の進み具合を注視する必要があります。

少子化と趣味の多様化がアニメ市場を小さくする

今日の日本は**少子高齢化**が進行中の社会です。ですので、若年層の人口が減少しています。一方、アニメ作品を見るのは、子供や若い人が中心です。

そのため、アニメ作品を見るユーザーの数は必然的に減っていくことになります。そして、少子高齢化の傾向は当分は変わらないでしょう。

また、今日の日本には、アニメ以外にも様々な娯楽、エンターテイメントがあふれています。そのため、アニメ作品を見る層であるはずの子供や若い人なども、アニメ以外のいろいろなものに興味を持ち、熱中しています。テレビでアニメ作品を見るよりも、ゲームに熱中する子供が増えているでしょう。また、スマートフォンで友達とLINEのメッセージを交換したりSNSを閲覧・投稿したりするのに忙しくて、テレビでアニメを見ている時間がない若い人が増えているはずです。実際のところ、テレビアニメ番組の視聴率*は低下傾向にあります。

このように、日本ではアニメを見る人の数が減少する要因があります。

国内アニメ市場の飽和も課題です。まず、テレビアニメの売上高はこの10年ほど、ほぼ横ばいで推移しています。2020年ごろからアニメ配信の売上は増えていますが、商品化（二次利用）やアニメ音楽も含めた国内アニメ市場全体の規模は、この10年間ほど横ばいに近い、わずかな増加にとどまっています。

こうした問題がある中でアニメ市場を成長させていくためには、海外の市場を取り込んだり、二次使用を多様化・拡大したりする対策が重要になります。

Point

視聴率　金曜日夜7時台に放映されていた、子供向けアニメの代表的な作品『ドラえもん』（7時～）と『クレヨンしんちゃん』（7時30分～）の視聴率が、2018～19年ごろから6～7%あたりを低迷するようになり、結果として両作品の放映が土曜の夕方（4時30分～5時30分）に移されたのは象徴的である。

アニメ市場の推移（2014～22年）

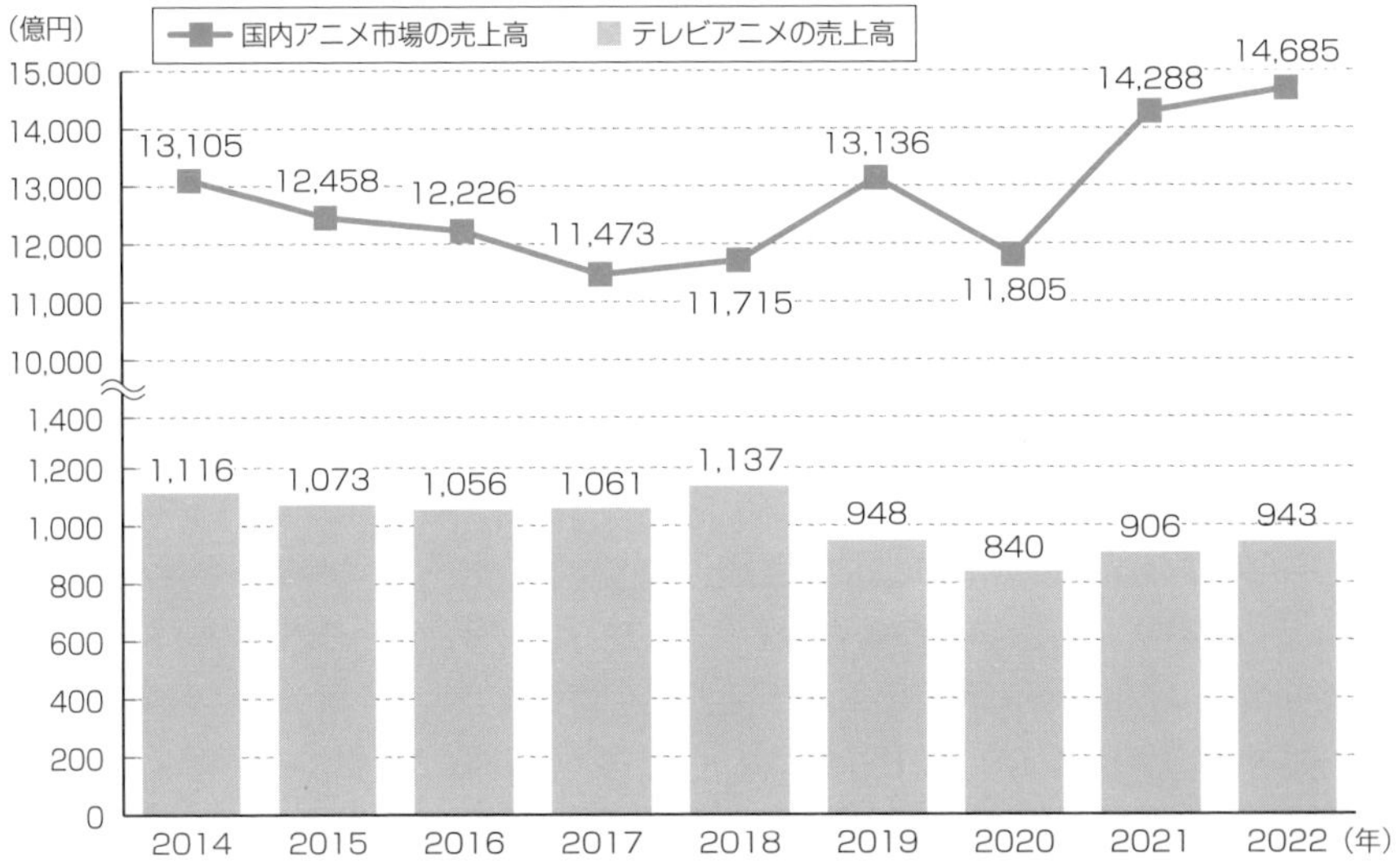

テレビアニメの放送本数と視聴率の推移

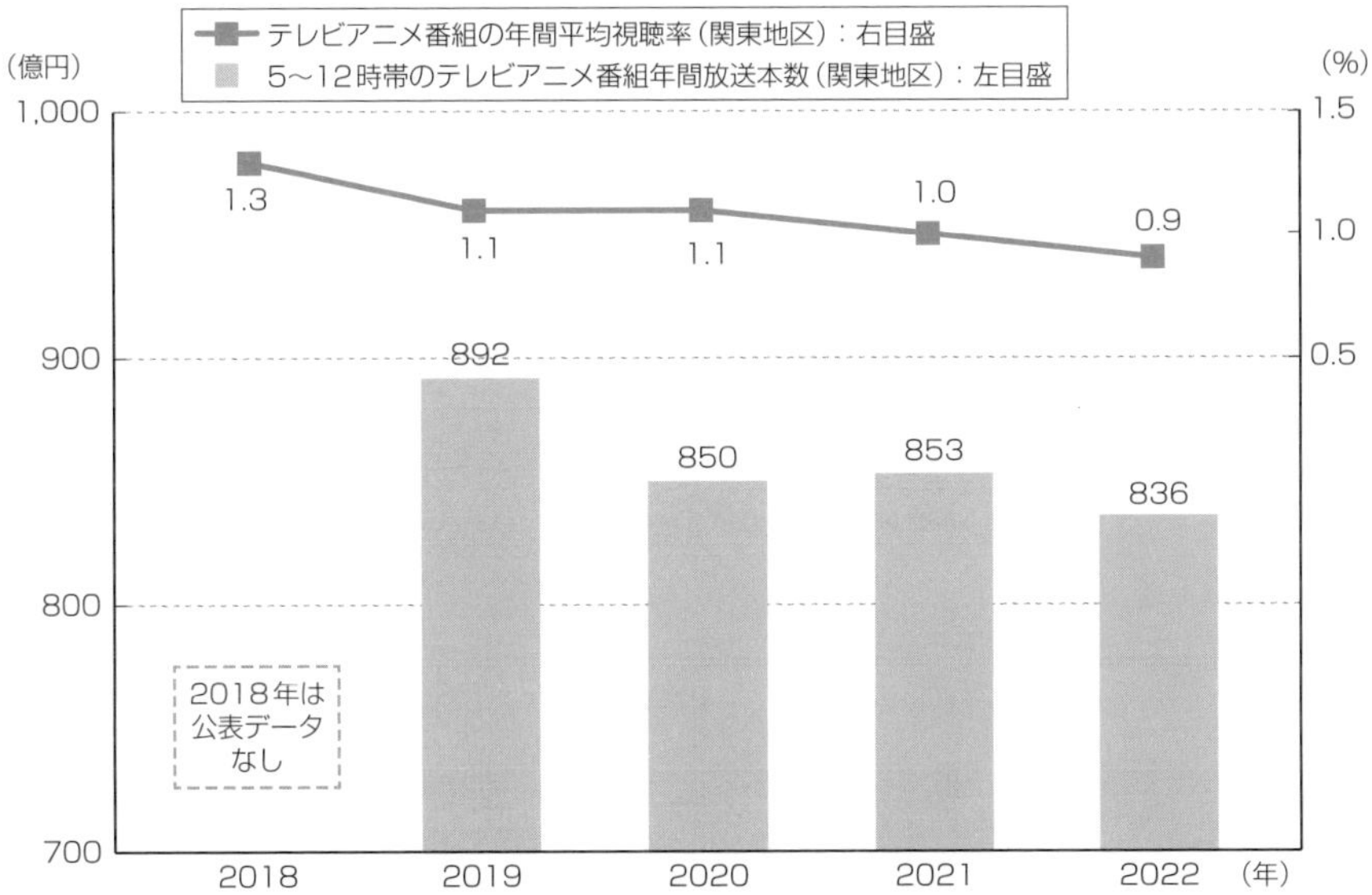

※テレビアニメ番組の年間平均視聴率：2010～15 年は 2%台後半～3%台後半で推移。
※5～12 時帯のテレビアニメ番組年間放送本数：2010～15 年は 1000 本以上で推移。
※年間平均視聴率、5～12 時帯放送本数ともに、年を追うごとに徐々に低下している。

徒手空拳で商業アニメ映画を制作して成功できるか

Column

ここで“徒手空拳で”とは、「個人が独力で制作資金を集め、自主制作で作品を完成させ、映画会社や配給会社に働きかけて商業映画として公開できるようにする」ということです。しかも、ヒットし、観客を感動させ、高く評価される――そんな作品が、実写映画では時折現れます。

代表的な作品が『竜二』（1983年公開）です。この作品は、主演・脚本の**金子正次**《しょうじ》*が、自分が作りたい映画を自分の主演で制作したい一念で（企画を映画会社に持ち込んでも拒否された）、自身で制作資金（約3000万円）をかき集めて自主制作した作品です。スタッフやキャストは、出身の映像専門学校の同級生や所属するアングラ劇団の役者などでした。

作品の完成後、売り込みの末に大手映画会社の劇場で公開できたものの、5館ほどのささやかな規模でした。しかし、会社の予想をはるかに超える連日満員・立ち見の盛況となり、急きょ、大規模な全国ロードショーとなりました。金子正次本人は公開直後にがんで亡くなりましたが、映画は全国的に大ヒットしました。金子の急逝が作品の注目度を上げたことは確かですが、作品が素晴らしいことが最大の要因です。興行的な成功だけでなく、作品の評価も高く、1983年の日本映画ベストテンでは「キネマ旬報」が第6位、「映画芸術」が第2位、1989年「文藝春秋」発行の『大アンケートによる日本映画ベスト150』では第67位です。

また、主演女優の永島暎子《えいこ》はこの作品の演技で「キネマ旬報」をはじめ様々な女優賞を獲得しました。それまで何本かの映画に主演し**新人女優賞***に選ばれるなど期待されていましたが、この時期は模索中でした。しかし、この作品で一気にブレイクし、全国的に知名度が向上。女優として飛躍し、トップ女優の1人となりました。以降、映画、テレビドラマ、テレビCMに主演・出演し、「しっかりした演技ができ、存在感のある、レベルの高い女優」として活躍していきます。彼女が出ると作品が締まります。

監督の**川島透***は、この作品がまったくの初監督でしたが、以降、多くの商業映画で監督に起用され、第一線で活躍しました。

この作品と金子正次はのちのちまで影響を与え、1987年に制作過程と金子正次の生き方を描いたノンフィクション『竜二 映画に賭けた33歳の生涯』が出版、2002年に同書を原作とする映画『竜二Forever』が公開、2018年に同じ原作で舞台『竜二～お父さんの遺した映画～』が上演されました。

さて、アニメ映画でも、徒手空拳で、自主制作し、興行的に成功し、高い評価を得る作品が現れるでしょうか。（本文中、敬称略）

Point

金子正次　金子正次が残した『竜二』以外の4本の脚本のうち3本が実際に映画化された。
新人女優賞　1978年エランドール新人賞。
川島透　川島透も映像専門学校の同級生。

現場の声を聴く
（アニメ監督インタビュー②）

アニメの演出って、いったいどういう仕事なのでしょうか。

「演出」はアニメ制作における全工程に携わる重要な仕事で、演出家の力量によって作品の出来栄えが変わるといっても過言ではありません。演出は絵コンテをもとにアニメーターに芝居の細かい指示を行い、限られた時間の中で絵の動きを決めていきます。人それぞれ演出の手法は違っていて、「演出に教科書はない」といえます。

ここでは演出家でもあり、アニメ制作会社の経営にも携わった渡部英雄氏の声を聴いてみましょう。

現場の声を聴く（アニメ制作会社・経営者の声）

アニメ監督・演出家であり、専門学校のアニメーション学科で教える渡部英雄氏に、アニメ制作会社の実情を中心にアニメビジネスについてお話をうかがいました。

現場から見たアニメビジネス

渡部英雄*氏は、大手アニメ制作会社である東映アニメーションでアニメ作品の演出・監督・撮影などの実績を積み重ね、業界の信頼を得る仕事をしたあと、1982年にアニメ制作会社**「スタジオ夢民《ムーミン》」**を他のアニメーター数人と共同で設立、以後、「スタジオ夢民」の一員として様々なアニメ作品の制作に関わってきました。

渡部氏と「スタジオ夢民」はアニメビジネスの中心で仕事を続け、『機動戦士ガンダム』や『北斗の拳2』など、著名な作品の制作にも携わってきています。

渡部氏は2015年ごろ同スタジオを離れ、以降はフリーでアニメーションの監督・原画・企画などに携わってきました。また、日本工学院のマンガ・アニメーション科で主任講師を務めたこともあるなど、後進の育成・指導にも力を入れてきました。

そこで、アニメ制作会社を運営していた当時を振り返っていただくと共に、いろいろなお話をうかがいました。

待遇を改善したい！

渡部英雄　監督・演出を手がけたアニメ作品には、『シカとカンタ』（1990年東映動画、監督）、『闘士ゴーディアン』（1980年タツノコプロ、演出）『G.I.ジョー』（1984年東映動画・米国合作、演出）、『戦え！超ロボット生命体トランスフォーマー』（1985年東映動画・米国合作、演出）などがある。

インタビュー

● 会社の設立を決めた理由

アニメ制作会社（スタジオ夢民）を設立したのは30歳のときでした。一緒に会社を設立した仲間もみな若く、夢を実現したいという思いがベースでした。夢といっても「大ヒット作品を生み出したい」とか「すごい大金を稼ぎたい」などという大それたものではなく、結構、現実的なものでした。一番の夢は「自分たちの企画した作品を自分たちの手で制作したい」ということでした。

そしてもう1つ、「働いてもらうアニメーターに、きちんとした額の報酬を支払える制作会社を作りたい」という夢もありました。これについては、いくつかの考えがあったのです。

まず、下請けの制作会社は、アニメーターに出来高制で報酬を支払っています。いまも当時も同じです。その当時の一般的な下請けのアニメ制作会社では、会社の運営費にあてるために、元請けから支払われる制作費の30％を会社がとって、その残り70％をアニメーターの報酬としていました。この会社の取り分をできるだけ少なくして20％以下、できれば15％程度にして、アニメーターの待遇を改善した会社にしたいという思いがあったのです。これは実現することができました。

また、月給制にしてアニメーターの生活を安定させたい、という思いもありました。

さらに、アニメーターが個人で年金保険料を支払うのではなく、会社として公的年金制度に加入して、アニメーターの将来を保証できるようにしたかったのです。

あとの2つは結局、実現できませんでしたが……。

● 会社を設立した時期のアニメ業界の状況

アニメ制作会社を設立したのは1982年でした。『宇宙戦艦ヤマト』や『機動戦士ガンダム』などの劇場用アニメが大ヒットした時代でした。各年度の興行収入のトップテンにアニメが次々に入り始めたころです。

アニメ関連の雑誌が続々と創刊され、『ガンダム』のプラモデルが爆発的に売れて、世間の耳目を集め、アニメキャラクターの声優が人気を集め始めたころです。第二次アニメブームの始まりの時期です。

アニメが社会的に広く認知され、アニメ市場もどんどん成長して、「前途洋々」「さあやるぞ!」という空気が業界に満ちていた時代です。

●会社を設立した経緯

演出、作画監督、撮影、制作・プロデューサーなど、それまで業界の第一線で実績を積んできたアニメ制作のプロが6～7人集まって、制作会社を興そうということになったのです。それぞれのパートのプロがいるんだから、力を合わせてやればなんとか制作会社をやっていけるのではないかと考えたわけです。

私を含め、みなフリーで大手のアニメ制作会社で働いていました。そこで、それぞれの技術と経験を持ち寄って、自分たちが働きやすい制作会社を設立することにしたわけです。それに、それまで築いてきた人脈もありました。

設立メンバーは全員制作者であり、一種の制作集団として会社をスタートさせたのです。

●会社の組織形態や運営方法

設立メンバーの6～7人を中心に運営しました。といっても、みな会社の経営に携わることなく、クリエイター、現場の技術者としての仕事に専念しました。その下にフリーのアニメーターを出来高制で雇いました。

また、誰かを役員にするのではなく、フラットな組織で会社の運営を進めました。

報酬の件ですが、設立メンバーは全員クリエイターであり現場の技術者であることから、月給制ではなく、自分たちの報酬の支払いも出来高制にしていました。会社の運営費にあてるための制作費からのカット分も、所属するアニメーターと同じく15～20％にしていました。

結果的に、このようにしたことはよかったですね。所属するアニメーターたちが格差感を抱かず、前向きに働いてくれたのです。

ただ、制作進行は出来高制にはできないので、これは月給制で雇っていました。

●会社の経営

設立メンバーが会社の経営に携わらないで、どのようにしたかというと、経理や財務など会社の金銭的な管理の面倒を見てもらうため、税理士などに委託しました。設立メンバーの誰かがそうした方面を見ようとしても知識が足りません。その方面の勉強をして実際にこなせるようになるまでには、それなりの時間がかかるでしょう。

たとえ知識を身に付けたとしても、制作活動に専念しているので時間的余裕はなかったでしょう。

会社経営にタッチしていたら、制作にかかる時間を削ら

Point …**支払われる制作費**　製作委員会に出資しない限り、制作会社は制作費をもらって、制作を請け負うのみ。そこで制作会社は、「制作費の見積りにスタジオの『管理費』として10～15％を上乗せして制作費から売上マージンをとる」、「制作案件を下請けに外注して制作費を浮かせる」のいずれかの手段をとることが多い。

なければならず、制作に支障をきたします。それで、外部の人に委託することにしたのです。

●会社の規模

6〜7人の設立メンバーのもとに、フリーのアニメーターを出来高制で雇っていました。設立当初は10人ちょっとでした。

その後、制作するアニメ作品の数が増えたり、制作の規模が大きくなったりして、所属アニメーターの人数は増えています。最盛期には40人近くを抱えていました。

こうした所属アニメーター以外に、他のアニメ制作会社に下請けの仕事を委託していました。これは、わが社が仕事を直接依頼する下請けです。

もう1つ、作品の発注元である大手制作会社が下請けに仕事を依頼する場合があります。

この場合は、わが社の下請けの仕事を、発注元の制作会社が直接委託することになります。わが社の直接契約ではないので、下請けに対する責任を負わなくてよいのですが、スケジュール管理や制作管理などで難しい面があります。

●仕事の受け方と仕事の内容

だいたいの仕事は、設立メンバーが仕事で関係した大手アニメ制作会社から仕事を受注しました。

受注のかたちは2種類あり、1つ目は「1つの作品を1話1話まるまる引き受ける」ケースです。有名な作品では、『北斗の拳2』や『機動戦士ガンダム』シリーズの作品を手がけました。

ただし、1つの作品をまるまる手がけたとしても、わが社に入ってくるのは、発注元から支払われる制作費*だけです。二次利用から収入の分配を受ける権利や、キャラクタービジネスに関与する権利などを持つことはできませんでした。これは、他の下請けの制作会社と同様です。

2つ目は「作品の一部の制作を引き受ける」ケースです。この場合は、完全に下請けの制作会社として機能します。

●仕事の発注先

東映アニメーション、サンライズ、**スタジオディーン***の3社からの受注を中心に仕事をしていきました。3社とも大手の制作会社であり、そのことはわが社にとって大きなメリットがありました。

まず、仕事を安定して発注してくれます。受注が不安定

スタジオディーン　日本のアニメ制作会社。代表作は『らんま1/2』、『薄桜鬼シリーズ』、『この素晴らしい世界に祝福を』、『THE REFLECTION』、『地獄少女』、『昭和元禄落語心中』、『魔術士オーフェン〜はぐれ旅〜』など。

だと、仕事をとるためにダンピングして安い制作費で受注してしまいがちですが、それを回避できます。

結果として、アニメーターにも安定して報酬を支払うことができ、それは質の高い作品の制作につながります。

また、制作費の支払いも、当初の契約どおりにきちんと行われます。そのため、安定して会社を運営していけました。

さらに、発注作品の制作費に加えて、その10％にあたる金額を管理費として上乗せしてもらえました。上乗せ分を活用することで、所属アニメーターから徴収しなければならない、会社の運営費にあてるカット分を15〜20％という小さい比率に抑えることができました。

●プロダクション運営で大変なこと

制作の管理、スケジュールの管理は大変ですね。

多人数のアニメーターを雇うと、個々のアニメーターの技量にばらつきがあります。同じ期間でも、相当に仕事が進むアニメーターもいれば、スケジュールから遅れがちなアニメーターもいます。もちろん、スケジュールどおりに着実に仕事を進めるアニメーターもいます。

そこで、仕事を依頼するアニメーターの技量に加えて、そのアニメーター自身の仕事のスケジュールやその人が抱えている他の仕事との関係を考えて、どれくらいの量の仕事をどのアニメーターに依頼するかを調整した上で、仕事を依頼しなければなりません。

そのように調整しても、実際の仕事に入れば、作業が遅れてくるアニメーターが出てきます。そんなときでも、全体のスケジュールに遅れが出ないよう、制作進行をきちんとしなければなりません。

例えば、「仕事が遅れているアニメーターの残りの仕事の適当な割合を、仕事が相当に進んでいるアニメーターに振り分ける」などの調整を行います。また、「遅れているアニメーターの仕事を、その作品には参加していなくて手が空いている他のアニメーターに回す」ように調整することもあります。

制作進行は、単にアニメーター間での素材の運び屋だけになってはいけないでしょう。わが社では、制作進行には、このようにスケジュールの進捗管理や仕事の割り振りの調整をきちんと行うことを課していました。

●一番てこずった仕事

一番大変だったのは、会社を設立して以来、初めて大きな仕事を受注したときですね。

それは、日本で初の劇場用長編立体アニメの作品でした。59分の作品でしたが、作品全体を一括で請け負いました。制作におよそ1年間かかった大作でした。

2カ月間の余裕を持たせたスケジュールを立てて発注元に提示しましたが、2カ月の余裕は消し飛んでしまい、最終的には1カ月の遅れで完成させました。多少遅れたものの、致命的な遅れには至らずに済みました。大作なので制作の管理が大変でした。

ただ、当初から、ふつうの制作の仕方では難しいだろうと予想できたので、少し違ったかたちにしました。そのやり方が功を奏しました。

優秀な作画監督に依頼し、その下に多数のアニメーターを付けたのです。作画監督が原画のラフを描き、それをもとにアニメーターが原画を描いていきました。こうすることで、ふつうの原画担当者が個々に原画を最初から仕上げていくより、効率的に、早く作画することができたのです。

また、演出・制作・作画はわが社で行いましたが、彩色・撮影は下請けに外注しました。この方が、わが社で全工程の作業をやるより経済的であり、効率的に仕事を進めることができると考えたからです。

● 業界の問題点、気付いたこと

まず、アニメ制作は家内制手工業だということですね。家内制手工業では、機械設備の占める比重は小さく、そこで働く人やその技量の比重が大きく、しかも重要です。アニメ制作も同じです。アニメ制作では人件費が大半を占めます。そのことからもわかるように、アニメ制作では、熟練の技術者が集まらなければきちんとした仕事ができません。

これは単にアニメ制作会社だけの話ではなく、アニメ制作そのものの根本的なあり方です。アニメ制作では、作画アニメーターだけでなく、作画監督、演出、美術、撮影、編集、制作進行など、あらゆるパート、工程において、きちんとした技術を備えた人間がいないと、仕事がうまく進行しないし、質の高い作品を作り出せません。

優秀な人材、技量の高い人材がいる制作会社は、質の高いアニメ作品を、適正なコストやスケジュールで作り上げることができます。

そうではない、人材の技量が低い会社は、質の低い作品しか作り出せないでしょう。

結論めいたことをいえば、「いかにして人材を確保するか、人材を育成するか」が、アニメ産業の発展に大きな影響を与えることになるでしょう。

言い換えると、「技術を持った人間が集まれば、アニメ制作会社を立ち上げることができる」ということでもあります。規模の大きさを考えなければ、わりと簡単に会社を設立することができます。それは良くも悪くも、ということですが。

さらに、その関連でいえば、アニメ制作会社を構成する人の専門領域や技量によって、会社の色合いが変わってくるのではないか、ということがあります。

わが社は、アニメ制作の各パートの技術を持った者が集まって設立しました。そのため、アニメの制作業務を総合的に請け負える会社でした。しかし、様々な事情で、私をはじめいろいろな人材が抜けていきました。

現在は、作画監督を担当していた人が会社を引き継いでいます。その結果、会社の色合いが、かつてとはかなり変わっています。当初のように、アニメ制作を総合的に請け負える体制を持った会社ではなく、作画に特化して仕事を請け負う会社になっているのです。

アニメ制作が家内制手工業なのであれば、構成する人材によって、その会社が何をメインの事業・仕事とするかが変わってくるのは当然だとも考えられます。

もう1つは、アニメ制作会社では、アニメーターを月給制にするのが難しいということですね。

例えば、原画アニメーターでいえば、能力の高い人も低い人もいます。つまり、同じ期間内に質の高い画を多く描ける人と、それほど描けない人がいるわけです。

そこで、能力が高くて、質の高い画を多く描くことができ、出来高制でも1カ月に100万円の収入があるアニメーターは、一律の月給制にして月給が30万円であれば、当然嫌がるでしょう。出来高制の方がよいわけです。一方、能力が低くて、質の高い画を多く描くことができないため、出来高制で1カ月に10万円、20万円の収入しかないアニメーターは、30万円の月給の方がうれしいでしょう。

だからといって、仕事量の多い優秀なアニメーターの収入に合わせた金額の月給制にすることはできません。それでは、仕事量の少ないアニメーターに過大な、技量に見合わない金額を払ってしまうことになります。

どこかのバランスをとれる金額で月給制にできればよいのですが、そうした金額を見付けることは難しい。アニメーターに月給制を導入するのは簡単ではないのです。

● 制作会社の運営で一番重要なこと

やはり人間関係でしょう。人脈ということです。

繰り返しになりますが、アニメ制作は人材がすべてです。アニメ制作会社の制作能力とは人材のことである、と考えてよいでしょう。会社に属する人材の能力次第で、その会社の制作能力が決まってきます。技量のある人材が、良好な関係で会社に属していれば、質の高い仕事をスムーズに進めることができます。

技量のある人材を確保して、会社と良好な関係で仕事をしてもらうのは、プロデューサーの仕事です。そして、この仕事に必要なのは、プロデューサーの人間関係、人脈です。プロデューサーの持つべき重要な能力の1つとして「良質な人脈を築く力」を挙げてもよいでしょう。

「制作進行で力を付けてプロデューサーになる」というのが一般的な道です。プロデューサーを目指すのなら、制作進行の時代から、能力ある人材との人間関係を積み上げていくこと、つまり、人脈を築き上げていくことが重要です。

積み上げた人間関係が、プロデューサーの人脈として、アニメ制作に生かされるのです。豊かな人脈を持っていれば、自身が担当するアニメ制作に、技量のある人材を集めることができます。そして、質の高い作品をきちんとしたスケジュールとコストで作り上げることにもつながります。

それができる人こそ、プロデューサーとしての能力が高い人だといえるのです。

● 海外との連携によるアニメ制作

「スタジオ夢民」も、過去にアニメ作品『三国志』を中国・台湾の制作会社と共同で制作した経験があります。日本側（スタジオ夢民）が演出、作画監督、制作・プロデュース／制作進行を、中国・台湾の制作会社が動画と仕上げ・彩色を担当しました。

このときの契約形態は少々ユニークで、「日本国内での収益はすべて日本側のもの、中国国内での収益はすべて中国の制作会社のもの、台湾国内での収益はすべて台湾の制作会社のものになる」としました。収益全体を日本・中国・台湾の各制作会社で均等割りにしたり、何らかの割合で分配したりするのではなかったのです。

このときの制作費は相当に少なくて済みました。そのことから考えて、こうした制作形態は日本側にとってもメリットがあるのではないでしょうか。

作品と商品の間

Column

アニメ作品には2つの面があります。1つは、クリエイターが作り上げた「作品」という面です。もう1つは、公開して金銭的な利益を得るための「商品」という面です。これは実写映画やその他の種々の創作物にもいえることです。

そして、作品という面が強いものと、商品という面が強いものがあります。個別の事情もあるのでいちがいにはいえませんが、一般には、クリエイター側(演出や監督など)の考えが強く出たものは作品としての面が強く、企画・製作側(製作委員会やプロデューサー)の考えが強く出たものは商品としての面が強くなります。

後者の典型的な例はハリウッド映画でしょう。強大なプロデューサーや出資者の意見が映画の制作過程に影響し、映画の内容を左右することが多く、商品としての面が相当に強くなっています。

ハリウッド映画の製作では、「映画が一度完成したにもかかわらず、試写会を開いて、そこでの観客の感想を反映させた内容に修正させ、修正されたものを公開する」という方式をとるプロデューサー(や出資者)もいます。こうした方式で作られた映画は、ほとんど商品と考えてよいのではないでしょうか。

商業的なアニメや映画は、制作に多額のお金がかかります。そのため、商売として成功を収め、投資された金額を回収し、その上、利益を生み出すようにしなければなりません。こうした性格を持つアニメや映画は、作品としての質を追求するだけでなく、金銭的な成功も追求しなければなりません。この点は、これまでずっとそうでしたし、これからもそうでしょう。

そのため、アニメ/映画の多くのクリエイターや製作者は、作品としての面と商品としての面のバランスを考えながら、どちらかに偏るのではなく、しかも、どちらもレベルが保たれ向上するように腐心し、苦労しながら作り続けているのです。

興行性と作家性のバランスをとるには、有能なプロデューサーの存在が必要です。

資料編

アニメビジネス年表

アニメビジネスの歴史は、映画、テレビ、ビデオ、ネットといったメディアの変化と密接に関係しています。

また、アニメのキャラクターが商品化されるケースが多々ある一方で、玩具の宣伝のためのアニメ化や、テレビゲームなどの有名キャラクターのアニメ化のケースも少なくありません。関連ビジネスも複合的に展開されており、玩具やグッズなどの商品化やライブイベント、タイアップなど、版権利用が活発です。

ここに掲載した年表は、アニメビジネスの多くのファクターをカバーする目的で制作しました。

劇場用アニメーション	海外	テーマパーク	その他
			NHKのテレビ放送開始（日本での地上波テレビ放送の開始）
『白蛇伝』（日本最初の劇場用長編カラーアニメ映画）			
『少年猿飛佐助』			OPにアニメを使用した天気予報番組『ヤン坊マー坊天気予報』開始。『週刊少年マガジン』『週刊少年サンデー』創刊
『西遊記』			カラーテレビ本放送開始
『安寿と厨子王丸』			
『アラビアンナイト シンドバッドの冒険』			
『わんぱく王子の大蛇退治』『わんわん忠臣蔵』			
『ガリバーの宇宙旅行』			
『サイボーグ009』『ジャングル大帝』			

1963年、日本初の30分の連続テレビアニメ『鉄腕アトム』が放映。あれから60年以上、日本のアニメは進化・成長し続け、私たちを楽しませていくれていますね。

アニメの歴史

日本アニメは、世界に通用する成長産業。アニメ業界の黎明期から現代までの発展を振り返りましょう！

西暦（和暦）	テレビアニメーション（原則として年度が連続するシリーズものは除外した）	オリジナルビデオアニメ、映像ソフト	玩具、ゲーム、キャラクター商品
1952（昭和27）			食用玩具「風船ガム」が流行する
1953（昭和28）			
1954（昭和29）			
1955（昭和30）			
1956（昭和31）			
1957（昭和32）			
1958（昭和33）			
1959（昭和34）			
1960（昭和35）			
1961（昭和36）			
1962（昭和37）			ゼロ戦や戦艦大和などのプラスティック・モデルが流行する（第一次プラモデルブーム）。（社）日本玩具国際見本市協会設立。第1回日本玩具国際見本市開催（現・東京おもちゃショー）
1963（昭和38）	『鉄腕アトム』（初のテレビアニメ）、『鉄人28号』『シスコン王子』『エイトマン』『狼少年ケン』		日本プラスティックモデル工業協組創立。第1回プラモデルショー開催
1964（昭和39）	『ビッグX』『0戦はやと』		前年放送開始のアニメ『鉄腕アトム』『鉄人28号』などの玩具が登場。国産着せ替えファッション・ドール普及し始める
1965（昭和40）	『ジャングル大帝』（実質的に初のカラーテレビアニメ）、『オバケのQ太郎』『宇宙エース』		
1966（昭和41）	『魔法使いサリー』『おそ松くん』『レインボー戦隊ロビン』『ハリスの旋風』		『オバケのQ太郎』大流行。『カエルのぼうけん』（ケネス・グレアムの『たのしい川べ』をもとにした着ぐるみ人形劇）の主人公ケロヨン人気。多湖輝の『頭の体操』がベストセラーに！

劇場用アニメーション	海外	テーマパーク	その他
『少年ジャックと魔法使い』『ひょっこりひょうたん島』			
『太陽の王子 ホルスの大冒険』			『少年ジャンプ』創刊
『長靴をはいた猫』『空飛ぶゆうれい船』『巨人の星』			
『クレオパトラ』『タイガーマスク』			
『どうぶつ宝島』			
『マジンガーZ対デビルマン』			
『ジャックと豆の木』			
『アンデルセン童話 にんぎょ姫』			
	サンリオが米国に進出		VHSビデオデッキ発売
『宇宙戦艦ヤマト』『新 巨人の星』『白鳥の王子』	米国でジャンボマシンダーが大ヒット		『コロコロコミック』創刊。『月刊OUT』創刊
『さらば宇宙戦艦ヤマト-愛の戦士たち-』『科学忍者隊ガッチャマン』『ルパン三世 ルパンVS複製人間』『キャンディ・キャンディ 春の呼び声』『一休さんとやんちゃ姫』			『アニメージュ』『月刊アニメーション』『Animec（アニメック）』創刊
『銀河鉄道999』『ルパン三世 カリオストロの城』『アルプスの少女ハイジ』『がんばれ!! タブチくん!!』『龍の子太郎』『未来少年コナン』			『ジ・アニメ』創刊

1968年、東映動画の『太陽の王子 ホルスの大冒険』が封切られました。今作は監督・高畑勲、場面構成・宮崎駿という、のちにジブリを設立する2人がタッグを組んだことで有名。

1977年、宇宙を舞台にしたSFアニメ映画『宇宙戦艦ヤマト』が大ヒット。青年層アニメファンを獲得しました。

西暦（和暦）	テレビアニメーション（原則として年度が連続するシリーズものは除外した）	オリジナルビデオアニメ、映像ソフト	玩具、ゲーム、キャラクター商品
1967（昭和42）	『リボンの騎士』『パーマン』『悟空の大冒険』『黄金バット』		着せ替え人形「リカちゃん」（初代）発売（タカラ）
1968（昭和43）	『巨人の星』『ゲゲゲの鬼太郎』『サイボーグ009』		
1969（昭和44）	『サザエさん』『ムーミン』『アタックNo.1』『タイガーマスク』『ひみつのアッコちゃん』		スポーツ根性もの『巨人の星』、魔女もの『ひみつのアッコちゃん』など人気呼ぶ
1970（昭和45）	『あしたのジョー』『のらくろ』『魔法のマコちゃん』『昆虫物語 みなしごハッチ』		『タイガーマスク』などキャラクター玩具流行
1971（昭和46）	『ルパン三世』『天才バカボン』『ゲゲゲの鬼太郎（第2作）』『新オバケのQ太郎』		「消える魔球」野球盤登場
1972（昭和47）	『科学忍者隊ガッチャマン』『マジンガーZ』『新造人間キャシャーン』『ど根性ガエル』『赤胴鈴之助』『海のトリトン』		「変身サイボーグ」（タカラ）発売
1973（昭和48）	『ドラえもん』『キューティーハニー』『エースをねらえ！』『バビル2世』		超合金『マジンガーZ』玩具流行
1974（昭和49）	『アルプスの少女ハイジ』『宇宙戦艦ヤマト』『ゲッターロボ』『カリメロ』		「ハローキティ」（サンリオ）誕生。「小さな巨人ミクロマン」発売
1975（昭和50）	『まんが日本昔ばなし』『一休さん』『フランダースの犬』『勇者ライディーン』『タイムボカン』『鋼鉄ジーグ』『UFOロボ グレンダイザー』		キティグッズ発売開始！　人気絵本『アンパンマン』発行
1976（昭和51）	『キャンディ・キャンディ』『大空魔竜ガイキング』『UFO戦士ダイアポロン』『超電磁ロボ コン・バトラーV』『マグネロボ ガ・キーン』		プラスティックモデル、ファンシー商品人気
1977（昭和52）	『ジェッターマルス』『超電磁マシーン ボルテスV』『タイムボカンシリーズ ヤッターマン』『アローエンブレム グランプリの鷹』『無敵超人 ザンボット3』		『キャンディ・キャンディ』人形発売。驚異的なスーパーカーブーム。「テレビゲーム15」（任天堂）、「TVファン501」（トミー）などテレビゲーム大流行。自動販売機によるカプセル玩具の販売開始
1978（昭和53）	『未来少年コナン』『銀河鉄道999』『闘将ダイモス』『無敵鋼人ダイターン3』『宇宙戦艦ヤマト2』		「スライム」が流行。ラジコンカー大ヒット
1979（昭和54）	『機動戦士ガンダム』『ドラえもん（第2作）』『サイボーグ009（第2作）』『ザ☆ウルトラマン』		インベーダーゲーム大流行。「ブロックゲーム」など電子ゲームが大流行し、家庭用テレビゲーム「ビデオコンピュータ」（エポック社）人気、本格的な電子ゲーム時代を迎える。『ドラえもん』関連アイテム好調

劇場用アニメーション	海外	テーマパーク	その他
『あしたのジョー』『ドラえもん のび太の恐竜』『地球へ…』			『ふぁんろーど』創刊
『機動戦士ガンダム』『グリックの冒険』公開。テレビで打ち切りになった『宇宙戦士バルディオス』がファンの署名により劇場版で完結			レーザーディスクプレーヤー発売。『アニメディア』『マイアニメ』『コミックボンボン』創刊
『スペースアドベンチャー コブラ』『1000年女王』『六神合体ゴッドマーズ』『忍者ハットリくん ニンニン忍法絵日記の巻』	『トロン』(CGを全面的に取り入れた世界初の映画)		
『うる星やつら オンリーユー』『クラッシャージョウ』『ナイン』公開。CGを売りにした『ゴルゴ13』も公開		「東京ディズニーランド」開園	アニメ専門店「アニメイト」開店
『風の谷のナウシカ』『ウルトラマンキッズ M7.8星のゆかいな仲間』『SF新世紀レンズマン』『キン肉マン』『超時空要塞マクロス 愛・おぼえていますか』	海外でタカラの「トランスフォーマー」(「ミクロマン」「ダイアクロン」を混合したもの)が大ヒット		
『幻魔大戦』『キャプテン翼 ヨーロッパ大決戦』『銀河鉄道の夜』『ゲゲゲの鬼太郎』		「長谷川町子美術館」東京世田谷区にオープン	第1回広島国際アニメーションフェスティバル開催。模型雑誌『B-CLUB』創刊。『月刊ニュータイプ(New type)』創刊
『アリオン』『ドラゴンボール 神龍の伝説』『天空の城ラピュタ』『北斗の拳』『タッチ 背番号のないエース』『プロジェクトA子』			『アニメV』創刊
『聖闘士星矢』『王立宇宙軍 オネアミスの翼』	『Hello Kitty's Furry Tale Theater』(邦題『サンリオ・アニメ世界名作劇場』)が米国CBSで放送		

西暦（和暦）	テレビアニメーション（原則として年度が連続するシリーズものは除外した）	オリジナルビデオアニメ、映像ソフト	玩具、ゲーム、キャラクター商品
1980（昭和55）	『鉄腕アトム（第2作）』『太陽の使者 鉄人28号』『宇宙大帝ゴッドシグマ』『宇宙戦士バルディオス』『宇宙戦艦ヤマトIII』		「ダイアクロン」シリーズ発売開始
1981（昭和56）	『Dr.スランプ アラレちゃん』『うる星やつら』『六神合体ゴッドマーズ』『おはよう！スパンク』『ニルスのふしぎな旅』		『機動戦士ガンダム』のプラモデル大ブーム（2年間で5000万個を販売）。「Dr.スランプ アラレちゃん」関連グッズ流行。「ゲーム&ウオッチ」（任天堂）発売。初の玩具輸出見本市開催、東京ぬいぐるみ工業協同組合設立
1982（昭和57）	『魔法のプリンセス ミンキーモモ』『機甲艦隊ダイラガーXV』『超時空要塞マクロス』		「ファミリー・コンピュータ」（FC）発売、「キン肉マン消しゴム」大ヒット。日本玩具国際見本市が「東京おもちゃショー」と改称、晴海で開催。第1回輸出玩具・ホビー見本市開催。トミー「メカボニカ」3種（のちの「ゾイド」シリーズ）発売
1983（昭和58）	『キン肉マン』『キャプテン翼』『魔法の天使クリィミーマミ』『聖戦士ダンバイン』『装甲騎兵ボトムズ』『銀河漂流バイファム』『機甲創世記モスピーダ』	『ダロス／ダロス破壊指令！』（初のOVA）	
1984（昭和59）	『世紀末救世主伝説 北斗の拳』『巨神ゴーグ』『ゴッドマジンガー』『超時空騎団サザンクロス』『名探偵ホームズ』	『バース』『街角のメルヘン』『魔法の天使クリィミーマミ 永遠のワンスモア』	
1985（昭和60）	『機動戦士Zガンダム』『戦え！超ロボット生命体トランスフォーマー』『ゲゲゲの鬼太郎（第3作）』『タッチ』	『吸血鬼ハンターD』『エリア88』『幻夢戦記レダ』	悪魔対天使のシール付「ビックリマンチョコ」が大ヒット。FCソフト『ボンバーマン』発売
1986（昭和61）	『ドラゴンボール』『聖闘士星矢』『ガラスの仮面』『がんばれ！キッカーズ』	アダルトOVA『くりいむレモン』発売	FCソフト『ドラゴンクエスト』発売
1987（昭和62）	『ビックリマン』『機甲戦記ドラグナー』『赤い光弾ジリオン』『のらくろクン』『きまぐれオレンジ☆ロード』『ミスター味っ子』	『ロボットカーニバル』、LDボックス『うる星やつら』発売	「PCエンジン」発売。FCソフト『ドラゴンクエストII 悪霊の神々』『ファイナルファンタジー』大ヒット。「星闘士星矢」「ゾイド」「トランスフォーマー」など男児玩具好調、レース用ミニカー「レーサーミニ四駆」シリーズ発売。ぬいぐるみ「のらくろロック」（タカラ）大人気。FC『ロックマン』発売

1984年に『風の谷のナウシカ』が公開。監督の宮崎駿の名前が広く知れ渡ることに。

劇場用アニメーション	海外	テーマパーク	その他
『となりのトトロ』『火垂るの墓』『AKIRA』『きまぐれオレンジ☆ロード あの日に帰りたい』『機動戦士ガンダム 逆襲のシャア』『ダーティペア』			
『魔女の宅急便』『機動警察パトレイバー』『ヴイナス戦記』『CITY HUNTER 愛と宿命のマグナム』『それいけ！アンパンマン キラキラ星の涙』			NHKがBS1、BS2の本放送、ハイビジョン実験放送を開始
『ドラゴンボールZ この世で一番強いヤツ』『魔法使いサリー』		「東京セサミプレイス」「サンリオピューロランド」オープン	
『おもひでぽろぽろ』『アルスラーン戦記』『ガンバとカワウソの冒険』『ふしぎの海のナディア』『らんま1/2 中国寝崑崙大決戦！ 掟やぶりの激闘篇!!』			初の民間衛星放送局WOWOWによる衛星放送開始。子供向け番組専門ケーブルテレビ局「キッズステーション」放送開始。『ちびまる子ちゃん』EDテーマ（当時）「おどるポンポコリン」大ヒット
『紅の豚』『楽しいムーミン一家 ムーミン谷の彗星』			
『銀河英雄伝説 新たなる戦いの序曲』『SDガンダムまつり SDガンダム外伝 聖機兵物語』『クレヨンしんちゃん アクション仮面VSハイグレ魔王』『獣兵衛忍風帖』『セーラームーンR』	世界初のトレーディングカードゲーム『マジック：ザ・ギャザリング』発売。『Adventures of Sonic the Hedgehog』などソニックシリーズのアニメが米国で放送	「リカちゃんキャッスル」オープン	アニメ制作ソフト「RETAS」がセルシス社より発売。『Vジャンプ』（ブイジャンプ）創刊

1988年、大友克洋監督が『AKIRA』を公開。これが世界に日本アニメが認知されるきっかけとなりました。

1992年、『美少女戦士セーラームーン』シリーズの放映開始。今日でも世界各国で放送され、絶大な人気を誇ります。キメゼリフは“月にかわっておしおきよ!”。

西暦（和暦）	テレビアニメーション（原則として年度が連続するシリーズものは除外した）	オリジナルビデオアニメ、映像ソフト	玩具、ゲーム、キャラクター商品
1988（昭和63）	『それいけ！アンパンマン』『魔神英雄伝ワタル』『鎧伝サムライトルーパー』『キャッツ・アイ』	低価格OVAシリーズ『機動警察パトレイバー』発売。『トップをねらえ！』『機甲猟兵メロウリンク』『六神合体ゴッドマーズ 十七歳の伝説』発売。長期シリーズ『銀河英雄伝説』発売開始	『ファイナルファンタジーII』『ドラゴンクエストIII そして伝説へ…』などテレビゲームソフトがヒット、キャラクター・カードの自動販売機「カードダス20」発売、「元祖SDガンダム」シリーズが大ヒット。クレーンゲーム機「UFOキャッチャー」ブーム。「メガドライブ」発売
1989（平成元）	『ドラゴンボールZ』『YAWARA！』『獣神ライガー』『天空戦記シュラト』『魔動王グランゾート』『機動警察パトレイバー』『おぼっちゃまくん』『ルパン三世 バイバイ・リバティー・危機一発！』（年1回のスペシャル版）、『らんま1/2』『ダッシュ！四駆郎』『ドラゴンクエスト』	OVA『機動戦士ガンダム0080 ポケットの中の戦争』『新キャプテン翼』『真・魔神英雄伝ワタル 魔神山編』『魔動王グランゾート 最後のマジカル大戦』	「ゲームボーイ」発売。第一次ミニ四駆ブーム。「少年アシベ・ゴマちゃん」ぬいぐるみなど発売、大ブームに。PCエンジン『天外魔境 ZIRIA』発売
1990（平成2）	『ちびまる子ちゃん』『きかんしゃトーマス』『勇者エクスカイザー』『魔神英雄伝ワタル2』『ふしぎの海のナディア』『NG騎士ラムネ＆40』『鴉（カラス）天狗カブト』（BS2初のアニメ）		「スーパーファミコン」「ネオジオ」「PCエンジンGT」発売。FC『ドラゴンクエストIV 導かれし者たち』発売、大ブーム。FC『ファイナルファンタジーIII』発売
1991（平成3）	『新世紀GPXサイバーフォーミュラ』『ドラゴンクエスト ダイの大冒険』『絶対無敵ライジンオー』『ジャンケンマン』『少年アシベ』『ゲッターロボ號』	世界初のオリジナルLDアニメーション（OLA）『炎の転校生』発売。OVA『機動戦士ガンダム0083 STARDUST MEMORY』	「PCエンジンDUO」「バーコードバトラー」発売。「SDガンダムBB戦士」（バンダイ）、「ミニ四駆」（タミヤ）などの低単価商品も好調。SFC『ファイナルファンタジーIV』発売。MD『ソニック・ザ・ヘッジホッグ』、GB『スーパーロボット大戦』発売
1992（平成4）	『美少女戦士セーラームーン』『クレヨンしんちゃん』『超電動ロボ 鉄人28号FX』『スーパービックリマン』『幽☆遊☆白書』	『天地無用！ 魎皇鬼』『新世紀GPXサイバーフォーミュラ11』『超時空要塞マクロスII』『マグマ大使』『ジャイアントロボ THE ANIMATION』『バビル2世』	「セーラームーン」登場で女児玩具好調。SFCソフト『ストリートファイターII』『ドラゴンクエストV 天空の花嫁』『ファイナルファンタジーV』発売、大ヒット。『となりのトトロ』着ぐるみシリーズ発売、ヒット。セガ・エンタープライゼス、アニメ制作会社の東京ムービー新社を買収
1993（平成5）	『忍たま乱太郎』『機動戦士Vガンダム』『SLAM DUNK』『しましまとらのしまじろう』	『ああっ女神さまっ』『ぼくの地球を守って』『アルスラーン戦記 III』『ブラック・ジャック』『魔神英雄伝ワタル －終わりなき時の物語－』	初のバトルえんぴつとして「ドラゴンクエスト バトルえんぴつ」（エニックス）シリーズ発売開始。「キャラコバッチ」やバッチ入りの「きゃらか～ん」（バンダイ）大好評

劇場用アニメーション	海外	テーマパーク	その他
『平成狸合戦ぽんぽこ』『SLAM DUNK』	『ライオン・キング』騒動。『リブート』(最初の完全CGTVアニメ)	「手塚治虫記念館」兵庫県宝塚市にオープン	『VOiCE ANIMAGE』創刊。第1回「次世代ワールドホビーフェア」開催
『耳をすませば』『GHOST IN THE SHELL / 攻殻機動隊』『レイヤーズ』	『トイ・ストーリー』(最初の完全CG劇場版アニメ)		
『金田一少年の事件簿』	『ビーストウォーズ 超生命体トランスフォーマー』	「やなせたかし記念館 アンパンマンミュージアム」高知県香北町にオープン	デジタルCS放送「パーフェクTV!」(現:スカイパーフェクTV!)開始。DVDプレーヤー発売。第1回「東京ゲームショウ」開催
『もののけ姫』が邦画収入記録を更新。『新世紀エヴァンゲリオン シト新生』『名探偵コナン 時計じかけの摩天楼』『たまごっち ホントのはなし』公開			「ポケモンショック」事件。富士写真フイルムがセル画に用いるアセテート・フィルムを生産停止。米国のアニメ専門チャンネル「カートゥーンネットワーク」が日本のケーブルテレビ・CSに上陸。文化庁メディア芸術祭開始。「任天堂スペースワールド」開催
『ポケットモンスター ミュウツーの逆襲』『新機動戦記ガンダムW(ウィング)ENDLESS WALZ ー特別篇ー』『機動戦士ガンダム 第08MS小隊 ミラーズ・リポート』『機動戦艦ナデシコ The prince of darkness』		「ポケモンセンタートウキョウ」開店。	アニメ専門チャンネル「アニマックス」がケーブルテレビ・CSで開局
『ホーホケキョ となりの山田くん』『MARCO 母をたずねて三千里』『カードキャプターさくら』『デジモンアドベンチャー』公開。『ガンドレス』未完成公開事件			『月刊マガジンZ』創刊。第1回「ジャンプフェスタ」開始
『人狼ーjin rohー』『ONE PIECE』『劇場版 おジャ魔女どれみ#』		「KYOTO手塚治虫ワールド」がJR京都駅(京都市下京区)にオープン	

1998年、『ポケット・モンスター ミュウツーの逆襲』が公開。全米興行収入記録は8000万ドルに及び、現在もそれを超える邦画作品は登場していません。ポケモン人気はすさまじい。

西暦（和暦）	テレビアニメーション（原則として年度が連続するシリーズものは除外した）	オリジナルビデオアニメ、映像ソフト	玩具、ゲーム、キャラクター商品
1994（平成6）	『覇王大系リューナイト』『マクロス7』『キャプテン翼J』『魔法騎士レイアース』『魔法陣グルグル』	OVA『ファイナルファンタジー』『新キューティーハニー』『おいら宇宙の探鉱夫』『マクロスプラス』『逮捕しちゃうぞ』『マーズ』	32ビットテレビゲーム「セガサターン」「プレイステーション」ほか登場。第二次ミニ四駆ブーム。バンダイがカプセル自販機（ガシャポン）に「HG（ハイグレード・リアルフィギュア）シリーズ」を投入。SFC『ファイナルファンタジーVI』発売。PCエンジン『ときめきメモリアル』発売
1995（平成7）	『新機動戦記ガンダムW』『新世紀エヴァンゲリオン』『怪盗セイント・テール』『空想科学世界ガリバーボーイ』	『YAMATO 2520』	
1996（平成8）	『ドラゴンボールGT』『名探偵コナン』『爆走兄弟レッツ＆ゴー!!』『家なき子レミ』（地上波の世界名作劇場最終作）、『超者ライディーン』『VS騎士ラムネ＆40』『機動戦艦ナデシコ』『逮捕しちゃうぞ』	OVA『機動戦士ガンダム 第08MS小隊』	「NINTENDO64」発売、『新世紀エヴァンゲリオン』大人気、「たまごっち」登場。GB『ポケットモンスター赤・緑』発売。「ポケモンカードゲーム」発売。SS『サクラ大戦』、PS『ポポロクロイス物語』発売
1997（平成9）	『ポケットモンスター』『金田一少年の事件簿』『ゲゲゲの鬼太郎（第4作）』『勇者王ガオガイガー』『超魔神英雄伝ワタル』『超特急ヒカリアン』『キューティーハニーF』『わんころべえ』（初のUHFアニメ）	OVA『新機動戦記ガンダムW Endless Waltz』『マクロス ダイナマイト7』	『ポケットモンスター』大ヒット、関連グッズ人気。「ハイパーヨーヨー」登場、「デジタルモンスター」登場、「ハローキティ」人気復活。PS『ファイナルファンタジーVII』発売
1998（平成10）	『カードキャプターさくら』『遊☆戯☆王（第1作）』『銀河漂流バイファム13』『超速スピナー』『Bビーダマン爆外伝』『ブレンパワード』（WOWOW）、『ポポロクロイス物語』『スーパードール★リカちゃん』		「ポケットピカチュウ」など万歩携帯ゲーム大ヒット、「遊☆戯☆王」関連グッズヒット、「ゲームボーイカラー」発売。携帯ゲーム機が好調、新型家庭用ゲーム機「ドリームキャスト」発売。SS『機動戦士ガンダム ギレンの野望』発売。PS『ダブルキャスト』でフルアニメーションのアドベンチャーゲーム「やるドラ」シリーズ開始
1999（平成11）	『ONE PIECE』『ベターマン』（初のビスタサイズ制作アニメーション）、『∀ガンダム』『無限のリヴァイアス』『小さな巨人ミクロマン』『メダロット』『ゾイド』『THE ビッグオー』（WOWOW）、『おジャ魔女どれみ』『デジモンアドベンチャー』		PS『ファイナルファンタジーVIII』、GB『ポケットモンスター金・銀』発売。『遊☆戯☆王オフィシャルカードゲーム デュエルモンスターズ』発売
2000（平成12）	『とっとこハム太郎』『はじめの一歩』『犬夜叉』『遊☆戯☆王デュエルモンスターズ（第2作）』『GEAR戦士電童』『タイムボカン2000 怪盗きらめきマン』『G-SAVIOUR』（特撮だが日米合作によるガンダムシリーズ）、『幻想魔伝 最遊記』		「ゲームボーイアドバンス」「プレイステーション2」発売、『とっとこハム太郎』関連商品ブーム。PS『ドラゴンクエストVII エデンの戦士たち』『ファイナルファンタジーIX』発売

劇場用アニメーション	海外	テーマパーク	その他
『千と千尋の神隠し』が興行収入300億円を記録。『犬夜叉 時代を越える想い』『COWBOY BEBOP knockin' on heaven's door 天国の扉』『サクラ大戦 活動写真 Sakura wars the movie』『ファイナルファンタジー』公開	『アトランティス 失われた帝国』公開。2001年度新設のアカデミー賞長編アニメーション部門初受賞作に『シュレック』。ポケモンセンターニューヨーク開店。韓国でカードダス「デジタルモンスター」カードゲームシリーズがヒット！	「石ノ森萬画館」宮城県石巻市にオープン。「三鷹の森ジブリ美術館（三鷹市立アニメーション美術館）」オープン。「東京ディズニー・シー」「ユニバーサル・スタジオ・ジャパン」開園	『ガンダムエース』創刊
『猫の恩返し』『激闘！クラッシュギアT カイザハーンの挑戦！』『とっとこハム太郎 ハムハムハムージャ！幻のプリンセス』『BLOOD THE LAST VAMPIRE』	『千と千尋の神隠し』がアカデミー賞長編アニメーション部門賞を受賞（2002年全米公開）		第1回東京国際アニメフェア開催。日本動画協会設立。テレビアニメのほとんどがデジタル制作に移行
『ぼくの孫悟空』『NARUTO -ナルト- 大活劇！ 雪姫忍法帖だってばよ!!』公開。『ポケットモンスター アドバンスジェネレーション 七夜の願い星 ジラーチ』、ゲームと効果的に連動！	『ファインディング・ニモ』アカデミー賞長編アニメーション部門賞を受賞	「東映アニメーションギャラリー」が大泉スタジオ内（練馬区東大泉）にオープン。「水木しげる記念館」鳥取県境港市にオープン。「青梅赤塚不二夫会館」東京青梅市にオープン。「バンダイミュージアム」が千葉県松戸市にオープン	『日経characters！』『月刊コミックブンブン』創刊
『イノセンス』『スチームボーイ』『ハウルの動く城』『APPLESEED』『金色のガッシュベル!! 101番目の魔物』	『シュレック2』		
『鋼の錬金術師 ～シャンバラを征く者～』『機動戦士Zガンダム -星を継ぐ者-』『甲虫王者ムシキング グレイテストチャンピオンへの道』『テニスの王子様』『ふたりはプリキュア Max Heart』		愛知万博関連イベントで「Pokémon The Park 2005」開催	

2001年に公開された宮崎駿監督の『千と千尋の神隠し』は、「21世紀の偉大な映画ベスト100」の第4位に選出されました。

西暦 （和暦）	テレビアニメーション （原則として年度が連続するシリーズものは除外した）	オリジナルビデオアニメ、映像ソフト	玩具、ゲーム、キャラクター商品
2001 （平成13）	『爆転シュート ベイブレード』『激闘！クラッシュギアTURBO』『ヒカルの碁』『FF：U ～ファイナルファンタジー：アンリミテッド～』『サイボーグ009（第3作）』『キャプテン翼（第3作）』『マジンカイザー』『バビル2世（第2作）』		「クラッシュギア」大人気、「ベイブレード」も大きくブレイク。玩具菓子「チョコエッグ」大ヒット。PS2『ファイナルファンタジーX』発売。GBA『バトルネットワーク ロックマンエグゼ』発売
2002 （平成14）	『機動戦士ガンダムSEED』『デュエル・マスターズ』『ロックマンエグゼ』『電光超特急ヒカリアン』『キン肉マンII世』『ボンバーマンジェッターズ』『花田少年史』『フルメタル・パニック！』『神世紀伝マーズ』（AT-X）、『攻殻機動隊 STAND ALONE COMPLEX』（スカイパーフェクTV）	『マクロスゼロ』	マイクロソフト社が「Xbox」を日本で発売し、テレビゲームに本格参入。PS2のゲームとOVAを同梱で発売する『.hack』シリーズ発売開始。タカラ、海外で人気のトレーディングカードゲーム『デュエル・マスターズ』発売。PS2等の通信ゲーム『ファイナルファンタジーXI』サービス開始。GBA『ポケットモンスター ルビー・サファイア』発売。PS2『BLOOD THE LAST VAMPIRE』発売
2003 （平成15）	『アストロボーイ・鉄腕アトム（第3作）』『鋼の錬金術師』『ゾイドフューザーズ』（海外で先行放映）、『ソニックX』『金色のガッシュベル!!』		『甲虫王者ムシキング』が発売開始！「NOVAうさぎ」などCMキャラクターが話題になる。カードダス「金色のガッシュベル!! THE CARD BATTLE」シリーズがヒット！
2004 （平成16）	『BLEACH』『ケロロ軍曹』『鉄人28号（第4作）』『冒険王ビィト』『マリア様がみてる』『MAJOR（メジャー）』（第1シリーズ）、『エリア88』『ふたりはプリキュア』		「オシャレ魔女♥ラブandベリー」が発売開始！「ニンテンドーDS」「プレイステーションポータブル」発売。PS2『ドラゴンクエストVIII 空と海と大地と呪われし姫君』発売
2005 （平成17）	『アイシールド21』『ガイキング LEGEND OF DAIKU-MARYU（第2作）』『BLOOD+』『ツバサ-RESERVoir CHRoNiCLE-』『ゾイドジェネシス（ZOIDS GENESIS）』『ああっ女神さまっ』『甲虫王者ムシキング 森の民の伝説』	OVA『ファイナルファンタジーVII アドベントチルドレン』	Xbox 360発売。PS2『戦国BASARA』発売

劇場用アニメーション	海外	テーマパーク	その他
『ゲド戦記』『ブレイブ ストーリー』『ケロロ軍曹』『どうぶつの森』		「京都国際マンガミュージアム」京都市にオープン	ブルーレイプレーヤー発売。『声優グランプリ』創刊
『ヱヴァンゲリヲン新劇場版：序』『オシャレ魔女♥ラブandベリー しあわせのまほう』『鉄人28号 白昼の残月』公開。前年公開の『時をかける少女』が日本アカデミー賞最優秀アニメーション作品賞を受賞		「ゲゲゲの妖怪楽園」鳥取県境港市にオープン。「横浜アンパンマンこどもミュージアム」横浜市にオープン	JAPAN国際コンテンツフェスティバル。『ケロケロエース』『声優アニメディア』創刊
『河童のクゥと夏休み』が、ジブリ作品以外ではアニメ初となるキネマ旬報ベスト・テンに選出。『つみきのいえ』アヌシー国際アニメ映画祭でグランプリ等2部門受賞。『崖の上のポニョ』『スカイ・クロラ The Sky Crawlers』『天元突破グレンラガン』公開			
『サマーウォーズ』シッチェス・カタロニア国際映画祭のアニメーション部門長編作品グランプリ。『ヱヴァンゲリヲン新劇場版：破』『レイトン教授と永遠の歌姫』『マクロス7 虚空歌姫』公開。『ONE PIECE FILM STRONG WORLD』公開			『マクロスエース』創刊。お台場・潮風公園で実物大ガンダム、神戸市新長田に実寸大の鉄人28号を設置
『銀魂 新訳紅桜篇』『昆虫物語みつばちハッチ ～勇気のメロディ～』『イナズマイレブン 最強軍団オーガ襲来』			
『ドラえもん 新・のび太と鉄人兵団 ～はばたけ 天使たち～』『ONE PIECE 3D 麦わらチェイス』『クレヨンしんちゃん 嵐を呼ぶ黄金のスパイ大作戦』『鋼の錬金術師 嘆きの丘の聖なる星』『コクリコ坂から』『劇場版ポケットモンスター ベストウイッシュ ビクティニと黒き英雄 ゼクロム／ビクティニと白き英雄 レシラム』『劇場版 テニスの王子様 英国式庭球城決戦！』『劇場版 魔法先生ネギま！ ANIME FINAL』『映画けいおん！』『るろうに剣心 –明治剣客浪漫譚– 新京都編前編』	『カーズ2』『カンフー・パンダ ザ・シリーズ』		スーパー戦隊シリーズ35周年『海賊戦隊ゴーカイジャー』

テレビシリーズ『新世紀エヴァンゲリオン』をリビルドした『ヱヴァンゲリヲン新劇場版』全4部作の第1作が2007年に公開されてシリーズがスタートしました（第4作は2021年公開）。

西暦（和暦）	テレビアニメーション（原則として年度が連続するシリーズものは除外した）	オリジナルビデオアニメ、映像ソフト	玩具、ゲーム、キャラクター商品
2006（平成18）	『NANA』『デジモンセイバーズ（第5作）』『コードギアス 反逆のルルーシュ』『涼宮ハルヒの憂鬱』『銀魂』『彩雲国物語』		「Wii」「プレイステーション3」発売。『ブルードラゴン』発売。PS2『ファイナルファンタジーXII』発売。DS『ポケットモンスター ダイヤモンド・パール』発売
2007（平成19）	『ゲゲゲの鬼太郎（第5作）』『のだめカンタービレ』『おおきく振りかぶって』『爆丸 バトルブローラーズ』『機動戦士ガンダム00』『地球へ…』『GR-GIANT ROBO』。『レ・ミゼラブル 少女コゼット』（BSフジ）で「世界名作劇場」が復活。『さぁイコー！ たまごっち』（BS11）		DS『レイトン教授と不思議な街』発売
2008（平成20）	『コードギアス 反逆のルルーシュR2』が地上波放送後、一定期間のインターネットによる無料配信を行う。『マクロスF』『墓場鬼太郎』『ヤッターマン（第2作）』『イナズマイレブン』『黒執事』『バトルスピリッツ 少年突破バシン』		DS『イナズマイレブン』発売。カードダス20周年を記念して新シリーズ『Battle Spirits』発売開始
2009（平成21）	『ドラゴンボール改』『鋼の錬金術師 FULLMETAL ALCHEMIST』『戦国BASARA』『メタルファイト ベイブレード』『けいおん！』『ルパン三世VS名探偵コナン』『たまごっち』		DS『ドラゴンクエストIX 星空の守り人』発売。PS3『ファイナルファンタジーXIII』発売
2010（平成22）	『デジモンクロスウォーズ』『バクマン。』『SDガンダム三国伝』『GIANT KILLING』『薄桜鬼』	OVA『機動戦士ガンダムUC』『装甲騎兵ボトムズ 幻影編』『ぼく、オタリーマン』	DS『ポケットモンスター ブラック・ホワイト』発売。スタジオジブリが初めて制作参加したDS『二ノ国』発売
2011（平成23）	『魔法少女まどか☆マギカ』『TIGER & BUNNY』『HUNTER×HUNTER（第2作）』『機動戦士ガンダムAGE』『カードファイト!! ヴァンガード』『おはよう忍者隊ガッチャマン』『ダンボール戦機』『バトルスピリッツ 覇王』『放浪息子』『レベルE』	『バカとテストと召喚獣 ～祭～』『装甲騎兵ボトムズ Case;IRVINE』『とらドラ！ 弁当の極意』『IS アンコール“恋に焦がれる六重奏”』『薄桜鬼 雪華録』	「ニンテンドー3DS」「PlayStation Vita」『ダンボール戦機』『ヴァンガード』『にんげんがっき』『アイドルマスター シンデレラガールズ』

劇場用アニメーション	海外	テーマパーク	その他
『ベルセルク 黄金時代篇I 覇王の卵』『映画 プリキュアオールスターズNewStage みらいのともだち』『虹色ほたる ～永遠の夏休み～』『グスコーブドリの伝記』『おおかみこどもの雨と雪』『劇場版 TIGER & BUNNY -The Beginning-』『魔法少女まどか☆マギカ [前編] 始まりの物語／[後編] 永遠の物語』『マクロスFB7 銀河流魂 オレノウタヲキケ！』『009 RE：CYBORG』『ヱヴァンゲリヲン新劇場版：Q』『劇場版イナズマイレブンGO vs ダンボール戦機W』	『シュガー・ラッシュ』『ヒックとドラゴン』		
『風立ちぬ』『宇宙海賊キャプテンハーロック -SPACE PIRATE CAPTAIN HARLOCK-』『劇場版 空の境界 未来福音』『かぐや姫の物語』『ルパン三世VS名探偵コナン THE MOVIE』『劇場版 HUNTER×HUNTER -The LAST MISSION-』『リトルウィッチアカデミア』『劇場版とある魔術の禁書目録 -エンデュミオンの奇蹟-』『ドラえもん のび太のひみつ道具博物館』『ドラゴンボールZ 神と神』『劇場版 銀魂 完結篇 万事屋よ永遠なれ』	『アナと雪の女王』	『バイオハザード・ザ・リアル』(USJ)、『スター・ツアーズ：ザ・アドベンチャーズ・コンティニュー』(TDL)	
『モーレツ宇宙海賊 ABYSS OF HYPERSPACE -亜空の深淵-』『劇場版 TIGER & BUNNY -The Rising-』『名探偵コナン 異次元の狙撃手』『機動戦士ガンダムUC Episode 7 虹の彼方に』『イナズマイレブン 超次元ドリームマッチ』『宇宙兄弟#0』『劇場版 進撃の巨人 前編～紅蓮の弓矢～』『宇宙戦艦ヤマト2199 星巡る方舟』『THE LAST -NARUTO THE MOVIE-』『劇場版アイカツ！』『映画 妖怪ウォッチ 誕生の秘密だニャン！』	『ベイマックス』『モンスターVSエイリアン』	『ウィザーディング・ワールド・オブ・ハリー・ポッター』オープン(USJ)	

西暦（和暦）	テレビアニメーション（原則として年度が連続するシリーズものは除外した）	オリジナルビデオアニメ、映像ソフト	玩具、ゲーム、キャラクター商品
2012（平成24）	『ジョジョの奇妙な冒険』『めだかボックス』『あらしのよるに ～ひみつのともだち～』『聖闘士星矢Ω』『ふるさと再生 日本の昔ばなし』『偽物語』『超速変形ジャイロゼッター』『戦姫絶唱シンフォギア』『黒子のバスケ』『君のいる町』	『僕は友達が少ない あどおんでぃすく』『Another OVA「The Other -因果-」』『中二病でも恋がしたい！Lite』『To LOVEる -とらぶる- ダークネス』	「Wii U」『リカちゃん　くるくるかいてんずし』『バトロボーグ20』『スマートペット』『パズル＆ドラゴンズ』『Ingress』
2013（平成25）	『ポケットモンスター XY』『進撃の巨人』『宇宙戦艦ヤマト2199』『アラタカンガタリ～革神語～』『ガッチャマン クラウズ』『銀の匙 Silver Spoon』『熱風海陸ブシロード』『鉄人28号ガオ』『ダンガンロンパ 希望の学園と絶望の高校生』『トレインヒーロー』『ガンダムビルドファイターズ』	『ひだまりスケッチ 沙英・ヒロ 卒業編』『やはりゲームでも俺の青春ラブコメはまちがっている。』『進撃の巨人 OVA「イルゼの手帳」』	「Xbox One」『人狼』
2014（平成26）	『妖怪ウォッチ』『愛・天地無用！』『ガンダム Gのレコンギスタ』『カリメロ（第3作）』『怪盗ジョーカー』『ハイキュー!!』『ベイビーステップ』『魔法少女大戦』『猫のダヤン』『トリニティセブン』『ドラゴンボール改』『山賊のむすめローニャ』『美少女戦士セーラームーンCrystal』	『夏目友人帳 いつかゆきのひに』『ガールズ＆パンツァー これが本当のアンツィオ戦です！』『Hybrid Child』	「PlayStation 4」『妖怪ウォッチ』『ミニドローンRolling Spider』『Hello! Zoomer』『チョロQ Q-eyes』

2013年に『進撃の巨人』（英語タイトル：Attack on Titan）の第1期がスタート。配信を通して熱狂的な海外勢のアニメファンが増加しました。

劇場用アニメーション	海外	テーマパーク	その他
『ストライクウィッチーズ エーゲ海の女神』『劇場版 蒼き鋼のアルペジオ -アルス・ノヴァ- DC』『機動戦士ガンダム THE ORIGIN I 青い瞳のキャスバル』『劇場版 境界の彼方 -I'LL BE HERE- 過去篇』『百日紅 ～Miss HOKUSAI～』『映画 かいけつゾロリ うちゅうの勇者たち』『ガールズ＆パンツァー 劇場版』『デジモンアドベンチャー tri. 第1章「再会」』	『アーロと少年』『PEANUTS スヌーピーショートアニメ』『トランスフォーマー アドベンチャー』	『妖怪ウォッチ・ザ・リアル』(USJ)	
『傷物語 I 鉄血編』『シンドバッド 魔法のランプと動く島』『劇場版 探偵オペラ ミルキィホームズ～逆襲のミルキィホームズ～』『遊☆戯☆王 THE DARK SIDE OF DIMENSIONS』『映画 クレヨンしんちゃん 爆睡！ユメミーワールド大突撃』『ONE PIECE FILM GOLD』『君の名は。』『劇場版 暗殺教室 365日の時間』	『ズートピア』『パワーパフガールズ』		
『劇場版 黒執事 Book of the Atlantic』『宇宙戦艦ヤマト2202 愛の戦士たち 第一章 嚆矢篇』『ドラえもん のび太の南極カチコチ大冒険』『おそ松さん 春の全国大センバツ上映祭』『夜明け告げるルーのうた』『メアリと魔女の花』『劇場版 ポケットモンスター キミにきめた！』『GODZILLA 怪獣惑星』『刀剣乱舞 花丸 幕間回想録』『文豪ストレイドッグス DEAD APPLE』	『チキチキマシン猛レース！』『ベイマックス ザ・シリーズ』『マーベル おしえて！スパイダーマン』	「レゴランド・ジャパン」オープン	

そう、アニメ視聴の機会がテレビからネット配信へ。全世界で同時期に同じコンテンツに熱狂して、SNSで反応する――そんな時代がやって来ました。

西暦（和暦）	テレビアニメーション（原則として年度が連続するシリーズものは除外した）	オリジナルビデオアニメ、映像ソフト	玩具、ゲーム、キャラクター商品
2015（平成27）	『アルスラーン戦記』『暗殺教室』『おそ松さん』『艦隊これくしょん -艦これ-（アニメ）』『機動戦士ガンダム 鉄血のオルフェンズ』『食戟のソーマ』『魔法少女リリカルなのはViVid』『バトルスピリッツ 烈火魂』『境界のRINNE』『ドラゴンボール超』『グッド・モーニング!!! ドロンジョ』『Go!プリンセスプリキュア』『響け！ ユーフォニアム』『放課後のプレアデス』	『響け！ユーフォニアム 番外編 かけだすモナカ』『黒執事 Book of Murder』『ゆるゆり なちゅやちゅみ！』	『スプラトゥーン』『グランブルーファンタジー』『メタルギアソリッドV』『あんさんぶるスターズ！』『パズル＆ドラゴンズ』『おえかきアーティスト』『ベイブレードバースト』『ラブあみ』『プラレールドクターイエロー』『たまごっちミックス』『ムニュムニュドレミファキャット』
2016（平成28）	『アイカツスターズ！』『暗殺教室』『逆転裁判～その『真実』、異議あり！～』『斉木楠雄のΨ難』『ジョーカー・ゲーム』『3月のライオン』『タイガーマスクW』『信長の忍び』『初恋モンスター』『ハンドレッド』『ビッグオーダー』『ふらいんぐうぃっち』『魔法つかいプリキュア!』『名探偵コナン エピソード"ONE" 小さくなった名探偵』『ベルセルク』	『機動戦士ガンダム サンダーボルト DECEMBER SKY』『planetarian ～ちいさなほしのゆめ～』	『ポケットモンスター ウルトラサン・ウルトラムーン』『モンスターストライク』『ポケモンGO』『地球まるごとすごろく』『アンパンマンおしゃべりいっぱいことばずかんDX』『蒸気がシュッシュッ！ トーマスシリーズ』
2017（平成29）	『アイドルマスター SideM』『アトム ザ・ビギニング』『アリスと蔵六』『異世界食堂』『王室教師ハイネ』『牙狼-GARO--VANISHING LINE-』『けものフレンズ』『将国のアルタイル』『シルバニアファミリー ミニストーリー』『プリンセス・プリンシパル』『魔法陣グルグル』『メイドインアビス』『ONE PIECE エピソードオブ東の海 ～ルフィと４人の仲間の大冒険!!～』	『ゆゆ式 困らせたり、困らされたり』『ようじょしぇんき』『OVA ハイスクール・フリート』『鬼平～その男、長谷川平蔵～』『OVA ハイスクール・フリート』	「NIntendo Switch」発売。『ゼルダの伝説 ブレス・オブ・ザ・ワイルド』『ドラゴンクエストXI』『マイルームロビ』『おせっかいなスマホ貯金箱』『トミカ4D』

2015年にNetflixが日本での配信サービスを開始。このサービスの普及により、いまではアニメが多くの視聴者に届くようになりましたね。

劇場用アニメーション	海外	テーマパーク	その他
『映画 しまじろう まほうのしまのだいぼうけん』『映画 プリキュアスーパースターズ！』『リズと青い鳥』『僕のヒーローアカデミア THE MOVIE -2人の英雄-』『映画 トミカハイパーレスキュー ドライブヘッド 機動救急警察』『若おかみは小学生！』『モンスターストライク THE MOVIE ソラノカナタ』『怪獣娘（黒）～ウルトラ怪獣擬人化計画～』	『シュガーラッシュ・オン・ライン』		
『メイドインアビス【前後編】』『劇場版 幼女戦記』『劇場版シティーハンター〈新宿プライベート・アイズ〉』『コードギアス 復活のルルーシュ』『鬼滅の刃 兄妹の絆』『映画 おしりたんてい カレーなる じけん』『海獣の子供』『天気の子』『二ノ国』『銀河英雄伝説 Die Neue These 星乱 第一章』『ルパン三世 THE FIRST』『劇場版 新幹線変形ロボ シンカリオン 未来からきた神速のALFA-X』	『アナと雪の女王2』『ムーミン谷のなかまたち』		京都アニメーション放火・殺人事件で、コンテンツ制作のリスクが表面化。アニメ業界への注目が集まる中で、業界の低賃金構造が浮き彫りになる
『劇場版 ハイスクール・フリート』『デジモンアドベンチャー LAST EVOLUTION 絆』『「進撃の巨人」クロニクル』『ドラえもん のび太の新恐竜』『はたらく細胞!! 最強の敵、再び。体の中は"腸"大騒ぎ！』『劇場版 ヴァイオレット・エヴァーガーデン』『劇場版「鬼滅の刃」無限列車編』『魔女見習いをさがして』『映画　えんとつ町のプペル』	『ソニック・ザ・ムービー』		コロナ禍の影響で劇場版の公開延期、テレビシリーズの制作延期が相次ぐ

コロナ禍に明け暮れた2020年、『劇場版「鬼滅の刃」無限列車編』の国内興業収益が404億円に達し、日本で上映された映画の歴代1位を更新しました。

西暦 (和暦)	テレビアニメーション (原則として年度が連続するシリーズものは除外した)	オリジナルビデオアニメ、映像ソフト	玩具、ゲーム、キャラクター商品
2018 (平成30)	『おしりたんてい』『キャプテン翼(第4作)』『カードファイト!! ヴァンガード』『ゲゲゲの鬼太郎(第6作)』『新幹線変形ロボ シンカリオン THE ANIMATION』『サンリオ男子』『ハイスコアガール』『パズドラ』『爆丸バトルプラネット』『ゾイドワイルド』『りゅうおうのおしごと!』『ムヒョとロージーの魔法律相談事務所』『ルパン三世 PART5』『若おかみは小学生!』	『ガールズ&パンツァー 最終章 第1話』『新妹魔王の契約者 DEPARTURES』『ご注文はうさぎですか?? ～Dear My Sister～』『クイーンズブレイド UNLIMITED episode1:エリナの旅立ち』『ストライク・ザ・ブラッドⅢ OVA Vol.1』	『モンスターハンター:ワールド』『大乱闘スマッシュブラザーズSPECIAL』『ミックスウォッチ』『テレビにうつって! リズムでえいご♪ワンダフルチャンネル』『だれでも動画クリエイター!HIKAKIN BOX』『L.O.L.シリーズ27サプライズ!』
2019 (令和元)	『あひるの空』『あんさんぶるスターズ!』『ヴィンランド・サガ』『鬼滅の刃』『警視庁 特務部 特殊凶悪犯対策室 第七課 -トクナナ-』『けだまのゴンじろー』『GO!GO!アトム』『この世の果てで恋を唄う少女YU-NO』『BEASTARS』『消滅都市』『ポケットモンスター(第7作)』『妖怪ウォッチ!(第3作)』『約束のネバーランド』『闇芝居』『真・中華一番!』	『一騎当千 Western Wolves』『ハイスコアガール EXTRA STAGE』『Re:ゼロから始める異世界生活 Memory Snow』『蒼穹のファフナー THE BEYOND 1』	『デス・ストランディング』『ファイナルファンタジーXIV』『ファイアーエムブレム 風花雪月』『ポケットモンスター ソード・シールド』『デビル メイ クライ 5』『キングダム ハーツ III』
2020 (令和2)	『宇崎ちゃんは遊びたい!』『映像研には手を出すな!』『大家さんと僕』『虚構推理』『ぐらぶるっ!』『地縛少年花子くん』『シャドウバース』『白猫プロジェクト ZERO CHRONICLE』『新サクラ大戦 the Animation』『デジモンアドベンチャー:』『DRAGON QUEST -ダイの大冒険-(第2作)』『ソマリと森の神様』『ハクション大魔王2020』『半妖の夜叉姫』『秘密結社鷹の爪』	『魔神英雄伝ワタル 七魂の龍神丸』『ストライク・ザ・ブラッドⅣ OVA Vol.4』	「プレイステーション5」発売。『龍が如く7 光と闇の行方』『ゴースト・オブ・ツシマ』『鬼滅の刃』関連の玩具が大ヒット。『∞プチプチAIR』『ディズニー&ピクサーキャラクターズライト&オーケストラグランドピアノ』

劇場用アニメーション	海外	テーマパーク	その他
『シン・エヴァンゲリオン劇場版:||』『名探偵コナン 緋色の弾丸』『漁港の肉子ちゃん』『機動戦士ガンダム 閃光のハサウェイ』『100日間生きたワニ』『竜とそばかすの姫』『劇場版 アーヤと魔女』『超時空要塞マクロスΔ 絶対LIVE!!!!!!』『アイの歌声を聴かせて』『攻殻機動隊 SAC_2045 持続可能戦争』『EUREKA/交響詩篇エウレカセブン ハイエボリューション』『劇場版 呪術廻戦 0』	『ラーヤと龍の王国』『トイ・ストーリー4』	「スーパー・ニンテンドー・ワールド」(USJ)	
『魔神英雄伝ワタル 七魂の龍神丸 再会』『機動戦士ガンダム ククルス・ドアンの島』『劇場版 からかい上手の高木さん』『ぼくらのよあけ』『劇場版 ソードアート・オンライン -プログレッシブ- 冥き夕闇のスケルツォ』『すずめの戸締まり』『劇場版 転生したらスライムだった件 紅蓮の絆編』『かぐや様は告らせたい ファーストキッスは終わらない』	『ストレンジ・ワールド/もうひとつの世界』『バズ・ライトイヤー』	「ジブリパーク」(愛・地球博記念公園内)	
『君たちはどう生きるか』『妖怪ウォッチ♪ ジバニャンvsコマさん もんげー大決戦だニャン』『アイカツ！10th STORY 未来へのSTARWAY』『グリッドマン ユニバース』『【推しの子】Mother and Children』『映画 THE FIRST SLAM DUNK』『SAND LAND』『ルパン三世 VS キャッツ・アイ』『蒼穹のファフナーBEHIND THE LINE』『鬼太郎誕生 ゲゲゲの謎』	『ウィッシュ』『ボルテスV: レガシー』		

2023年にジブリ映画『君たちはどう生きるか』が公開されました。宮崎駿監督の10年ぶりの復帰は海外ファンも大歓迎のようです。

近年のテレビアニメでも、『ぼっち・ざ・ろっく！』『機動戦士ガンダム・水星の魔女』『SPY×FAMILY』『葬送のフリーレン』など良作が目白押し。

西暦（和暦）	テレビアニメーション（原則として年度が連続するシリーズものは除外した）	オリジナルビデオアニメ、映像ソフト	玩具、ゲーム、キャラクター商品
2021（令和3）	『歌うサッカーパンダ ミファンダ』『古見さんは、コミュ症です。』『シキザクラ』『SHAMAN KING』『セブンナイツ』『フルーツバスケット（新作）』『ヘタリア World★Stars』『ぼくたちのリメイク』『舞妓さんちのまかないさん』『迷宮ブラックカンパニー』『無職転生 ～異世界行ったら本気だす～』『ラブライブ!スーパースター!!』		『ウマ娘 プリティーダービー』『テイルズ オブ アライズ』『バイオハザード ヴィレッジ』『メトロイド ドレッド』『DXドンオニタイジン』『3D立体オセロ』『ユニトロボーンユニトロボ』『すみっコぐらし みんなでキャンディきゃっち』
2022（令和4）	『悪役令嬢なのでラスボスを飼ってみました』『異世界おじさん』『うる星やつら（新作）』『永遠の831』『カッコウの許嫁』『機動戦士ガンダム 水星の魔女』『最遊記RELOAD -ZEROIN-』『SPY×FAMILY』『聖剣伝説 LEGEND OF MANA』『チェンソーマン』『はたらく魔王さま!!』『トモダチゲーム』『令和のデ・ジ・キャラット』『ぼっち・ざ・ろっく！』		『エルデンリング』『ポケットモンスター スカーレット・バイオレット』『ヘブンバーンズレッド』『赤ちゃんスマイルHonda Sound SITTER』『カメラでリンク！ ポケモン図鑑スマホロトム』
2023（令和5）	『あやかしトライアングル』『MFゴースト』『スキップとローファー』『葬送のフリーレン』『ちびゴジラの逆襲』『火狩りの王』『百姓貴族』『ポケットモンスター（第８作）』『僕の心のヤバイやつ』『星屑テレパス』『め組の大吾 救国のオレンジ』『夜廻り猫』『ライザのアトリエ ～常闇の女王と秘密の隠れ家～』『るろうに剣心 -明治剣客浪漫譚-（第２作）』		『ゼルダの伝説 ティアーズ オブ ザ キングダム』『ファイナルファンタジーXVI』『パラノマサイト』『ストリートファイター6』

いまや世界の頂点に立っているといっても過言ではない日本アニメ。次なるメガヒット作品の到来が待ち遠しいですね！

MEMO

索引

INDEX

映画ファンド型への投資……145
映像パッケージ販売……28
エイトマン……11
エヴァ……26
液晶タブレット……216
絵コンテ……161
絵梦(エモン)……102
演出……167
演出家……188
狼少年ケン……11
オールライツ……67
押井守……29
オタク……19,36
オバQビル……16
オリジナルビデオアニメ……28,64
音響監督……167

か行

海外での人材育成……208
海外動画配信サイト……231
海外販売……66
海外販売権……126,244
海賊版配信サイト……234
外注システム……74
ガイナックス……26
各種学校……192
風の谷のナウシカ……30
片渕須直……47
カット袋……218
金子正次……250
株式会社コロプラ……178
カメラワーク……164

あ行

愛奇芸(アイチーイー)……98,232
アナと雪の女王……82
アニメ……19
アニメーション科……192,194
アニメーター……186,190,204
アニメータースキル検定……184,207
アニメ産業……60
アニメ人材育成学校……192,194
アニメ制作会社……60,122
アニメ制作ソフト……222
あにめのたね……200
アニメの二次利用……64,126
アニメビジネス……42,56,60,64,110
アニメファン……19
アニメブーム……18
アニメプロダクション……122
アニメ見放題サービス……78
アパレル会社……128
アフレコ……170
アマゾンプライムビデオ……231
アミューズメント会社……128
アリス・ギア・アイギスExpansion……176
アンパンマン……152
錨を上げて……227
一次消費……28
宇宙エース……11
宇宙戦艦ヤマト……18,24
映画会社……123
映画化権……126,244
映画興行権……126,244
映画配給会社……123
映画ファンド……146

検閲……91
原画……162,186
原画担当……191
原画マン……162
原作コミック……159
興行収入……95,124
広告代理店……61,124
コーポレート・アイデンティティ……71
国際分業……74
子供向けテレビ漫画……18
この世界の片隅に……150
コミケ……36
コミックス・ウェーブ・フィルム……50
コミックマーケット……36
コロナ禍……53
コンピュータグラフィックス……224

さ行

彩色……163
彩色鉛筆動漫……97
サイマル配信……43
作画監督……167,186,191
作画総監督……186
撮影……164
サブスク……233
サブスクリプション……233
サンライズ……60
仕上げ……163
下請け……238
下請けいじめ……240
下請け制作会社……60
下請け法……240
視聴率……248
実写化……54
シナリオ……167
シネコン……124
シネマコンプレックス……124
カラード・ペンシル・アニメーション・ジャパン……97
ガラスのうさぎ……119
川島透……250
玩具会社……128
玩具メーカー……155
監督……167
ガンプラ……21
企画……114,122,161,167
企業のCI……71
機動戦士ガンダム……18,20,23
キネマ旬報ベスト・テン……95,210
君の名は。……46,48
鬼滅の刃……52,83
脚本……161,167
キャラクター商品……71
キャラクターデザイナー……186
キャラクターデザイン……167,191
キャラクタービジネス……15,20,70,116,127,140,244
キャンディーボックス……103
京都アニメーション……60
共同プロダクション……67
きらら系……44
切り絵アニメーション……225
空気系……44
クラウドファンディング……145,150
クランチロール……42,68,232
クレイアニメーション……225
グロス請け……240
グロス請け制作会社……60
けいおん!／けいおん!!……44
ゲームソフト会社……124
ゲームソフト化権……126,244
劇場用アニメ……120
劇場用アニメビジネス……122
劇団四季……134

宣伝……143
千と千尋の神隠し……30
専門学校……192,194
専門スタジオ……60
葬送のフリーレン……158
それいけ！アンパンマン……152

た行

タイアップ……93
タイガーマスク……140
大学……192
タイムシート……162,169
第2原画……162
高畑勲……10
宝塚歌劇団……133
タカラトミー……155
中国アニメ制作会社……102
中国の劇場用アニメ市場……84
長時間労働……242
著作権……244
著作権使用料……20
低収入……242
ディズニー……80
ディズニープラス……80
ディレクター……143
手描きアニメーション……225
出来高制……190,206
出﨑統……19
デジタル化……212
デジタル環境……168
デジタル作画……162,168,216,218
手塚治虫……10
鉄人28号……11,13
鉄腕アトム……10,13,14
テニスの王子様……134
テレビアニメ……120
テレビアニメビジネス……121
上海絵界……102
出資……114,122
出版権……126,244
出版社……123,130,158
上映……115,124
小学館集英社プロダクション……17
小学館プロダクション……16
少子高齢化……248
小説家になろう……44
商品化権……14,126,127,244
食品会社……128
新海誠……46,48
人材……246
新人女優賞……250
新世紀エヴァンゲリオン……26
深夜アニメ……27
垂直分業型……221
鈴木敏夫……100
スタジオカラー……27
スタジオジブリ……30,46,110
スタジオディーン……255
スタジオ夢民……252
ストリーミング……228
スピード・レーサー……68
スポンサー企業……61
生活ギャグアニメ……16
制作……12,114,122,124
製作……12
製作委員会（方式）
……65,116,122,126,144,148,160
制作進行……142,188
聖地巡礼……83
声優……170
世界同時公開……229
設定……161
セルアニメーション方式……10,161
セルアニメ方式……161

は行

パートナーシップ方式……145
配給……115,124
背景（画）……163,167
配信……66
配信権販売……65
配信サービス……56
配信ビジネス局……154
白蛇伝……10
発注元……238
花井宏和……176
パペットアニメーション……225
版権事業……158
版権ビジネス……22
バンダイナムコグループ……156
バンダイビジュアル……60
美術……163
美少女戦士セーラームーン……22
ビズメディア……68
ビッグX……11
ビデオ化権……126,244
ビデオグラム……28
ビリビリ……232
ピン送り……163
藤子不二雄……16
プリ・プロダクション（工程）……115,145,160
フルアニメーション……10
フルCGアニメーション……224
プレスコ……170
プロダクション（工程）……115,162
プロデューサー……142,188
文化庁……200
文具会社……128
平均年収……243
ベイブレード……155
ベルサイユのばら……133
ベルリン国際映画祭……106
テレビ局……123,152
テレビ東京……154
テレビ放映権……126,244
電子ペン……216
テンセント……97,232
動画……162,186
動画共有サイト……234
動画配信……42
動画配信サービス……66
動画マン……163
投資……144
特殊効果……164
特典……150
匿名組合方式……145
トレーディングカードゲーム……108
トレカ……108

な行

中割り……163
ナレーション……172
なろう系……44
二次消費……28
二次創作……37
二次利用……64,115,126,233,244
日常系……44
日本アニメーター・演出協会……242
日本アニメフィルム文化連盟……184,207
日本工学院……194
日本動画協会……201
任意組合（方式）……148
人形アニメーション……225
ヌーヴェルヴァーグ……236
ネット配信……115,228
ネット配信権……126,244
ネット配信サービス……96
ネットフリックス……43,96,231
粘土アニメーション……225

ライセンス事業……64
ライツ事業部……158
ライツビジネス……158
ライブエンターテイメント……58,116,137
ライブビューイング……137
らき☆すた……44
ランク制……171
劉健(リウ・ジエン)……107
リスク最小化モデル……145
リトルウィッチアカデミア……151
リミテッドアニメ(方式)……11,74
りん たろう……18
レイアウト……161
レイヤー……218
レッドタートル ある島の物語……99
ロイヤリティー……20,64,127
労働環境……221
羅小黒戦記(ロシャオヘイせんき)……106

わ行

若手アニメーター等人材育成事業……200
渡部英雄……252

アルファベット

ADKホールディングス……61
AI……216,223
AKIRA……148
bilibili……102,154,232
CG……224
CGアニメーション……224,225
CLIP STUDIO PAINT……180
CLIP STUDIO PAINT EX……222
Colored Pencil Animation Japan……97
Disney+……80
DMM TV……79
DVD化権……126
GAINAX……26
編集……164
放映……115
ポケットモンスター……34
ポケモン……34
ポスト・スタジオジブリ……46
ポスト・プロダクション(工程)……115,162
細田守……47
ボリウッド……90
ボリウッド映画……90
ポリコレ……81

ま行

マーチャンダイジング権……127
孫請け……238
魔法少女まどか☆マギカ……45
漫画……130
マンガ・アニメーション科……194
漫画派生ビジネス……17
ミニマムギャランティ……67
宮崎駿……30,46
未来少年コナン……30
メディアミックス(戦略)……34,158
萌え……36
元請け……238
元請け制作会社……60
桃太郎 海の神兵……14

や行

やなせたかし……152
山田尚子……46
遊興……245
融資……144
妖怪人間ベム……75
優酷(ヨウク)……232

ら行

ライセンサー……71

VIZ Media……68
YOASOBI……58
YouTube……234

■数字

0戦はやと……11
2.5次元……132
2.5次元ミュージカル……132
2.5次元ミュージカル協会……134
3D……183
80后……92
90后……92,102
IP……58
IPビジネス……80
JAniCA……242
MD権……127
NAFCA……184,206
Netflix……96,231
OJT……186,204
OpenToonz……222,223
OVA……28,64
ShoPro……17
Toonz……223
Toonz Ghibli Edition……223
ufortable……53

●参考文献

『アニメビジネスがわかる』増田弘道、NTT出版
『これがアニメビジネスだ』多田信、廣済堂出版
『現場力革命』石川光久、KKベストセラーズ
『アニメーション学入門』津堅信之、平凡社
『日本はアニメで再興する』櫻井孝昌、アスキー出版
『誰がこれからのアニメをつくるのか？』数土直志、星海社
『アニメを仕事に！』舛本和也、星海社
『日本アニメの革新』氷川竜介、KADOKAWA

●著者紹介

谷口　功（たにぐち　いさお）

同志社大学工学部卒。フリーランスのライター、翻訳家。IT関連、文章表現・図解表現関連を中心とする書籍、Webサイト上の記事、マニュアル、教材の執筆、各種分野の翻訳、ITやビジネス関連の雑誌のコラム・エッセーなどの執筆、各種漫画の原作の執筆などを行う。

主な著作は、『よくわかる最新 通信の基本と仕組み［第2版］』『これだけ！ 通信』『オブジェクト指向の基本がよ～くわかる本』（以上、秀和システム）、『SEのための 図解の技術、文章の技術』『SEのための「実録！」窮地を脱する現場力』（以上、技術評論社）、『位置情報の基本と技術』（翔泳社）、『マスタリングTCP/IP　IPsec編』［共著］（オーム社）。主な翻訳は『UNIX＆インターネットセキュリティ』（オライリージャパン）。漫画原作は『漫画インターネット』（オーム社）など。

麻生　はじめ（あそう　はじめ）

奈良県生まれ、同志社大学工学部卒。イラストレーター、漫画家。2000年から日本工学院専門学校（東京大田区）のクリエイターズカレッジ（マンガ・アニメーション科）の非常勤講師を勤める。これまで歴史、ビジネス、人物伝などのコミック単行本を多数描きおろす。

主な著作は、『チャーチル伝』（ぎょうせい）、『湯川秀樹・朝永振一郎』（丸善）、『儲かる！人生の歩み方』（泰文堂）、『まんがで学習 日本の歴史』（成美堂出版）、『マンガ投資の心理学』［共著：青木俊郎］（パンローリング）など。

図《ず》解《かい》入門《にゅうもん》業界《ぎょうかい》研究《けんきゅう》
最新《さいしん》アニメ業界《ぎょうかい》の動向《どうこう》とカラクリが
よ～くわかる本《ほん》［第《だい》4版《はん》］

発行日　2024年　7月　1日　　第1版第1刷

著　者　谷口《たにぐち》　功《いさお》
　　　　麻生《あそう》　はじめ

発行者　斉藤　和邦
発行所　株式会社　秀和システム
　　　　〒135-0016
　　　　東京都江東区東陽2-4-2　新宮ビル2F
　　　　Tel 03-6264-3105（販売）Fax 03-6264-3094
印刷所　三松堂印刷株式会社　　Printed in Japan

ISBN978-4-7980-7212-8 C0033